www.ingramcontent.com/pod-product-compliance
Lightning Source LLC
Chambersburg PA
CBHW052035230426
43671CB00011B/1658

ANNALES

DES

PROFESSEURS

DES

ACADÉMIES ET UNIVERSITÉS ALSACIENNES

1523-1871

PAR

OSCAR BERGER-LEVRAULT

NANCY
IMPRIMERIE BERGER-LEVRAULT ET Cie

1892

TABLE DES MATIÈRES

Introduction historique VII
Notices des Professeurs   1

THÈSES DE STRASBOURG

XVIᵉ - XVIIIᵉ *siècles*.

Facultas philosophica 253
Faculté de théologie protestante 259
   » de droit 265
   » de médecine 271
Universitas episcopalis 277

XIXᵉ *siècle*.

Faculté de théologie protestante 279
   » de droit 281
   » de médecine 283
   » des sciences 287
   » des lettres 287
Sources 289
Noms des lieux 293
Tableaux synoptiques . . . .

INTRODUCTION HISTORIQUE

A la suite des recherches faites pour reconstituer l'ensemble des publications de notre Imprimerie, depuis sa fondation en 1681, j'ai été amené à établir en manuscrit le Catalogue analytique et bibliographique, actuellement inédit, de toutes les Thèses soutenues devant les Académies et Universités successives de Strasbourg, que nous avons pu réunir ou qui existent dans les différentes bibliothèques alsaciennes.

Il m'eût été agréable de trouver, pour faciliter mon travail, une liste sérieusement étudiée des Professeurs de nos différentes Facultés, mais j'ai dû constater, à mon vif regret, que cette liste n'existait pas et il m'a paru très utile de combler cette lacune.

Nous avons, il est vrai, quant à la Faculté de médecine une série de travaux plus ou moins importants, bien que tous d'une réelle valeur : BOURGUIGNON (E.), *Notes pour servir à l'histoire de l'ancienne École de médecine de Strasbourg.* In-8°. 1849. — TOURDES (G.) et V. STŒBER, *Topographie et histoire médicale de Strasbourg et du département du Bas-Rhin.* In-8°. 1864. — HŒFFEL (J.), *Aperçu historique sur l'ancienne Faculté de médecine de Strasbourg.* In-8°. 1872. — WIEGER (F.), *Geschichte der Medicin und ihrer Lehranstalten in Strassburg vom Jahre 1497 bis zum Jahre 1872.* Grand in-8°. 1885. — Ces divers ouvrages renferment des renseignements fort intéressants, tout en présentant, surtout au point de vue de la précision des dates, de nombreuses lacunes.

En ce qui concerne les autres Facultés, Melchior Sebiz nous fournit des données précieuses dans son *Appendix chronologica* publié comme annexe au volume : *Strassburgischen Gymnasii Christlichs Jubelfest im Jahr 1638 celebrirt und begangen,* mais il s'arrête à 1640. A partir de cette date nous n'avons plus, comme listes imprimées, que les tableaux très sommaires publiés par HERMANN dans ses *Notices historiques, statistiques et littéraires de la ville de Strasbourg* (20 pages de tableaux et quelques pages de notes) et qui se bornent à reproduire les listes qui nous sont données dans le manuscrit : *Chronica Cancellariorum, Scholarcharum, Professorum,* etc., cité parmi nos

sources et qui indique souvent des dates précises, alors que Hermann ne mentionne que l'année. Ce manuscrit du xviii° siècle nous donne une liste générale des professeurs et une seconde liste classée par Facultés; c'est cette dernière liste que Hermann a reproduite[1].

Pour la période du xix° siècle, nous avons dû faire de très longues recherches, sans arriver à des résultats complets vu la dispersion des archives de notre ancienne Académie de Strasbourg[2].

Nous croyons utile de commencer notre étude par un aperçu d'ensemble des différentes institutions consacrées depuis le xvi° siècle jusqu'en 1872 à l'enseignement *supérieur* qui fait seul l'objet de nos recherches.

---

1. La liste des Professeurs imprimée par F. C. Heitz dans *Die St. Thomas Kirche in Strassburg* (pp. 121 à 127) n'est qu'une copie fort incomplète, et souvent inexacte, de la *Liste générale* du manuscrit en question, qui nous fournit les dates de naissance. F. C. Heitz a jugé plus simple de les supprimer, pour gagner de la place, malgré l'intérêt que présente ce renseignement. Il indique en outre à plusieurs reprises, comme étant la date du décès d'un professeur, l'année au cours de laquelle ce professeur a quitté Strasbourg.

2. Ces pièces se trouvent en majeure partie, avec les archives non encore cataloguées du Ministère de l'Instruction publique, aux Archives nationales; quelques-unes à Nancy ou à Strasbourg; d'autres enfin, en grand nombre, ont disparu.

XVIᵉ au XVIIIᵉ siècle.

UNIVERSITÉ DE STRASBOURG

École de Strasbourg
1523-22 Mars 1538.

Gymnase de Strasbourg
22 Mars 1538-30 Mai 1566.

Académie de Strasbourg
30 Mai 1566-5 Février 1621.

Université de Strasbourg
5 Février 1621-18 Août 1792
(20 Mai 1803).

UNIVERSITÉ ÉPISCOPALE

Académie de Molsheim
1617-Novembre 1701.

Séminaire épiscopal
Septembre 1683-18 Août 1792.

Université épiscopale
Novembre 1701-18 Août 1792.

École de Molsheim
Novembre 1701-18 Août 1792.

MÉDECINE MILITAIRE

Hôpital militaire d'instruction.
22 Décembre 1775-23 Avril 1850.

PÉRIODE RÉVOLUTIONNAIRE ET TRANSITOIRE

École de médecine
4 Décembre 1794-17 Mars 1808.

École centrale du Bas-Rhin.
27 Juillet 1796-7 Septembre 1802.

École supérieure de pharmacie
13 Août 1803-17 Mars 1808.

École de Droit
22 Septembre 1804-17 Mars 1808.

Académie protestante, puis Séminaire
20 Mai 1803-27 Décembre 1818.

Nous indiquons les dates officielles de création, faute de pouvoir partout préciser les dates effectives de la nomination des premiers professeurs, de l'inauguration solennelle ou du commencement des cours.

XIX° siècle.

ACADÉMIE DE STRASBOURG

17 Mars 1808 - 28 Septembre 1870.

Faculté de droit

Faculté de médecine

Faculté des sciences

Faculté des lettres

École supérieure de pharmacie

27 Décembre 1818 - 30 Septembre 1872.

Faculté de théologie protestante

Grand Séminaire catholique
13 Janvier 1807 - 30 Septembre 1872.

Séminaire protestant
27 Décembre 1818 - 30 Septembre 1872.

École des Hautes études théologiques ou Sorbonne
1827 - 1842.

École du service de santé militaire
28 Juillet 1860 - 28 Septembre 1870.

École libre de médecine
Mai 1871 - 30 Septembre 1872.

École libre de pharmacie
11 Mai 1871 - 30 Septembre 1872.

UNIVERSITÉ DE STRASBOURG

Nous trouvons comme origine de notre ancienne Université une association littéraire créée vers 1501 par le célèbre Jean Wimpheling, qui avait déjà organisé à Schlestadt une réunion semblable et associé par sa féconde initiative, dans une œuvre commune, les illustrations alsaciennes de l'époque, Sébastien Brant, Beatus Rhenanus, Jérôme Guebwiler, Jacques Sturm de Sturmeck, etc.

Wimpheling appela en même temps l'attention du Magistrat de Strasbourg sur l'indispensable nécessité de la création d'une école supérieure, véritable académie pour les hautes études scientifiques.

Le manque de ressources fit ajourner pendant une vingtaine d'années la réalisation, même partielle, de cette idée, accueillie d'ailleurs très favorablement et à laquelle le mouvement religieux provoqué par la Réformation donna bientôt après un caractère de haute opportunité et un intérêt spécial, aussi trouvons-nous à cette école dès 1523 comme professeurs de théologie Martin Bucer, Wolffgang Capiton, Gaspard Hédion, puis en 1525 Grégoire Caselius, professeur de grec.

En 1528, le Magistrat crée, pour l'enseignement secondaire, deux écoles, l'une à Saint-Pierre-le-Vieux, l'autre dans l'ancien couvent des Carmélites, et de plus, dans l'ancien couvent des Dominicains, une troisième école qui abordait dans ses hautes classes l'enseignement supérieur comme études littéraires et théologiques.

Ces trois écoles, indépendantes l'une de l'autre, dispersaient leurs efforts au lieu de les concentrer vers un but commun et on ne tarda pas à reconnaître que cette organisation n'assurait que d'une manière très imparfaite les résultats espérés.

Bucer, Capiton et Hédion proposèrent au Magistrat de fusionner les trois écoles existantes en une Haute École unique, dont on confierait la direction à un savant actif et énergique. — Ce projet, fortement appuyé par le Stettmeistre Jacques Sturm, fut approuvé par le Sénat, qui choisit comme directeur du futur établissement (le *Gymnase*),

un homme d'une compétence indiscutable, Jean Sturm, de Sleida, alors à Paris.

Sturm arriva à Strasbourg le 14 Janvier 1537 et consacra une année entière à arrêter, avec le concours des principaux professeurs strasbourgeois, parmi lesquels nous mentionnerons Jean Sapidus, ancien directeur de la Haute École de Schlestadt, un plan d'études sérieusement mûri.

Le Gymnase, ouvert le 22 mars 1538 dans les bâtiments de l'ancien couvent des Dominicains, dont il occupe l'emplacement de nos jours encore, fut divisé en deux grandes sections. La division inférieure, qui comptait d'abord neuf et peu après dix classes, correspondant à un nombre égal d'années d'études, recevait les élèves à partir de l'âge de six ans et était affectée à l'enseignement primaire et secondaire.

La division supérieure, dont les cours embrassaient une période de quatre années, était consacrée à l'enseignement supérieur de la philosophie, des langues anciennes, de l'histoire et des sciences, pour terminer soit par la théologie protestante, soit par la jurisprudence.

La théologie y fut enseignée par Jean Calvin, Pierre Martyr Vermigli, Jean Marbach, Jacques Gloccerus et Jérôme Zanchius; la jurisprudence par François Baudouin, Louis Bebio, Wendelin Büttelbronn, François Hotoman, Georges Nessel et Kilian Vogler; les sciences naturelles par Othon Brunfels, Jean Gonthier d'Andernach, Sebald Hawenreutter et Jérôme Massarius, qui donnaient en outre quelques leçons de médecine; les mathématiques par Conrad Dasypodius et Chrétien Herlin; les langues anciennes par Pierre Bedrottus, Pierre Dasypodius, Paul Fagius, Claude Feræus, Christophe Kerlin, Paul Lacisius pour le grec et le latin; l'hébreu par Antoine Capnio, Michel Delius, Pierre Flegel, Emmanuel Tremellius et les belles-lettres par Jean Sapidus; l'histoire par Nicolas Gerbelius et Jean Sleidan; et enfin la philosophie par Valentin Érythræus et Juste Velsius.

La haute surveillance du Gymnase était confiée à une commission de trois membres, nommés à vie et qui formaient en fait un Conseil supérieur de l'instruction publique : le *Chancelier*, choisi parmi les anciens Stettmeistres[1]; un *Scholarque*, choisi parmi les anciens Ammeistres et un deuxième Scholarque choisi parmi les membres libres (*Ledige Herren*) du Conseil des XIII.

Cette commission nommait les professeurs, approuvait les règlements ainsi que les plans d'études, surveillait l'emploi des fonds, etc.

Grâce à la haute valeur et à la savante direction de Jean Sturm

---

1. Pour être nommé Stettmeistre, il fallait appartenir à la noblesse équestre.

ainsi qu'à l'heureux choix des Professeurs que nous venons de mentionner, le nouvel établissement se développa rapidement et ne tarda pas à être en pleine prospérité, comptant plus d'élèves que l'Université de Bâle, et parmi eux un grand nombre de jeunes gens étrangers à l'Alsace.

Jean Sturm et ses collègues reconnurent bientôt que cette marche ascendante subissait un temps d'arrêt inévitable par le fait que le Gymnase n'avait pas le droit de collation des grades académiques.

Pour les obtenir, les étudiants étaient obligés de se présenter devant l'une des Universités voisines, généralement Bâle ou Tubingue, et ils y passaient d'ordinaire une année au moins afin d'éviter l'inconvénient de subir leurs examens devant des professeurs dont ils ne connaissaient pas la méthode.

Le Magistrat de Strasbourg s'adressa dès lors à l'empereur Maximilien II qui accueillit favorablement sa demande d'élever le Gymnase au rang d'Académie et lui en conféra les privilèges par lettres patentes en date du 30 mai 1566 [1].

Maximilianus II. divina favente clementia electus Romanorum Imperator, semper Augustus ac Germaniæ, Hungariæ, Bohemiæ, etc. Rex, etc.

Notum facimus tenore præsentium universis : Posteaquam Dei optimi maximi nutu et voluntate ad hoc Sacri Romani Imperii summum fastigium evecti, ac veluti in specula constituti sumus, ut circumquaque oculos mentis circumferentes, quæ ad Rempubl. recte riteque componendam & laudabiliter administrandam pertinere cognoscimus, sollicite procuremus ; in hanc potissimum curam cogitationemque omni studio nobis incumbendum semper judicavimus, non tam ut pacem & tranquillitatem publicam populis fidei nostræ commissis conservemus, quam ut honestarum artium & literarum studia summis

---

1. F. Wieger, dans *Geschichte der Medicin und ihrer Lehranstalten in Strassburg*, p. 39, observe : « Meine Kenntniss in diplomatischen Akten ist sicher nicht « gross genug, denn ich kann aus diesem Dokument nicht herausfinden, wo eigent- « lich das Verbot : andere Fakultäten ausser der philosophischen zu errichten, wo « also der Unterschied zwischen Akademie und Universität zu suchen ist : es « muss wohl darin liegen, dass bei der Admission zum « Examen rigorosum » nur « von der « Philosophie » die Rede ist. »

Il n'a pas remarqué que l'Université de plein exercice comporte précisément pour les trois Facultés supérieures le droit de collation des grades de Licencié et de Docteur, qui n'était pas accordé aux simples Académies, telles que Strasbourg à cette époque.

Il y a toutefois lieu d'observer que le titre *honorifique* d'Université a été accordé quelquefois à un établissement restreint à deux Facultés, comme nous le verrons ultérieurement pour l'*Université épiscopale*.

viribus foveamus & propagemus, quod his florentibus, salvas & incolumes Respublicas esse & permanere, ac vicissim neglectis illis, neque Ecclesias recte constitui, nec Respublicas laudabiliter administrari, nec belli consilia vigere aut explicari, atque adeo nec domi nec foris rite & præclare geri quicquam posse experientia magistra didicerimus; Cumque majores & prædecessores nostros, Divos Romanorum Imperatores & Reges Augustæ memoriæ, ut subditos suos ad Rempublicam probe administrandam, atque alia tam civilia quam bellica officia obeunda aptiores efficerent, Gymnasia & Academias undique in Sacro Romano Imperio instituisse & erexisse, & liberalium artium, aliarumque honestarum scientiarum & disciplinarum Professores eximios quosque & insignes viros, literis & doctrina egregie instructos delegisse, eosque dignis præmiis honoribus & privilegiis ornasse constet ;

Et nobis honorabiles, nobis & sacro Romano Imperio fideles dilecti, Magistri civium & Senatores, seu Primores Civitatis Argentinensis humiliter exposuerint: tametsi ludus literarius, quem ante triginta annos aperuerunt, seu privata ipsorum Schola, quam jampridem instituerunt, in omnibus honestis disciplinis & liberalibus artibus vigeat floreatque ; & ad eam non solum ex Germania, sed etiam ab exteris nationibus multorum Comitum, Baronum, Nobilium ac clarorum virorum, liberi confluant, ibidemque in omnibus partibus philosophiæ fundamenta feliciter jaciant, & a decem classibus progressi, ad publicas prælectiones ascendant; præterea honestis exercitationibus, disputationibus, declamationibus nec non agendis Comœdiis & Tragœdiis, in utraque lingua ita sese exerceant, ut brevi tempore uberes fructus suorum studiorum consequi & egregium profectum experiri queant ; Id quod vel ex eo pateat, quod superioribus annis ex schola ipsorum multi præclari & celebres viri in omni genere doctrinæ, tanquam ex equo Trojano prodierunt, qui nunc in aulis magnorum principum & insignibus Rebuspublicis clarent & quasi ad gubernacula sedent ; ita denique Schola ipsorum in decem classes distributa, & post classes publicis prælectionibus constituta sit, ut frequentia puerorum juvenum & auditorum paucis cedat, disciplina vero ferme omnes superet. Huic autem a se institutæ Scholæ hoc potissimum deesse, quod privilegiis & facultatibus Scholæ seu Academiæ careat: eoque fieri, ut qui ad insignia titulorum vel graduum, ut vocant, adspirant, intempestive ipsorum scholam relinquere, & ad alias Academias, non sine gravi detrimento & jactura studiorum suorum sese conferre, & relicta priore methodo, novam quasi studendi rationem inire cogantur. Quamobrem, ut adolescentum studiis & felicibus progressibus consulant, suppliciter a nobis petierunt, ut beneficio atque privilegio nostro scholam ipsorum ornare & Rectori, Visitatoribus & Professoribus Scholæ facultatem promovendi in Baccalaureos & Magistros concedere clementer dignaremur. Nos igitur laudatis majorum nostrorum vestigiis insistere cupientes, præfati Senatus æquissimis precibus benigne annuendum & honestos ejus conatus omni studio juvandos & promovendos duximus.

Et ideo adhibito maturo consilio, animoque deliberato, ex certa scientia & de Cæsareæ potestatis nostræ plenitudine Scholam Argentinensem jampridem

erectam & in decem classes distributam, a quarta classe inclusive in Studium generale seu **Gymnasium** ereximus; atque sic erectæ ac institutæ Academiæ, nec non illius Professoribus, Magistris & Doctoribus, seu aliis in ea legentibus & scholaribus, studentibus aliisque illius personis quibuscumque hoc privilegium, hancque gratiam concessimus & indulsimus, ut iis æquiparentur, qui in alliis Universitatibus Germaniæ, maxime vero Heidelbergensi, Tubingensi, Friburgensi in Brisgavia, aut Ingolstadiensi in Bavaria, liberalibus Studiis operam navarunt : ac tenore præsentium erigimus & privilegium atque gratiam, ut præfatur, concedimus & indulgemus,

Volentes & eadem autoritate nostra Cæsarea decernentes, quod Rector ac Visitatores aut Professores & personæ idoneæ ad id, persæpe nominatum Senatum & ejus Successores, vel quibus id ipsi demandarint deputandæ, possint & valeant in prædicta Schola, seu Universitate, in omnibus Facultatibus, in Sacra Theologia, in Jure, & Medicina, nec non in Philosophia, & quibuscumque scientiis legere & lectiones, disputationes & repetitiones publicas facere, conclusiones palam sustinere & prædictas scientias docere, interpretari, glossare & dilucidare : omnesque actus Scholasticos exercere, eo modo, ritu & ordine, qui in ipsorum schola hactenus in usu fuit, aut in ceteris universitatibus & Gymnasiis publicis observari solitus est. Et cum ipsa studia eo feliciori gradu procedant, & majus sumant incrementum, si ingeniis & disciplinis ipsis suus honos, seu dignitatis gradus statuatur & emeriti aliquando digna laborum suorum præmia consequantur.

Statuimus & ordinamus : Ut per Collegia Doctorum, seu Professorum, electis ad id idoneis & præ ceteris excellentioribus, si qui ad sumendam palmam certaminis sui idonei judicati fuerint, adhibito prius per ipsos Doctores & Professores in qualibet Facultate, pro more & consuetudine atque solennitatibus & ritu in cæteris Universitatibus observari solitis, rigoroso & diligenti Examine (in quo conscientias ipsorum Professorum onerari volumus, quasque sub juramenti vinculo ad hoc adstringimus), in Philosophia & liberalibus artibus, eos, qui examini se submiserint, & si pro more & juxta statuta, Scholarchis per aliquos dignos & honestos viros, de gremio ipsius Collegii præsentari fecerint, possint ad ipsum examen admitti, &, invocata Spiritus Sancti gratia, examinari.

Et si hoc modo habiles idonei & sufficientes reperti & judicati fuerint, Baccalaurei & Magistri pro uniuscuiusque scientia & doctrina creari & huiuscemodi dignitatibus insigniri; nec non per Bireti impositionem & annuli aurei ac osculi traditionem cæterisque consuetis solemnitatibus, inuestiri & consveta ornamenta atque insignia dignitatum præfatarum tradi & conferri;

Quodque Baccalaurei aut Magistri in eadem Schola promoti & promovendi debeant & possint, in omnibus locis & terris Sacri Romani Imperii, & ubique terrarum & locorum, libere omnes actus Professorum aut Magistrorum legendi, docendi, interpretandi & glossandi facere & exercere, quos cæteri Professores Baccalaurei & Magistri in aliis studiis privilegiatis promoti & insigniti exercent & exercere possunt & debent, de consuetudine vel de jure. Cæterum quo præfata Academia seu Gymnasium Argentoratense suis gubernatum Ma-

gistratibus solidiori & firmiori consistat fundamento damus & concedimus Scholarchis, Doctoribus, Professoribus & Scholaribus in dicta Academia quoque tempore existentibus, autoritatem & potestatem condendi & faciendi statuta & ordinationes juxta consuetudinem cæterarum universitatum ; Si tamen Senatus Argentinensis in ea statuta aut ordinationes consenserit ; aut eadem vel easdem ratificaverit.

Confirmamus roboramusque statuta & ordinationes a Senatu vel Scholarchis antea condita vel conditas, introducta vel introductas.

Ad hæc damus & concedimus potestatem creandi & eligendi Rectorem Scholæ & Visitatores ac Professores ; item Procuratores ad negotia, vel Syndicos ; sive alios quoscunque officiales Universitatis, prout ipsis visum fuerit expedire. Præterea volumus & decernimus per præsentes, quod Scholastici, ac ibidem dignitatem seu gradum aliquem assumentes, gaudeant & potiantur ; utique frui, gaudere & potiri possint ac debeant omnibus & quibuscunque gratiis, honoribus dignitatibus, præeminentiis, prærogativis, privilegiis concessionibus, favoribus & indultis, ac aliis quibuslibet, quibus Universitas Heidelbergensis, Tubingensis, Friburgensis, Ingolstadiensis aut alia studia privilegiata, ut Doctores & Scholastici istic promoti, aut aliqua dignitate seu gradu insigniti, gaudent, utuntur, fruuntur & potiuntur, quomodolibet consuetudine vel de jure : non obstantibus aliquibus privilegiis, indultis, prærogativis, gratiis, statutis, ordinationibus, legibus, constitutionibus, reformationibus, exemtionibus & singulis, ex certa nostra scientia, animo deliberato & motu proprio derogamus & derogatum esse volumus per præsentes. Nulli ergo omnino hominum liceat, hanc nostri indulti, concessionis & privilegii gratiam vel facultatem infringere, aut ei quovis ausu temerario contravenire, seu illam quovis modo violare aut infringere.

Si quis autem id attentare præsumserit, Nostram & Imperii Sacri indignationem gravissimam & pœnam centum Marcharum auri puri toties quoties contra factum fuerit, se noverit irremissibiliter incursurum : Quarum dimidiam Imperiali fisco seu ærario Nostro ; reliquam vero partem sæpe nominato Senatui Argentinensi & ejus successoribus decernimus applicandam ; harum testimonio literarum manu Nostra suscriptarum & sigilli Nostri Cæsarei appensione munitarum. Datum in Civitate Nostra Imperiali Augusta Vindelicorum, die XXX mensis Maji A. D. MDLXVI, Imperii Nostri quarto, aliorum vero Regnorum Hungarici III & Bohemici XVIII.

MAXIMILIANUS.
Vice et nomine Rmi, Dn. Archi-Cancellarii
Moguntini, etc.
ut Has.
ad mandatum Sacræ Cæs. Majestatis proprium.
HALLER.

« Tous les établissements d'instruction, Académie, Gymnase, écoles « primaires, furent réunis en un seul corps, à la tête duquel on plaça

« comme recteur Jean Sturm, en considération de son profond savoir
« et des services éminents qu'il avait rendus depuis la fondation du
« Gymnase. La direction supérieure resta aux Scolarques; l'inspection
« et la surveillance furent confiées à trois inspecteurs nommés *Visita-*
« *tores*, dont l'un, choisi parmi les gens d'église, fut particulièrement
« chargé de surveiller l'instruction religieuse au Gymnase et dans les
« écoles. Tous les mois les professeurs de l'Académie et ceux du
« Gymnase se réunissaient en Conseil académique (*Conventus acade-*
« *micus*) avec les Scolarques et les Visiteurs pour discuter sur tout
« ce qui pouvait être utile et profitable au bien-être de l'instruction.
« Dans ces réunions, l'on nommait aux places devenues vacantes soit
« au Gymnase, soit à l'Académie, on choisissait les auteurs classiques
« qui devaient être expliqués, on examinait les plaintes contre les
« étudiants, on faisait même, s'il y avait lieu, aux différents profes-
« seurs des observations concernant leur conduite. En un mot, ce
« conseil avait en première instance la direction de l'Académie[1]. »

Nous n'avons pas à nous occuper du Gymnase, établissement d'enseignement secondaire, sauf à tenir compte que ses quatre dernières
classes ressortaient déjà à l'Académie.

L'étudiant promu *ad lectiones academicas* suivait d'ordinaire pendant quatre ans les cours de la *Facultas philosophica* qui correspon-
daient plus ou moins au programme de nos Facultés des Sciences et
des Lettres. La philosophie avait gardé sa place dans l'Université et
autour d'elle s'était formé tout un groupe d'études sérieuses, dont elle
était devenue le centre et qui comprenait la philosophie et l'histoire,
la connaissance des littératures anciennes, les sciences mathématiques et la physique, avec quelques notions préliminaires de Théologie et de Droit.

A la fin de la troisième année le jeune étudiant pouvait obtenir le
grade de Bachelier en philosophie (*Prima Laurea* ou *Baccalaureatus
philosophicum*) et après la quatrième année, celui de Docteur en philosophie (*Secunda Laurea, Magister artium liberalium* ou *Doctoratus
philosophicum*). Ceux qui se distinguaient spécialement dans les belles-
lettres obtenaient la distinction de *Poëta laureatus*.

A ce moment se produisait la bifurcation qui conduisait aux cours
de la Faculté de Théologie, de la Faculté de Droit ou de la Faculté de
Médecine. Après deux années d'études ou plus, l'étudiant était admis,

---

1. « STROBEL (A. G.), *Histoire du Gymnase protestant de Strasbourg*, p. 25. »
Nous avons consulté avec grand profit, pour la période antérieure à 1621, cet ouvrage d'une valeur très réelle.

après plusieurs examens et la soutenance d'une thèse, généralement imprimée, à postuler le grade de Bachelier, *Magister* (en théologie, en droit ou en médecine, suivant le cas).

Pour obtenir les grades de Licencié ou de Docteur, les étudiants alsaciens étaient obligés de se présenter devant les Universités étrangères de plein exercice (généralement Bâle).

« Le Sénat publia dès 1566, un règlement, revu en 1568, sur les « Hautes-Écoles et le Gymnase. En premier lieu venaient les disposi- « tions concernant le corps académique. Les professeurs étaient tenus « de prêter serment de fidélité et d'attachement à l'Église et à l'École « de Strasbourg, de contribuer de tout leur pouvoir à leur prospérité, et « de prévenir tout ce qui pourrait leur être nuisible ; ils promettaient « de vivre en bonne harmonie avec le Recteur et les autres membres « de l'Académie, de remplir exactement leurs devoirs de chrétiens, « d'obéir aux statuts et de les faire respecter par les élèves, de ne « se servir que des ouvrages classiques adoptés par le conseil. Les « dispositions qui suivent se ressentent un peu de cet esprit étroit qui « distinguait assez généralement les administrations des anciennes « villes libres. Les professeurs étaient tenus de commencer la classe « à l'heure sonnante; celui qui arrivait un demi-quart d'heure trop « tard, payait une amende d'un demi-Batz; un quart d'heure entier « coûtait un Batz : l'amende non payée au terme échu était par là-même « doublée[1]. De plus fortes sommes grevaient ceux qui négligeaient « de faire la classe ou d'assister au conseil[2]. »

« D'autres dispositions sont applicables aux usages et coutumes de « l'époque. L'habillement des étudiants doit être décent; défense de « porter des habits à la lansquenet, des manches découpées, des épées « ou armes blanches. Les étudiants doivent se garder de fréquenter « les danses publiques, de courir les rues pendant la nuit, d'aller au « cabaret dans la ville ou au dehors, de faire des armes, sous peine « d'exclusion. Il était enjoint à tous les sergents de ville et employés « des portes de surveiller les étudiants et de leur faire payer l'amende « en cas de contravention[3]. »

L'activité et les hautes capacités de Jean Sturm ne se bornaient pas aux cours qu'il donnait à l'Académie, à la surveillance des différents établissements d'instruction publique et à la publication d'un grand

---

1. Ces amendes ne s'appliquaient sans doute qu'aux professeurs du Gymnase et pas à ceux de l'Académie, puisqu'il est question de classes et non de cours.
2. STROBEL, *Histoire du Gymnase protestant de Strasbourg*, p. 27.
3. STROBEL, *Histoire du Gymnase protestant de Strasbourg*, p. 28.

nombre d'ouvrages dans lesquels il développait ses principes d'éducation ou s'attachait à satisfaire au besoin d'ouvrages classiques pour les écoles.

Il fut appelé plus d'une fois, par la confiance du Magistrat à remplir, souvent dans des circonstances très difficiles, des missions diplomatiques d'une haute importance. Les Empereurs d'Allemagne, les rois de France, d'Angleterre, de Danemark, etc., lui accordèrent, comme marues de qleur bienveillance, des titres de noblesse, des privilèges, des pensions. Il était en correspondance suivie avec plusieurs Cardinaux et Évêques éminents, de même qu'avec la grande majorité des savants qui illustraient à cette époque la République des lettres[1].

Vers la fin de sa vie, il prit malheureusement part avec une ardeur, plus vive peut-être que sa haute situation ne l'aurait comporté, aux discussions théologiques, momentanément apaisées en 1563, qui se produisirent à Strasbourg, à partir de 1571, entre les partisans de la Confession d'Augsbourg et ceux de la Confession Tétrapolitaine, pour laquelle Jean Sturm prit fait et cause et qui cherchait un terrain de conciliation avec la doctrine de Calvin.

A la suite de cette lutte, continuée de part et d'autre pendant plusieurs années avec la plus grande vivacité, le Conseil académique prononça, le 7 décembre 1581, la mise à la retraite de Jean Sturm comme Recteur de l'Académie, en lui maintenant son traitement.

A partir de ce moment les Recteurs successifs ne furent plus nommés que pour une année et cette haute distinction ne fut plus conférée que pour six mois à dater de 1593. Par suite de cette décision, la direction effective de l'enseignement supérieur passa en réalité au Conseil académique, au Chancelier et aux Scolarques.

Un ouvrage publié par les soins de Melchior Junius, Professeur d'éloquence à l'Université, nous fournit des données précises et très intéressantes au sujet de la grande estime en laquelle l'enseignement supérieur à Strasbourg était tenu dès cette époque[2].

---

1. STROBEL, *Histoire du Gymnase protestant de Strasbourg*, p. 31.

2. Orationum quæ Argentinensi in Academia, Exercitii gratia scriptæ et recitatæ ab illustr. generos. nobil. & aliis : ad tractandum propositæ fuerunt à Melchiore Junio. Wittenbergensi, Eloquentiæ ibidem Professore, Tomi tres, juxta tria causarum genera dispositi.

Primus Tomus, *Orationes ad Genus causæ Deliberativum pertinentes complectitur*. Petit in-8° de XVI-1486 p. et 32 p. non numérotées. 1605.

Secundus Tomus, *Orationes ad Genus causæ Demonstrativum pertinentes complectens*. Petit in-8° de VI-1460 p. et 32 pages non numérotées. 1606.

Tertius Tomus, *Orationes ad genus causæ Judiciales complectens*. Petit in-8° de LXIV-626 p. et 19 p. non numérotées 1606.

Comme le titre l'indique, le recueil se compose d'une série de discours (*Orationes*), plus ou moins longs, traitant des sujets de droit, de politique, de théologie, d'histoire, de littérature ancienne, de philosophie, rédigés par les étudiants qui suivaient les cours de M. Junius, d'après les indications de leur professeur, et récités ensuite publiquement, au cours de la période de 1586 à 1604.

Nous trouvons, en nombre rond, un total de 640 discours, traitant 137 questions, précédés d'ordinaire par une préface de M. Junius, et rédigés par 640 étudiants, dont la majeure partie n'est pas originaire d'Alsace.

Les mêmes noms se rencontrent généralement trois ou quatre fois et il ne nous a pas paru utile d'en établir la liste exacte. Sous le bénéfice de cette observation, nous avons :

106 discours rédigés par des étudiants Alsaciens,
348 — — — Allemands,
186 — — — de pays plus éloignés, en immense majorité Autrichiens, Hongrois ou Polonais.

Dans ce nombre figurent 262 Nobles, parmi lesquels nous trouvons des membres de familles souveraines (Brandebourg, Brunswick) ou de la plus haute noblesse.

M. Junius, comme de nos jours encore comme excellent latiniste, avait évidemment, à l'époque qui nous occupe, une très grande réputation, qui nous explique la présence à Strasbourg, avant la fin du XVIe siècle et malgré les difficultés du voyage, de jeunes gens venus des fins fonds de la Pologne, de la Hongrie, de la Transylvanie pour suivre des cours d'une latinité pure et irréprochable, qui avait pour eux un intérêt très réel dont nous nous rendrons bien compte, en nous rappelant l'importance qu'avait au XVIe siècle le latin comme langue officielle que nous retrouvons encore comme telle en 1825 pour les séances de la Chambre des Magnats du royaume de Hongrie.

On retrouve toutes les qualités de M. Junius dans ses préfaces, tandis que les discours de ses élèves, supérieurs probablement comme latinité aux compositions des étudiants de nos Facultés des lettres, corrigés peut-être au point de vue du style par M. Junius, se reconnaissent facilement, parce qu'elles n'ont pas encore la vigueur et la logique d'esprit du travail mûri d'un homme fait.

Profitant habilement des négociation qui précédèrent le traité d'Aschaffenbourg, le Magistrat de la ville la Strasbourg réussit à obtenir de l'empereur Ferdinand II la transformation, demandée une

première fois en 1594, de l'Académie en Université de plein exercice et tous les privilèges qui en résultaient, entre autres pour la collation des grades.

Wir Ferdinand der Ander, von Gottes Gnaden Erwöhlter Römischer Kayser, zu allenzeiten Mehrer dess Reichs, in Germanië, zu Hungern, Behaim, Dalmatien, Croatien, und Sclavonien, König, Ertzherzog zu Oesterreich, Hertzog zu Burgund, zu Brabant, zu Steyr, zu Kärndten, zu Crain, zu Lützenburg, zu Würtenberg, Ober und Nider Schlesien, Fürst zu Schwaben, Marggrave des Hey. Römischen Reichs zu Burgaw, zu Mähren, Ober und Nider Laussnitz, Gefürster Graff zu Habspurg, zue Tyrol, zue Pfirdt, zue Kyburg und zue Görtz, Landgraff im Elsass, Herr auff der Windischen Marck, zu Portenaw und zu Salins, etc.

Bekennen offentlich mit diesem Brieff, und thun kund allermenniglich, Alss uns die Ehrsame, Unsere und dess Reichs liebe getrewe N: Maister und Raht der Statt Strassburg, underthenigst, und gehorsamist vorbringen lassen, dass sie willens und vorhabens, der Jugend, auch dem Studio zu gutem, ihre jetzhabende Schul, in ein Universitet und hohe Schul zu transferiren, und auffrichten zu lassen, unnd sich darinnen nachfolgenden Freyheiten, und benantlich Doctores, Licentiatos, Magistros, Poëtas Laureatos und Baccalaureos in allen Faculteten zu creiren, und sich deren zu gebrauchen, mit unterthenigster Bitt, dass Wir, als Römischer Kayser, ihnen dieselbige gnedigst zu confirmiren, und zu bestättigen, auch erst angezeigter massen zu extendiren, unnd sie mit den obbestimpten privilegien, begnadungen und Freyheiten, alss andere Universiteten im Hey. Reich zu begaben gnedigst geruheten. Dass Wir demnach mit Gnaden angesehen solch vorberührtes N: Maister und Raht der Statt Strassburg underthenigst demütigst zimbliches bitten, auch die ansehenliche Intercessiones, so von etlich fürnehmen, gehorsamen und getrewen Chur-Fürsten und Ständen dess Reichs, für Sie beschehen und eingewendet worden. Und darumb mit wohlbedachtem muth, gutem Raht, und rechtem wissen, die obgedachte ihre vorhabende Schul zu Strassburg, nicht allein gnedigst confirmirt und bestättiget, Sondern auch dieselb zu einer Universitet transferirt, extendirt unnd erhebt, sie auch mit den Freyheiten, privilegien unnd gnaden, so wie obgemelt, andere Universiteten und hohe Schul im Heyligen Reich haben, am fürstendigsten begnadet und befrewet. Thun das, confirmiren, bestättigen, transferiren, extendiren, und erheben auch hiemit wissentlich, auss Römischer Kayserlicher Macht, in Kraft diss brieffs, also dass sie allenthalben für ein Universitet und hohe Schul gehalten und geehret werden, und Sie alle Ehr, würde, vortheil, Recht, und Gerechtigkeit und Gewohnheit, wie andere haben, und sich deren frewen, gebrauchen und geniessen solle und möge, unverhindert menniglichs, doch Uns und dem Hey. Reich an Unsere Obrigkeit, und sunst andern an ihren Rechten und Gerechtigkeiten unvorgreifflich und unschädlich. Und gebieten darauff allen

und jeglichen Churfürsten, Fürsten, geistlichen und weltlichen, Prælaten, Graffen, Freyen, Herren, Rittern, Knechten, Hauptleuten, Landvögten, Vitzdomben, Vögten, Pflegern, Schultheissen, Burgermeistern, Richtern, Rähten, Burgern, Gemeinden, und sunst allen andern Unsern und dess Reichs Unterthanen und getrewen, und vornemblich all andern Universiteten im Hey. Reich, auch Unsern Erblichen, Königreichen, Fürstenthumben und Landen, dass sie die obgedachte Universitet zu Strassburg, bey diser Unser Kaiserlichen Confirmation, Bestättigung, Translation, Extension und Erhebung, Begnadigung und Freyheit, gäntzlichen gebrauchen und geniessen lassen, unnd darwider nicht bekümmern noch beschwären, noch das andern zu thun gestatten, in keine weise, als lieb einem Jeden sey Unser und dess Reichs schwäre Ungnad uñ Straff, uñ darzu ein Pöen, nemblich fünfftzig Mark löttigs Golds, zuvermelden, die ein jeder, so offt er freventlich hierwider thäte, Unss halb in Unser und des Reichs Cammer, und den andern halben theil gedachter Universitet zu Strassburg, unablässig zu bezahlen verfallen sein solle. Mit urkund diss briefts, besigelt mit Unserm Kaiserlichen anhangenden Insigel. Geben in Unser Statt Wien, den fünfften Monatstag Februarii, nach Christi unseres lieben Herren und Seeligmachers Geburt, Sechzehenhundert ein und zwantzigsten, unserer Reiche dess Römischen im Andern, dess Hungerischen im Dritten, und dess Behemischen im Viertten Jahren.

FERDINAND.

Vice Rmi. Do. Jo. Swicardi,
Archicancellarii & Elect. Mog.
Vt. Hl. von Ulm.

Ad Mandatum Sacræ Cæsareæ
Majestatis proprium.
I. R. Pucher, mp.

Nous savons que l'Académie était constituée jusqu'à ce moment par la division supérieure du Gymnase. Cette division fut supprimée par suite de la création de l'Université. Le Gymnase, subordonné à l'Université, fut dirigé depuis cette époque par un professeur choisi dans l'une des quatre facultés et devint un établissement préparatoire pour former les jeunes gens aux hautes études. Son corps de professeurs cessa d'être représenté au sein du Conseil académique, qui comprit dès lors jusqu'en 1792 : le Chancelier et les deux Scolarques, nommés à vie; deux assesseurs nommés pour deux ans, l'un parmi les membres du Grand Conseil, l'autre parmi les XXI; le Recteur et les quatre Doyens, nommés *pour six mois*, et les Professeurs titulaires (*Professor publicus ordinarius*).

Les pouvoirs de ce Conseil furent restreints dans une certaine mesure par les Lettres patentes du 21 Mai 1685, qui conférèrent au Préteur royal de Strasbourg divers droits de surveillance et de contrôle, tout en respectant la lettre de l'article 4 du traité de capitulation du 30 Septembre 1681.

Lettres Patentes pour le rétablissement et maintien des droits, privilèges et immunités de l'Université de la ville de Strasbourg, du 21 mai 1685.

Louis par la grâce de Dieu Roi de France et de Navarre : A nos amés et féaux les gens tenant notre Conseil Supérieur d'Alsace séant à Brisac, Salut. Ayant été bien informés de la réputation que l'Université établie par les Empereurs dans la ville de Strasbourg s'est acquise depuis un très-long tems ; & désirant prendre le même soin de ladite Université que des autres de notre Royaume, afin de la rendre d'autant plus florissante, à ces Causes Nous avons nommé, ordonné et constitué, nommons, ordonnons et constituons, par ces présentes signées de notre main, le sieur Obrecht, Préteur royal de ladite ville de Strasbourg, pour en cette qualité, et conjointement avec les Magistrats d'icelle, veiller et s'employer au rétablissement et maintien des droits de ladite Université, et des Privilèges et Immunités d'icelle ; pourvoir pour cette fin à l'administration des Biens et Revenus qui lui appartiennent ; empêcher que lesdits Biens et Revenus, aussi bien que les fondations, bourses & bénéfices destinés pour l'entretien des Études ne soient employés ni divertis à d'autres usages, ni les charges, dignités et honneurs de ladite Université conférés qu'à des personnes capables & bien intentionnées à notre service. Voulons en outre que ledit Sieur Obrecht prenne soin de tout ce qui regarde la doctrine de la Jurisprudence, Médecine, Arts, Sciences et belles-Lettres, même de la Bibliothèque publique, des Imprimeurs et Libraires, et au surplus qu'il se conforme à nos intentions au sujet de ladite Université ; de ce faire Nous lui avons donné et donnons pouvoir, autorité, commission & mandement spécial par cesdites présentes. Si vous mandons et ordonnons, que cesdites présentes vous ayez à faire enregistrer, et du contenu en icelles jouir & user pleinement, et paisiblement ledit Sieur Obrecht, cessant et faisant cesser tous troubles et empêchemens au contraire. Car tel est notre plaisir. Donné à Versailles le 21e jour de mai, l'an de grâce 1685, & de notre Règne, le 43e.

Signé : LOUIS.
Par le Roi : LE TELLIER.

Registrées le 23 Juin.
(Le contenu ès Lettres patentes ci-dessus a été dans la suite inséré dans les provisions que le Roi a accordées aux Préteurs de Strasbourg.)

Le Recteur tenait la matricule générale des étudiants dont il recevait le serment ; il avait la garde des sceptres, des sceaux et du Livre des Statuts de l'Université.

Vu leurs incessantes mutations, il est impossible que les Recteurs aient eu, sur la direction de l'enseignement universitaire, une influence sérieuse et effective qui était forcément le partage du Chancelier et des Scolarques, dont nous reproduisons dès lors les notices, de même

que nous le ferons pour les Recteurs de l'Académie de Molsheim et de l'Université épiscopale ainsi que pour les Recteurs de l'Académie au XIXᵉ siècle.

Le Doyen était directeur de sa Faculté, dont il établissait le budget.

Le Conseil académique nommait les professeurs, sauf ratification par le Magistrat. Ils devaient obligatoirement faire partie de l'Église de la Confession d'Augsbourg et leur nombre moyen était de 18.

Facultas philosophica [1].

Chaire d'histoire et d'éloquence ;
— de philosophie pratique et de droit naturel ;
— d'éloquence et de poésie ;
— de logique et de métaphysique ;
— de grec et d'hébreu ;
— de mathématiques ;
— de physique.

Faculté de Théologie.

4 professeurs.

Faculté de Droit.

Chaire d'Institutes impériales Justiniennes ;
— de Pandectes et Droit public ;
— de Pandectes et Droit canon ;
— de Droit féodal et de Code [2].

Faculté de médecine.

3 Professeurs.

Il nous paraît intéressant de reproduire la composition du corps des Professeurs au 14 Août 1621, date à laquelle fut solennellement promulguée la transformation de l'Académie de Strasbourg en Université : FACULTÉ DE THÉOLOGIE : Bechtoldus, Johannes, Theol. Doct. — Faber, Johannes, Theol. Licent. — Speccerus, Tobias, Theol. Mag. — Frœreisen, Isaacus, Theol. Doct. — FACULTÉ DE DROIT : Meierus, Justus, Jur. Doct., Codicis Prof. — Bitschius, Casparus, Jur. Doct., Pandec-

---

1. Nous sommes obligés de maintenir le terme latin, qu'il nous est impossible de rendre exactement en français.

2. La composition de ces chaires a varié quelquefois.

tarum Prof. — Clütenius, Joachimus, Jur. Doct., Pandectarum Prof. — Locamerus, Georgius David, Jur. Doct., Institutionum Prof. — FACULTÉ DE MÉDECINE : Sebizius, Melchior, Med. Doct. — Saltzmannus, Joh. Rudolphus, Med. Doct. — Sebizius junior, Melchior, Med. Doct. — FACULTAS PHILOSOPHICA : Rixingerus, Daniel, Med. Doct., Logicæ et Metaphysicæ Prof. — Florus, Marcus, Phil. Mag., Eloquentiæ Prof. — Walliserus, Laurentius Thomas, Phil. Mag., Philosophiæ practicæ Prof. — Malleolus, Isaacus, Phil. Mag., Mathematum Prof. — Berneggerus, Matthias, Phil. Mag., Historiarum Prof. — Ferberus, Nicolaus, Phil. Mag., Linguæ Græcæ Prof. — Blanckenburgius, Fridericus, Phil. Mag., Linguæ Hebrææ Prof. — Agerius, Nicolaus, Med. Doct., Physicæ Prof. — Brŭlovius, Casparus, Phil. Mag., Poëseos Prof.

Sauf fusion éventuelle de la chaire d'histoire avec celle d'éloquence et de poésie, les chaires de *Facultas philosophica* étaient généralement toutes occupées, tandis que nous constatons quelquefois des vacances de chaire plus ou moins longues pour la Faculté de théologie et surtout pour la Faculté de médecine, qui n'eut de 1625 à 1651, puis de 1658 à 1680, que deux Professeurs, assistés par un Professeur extraordinaire.

Nous rencontrons assez souvent, pour les différentes facultés, au XVIII° siècle surtout, un certain nombre de professeurs extraordinaires et de professeurs adjoints.

Les professeurs étaient quelquefois nommés pour leurs débuts à une chaire de *Facultas philosophica* qui n'avait aucun rapport avec leurs études spéciales. Avant d'arriver à la Faculté de droit, J. G. Schertz est professeur de philosophie pratique; J. E. Linck est professeur de poésie, puis de morale; J. Wieger est professeur de mathématiques; Ph. H. Bœcler, professeur à la Faculté de médecine, est d'abord professeur de logique et métaphysique, tandis que son successeur, J. R. Spielmann, débute comme professeur de poésie. Le cas se produisait surtout pour assurer les droits de professeur titulaire à des candidats qui annonçaient par leurs études de hautes capacités et leur faire prendre patience, en attendant la vacance d'une chaire dans la Faculté à laquelle ils se destinaient.

Les nominations de professeurs n'étaient définitives qu'au bout d'un an, mais cette réserve était purement platonique, car nous ne connaissons aucun exemple de nomination annulée à la fin de l'année d'épreuve.

La nouvelle Université maintint naturellement les grades de *Bacca-*

laureus philosophicus, *Doctor Philosophiæ*, *Poëta Laureatus* et de *Magister* en théologie, en droit et en médecine, que conférait déjà l'ancienne Académie.

Les thèses présentées pour l'obtention de ces différents grades étaient d'ordinaire écrites par le président de soutenance et défendues par le candidat.

Le professeur rédigeait souvent sur un même sujet un nombre plus ou moins important de thèses, publiées ensuite comme volume et qui formaient ainsi son corps de doctrine. Nous nous bornerons à citer :

Valerii Charstadii Stettinensis Pomerani, Medicinæ Doctoris, Disputationes De Universa Medicina dogmatica, in augustissima et perinclyta Argentoratensium Academia habitæ ac in lucem emissæ. (Série de 12 thèses soutenues en 1627.)

Disputationes de recta ratione purgandi, docentes quos, quibus pharmacis et quo tempore purgare deceat. In inclyta Argentoratensium Academia ingenii exercendi gratiâ propositæ a Melchiore Sebizio juniore, Doctore et Professore medico. (Série de 13 thèses soutenues en 1620 et 1621.) In-4° de IV-176 pages.

Johannis Henri Bœcleri, Sac. Cæs. Maj. & Elect. Mogunt. Consiliarii, Comit. Palat. Cæs., Histor. in Argentorat. Univ. Prof. publ. & Capit. Thom. Canonici Dissertationes academicæ. Editio secunda, altera tanto auctior. 3 vol. in-4° d'ensemble 3,160 pages. 1701-1712 [1].

Commentationes historicæ et criticæ Jo. Dan. Schœpflini, Consil. et Historiographi Gall. Reg. Acad. Inscript. et Societ. Angl. Sodal., Hist. et Eloq. in Univ. Argent. Prof. In-4° de VI-590 pages. 1741.

Ulrici Obrechti Academica in unum volumen collecta, dissertationes, orationes, prograrammata, &, complexa, cum præfatione Johannis Caspari Khunii, Historiarum & Eloquentiæ Prof. publ. Cum indicibus necessariis. In-4° de XVI-555 pages. 1704.

Fasciculus disquisitionum sacrarum Joh. Conradi Dannhaweri, in Academia Argentoratensi Doctoris & Professoris celeberrimi, Conventus ecclesiastici Præsidis & Capituli Thomani Decani quondam spectabilis. Cum Præfatione. Accesserunt ad finem VI indices necessarii. In-4° d'ensemble 2,024 pages. 1700.

Dissertationum theologicarum in Academia Argentoratensi propositarum, quibus Christianæ religionis capita De S. Scripturis, de æterna τοῦ λόγου *persona, generatione, incarnatione, statibus, satisfac-*

---

[1]. Nous n'avons pas encore pu retrouver les tirages originaux de toutes les thèses qui figurent dans ces trois volumes, mais nous en avons cependant identifié déjà un bon nombre.

tione, sessione ad dextram, etc.; *De Baptismo, S. Cœna, Justificatione, Gratia et alia e fundamentis biblicis eruuntur pentadecas, auctore Johanne Georgio Dorscheo, SS. Theol. Doctore, Prof. ordinario et Templi Cathedr. Ecclesiaste. Cum syllabo rerum, dictorum explicatorum et autorum varietatem repræsentante.* In-4° de IV-631 pages, 1638.

<small>Nouvelle édition de VIII-695 p. en 1654. — 3e édition de XVIII-688 p. en 1693.</small>

Armamentarium Justiniani, h. e. Universum jus armorum, ex ipsis jurisprudentiæ Justinianeæ penetralibus depromptum & usui præsentis sæculi accommodatum expositumque in Academia Argentoratensi opere Johan.-Ottonis Taboris, U. J. D. & P. P. (Série de 9 thèses.) In-4° de VIII-398 pages. 1654.

Les thèses de *Magister* avaient donc à cette époque une valeur scientifique bien supérieure à la moyenne des thèses de Licence ou de Doctorat, et nous invoquerons à cet égard l'appréciation de M. Ch. Giraud, membre de l'Institut, inspecteur général des études de droit : « Les « thèses étaient en ce temps-là rédigées par les professeurs eux-mêmes « et défendues par l'élève, candidat au grade. Cette pratique n'est plus « en usage chez nous et l'abandon en est peut-être regrettable. Elle a « produit dans les anciennes universités des collections précieuses de « monographies remarquables. Elle créait un lien de plus entre le « maître et l'élève, et l'un et l'autre y trouvaient un thème de travail « qui ne subsiste plus [1]. »

Les thèses de *Magister* qui sont l'œuvre du candidat se reconnaissent à la mention *Autor* portée sur le titre, et nous trouvons en nombres ronds, pour les thèses connues, un rapport variable suivant les Facultés :

	PRÉSIDENT.	CANDIDAT.
Facultas philosophica	1,090	205
Faculté de théologie	1,040	110
— de droit	1,050	365
— de médecine	560	50

Malgré la mention *Autor*, il arrivait parfois que la thèse était complètement *inspirée* par le professeur, de telle sorte que la rédaction

---

1. *Faculté de droit de Strasbourg. Concours de 1845. Éloge de Schilter. Discours d'ouverture prononcé le 6 août 1845 par M. Ch. Giraud, membre de l'Institut, Inspecteur général des études de droit, Président.* Veuve Berger-Levrault. In-8° de 31 p. 1845.

seule était l'œuvre du candidat. Nous voyons que dans ce cas le professeur la comprenait dans le nombre de ses publications et nous citerons comme exemple deux thèses soutenues sous la présidence de J. D. Schœpflin : **Weidenmann, De extincto et restaurato Occidentali Imperio**, mars 1726. — **Reuchlin, De auspiciis Romanorum**, 9 mars 1731 [1].

Nous rappellerons que le jeune étudiant consacrait d'ordinaire quatre ans à suivre les cours préparatoires de *Facultas philosophica* et que les cours de la Faculté supérieure (Théologie, Droit ou Médecine), dont il avait fait choix, réclamaient en moyenne un nombre égal d'années avant de le conduire au terme de ses études, couronnées par la collation du grade de Licencié ou de Docteur, après obtention préalable du grade de *Magister* qu'il lui était loisible de postuler à date plus ou moins rapprochée de son examen final.

Nous nous bornerons à citer au hasard quelques thèses.

	MAGISTER.	DOCTEUR.
M. Mappus (Méd.)	12 Juin 1687.	28 Mars 1692.
J. J. Mosseder (Méd.)	17 Novembre 1689.	17 Avril 1692.
J. Saltzmann (Méd.)	5 Octobre 1702.	27 Juillet 1703.
J. F. Sœdel (Méd.)	30 Août 1694.	25 Mars 1695.
J. D. Schefer (Méd.)	19 Août 1700.	8 Septembre 1700.
F. Oesinger (Droit)	14 Juin 1709.	7 Août 1711.
J. F. Reisseissen (Droit)	19 Novembre 1710.	10 Août 1711.
B. F. Saltzmann (Droit)	10 Novembre 1710.	3 Juin 1711.
J. C. Treittlinger (Droit)	3 Avril 1783.	28 Avril 1783.
E. Stœber (Droit)	23 Mai 1776.	21 Septembre 1778.

L'écart entre les deux dates ne préjuge pas forcément un manque de travail ou de capacité de la part du candidat. Les étudiants alsaciens allaient souvent passer un ou plusieurs semestres dans les Universités étrangères, avant de prendre leurs derniers degrés et recevaient quelquefois à cet effet des bourses de voyage.

Il y a lieu d'observer que les grades de Licencié (*Licentia gradum Doctoris petendi*) et de Docteur avaient une *valeur scientifique absolument égale*.

Ce fait, qui nous étonne au premier abord, s'explique par les usages de notre ancienne Université. La collation du grade de Docteur était une cérémonie solennelle qui comportait des dépenses importantes et souvent trop lourdes pour la modeste bourse d'un étudiant dont la famille n'avait pas été favorisée par les dons de la fortune.

---

1. Voir Schœpflin, *Commentationes historicæ et criticæ*. In-4° de 590 p. H. Decker à Bâle. 1741.

Les droits afférents à la Faculté de médecine et qui devaient être à peu près les mêmes pour les autres Facultés, étaient d'environ 50 thalers, auxquels venaient s'ajouter les frais d'impression de la thèse, et on peut estimer à 112 thalers environ les droits d'inscription et honoraires payés en cours d'études par le candidat.

Une brochure de C. Bitschius, professeur à la Faculté de droit : *Promotio doctoralis juridica et in ea oratio parentalis de vita et obitu Dn. Justi Meieri, Noviomagensis Geldri*, etc. (In-4°, 1623), nous donne le procès-verbal d'une promotion au Doctorat.

Promotio doctoralis juridica. 13 Martii 1623
et Oratio parentalis Justi Meieri.

On se réunissait à la Tribu du Miroir, pour se rendre de là en cortège solennel au chœur de l'ancienne église des Dominicains ou Temple-Neuf, réservé aux cérémonies de ce genre [1].

Le cortège, comprenant le Recteur, le Promoteur, les Doyens, Professeurs, Pasteurs, Précepteurs du Gymnase, etc., était précédé par les bedeaux portant les sceptres de l'Université et de jeunes garçons qui portaient la barrette et le chapeau du Docteur ainsi que de grosses bougies.

General Punkten, für die promotiones doctorales, 1622.

Après la cérémonie, le nouveau Docteur offrait un grand dîner, pour lequel la Ville fournissait le vin et auquel étaient obligatoirement invités le Stettmeistre, l'Ammeistre, le Chancelier, les Scolarques, le Recteur, les quatre Doyens et les Professeurs de la Faculté.

L'orchestre, lors de la réception solennelle et de même pendant le repas, était également aux frais du héros de la journée. On conçoit facilement que le total devait fournir une somme assez ronde, d'autant plus qu'il fallait sans doute distribuer de droite et de gauche plus d'un pourboire et que le jeune Docteur était naturellement obligé d'inviter un certain nombre de parents et d'amis.

En tenant compte qu'il s'agissait, non d'un simple dîner, annuel ou mensuel, entre membres d'une même société, mais d'un festin d'apparat auquel étaient conviés les plus hauts dignitaires de la ville, nous estimons que la dépense devait facilement arriver, d'après nos prix

---

1. Ce chœur fut affecté plus tard, et jusqu'en 1870, à la Bibliothèque de la ville, détruite par le bombardement.

actuels, à 400 ou 500 francs, et peut-être restons-nous au-dessous de la réalité.

Nous indiquons, autant que possible, dans nos Annales, la date de soutenance ou collation du grade (entre parenthèses) et celle de la réception solennelle. En raison de notre travail, il nous est dès lors facile de citer, pour divers professeurs, des exemples à l'appui de notre thèse.

DATES

	DE SOUTENANCE.	DE PROMOTION.	DE PROFESSORAT.
J. Bœcler (Méd.)	24 Octob. 1678.	23 Avril 1705.	
J. F. Bœcler (Droit)	18 Novemb. 1716.	5 Mai 1731.	Janvier 1732.
J. D. Braun (Droit)	18 Juin 1760.	26 Septemb. 1776.	14 Août 1775.
J. H. Hertenstein (Droit)	22 Décemb. 1714.	5 Novemb. 1722.	16 Novemb. 1719.
Ch. G. Koch (Droit)	7 Août 1756.	26 Septemb. 1776.	
M. Mappus (Méd.)	24 Mars 1650.	28 Mai 1664.	29 Novemb. 1649.
P. C. Rang (Droit)	26 Janv. 1743.	1 Août 1754.	3 Novemb. 1747.
B. Scheid (Théol.)	10 Mai 1644.	7 Décemb. 1652.	29 Novemb. 1649.
F. Schrag (Droit)	9 Septemb. 1669.	6 Mai 1675.	15 Juin 1673.
G. F. Weber (Théol.)	20 Septemb. 1785.	27 Mars 1788.	27 Janvier 1784.
J. Wieger (Droit)	11 Octob. 1714.	5 Novemb. 1723.	16 Novemb. 1719.
J. J. Zentgraff (Théol.)	2 Mai 1677.	5 Décemb. 1686.	11 Août 1676.

Nous voyons ici des professeurs titulaires attendre deux ou trois ans avant de demander la promotion solennelle, preuve évidente que les frais en étaient très sérieux et qu'ils éprouvaient le besoin de faire d'abord quelques économies, afin de les couvrir [1].

Les dîners officiels devinrent, avec le temps, plus somptueux et l'usage s'introduisit bientôt, pour en alléger les frais, de comprendre dans une même promotion solennelle plusieurs nouveaux Docteurs, entre lesquels se répartissaient les dépenses afférentes aux invités obligatoires.

F. Wieger établit un calcul des frais basé sur la promotion simultanée de dix candidats et fixe la dépense moyenne pour chacun d'eux à 25 thalers [2], mais le cas ne se présente que pour la Faculté de médecine, et seulement à partir de 1730. Nous ignorons d'ailleurs à quelle

---

1. A partir de 1754, les Professeurs furent exemptés de l'obligation d'offrir le dîner solennel. « Relatum ein Decret der Ober-Schulherren vom 29 April 1754, « dass diejenigen *Professoren* die den Doctortitel annehmen, von dem *Convivio* « oder dem Geld dafür, also auch von dem Doctorthaler dispensirt seyen. » (Acta Conventus ecclesiastici, 1771.)

2. F. WIEGER, *Geschichte der Medicin und ihrer Lehranstalten in Strassburg*, p. 55.

année le calcul se rapporte et s'il nous indique la dépense payée en monnaie de l'époque ou ramenée au *pouvoir actuel* de l'argent, d'après lequel 25 thalers en 1730 répondraient environ à 400 francs de nos jours.

Nous possédons, quant à la Faculté de théologie, le détail de 28 promotions solennelles pour 35 nouveaux Docteurs et nous avons pour la Faculté de Droit ce même détail pour 87 promotions comprenant 171 Docteurs, donc, en moyenne, deux docteurs au plus pour supporter l'ensemble des dépenses.

La réception au Doctorat en philosophie ne se faisait pas avec autant de solennité et comportait des frais moins élevés.

On verra par nos Annales que ce grade suffisait pour être nommé Professeur titulaire de *Facultas philosophica*.

Nous avons constaté l'existence du grade de Licencié en théologie, mais les thèses soutenues pour l'obtenir n'en font pas mention. Contrairement à ce qui existe pour les autres Facultés, ce grade ne formait pas l'équivalence (sauf la promotion solennelle) du Doctorat, qui exigeait la soutenance effective d'une nouvelle thèse. C'est ce qui explique la nomination comme Professeurs titulaires de J. J. Zentgraff et G. F. Weber, nommés avant d'avoir obtenu le grade de Docteur en théologie et cités dans notre liste (page ... et ...), mais qui se trouvaient dans une position identique à celle de leurs collègues des autres Facultés, mentionnés dans cette même liste.

Pour la collation des grades par la Faculté de théologie, dans notre ancienne Université, nous retrouvons les errements admis de nos jours encore par nos deux Facultés de théologie protestante.

Il suffisait de deux années d'études pour obtenir, au XVII° et XVIII° siècles, le grade de *Magister* en Droit ou en Médecine, alors qu'à la Faculté de théologie, il fallait quatre à cinq ans. C'est ainsi que nous trouvons trois candidats, promus Docteurs en philosophie en 1767, formant dès lors l'élite de leur promotion et qui n'obtiennent qu'en 1771 et 1772 le grade de *Magister* en théologie, de même qu'actuellement le grade de Bachelier en théologie, en tenant compte surtout de la période d'études préparatoires au Séminaire, forme l'équivalence de la Licence en Droit.

Les grades de Licencié et de Docteur en théologie n'étaient postulés, comme ils le sont maintenant encore, que par les rares candidats qui assignaient comme but à leur carrière le Professorat de Faculté.

D'après un discours inaugural prononcé le 27 mai 1667 par B. Scheid, Professeur de langues orientales, la *Facultas philosophica* a créé, de

1560 à 1667, un nombre total de 15 *Poëtæ laureati*, 1,495 *Magistri* ou Docteurs en philosophie et 1,340 Bacheliers en philosophie.

Nous constatons de 1621 à 1792 pour la Faculté de médecine 155 promotions solennelles, conférant le grade de Docteur à 686 Candidats. Le nombre des thèses présentées pour le Doctorat a été de 788. Dès lors 102 Candidats n'ont pas réclamé la promotion solennelle ou ont été refusés à l'examen.

Nous n'avons pas de données précises quant aux autres Facultés dont les Matricules de Candidats ont été assez mal tenues et exigeraient un gros travail de dépouillement que nous regrettons de ne pas pouvoir faire à distance.

Au cours de notre travail, nous avons été frappé par le titre de *Comes palatinus Cæsareus* ou *Comes sacri Palatii Lateranensis Romani* porté par quelques professeurs : Jean-Henri Bœcler (1663-1672); Jean Bœcler (1673-1701); Jean Rebhan (1662-1689); Melchior Sebiz (1630-1674), et il nous a paru intéressant d'étudier une question peu connue de nos jours.

Nous avons eu la bonne fortune de découvrir quelques pièces relativement inédites, qui viennent compléter une publication d'une réelle valeur de M. le major J. Kindler de Knobloch, résultat de recherches faites en même temps que les nôtres[1].

Le *Comes Palatii* était sous Charlemagne un des principaux fonctionnaires de la Cour. En l'absence de l'Empereur, il présidait le Tribunal du Palais et il avait pour l'ensemble des affaires laïques une influence semblable à celle que l'Archichapelain ou Apochrisiaire exerçait pour les affaires ecclésiastiques. Cette fonction disparut vers la fin du IXe siècle.

Othon le Grand, Empereur d'Allemagne (956-973), créa de nouveau des Comtes palatins qui portaient le titre de *Hofpfalzgraf, Reichsgraf, Comes palatinus, Comes sacri Consistorii Imperialis, Comes Aulæ Palatinæ Cæsareus*. Ils devaient représenter l'Empereur dans les Duchés et surveiller les Ducs qui cherchaient à rendre leurs fonctions héréditaires, mais il arriva que quelques-uns de ces Comtes réussirent à se tailler eux-mêmes une Principauté. L'exemple le plus remarquable est celui des Comtes palatins du Rhin, dont les descendants occupent de nos jours le trône de Bavière.

---

1. *Zeitschrift für die Geschichte des Oberrheins, herausgegeben von der Badischen historischen Kommission*. Neue Folge. Band VI. 1891 : *Die pfalzgräfliche Registratur des Domprobstes Wilhelm Bœcklin von Bœcklinsau*, von Julius Kindler von Knobloch. (Pages 263-282 et 645-662.)

En présence d'un état de choses aussi préjudiciable à leurs propres intérêts, les Empereurs d'Allemagne s'attachèrent naturellement à réduire autant que possible les pouvoirs des Comtes palatins qui n'eurent plus, dans les nominations nouvelles, que des attributions restreintes, tout en conservant une réelle importance.

L'Empereur Charles IV (1347-1378) institua des *Comites palatini majores* et des *Comites palatini minores.*

Le *Comes palatinus minor* (Petit Comitat) avait le droit d'octroyer des armoiries, d'accorder les droits de fief, de nommer des notaires, de conférer les grades universitaires de *Baccalaureus Philosophiæ* et de *Doctor Philosophiæ*, de *Poëta laureatus*, de Bachelier, Licencié et Docteur des différentes Facultés, d'accorder aux mineurs les droits de majorité et de légitimer les enfants naturels.

Ces pouvoirs étaient, tantôt restreints à la personne du titulaire, tantôt transmissibles à quelques membres de sa famille désignés d'ordinaire nommément.

Le Petit Comitat était fréquemment accordé aux Universités et ses pouvoirs étaient exercés par le Pro-Chancelier, ou le Recteur, ou le Pro-Recteur, ou le Doyen de la Faculté de droit.

Le *Comes palatinus major* (Grand Comitat) avait de plus le droit de conférer le Petit Comitat et la noblesse, généralement avec fixation d'un nombre de cas qu'il ne devait pas dépasser et ses pouvoirs étaient le plus souvent héréditaires. La première nomination connue est celle de Jean Amadi, citoyen de Venise, qui reçut de Charles IV le Grand Comitat par diplôme daté de Prague, 30 Mai 1363.

Nous reproduisons *in extenso* le diplôme conféré en 1491 par l'Empereur Frédéric II à Aloyse Blancus Paléologue, Prince du Péloponèse.

Diplôme de Frédéric II 1491 et Confirmation par Maximilien II 1576.

Ces hautes fonctions furent naturellement fort estimées pendant plusieurs siècles. Les Conseillers des Princes souverains, les chefs des familles nobles, les savants les plus célèbres tinrent à honneur d'en être revêtus. Nous ajouterons que les différentes collations et nominations comportaient le paiement de droits et honoraires dont profitait le Comte palatin. Nous apprenons par Jean de Müller qu'Albert de Bonstetten fut nommé Comte palatin le 20 Octobre 1482, avec le droit de conférer vingt Diplômes de noblesse.

Il ressort de la publication de M. J. Kindler de Knobloch que les archives, malheureusement incomplètes, de Guillaume Bœcklin de

Bœcklinsau nommé Comte Palatin par l'Empereur Charles-Quint, suivant Lettres patentes datées de Bruxelles, 20 Août 1555, établissent qu'il a conféré, de 1556 à 1576, pour le moins 179 armoiries, nommé 67 notaires et légitimé 32 enfants naturels.

Le Grand Comitat entraîna à la longue des abus graves, par le fait surtout de son hérédité, qui en fit advenir les privilèges même à des tailleurs et des savetiers. Nous constatons notamment qu'un baron de Vöhlin fit au XVIII° siècle de ses droits l'objet d'une véritable spéculation. Il avait engagé à son service des commissaires ou agents chargés de lui chercher à plusieurs lieues à la ronde des clients auxquels il conférait pour des prix variant entre vingt et cinquante florins, sans aucune distinction de classe ou de mérite, les privilèges de Comte Palatin, de noblesse, de notaire, de docteur ou de licencié. Après avoir annobli plusieurs négociants d'Augsbourg, il eut l'effronterie de nommer Comte Palatin, avec tous les droits résultant de ce titre, un barbier ou perruquier de cette ville et les plaintes du Magistrat d'Augsbourg amenèrent plus ou moins la fin de son fructueux négoce[1].

En fait, les Conseils de l'Empire d'Allemagne tentèrent en vain au XVIII° siècle, entre autres en 1708, 1711 et 1753, de réagir d'une manière générale contre ces abus, qui avaient fini par déconsidérer absolument le titre des Comtes Palatins et les nominations faites par eux.

Ces privilèges prirent naturellement fin avec l'Empire d'Allemagne, après 1797, et la dernière nomination a eu lieu en faveur du lieutenant-colonel et chambellan Philippe Bufalini, Marquis de San-Giustino par Lettres patentes en date de Münich, 8 Juillet 1792.

L'acte du 21 Novembre 1703, probablement inédit, par lequel Jean-Philippe Bœcler a nommé un notaire, nous prouve d'ailleurs, par le nombre et l'importance des témoins, que les nominations de ce genre étaient faites dans bien des cas avec toutes les garanties désirables.

Nomination de notaire par J. Ph. Bœcler, 21 Novembre 1703.

L'acte du 28 Mars 1672 par lequel Jean Rebhan confère le grade de *Poëta laureatus* nous fait connaître les pouvoirs des Comtes palatins pour la collation des grades universitaires.

---

[1]. *Handbuch des Teutschen Staatsrechts nach dem System des Herrn Geheimen Justizrath Pütter, zum gemeinnützigen Gebrauch der gebildeten Stände in Teutschland mit Rücksicht auf die neuesten merkwürdigsten Ereignisse bearbeitet von dem Hofrath und Professor Hæberlin zu Helmstädt.* Neue verbesserte und vermehrte Ausgabe. Berlin, F. Vieweg. 3 vol. in-8°. 1797. (Tome I, pp. 458-462.)

Nomination de Poëta laureatus par J. Rebhan, 28 Mars 1672.

Nous reproduisons enfin en extrait, d'après la publication de M. J. Kindler de Knobloch, une analyse des pouvoirs accordés à Guillaume Bœcklin de Bœcklinsau en vue des collations d'armoiries :

Nachdem Weyland der Aller Durchleüchtigst, Grossemechtigst und unüberwindlichlichist Fürst unnd Herr, Herr Carolus der Fünft, Römisch Kayser, etc., Unser Aller Gnedigster Herr, hochloblichster unnd seligster gedechtnus, unns bey Zeiten Ires Lebenns unnd Regierung, alls Irer Mayestat Rats, unnd des Kayserlichen Hauses Comes mitt villerley underschidlichen Freyheiten und Privilegien begabt, und under anderm gnediglichen versehenn hat, dass wir unser Lebenlang aus Kayserlichem Gewaldt und Freyheit unsers gefallens Ehrlichenn, Redlichenn, Guodter geberdt und sitten, auch gegen Ihre Mayestat und dem heilligenn römischen Reich wolverdienten Persohnen, so wir dartzu taugenlich achten, gubüerende Waffen, Schilt und Helm geben, und sie Lehenns und Waffengenos mit allen darzugehörenden Ehren, Würden, Freyheiten, Vorthailen, Rechtenn unnd Gerechtigkeiten auch Gewonheiten, Dern sich Andere Irer Kayserlichenn Mayestat und des heiligen Reichs Lehenns und Waffengenos Leüts, Freüwen gebrauchen, geniessenn, machen mögen ; Alles nach besag unnd inn crafft eines sondern Articuls, inn dem vonn Hochstgedachter Römischen Kayserlichen Mayestat, uns aus sonderm gnedigsten willen gegebnen Pallatinat begriffen ist, Wöllicher also lautet :

« Darumb so habenn wir alls römischer Kayser aus vorgemelten und
« andern, Redlichen und Beweglichen Ursachenn, mit wolbedachtem müots
« Rechtenwissen unnd aus aigner bewegnus, auch guotem zeittligtem Rats
« unserer und des Reichs Fürsten, Grafen, Freyenherren, Edlen und getrewen
« Demselben Unserm Hofrath Wilhelm Bœckhlin, etc., zue ergötzlicheit seiner
« getreuwen nutzlichen unnd Fruchtbarlichen dienst, unnd damit er hinfüro
« destomher gereitzt werde darrinnen zu verharrenn dise Besondere Gnad und
« Freyheit gethann und gnediglichenn gegönnt, erlaubt, auch dessen unsern
« volkommenn gwallt verlyhen unnd gegeben. Thun solches hiemit aus Rö-
« mischer Kayserlichen Macht, vollkommenheit, wissenlich, inn crafft diss Briefs ;
« Also dass der vorgenant unser Hofrath inn crafft diser unser Kayserlichen
« Gnad, Freyheit unnd Ime gegebnen Gwalts nun hinfüro so offt er will allen
« Jeglichenn unverleumdsten Persohnen, die er darztue taugenlich würdig und
« empfenglich achtet vonn Neuwen Waffenn, Schilt unnd Helm mitt oder den
« Lehen Artickel gebenn unnd seines gefallens verleihen, sie Lehens und
« Waffensgenos machen soll und mag, etc.

« (Mit disen annfang : Carolus quintus, divina favente Clementia Romano-
« rum Imperator augustus ac Rex Germaniæ Hispaniarum utriusque Siciliæ
« Hirusalam Hungariæ Dalmatiæ, Croatiæ, etc., unnd am Datum weisendt :
« In oppido nostro Bruexellensi Ducatus Prabantiæ die vigesima mensis Augusti

« Anno Domini Millesimo quingentesimo quinquagesimo quinto Imperii nostri
« Trigesimo quinto et Regnorum nostrorum Trigesimo nono). »

Par un hasard assez singulier, les Comtes palatins ont conservé en Alsace leurs pouvoirs pendant une période de vingt-trois ans à partir de la réunion de Strasbourg à la France.

Lettres patentes du 31 Mars 1704.

Il y a évidemment une erreur de fait dans ces Lettres patentes, car l'acte de Jean-Philippe Bœcler, en date du 21 Novembre 1703, prouve d'une manière certaine que les droits des Comtes Palatins résidant à Strasbourg avaient été reconnus et confirmés en 1681 par Louis XIV (« solche auch .... mein Allergnädigster König und herr aller-
« gnädigst confirmirt). » Il y a sans doute lieu d'admettre que le Gouvernement français ne s'était pas rendu compte de toute l'importance de ces privilèges et que leur résultat a échappé jusqu'en 1704 à l'attention du Conseil souverain d'Alsace, des Intendants successifs de cette Province et du Prêteur royal de Strasbourg. Nous observerons pour finir que M. Sebiz, J. Rebhan, les quatre Bœcler ainsi que Guillaume Bœcklin de Bœcklinsau n'avaient que le *Petit Comitat*, ce qui n'a pas empêché ce dernier, à l'instar d'autres Comtes Palatins, de conférer la noblesse dans trois cas au moins, en dépassant ses prérogatives, ce que les Empereurs d'Allemagne paraissent avoir admis bien des fois d'une manière tacite.

Nous ajouterons qu'il fallait être Docteur d'une Faculté ou Conseiller, pour exercer les droits du *Petit Comitat*, lorsqu'il était partiellement ou complètement héréditaire, tandis que le *Grand Comitat* n'était soumis à aucune condition restrictive de ses droits.

Grâce au mérite de ses professeurs, l'Université eut des années de grande prospérité, interrompues par des périodes de décadence provenant surtout des événements politiques.

Nous constatons naturellement une diminution énorme dans le nombre des étudiants pour les années désastreuses de 1632 à 1648, pendant lesquelles la guerre de trente ans porta ses ravages en Alsace. Il en fut de même plus tard, bien que d'une manière moins sensible, lors des guerres du XVIIIe siècle.

La fréquence diminue également pendant une vingtaine d'années à partir de la réunion de Strasbourg à la France, comme conséquence naturelle du changement survenu.

La situation politique exerçait une influence des plus sensibles sur la prospérité acquise à notre Université, par suite de la haute estime dont elle jouissait et qui attirait dans nos murs un grand nombre d'étudiants étrangers, ce qui ressort nettement du tableau comparatif que nous établissons d'après les thèses dont nous avons connaissance et dont nous indiquons d'ailleurs les totaux annuels aux pages ... à ...

1574-1620.	ALSACIENS.	ÉTRANGERS.
Facultas philosophica	18	34
Faculté de théologie	8	4
— de droit	38	157
— de médecine	24	50
1621-1680.		
Facultas philosophica	161	107
Faculté de théologie	174	315
— de droit	140	349
— de médecine	144	384
1681-1792.		
Facultas philosophica	516	68
Faculté de théologie	440	114
— de droit	1,825	1,144
— de médecine	331	364

donc un total de 3,819 Alsaciens et de 4,996 étrangers.

Les résultats de *Facultas philosophica* n'ont rien qui puisse nous étonner, car les étudiants étrangers à l'Alsace avaient naturellement recours pour cette période d'études préparatoires à l'Université la plus rapprochée de la résidence de leur famille.

Nous n'avons pas pu comprendre dans notre relevé 743 étudiants dont le lieu de naissance n'est pas indiqué, mais il est probable que la moitié environ venait du dehors.

F. Wieger nous donne des résultats plus remarquables encore en indiquant pour la Médecine [1], non les données déduites des soutenances

---

1. F. WIEGER, *Geschichte der Medicin und ihrer Lehranstalten in Strassburg*, p. 72.

de thèses, mais le nombre total des étudiants inscrits. Laissant de côté 236 étudiants d'origine inconnue, nous aurions 238 Alsaciens et 2,503 étudiants étrangers, dont la majeure partie prenait dès lors ses grades dans l'Université de son pays.

Les données de F. Wieger ne nous paraissent toutefois pas avoir le caractère d'une exactitude absolue. Elles restent évidemment au dessous de la réalité quant aux Alsaciens, attendu que la seule période de 1681 à 1792 nous fournit pour l'Alsace, à raison de deux soutenances de thèses au plus par candidat, un minimum de 208 étudiants Alsaciens.

Nos résultats se trouvent du reste précisés par les détails de listes que nous donnons aux pages ... et ...

Nous avons trouvé, pour nos Notices des Professeurs de l'Université, une ressource bien précieuse dans les collections de *Programmata rectoralia* qui existent dans les différentes Bibliothèques de Strasbourg[1].

Nous avons, en très grande majorité, les *Programmata rectoralia funebria* consacrés au souvenir des personnages marquants de Strasbourg : Membres du Magistrat, Professeurs, Pasteurs, Précepteurs du Gymnase, etc. Ce sont des notices biographiques, imprimées en caractères assez serrés, sous forme d'affiches d'un format moyen de 50 sur 35 centimètres et rédigées *d'urgence* par le Recteur de l'Université, après le décès, pour servir en même temps comme invitation à l'enterrement.

Les *Programmata inauguralia*, imprimés également comme affiches lors de l'installation solennelle d'un nouveau professeur, nous donnent son autobiographie précédée du discours de bienvenue prononcé par le Recteur.

Ces divers programmes nous fournissent des données d'une rare précision quant à la vie de nos anciens professeurs : Noms et prénoms des parents, quelquefois même des ancêtres; lieux et dates précises de la naissance, de l'entrée au Gymnase et à l'Université, des soutenances de thèses avec leur sujet, de la nomination au Professorat, du mariage avec les renseignements relatifs aux enfants et quelquefois même aux petits enfants, puis enfin date de la mort.

---

1. Nos abréviations B. U. — B. C. — B. W. indiquent que les programmes qui ont passé sous nos yeux se trouvent à la Bibliothèque de l'Université, à la Bibliothèque de la Ville ou à la Bibliothèque du Collège Saint-Guillaume. — Pour les duplicatas, nous avons indiqué la Bibliothèque de l'Université, organisée spécialement en vue des prêts au dehors.

Nous avons relevé quelquefois des lacunes, assez rares d'ailleurs, mais en général nous pouvons constater que la collection de ces pièces assure la possibilité de rédiger, d'une manière très satisfaisante déjà, les biographies de nos professeurs du XVIIe et du XVIIIe siècle, à la seule condition de rechercher dans les recueils bibliographiques et les bibliothèques les titres des ouvrages qu'ils ont publiés.

Nous avons d'ailleurs, dans bien des cas, sous le titre de : *Programma in exequiis*, etc., ou de *Christlicher Lebenslauff*, etc., des biographies plus complètes encore.

Il y a toutefois lieu d'observer que ces différentes sources n'indiquent d'ordinaire pas les mutations de chaires dans une même Faculté. J'ai été obligé de recourir dans ce cas aux renseignements fournis par les titres des thèses qui ne nous donnent naturellement pas les dates précises pour ces mutations. Nous voyons que J. G. Schertz a passé en 1730 de la chaire de Pandectes et Droit canon à celle des Institutes impériales, parce que les thèses de cette année constatent la mutation, mais rien ne nous prouve qu'il n'a occupé la chaire de Droit public et féodal qu'à partir de 1746, date fournie par une thèse. Ces indications intéressantes, mais pour lesquelles la date n'est pas certaine, sont donc séparées par un trait, dans mes Annales, des données qui constituent la notice proprement dite.

J'ai souvent regretté les données si précises, les détails presque surabondants que nous fournissent d'ordinaire les pièces du XVIIe et du XVIIIe siècle, en recherchant à grand'peine, malgré le Bulletin universitaire, les Séances solennelles de rentrée des Facultés, les Éloges historiques et les biographies, voire même malgré les archives du Ministère de l'Instruction publique, mises à ma disposition avec une grande obligeance, les renseignements nécessaires pour établir mes notices quant aux professeurs du XIXe siècle.

Mes regrets ont été plus vifs encore pour l'Université épiscopale, le Grand Séminaire catholique et le Collège de Molsheim depuis 1765 à 1791 en raison des grosses lacunes que mon travail présente pour ces établissements et qu'il m'a été impossible de combler, vu la disparition presque complète des archives de l'Évêché de Strasbourg pour cette période.

UNIVERSITÉ ÉPISCOPALE

L'historique de l'Université épiscopale nous présente les mêmes transitions que nous avons constatées pour l'Université de Strasbourg proprement dite.

Désirant assurer des bases solides au recrutement et à l'instruction supérieure du clergé catholique, Jean de Manderscheid, évêque de Strasbourg, créa à Molsheim un collège dont la direction fut confiée aux Jésuites de la Province du Rhin supérieur, après entente avec Everhard Mercurianus, général de cet ordre. Les cours commencèrent le 25 mars 1581 sous le rectorat du Père Jacques Ernfelder de Spire, dans les bâtiments de l'ancien hôpital.

La localité était heureusement choisie, dans le proche voisinage des couvents de Sainte-Odile et de Saint-Léonard, des abbayes d'Altorff (ordre des Bénédictins) et de Haslach.

Le collège devint Grand Séminaire en 1592 sous le rectorat du Père Théodore Busæus.

Fondation par le Cardinal Charles de Lorraine, 11 Juin 1607.

Léopold, archiduc d'Autriche, évêque de Strasbourg et de Passau, obtint, en vertu d'une bulle du Pape Paul V, en date du 1 Février 1617, confirmée le 7 Septembre 1617 par l'empereur Matthias, la transformation du collège de Molsheim en *Académie*, comprenant *Facultas philosophica* et Faculté de théologie.

Bulle du Pape Paul V, 1 Février 1612.

Lettres patentes de l'empereur Matthias, 1 Septembre 1617.

Statuts de l'Académie, 1618.

Inauguration de l'Académie, 27 Août 1618.

La série des études comportait (*Facultas philosophica*) une année de

logique, une année de *physica* et une année de métaphysique, donc trois ans réduits à deux, à dater de 1685, par suite de la fusion de l'année de métaphysique avec celle de logique ; puis (*Facultas theologica*) quatre années de théologie.

Les professeurs de Molsheim ont publié un assez grand nombre d'ouvrages, mais, comme résultat de l'activité scientifique de l'Académie elle-même, nous n'avons pu découvrir jusqu'ici que quatre thèses.

En 1683 Guillaume-Egon de Fürstenberg, Cardinal et Prince-Évêque de Strasbourg, créa en cette ville un Grand-Séminaire dont la fondation fut ratifiée par lettres patentes de Louis XIV en date de Septembre 1683.

Fondation du Séminaire, 2 Août 1683.

Lettres patentes de Septembre 1683.

De son côté Louis XIV fonda à Strasbourg en 1685, comme concurrence au Gymnase protestant, un Collège royal.

Lettres patentes d'Août 1685.

Le Collège royal devait comprendre, outre ses classes d'enseignement secondaire, une Faculté des langues (*Facultas linguarum*), plus une *Facultas philosophica* qui donnait les cours préparatoires de Théologie dont l'enseignement supérieur serait assuré soit par une Faculté de théologie ressortant du Collège, soit par l'Académie de Molsheim [1].

Louis XIV eut l'idée assez originale de rattacher ces deux Facultés, au point de vue de la collation des grades, à l'Université de Strasbourg proprement dite, par une délégation des droits et privilèges qui lui avaient été conférés en 1621, par l'Empereur Ferdinand II.

Ex actis Conventus Scholarcharum, 9 Novemb. 1685.

Le désir de profiter des ressources scientifiques réunies à Strasbourg amenèrent logiquement, après quelques années, la création dans cette ville d'un établissement universitaire.

---

1. Le Brevet du 15 Août 1691 porte : « à charge d'entretenir dans ledit Collège
« de Strasbourg un Professeur de droit canon, un de mathématiques, un de la
« Langue française et un de l'allemande, aussi bien que plusieurs jeunes Jésuites
« français, étudians en Philosophie & Théologie, qui apprendront en même tems la
« langue allemande. »

Lettres patentes de Novembre 1701.

Ces Lettres patentes provoquèrent de la part des Professeurs de l'Académie de Molsheim et de l'Évêque de Strasbourg des réclamations assez vives.

Réclamations du Collège de Molsheim.

Moyens d'opposition du Cardinal de Fürstenberg.

De nouvelles Lettres patentes, en date de Février 1702 firent droit, en partie du moins, à ces protestations.

MÉMOIRE[1].

Le projet de lettres patentes que M. le Card^{al} de Rohan propose pour servir de reglement à son université Episcopale de Strasbourg, se porte sur 2 objets principaux.

Dans l'un composé de 17 Articles il ne s'agit que des fonctions de Recteur, Chancelier, Sindic, Doyen et supots de l'université, de leur nomination, comptabilité envers les Evêques.

L'article porté ès Articles 12, 13 et 14 tend à l'établissement de deux Chaires de Professeurs du droit Canonique, lesquels conjointement avec deux Professeurs en théologie, et ceux qui auront assisté aux thèses pourront conferer les dégrés de Bachelier, Licentié et Docteur en droit Canonique, pour par Eux jouir des droits, prerogations et privileges affectés aux d^{ts}. dégrès par les ordonnances de nos Roys.

On ne voit rien dans la 1re. partie du projet qui puisse interesser le public ou le Roy a rejetter le reglement proposé : il est relatif à l'esprit et aux dispositions des bulles de Paul Cinq de l'an 1617. au Diplome de l'Empereur Mathias de la même année, aux lettres patentes de Louis XIIIJ de 1693. 1701 et 1702. Tous ces titres de Création de l'université Episcopale à Molsheim et de sa translation à Strasbourg se reunissent à borner cette université au pouvoir de conferer les dégrés dans les deux facultés des Arts et de théologie.

Il serait effectivement dangereux de confier à des professeurs Luthériens l'enseignement dans ces deux facultés à la Jeunesse Catholique, c'est dans les Etudes de celle des arts que les jeunes Gens sont imbus des premiers

---

1. Archives de la Basse-Alsace, Série G, n° 1467.

principes des dogmes de leur religion, celle de théologie développe ces principes à un âge plus mûr et roule entierement sur le Dogme, dans lequel nous sommes si Eloignés des Luthériens, qu'il n'est pas possible que des professeurs de cette religion puisse(nt) être chargé(s) de cet enseignement à des Catholiques.

La Seconde partie du projet n'est pas aussi essentiellement liée à la religion, le droit canonique a bien quelques rapports avec des matières Théologiques ou Dogmatiques, et c'est sans doute par cette raison que Louis XIIIJ a voulu qu'outre les professeurs en théologie, il y en eut un chargé en l'université Episcopale de l'enseignement du droit canonique.

Mais la partie très dominante du droit canonique concernant la discipline exterieure, les matières bénéficiales, Decimales, l'ordre judiciaire qui n'ont pas grande liaison avec les matières théologiques et dogmatiques, et qui sont toutes du ressort de la puissance seculiére, le Roy n'a point donné à cette université le pouvoir de conferer des dégrès dans le droit canonique, qui est très independant des facultés des arts et de théologie pr. lesquelles Elle a été crée.

Le Nouvel Etablissement que M. le Card^{al}. sollicite ne seroit pas fort conciliable avec l'art : 2e des lettres qu'il propose conçu en ces Termes. La d^{te}. université continuera d'être composée de 2. facultés de théologie et des arts dont chacune aura ses Docteurs, Regens ou professeurs, officiers Supots et Ecoliers à l'instar des facultés des autres universités de notre royaume.

Où il n'y a que deux facultés, il ne peut pas y avoir droit de conferer les dégrès en 3 facultés, la collation des dégrès academique ne depend pas du seul enseignem^t., il faut un corps de faculté existante; des examinateurs, Docteurs en la même faculté, au moins au nombre trois, un concours au moins possible d'une assemblée de gradués de la même faculté aux Soutenances de thèses publiques usitée à l'obtention des dégrès, l'université Episcopale quoiqu'augmentée d'une Chaire de Professeur en droit Canonique ne pourroit remplir ces conditions Requises au moins pour ne point avilir les dégrès, (où) des Professeurs en théologie ne peuvent pas Supléer : ils sont aussi incompétants à juger de la capacité d'un Docteur en droit canonique, qu'un Docteur en Medecine seroit incompetent pour opiner sur la capacité d'un Candidat en droit, ce sont des facultés totalement differentes, et une université bornée aux arts et à la théologie ne peut pas plus conferer les degrès en droit, qu'une université composée de deux facultés de Medecine et de droit ne pourroit conferer le Doctorat en théologie ; on scait que la constitution des accademies depend des souverains mais il n'est pas de leur dignité, de confondre les pouvoirs des différentes facultés en matière de collation des Dégrès.

Il y une autre reflexion à faire sur cette partie de la demande de M. le Card^{al}. La Ville de Strasbourg a une université composée de toutes les facultés. Elle est libre dans toute l'Allemagne et le Nord : Elle a produit des grands hommes dans toutes les facultés et elle a attiré une foule de jeunes Seigneurs

et autres Etrangers de toutes Religions, de tous Etats : le Roy s'est engagé de la maintenir dans l'Etat où elle etait en 1680. Par l'article 4. de la Capitulation accordée à la Ville : Elle a été à cette Epoque et depuis seule en droit et possession de conferer les dégrés en droit Civil et canonique, la mettre en Concurrence de pouvoir avec un nouvel établissement, C'est compromettre sa Celebrité, la rendre suspect aux catholiques des pays Etrangers qui y ont fait jusqu'à present les études de droit, peut être même faire naitre entre 2. universités rivalles chargées du même enseignements des disputes que la Sagesse du gouvernement cherche plutôt à Etouffer qu'à alimenter ; la difference que l'opinion publique, mettroit entre les gradués de l'ancienne université et de la nouvelle ne seroit pas assés avantageuse à la religion catholique pour que M. le Card^{al}. doive desirer de voir l'evenement de cette opinion.

Depuis près d'un Siècle que Strasbourg est réuni au royaume, La différence de religion en l'université n'a point entrainé d'inconvéniens dans la Collation des dégrès en droit canonique.

Tous les magistrats d'Alsace, tout le Bareau, tous les Ecclesiastiques qu ont suivi le bareau depuis 1680, ont pris leurs dégrès en l'université ancienne de Strasbourg, ny les uns ny les autres n'ont pas eû pour cela ny moins de religion ny (mettre moins) (sic) de Vigilance à maintenir la religion catholique dans tous ses droits.

Il Serait plus a craindre qu'un enseignement de droit canon par des Ecclésiastiques catholiques ramène à des maximes ultramontaines dans des matiéres qui ne sont pas du ressort de la puissance Ecclesiastique, qu'il n'est à craindre que l'enseignem^t. du même droit par des Professeurs Luthériens n'influë sur les Sentiments de Religion.

M. le Card^{al}. ne leur refuse pas la justice de convenir que rien n'est plus éloigné qu'eux de l'esprit de dispute sur le dogme : ils enseignent avec autant de netteté que de fidelité les différences qu'il y a entre les maximes canoniques ultramontaines, françaises, Allemandes, et Protestantes sans s'eriger en juges ny des uns ny des autres.

C'est ce qui serait plus difficile d'attendre de professeurs d'une université théologique, il ne seroit pas moins difficile à des Professeurs en droit Canonique ecclesiastiques de donner à leurs Ecoliers les vrais principes de droit canonique des protestants qui n'a pas cette uniformité de regles qui distingue l'Eglise catholique.

Cependant la connoissance du droit canonique des protestants est essentielle à quiconque se destine à tel employ de la magistrature que ce puisse être en Alsace, cette Province est entremelée dans toutes ses parties de Sujets et de seigneurs des deux religions.

M. le card^{al}. ne trouveroit pas bon qu'on confondit les droits de la puissance quasi Episcopale des Seig^{rs}. protestants avec son pouvoir legitime d'ordinaire, Ces Seig^{rs}. à leur tour ne trouveroient pas bon qu'on les privât des droits quasi Episcop. dans lesquels ils ont été maintenus les traités publics.

Le Clergé Catholique se récriroit si l'on faisoit un parallele de sa stabilité,

de son Etat, de son Caractère avec ceux des Ministres de la confession d'Augsbourg, et ce parallèle seroit injuste en bien des sens, cependant il est des cas ou le ministre remplit les fonctions pastorales et doit être protegé par les magistrats comme le curé Catholique.

Il est quantité decas dans les matières matrimoniales surtout en celles des dispenses dans les dégrés prohibés, qu'entre Luthériens les juges catholiques sont obligés de suivre la jurisprudence protestante, qu'on n'enseigneroit certainement pas dans l'université Episcopale de Strasbourg, on n'y feroit donc que des gradués inutiles à la Province dans laquelle ils auroient pris leurs dégrès.

Il paroîtroit plus utile et plus équitable que cette université destinée principalement pour les arts à la théologie, qui n'a d'autre aggrégation que le College de Molsheim et quelques Abbayes de Bénédictins, reçeut à son aggrégation le College royal de Colmar où il y a des Chaires de Professeurs en théologie, la porte des dégrès académiques en théologie seroit ouverte aux Sujets de la haute Alsace que la modicité de la fortune de leurs parents ne met pas en Etat d'entretenir pendant quatre ans à Strasbourg à leurs frais p̄r leur procurer des dégrès qu'ils honoreroient par leur capacité, et dont ils sont Exclus par le defaut de faculté. On doit se promettre de la Grandeur d'ame et de l'amour du bien public qui animent M. le Cardinal, qu'il se prêtera volontiers à une aggrégation qui faisant le bien Evident des deux Diocèses de Strasbourg et de Bâle Excitera dans l'un et dans l'autre une Emulation nécessaire plus que toute autre chose au bien de la Religion dans une province où on ne peut espèrer le retour à l'unité que par le Zèle, la Charité et la Science des Ecclesiastiques.

RÉPONSE[1].

On ne peut et on ne doit pas accorder à l'université Episcopale de Strasbourg la faculté de conferer des grades en droit Canonique.

Tel est le resultat d'un Mémoire presenté à M. le Garde des Sceaux.

On ne repondra pas à l'Auteur du Mémoire ni sur ce qu'il propose d'étranger à la question presente, ni sur la prevention bien singuliere ou il est que dans le cas de concurrence les Ecoles Catholiques ne pourroient lutter avec avantage contre les Ecoles Lutheriennes, on se contentera de rappeler ici ses 4. objections et d'y repondre.

1re Objection.

L'université Episcopale n'etant composée que de deux facultés, les arts et la théologie, ne peut être autorisée à conferer des dégrés dans une 3e faculté

---

1. Archives de la Basse-Alsace, Série G, n° 1467.

totalement indépendante et même disparate telle que celle du droit Canon : il faut nécessairement pour conférer les dégrés un corps de faculté ; existante il faut au moins 3. Examinateurs, Docteurs en la même faculté, il faut un Concours au moins possible d'une assemblée de Gradués de la même faculté aux Soutenences publiques &c &c.

Réponse.

Nous admettons toutes les conditions exigées. Si aux deux facultés des arts et de la théologie, on ajoute dans l'université Episcopale celle de conférer des degrés en droit Canon, cette université aura dès lors *un corps de faculté existante* 3 *Examinateurs Docteurs en la même faculté* &. on ne peut certainement nier la possibilité de cet Etablissement qui depend uniquement de la Volonté du Roy et du concours des fondateurs de l'université Episcopale.

En toute université : C'est le Chancelier de cette université ou le Doyen de chaque faculté qui confere les dégrés. le Chancelier de l'université Episcopale et les deux Professeurs en droit Canon étant Docteurs en droit Canonique, formeront comme dans toute autre université *le corps de faculté existante* que l'on exige, ils seront les 3. *Examinateurs* nés des dégrés, les gradués qui naitront de ce nouvel établissement formeront *le concours demandé*, pour les soutenances publiques et ces gradués devenus Docteurs aggregés pourront supléer les 3. Examinateurs designés en cas d'absence ou de maladie. Ainsi ce ne sera plus la faculté de théologie, Comme le pretend l'auteur du mémoire, qui donnera les dégrés en droit canonique, Ce Sera la faculté même de droit canonique representée par le Chancelier, les deux Professeurs et les Docteurs aggregés de cette faculté.

D'où il est facile de conclure contre l'objection et cependant d'après les principes de l'objection que l'université Episcopale peut avoir la faculté, par sa nouvelle formation et ses nouveaux Reglements, de conferer des dégrés en droit Canon.

2ᵉ Objection.

L'université Luthérienne de Strasbourg a produit des Grands hommes dans toutes les facultés, Elle est libre dans tout le Nord, elle attire une foule d'Etrangers et de jeunes Seigneurs de tout Etat, de toutes Religions. Le Roy s'est engagé à la maintenir dans l'état ou elle était en 1680 par l'art : 4 de la capitulation accordée à la Ville, elle a été seule endroit depuis cette Epoque de conferer les Degrés en droit civil et canonique la mettre en concurrence de pouvoir avec un nouvel Etablissement, C'est Compromettre sa celebrité, la rendre suspecte aux Catholiques des pays Etrangers : C'est peut être faire naitre entre deux universités rivales chargées du même enseignement des disputes que la Sagesse du gouvernement cherche plustôt à étouffer qu'à Cimenter.

Réponse.

On ne cherchera pas à affoiblir les Eloges que l'auteur prodigue à l'université Luthérienne : le Cardinal de Rohan s'est toujours fait un plaisir de rendre justice à l'application et à l'erudition de ses Professeurs : Mais c'est ignorer les premiers principes de toute Emulation, que de dire sérieusement qu'on compromet la celebrité d'une académie Scientifique et litteraire lorsqu'on la met en concurrence : c'est cette concurrence même qui produit nécessairement entre les professeurs et les Disciples une Emulation toujours soutenue et toujours féconde. C'est au sentiment du card^{al} de Richelieu dans son testam^t. politique la source des grands succès et l'aliment habituel qui entretient l'amour des lettres ce qui fait naitre les progrès. la concurrence ne peut donc produire qu'un bien.

Est ce Sérieusement que l'Auteur annonce qu'à l'occasion de l'enseignem^t. du droit canon il pourra s'elever dans les Ecoles Catholiques et Luthériennes des disputes dangereuses ? les disputes de l'Ecole et des bancs, dans le Siècle Eclairé ou nous vivons, ne troublent plus l'harmonie de l'ordre public et le Gouvernem^t. est bien persuadé que cette chaleur Scholastique, concentrée désormais dans l'enceinte des Colléges, ne peut plus causer d'inquietudes.

Pourquoi l'Auteur en appelle-t-il à la capitulation de 1680 ? (sic) qu'a de contraire l'Etablissement demandé à cette Capitulation ? A-t-on derogé à cette capitulation en Erigeant les 2. facultés que constituent aujourd'hui l'université Episcopale, pourquoy y derogeroit on plus en y ajoutant la faculté de conferer des grades en droit Canon ? on n'ote rien à l'université Luthérienne, on la laisse telle qu'elle était, on ne nuit pas au concours d'Etrangers que sa Celebrité peut lui attirer ; elle est tout ce qu'elle fut : l'enseignem^t. et les grades en Droit canon dans l'université Catholique ne peuvent que contribuer même à cette Celebrité par l'emulation.

3e *Objection.*

Il y a moins de risque à laisser l'enseignement du droit canonique aux Luthériens qu'aux Catholiques.

Réponse.

Toute témeraire et hasardée qu'est cette assertion, on veut bien y repondre, pourquoi supposer a des Ecclesiastiques catholiques des principes et des vues contraires à nos maximes, dont on ne croit pas capables des Ministres Luthériens! une prevention aussi inconsiderée ne decele pas l'impartialité de l'Auteur. il eut été plus équitable de Croire que ni les uns ni les autres ne S'écarteront de la route qui leur est prescritte par les Lois et la prudence : il eut surtout été plus décent de prevoir que les fondateurs et les chefs des deux universités previendroient par leur choix et leur vigilance un enseignement qui pourroit être réprehensible.

4° *Objection.*

La connaissance du droit canonique des Protestants est essentielle en Alsace à quiconque se destine à tel emploi de la magistrature que ce puisse être.

Réponse.

Donc on ne doit pas permettre à l'université catholique d'Enseigner le Droit Canon et d'y donner des Grades : quelle conséquence ! si cette connaissance est esentielle, pourquoi les professeurs catholiques ne pourroient-ils pas l'enseigner dans leurs Ecoles, comme les Professeurs Luthériens enseignent le Droit Canonique Catholique dans les leurs. il n'en peut resulter qu'une facilité plus grande pour ceux des catholiques et des Luthériens qui aspirent à ces Sortes de Grades.

D'ailleurs, pour être Magistrat, ou occuper une place quelconque dans la Magistrature, il faut être gradué *in utroque jure;* L'université Luthérienne, même après l'etablissement demandé pour l'université Episcopale aura seule le droit de conferer ces Grades *in utroque jure* la Magistrature d'Alsace n'a donc rien à craindre pour les connoissances qui lui sont essentielles, par cet Etablissement nouveau.

Le Vice continuel du Mémoire auquel nous venons de repondre est de supposer sans cesse que la faculté de conferer des grades en droit Canon dans l'université Episcopale est une destruction de cette même faculté dans l'université Luthérienne : Cellecy reste tout ce qu'elle fut tout ce qu'elle est : on ne luy ôte rien et l'université Episcopale acquiert un avantage dont les effets ne peuvent être que très utiles à la meilleur discipline Ecclesiastique de la province d'Alsace.

On ne se permettra aucune reflexion ulterieure on croit avoir repondu à toutes les objections du Mémoire présenté à M. le Garde des Sceaux.

Lettres patentes de Février 1702.

Les Professeurs de Molsheim, ne se tenant pas encore pour battus définitivement tentèrent un dernier effort pour tirer le meilleur parti possible de la situation.

Postulats des Pères du Collège de Molsheim, 30 Mars 1702.

Réponse aux postulats des Pères de Molsheim, Avril 1702.

Molsheim est donc maintenu comme Académie ou École supérieure de théologie, qui préparait à tous les grades, y compris même le Doc-

torat, sous la seule réserve que les examens se feraient devant une commission mixte composée de Professeurs de Strasbourg et de Molsheim.

Cette clause avait une certaine importance, attendu que Molsheim continua à ressortir jusqu'en 1765 à la province du Rhin supérieur qui en avait la direction et lui fournissait ses professeurs depuis 1581, tandis que les établissements de Strasbourg (Université, Collège et Séminaire) recevaient leurs professeurs et leur direction de la province de Champagne, bien entendu, dans les deux cas, sous le contrôle du Général de l'Ordre.

Nous voyons que les professeurs de Molsheim sont envoyés, par le fait des fréquentes mutations admises dans la Société de Jésus, à Würzbourg, Bamberg, Mayence, Trèves, etc., tandis que les professeurs de Strasbourg vont à Pont-à-Mousson, Dijon, Reims, etc.

Il devait en résulter forcément pour les cours certaines nuances, inévitables malgré la commune origine des programmes et qui rendaient désirable la présence aux examens de quelques-uns des professeurs de Molsheim.

Le latin était à Strasbourg et à Molsheim la langue réglementaire. Sans en avoir la preuve, nous croyons devoir admettre que dans les conversations *moins solennelles et plus cordiales* entre professeurs et élèves, on se servait du français à l'Université épiscopale de Strasbourg, alors qu'à Molsheim on avait encore recours au dialecte alsacien ou à l'allemand. L'enseignement de Strasbourg comportait sans doute des études plus fortes, tandis que Molsheim fournissait probablement la grande majorité des curés de village. Son existence était d'ailleurs indispensable pour assurer le recrutement du clergé de la partie *badoise* du diocèse de Strasbourg, qui formait à peu près le tiers de ce diocèse et dont les prêtres se servaient exclusivement de la langue allemande dans leurs relations avec leurs ouailles.

Il nous paraît intéressant de donner pour les deux provinces une liste des établissements dont les Pères Jésuites avaient la direction ou auxquels ils fournissaient des professeurs.

Pour la Province de Champagne, nous avons : Autun (Collège); Auxerre (Collège); Bar-le-Duc (Collège); Châlons-sur-Marne (Collège); Charleville (Collège); Chaumont (Collège); Colmar (Collège); Dijon (Collège); Ensisheim (Collège); Épinal (Collège); Langres (Collège); Laon (Collège); Metz (Collège); Nancy (Collège et Noviciat); Pont-à-Mousson (Université); Reims (Collège); Saint-Mihiel (Collège et Résidence); Saint-Nicolas-du-Port (Résidence); Sedan (Collège);

Sens (Collège); Strasbourg (Université, Collège royal et Séminaire épiscopal); Verdun (Collège).

Pour la Province du Rhin supérieur, nous avons de même : Aschaffenbourg (Collège et Gymnase); Baden-Baden (Collège); Bamberg (Académie, Séminaire et Collège); Bockenheim (Collège); Erfurt (Académie); Ettlingen (Maison du 3ᵉ an de probation); Fulda (Séminaire et Collège); Haguenau (Collège); Heidelberg (Séminaire et Collège, annexe de l'Université); Heiligenstadt (Académie, Collège et Lycée); Mannheim (Collège); Mayence (Collège et Noviciat); Molsheim (Académie); Neustadt (Résidence); Ottersweier (Résidence); Ruffach (Résidence); Schlestadt (Collège); Spire (Collège); Wetzlar (Mission); Worms (Collège); Würzbourg (Collège, annexe de l'Université; *Facultas philosophica* et Faculté de théologie).

Les Pères de la Province du Rhin supérieur dirigeaient donc en Alsace les Établissements ou Maisons de Haguenau, Molsheim, Ruffach et Schlestadt, tandis que la Province de Champagne avait comme centre d'activité, du moins comme enseignement, la ville de Strasbourg et les Collèges de Colmar et d'Ensisheim.

Universitas. — Établissement d'enseignement supérieur comprenant *les quatre Facultés : Facultas philosophica*, Faculté de théologie, Faculté de droit et Faculté de médecine, avec le droit de conférer tous les grades, y compris celui de Docteur. Le droit civil et la médecine ne pouvaient pas être enseignés par les Jésuites.

Academia. — Établissement d'enseignement supérieur restreint à l'existence de deux ou trois Facultés seulement, bien que jouissant pour ces Facultés du droit de collation à tous les grades, ou comprenant bien les quatre Facultés, mais avec des droits limités à la collation des grades de Bachelier, *Poëta laureatus*, de *Magister* ou Docteur pour la *Facultas philosophica*, et du grade de Bachelier ou *Magister* pour les trois autres Facultés. C'est par un privilège spécial de Louis XIV que la qualification honorifique d'Université a été accordée à l'Université épiscopale de Strasbourg, qui ne comportait en fait, lors de sa création, que deux Facultés.

Collegium, Convictus. — *Collegium*, collège dans lequel se donnait soit l'enseignement inférieur et supérieur jusqu'à la philosophie inclusivement, soit en outre l'enseignement théologique jusques et y compris le Doctorat. Il n'était fréquenté que par des externes ou recevait de plus des pensionnaires, auquel cas il prenait le nom de *Convictus*.

Dans les centres d'Universités ou d'Académies, les cours de la Fa-

culté de théologie étaient donnés dans les bâtiments du Collège, aussi nos sources portent elles indifféremment : soit *Theologiæ Professor in Collegio*, soit *Theologiæ Professor in Universitate* ou *Theologiæ Professor in Academia*. Nous suivons nos sources, faute d'avoir la possibilité de vérifier si l'enseignement de la théologie était rattaché dans tous les cas à l'Université ou à l'Académie.

Lycæum. — Nom admis dans quelques villes comme équivalent de *Collegium*.

Seminarium. — Correspond aux grands Séminaires actuels, destinés aux élèves de théologie.

Residentia. — Maison pour les religieux destinés uniquement aux fonctions du saint Ministère : Confesseurs, Prédicateurs, Missionnaires, et ayant quelquefois une classe de grammaire.

Domus Probationis. — Maison pour le premier Noviciat de deux ans.

Domus Tertiæ Probationis. — Maison pour les religieux qui, après avoir terminé leurs études théologiques, y passent une année entière dans les exercices d'un nouveau Noviciat et qui, après l'avoir achevé, sont admis à prononcer leurs derniers vœux solennels, ce qui n'a guère lieu avant l'âge de 30 à 34 ans.

Musæum, Musæum majus. —

Nous croyons utile de préciser les différentes fonctions mentionnées dans nos notices pour les Pères Professeurs de Molsheim et de l'Université épiscopale et dont quelques-unes sont sans doute peu connues de nos lecteurs.

Nous rappellerons que la Compagnie de Jésus admet pour ses membres, dans l'ordre hiérarchique, quatre degrés : *Novices, Scholastiques, Coadjuteurs spirituels*, enfin *Profès*, et comprend de plus les *Coadjuteurs temporels* ou laïques.

Les *Novices*, choisis avec soin parmi les jeunes gens instruits et présentant les garanties de capacité désirables, prononcent à la fin de leur seconde année les vœux simples (pauvreté, chasteté et obéissance). Devenus par ce fait *Scholastiques*, ils se livrent pendant trois ans à l'étude de la philosophie, puis ils sont chargés, pour une période de quatre à cinq années, d'enseigner les lettres ou les sciences. Vers l'âge de vingt-sept ou vingt-huit ans, ils sont appelés à suivre les cours de théologie, qui demandent généralement quatre années, et sont ordonnés prêtres après la troisième année. Ils font alors une dernière année de probation (*Annus Tertiæ Probationis*) et sont enfin admis au rang de *Profès* ou de *Coadjuteurs spirituels*, à condition d'être âgés de trente-trois ans au moins et d'avoir prononcé les derniers vœux.

Les *Coadjuteurs temporels* font le Noviciat, prononcent les vœux simples, et sont appliqués aux emplois domestiques d'une Maison. Ils sont admis généralement, après une période de dix ans, à faire leurs vœux solennels et sont de véritables religieux.

Les *Coadjuteurs spirituels* ne complètent pas la période d'études exigée pour être admis au rang de Profès; ils font les vœux solennels de religion, moins celui d'obéissance au Souverain Pontife en vue des missions étrangères, qui est prêté au contraire par les *Profès*. L'obéissance au Général est la même. La différence réelle consiste en ce que les Coadjuteurs spirituels peuvent être renvoyés de la Compagnie pour des motifs graves et relevés par le Général des vœux de pauvreté et d'obéissance, tandis que les Profès ne peuvent être relevés de leurs vœux que par le Souverain Pontife, même s'ils ne sortent pas de la Compagnie par leur propre volonté.

Les Coadjuteurs spirituels peuvent être nommés Recteurs de Collèges, mais non Provinciaux, Assistants ou Général.

Les Profès forment l'élite de la Société de Jésus.

Le Général de la Société (*Præpositus Generalis*) doit habituellement et sauf un cas de force majeure résider à Rome et exerce un pouvoir illimité sur ses membres; il est nommé à vie par la *Congrégation générale*, formée des Assistants, des Provinciaux et de deux Profès par Province élus par chacune des Congrégations provinciales convoquées dans ce but quelque temps avant la Congrégation générale, qui se tient aussi habituellement à Rome et qui nomme en outre, pour la période de vie du Général, l'*Admoniteur*, chargé de soumettre au Général ce qu'il croit être utile pour le plus grand service de Dieu. Si un Admoniteur vient à mourir, le Général nomme son remplaçant avec l'approbation de la majorité des Assistants et des Provinciaux, au moyen de votes individuels dont le résultat est transmis à Rome pour y être dépouillé et recensé.

Les *Assistants*, représentants des différents Pays ou *Assistances* de la Compagnie et nommés pour la durée de la vie du Général par la Congrégation générale, forment auprès du Général un Conseil de direction avec voix consultative seulement, surtout pour les affaires de leur assistance. Si le Général se rendait indigne de sa charge, ils ont le devoir de le dénoncer à la Compagnie et de réunir une Congrégation générale pour prononcer sa déposition, s'il y a lieu.

En cas de mort d'un Assistant, le Général le remplace.

Les membres de la Compagnie étaient repartis *au XVIIIe siècle en* cinq Pays ou *Assistances : France, Germanie, Italie, Espagne et Por-*

tugal, auxquelles vint s'ajouter vers le milieu de ce siècle l'Assistance de *Pologne*. Nous voyons que G. Daubenton a été, de 1706 à 1715, *Assistens Galliæ*.

Les différentes Assistances sont divisées en *Provinces* placées sous la direction du *Provincial* ou *Præpositus Provinciæ*, nommé par le Général pour trois ans.

Le *Provincial* est indépendant dans son pouvoir, sauf à rendre compte tous les mois de sa gestion au Général, et nomme pour des périodes de trois ans à toutes les charges et à toutes les fonctions de la Province, mais pas à celles de Recteur et de Chancelier dont la nomination était et est réservée au Général.

L'Assistance de France comprenait, aux XVII° et XVIII° siècles, outre la Province de Champagne, dont faisait partie l'Université épiscopale de Strasbourg, la Province de France (*Gallia*), la Province de Lyon, celle de Toulouse et celle d'Aquitaine.

L'Assistance de Germanie comprenait, outre la Province du Rhin supérieur, dont faisait partie l'Académie de Molsheim, les Provinces du Rhin inférieur, d'Autriche, de Bohême de la Flandro-Belgique, de la Gallo-Belgique, d'Angleterre, de Pologne et de Lithuanie. Nous rappelons que ces deux dernières Provinces formèrent, à partir de la seconde moitié du XVIII° siècle, une nouvelle Assistance.

Socius Provincialis. — Secrétaire du Provincial, qu'il peut être appelé à remplacer momentanément par décision du Général, mais non de droit.

Rector ou *Rector magnificus.* — Le Recteur, qui était nommé par le Général et devait être obligatoirement Docteur en théologie, avait sous la dépendance du Provincial la haute direction de l'Université, Académie ou Collège qu'il gouverne aussi de nos jours, en tant qu'ils existent. Les Noviciats et les Scholasticats ont aussi à leur tête un Recteur.

Le Recteur d'une Université ou d'une Académie nommait le Questeur ou Trésorier, qui devait toujours être séculier; le Notaire appelé à assister aux soutenances pour les grades et à en rédiger les diplômes; le *Præfectus rituum* ou *Bedellus major* qui devait assurer matériellement le bon ordre des examens, soutenances et cérémonies publiques; les Bedeaux; enfin les Imprimeurs et les Libraires de l'établissement.

Cancellarius. — Le Chancelier, nommé par le Général et qui devait obligatoirement être Docteur en théologie, était en fait le bras droit du Recteur. Il avait pour mission d'admettre les étudiants après exa-

men, d'assurer leur immatriculation, de contrôler toutes pièces qu'ils seraient appelés à réciter publiquement ou à faire imprimer, de présider aux examens, de diriger les actes publics et de conférer tous les grades, de sceller les diplômes et de les signer conjointement avec le Recteur, dont les pouvoirs lui étaient en outre dévolus, dans les cas d'absence ou de décès, sous la réserve de ne rien innover à l'ordre de choses établi.

Vice-Rector. — Remplaçant provisoire du Recteur, auquel il ne succédait pas de droit. On donnait aussi quelquefois ce titre au Supérieur d'une Résidence.

Superior. — Supérieur d'une Résidence ou Collège non encore complètement constitué et dans lequel il remplissait en plus les fonctions de Chancelier. On y enseignait généralement la grammaire et les Humanités.

Minister. — Second Supérieur d'une Maison, dans laquelle il est chargé de la discipline intérieure à tous égards et du matériel.

Regens. — Supérieur d'un Séminaire.

Director Seminarii. — Adjoint, généralement choisi parmi les Professeurs, du Supérieur d'un Séminaire.

Præfectus scholarum. — Équivalent du Censeur dans nos Lycées.

Rector Convictus, Præfectus Convictus. — Recteur d'un *Convictus.*

Præfectus Musæi, Præfectus Musæi majoris. — Surveillant.

Magister Domus Probationis, Præfectus Domus Probationis ou *Superior Domus Probationis, Magister Novitiorum* ou *Instructor Domus probationis.* — Recteur chargé de diriger le Noviciat des deux premières années.

Socius Magistri Domus Probationis, Socius Magistri Novitiorum. — Aide du Recteur du Noviciat.

Instructor Patrum Tertiæ Probationis. — Religieux chargé de diriger le Noviciat du *Troisième an* et qui n'est pas obligatoirement Recteur ou Supérieur.

Præses Academiæ. — Président de l'*Académie*, qui est formée par les meilleurs élèves de chaque classe ; ils ont des réunions particulières et font des devoirs supplémentaires. Il y a des Académies grecques et des Académies latines.

Præfectus Ecclesiæ. — Chargé du soin de l'église et des cérémonies qui s'y font.

Præfectus Sodalitatis. — Directeur d'une congrégation ou réunion pieuse, généralement sous l'invocation de la Sainte Vierge. Il y en avait souvent plusieurs dans une même Maison : *Sodalitas Optimatum*

(Nobles); *Sodalitas Civium*; *Sodalitas Opificum*. Dans un Collège il y avait d'ordinaire *Congregatio major* pour les élèves des classes supérieures et *Congregatio minor* pour ceux des classes inférieures.

Nous signalerons de plus : *Congregatio S. Aloysii* (Saint Louis de Gonzague); *Congregatio SS. Angelorum*, etc.

Præfectus Spiritus ou *Præfectus spiritualis*. — Chargé d'une manière spéciale, dans une Maison, des religieux au point de vue de la vie spirituelle. Il fait de plus, aux dates voulues, les exhortations et les conférences.

Operarius. — Religieux attaché aux fonctions du saint Ministère, soit dans la Maison, soit au dehors.

Confessarius in Collegio. — Confesseur ayant son confessional dans l'église ou chapelle de la Maison.

Pœnitentiarius. — Confesseur à Saint-Pierre de Rome ou à Notre-Dame-de-Lorette et dans les Églises métropolitaines.

Professor domi. — Professeur chargé de cours réservés aux seuls étudiants jésuites.

Lector Controversiarum, *Controversista*. — Professeur de théologie qui expliquait les questions de controverses.

Scriptor. — Religieux appliqué à la composition d'ouvrages et chargé entre autres, à cet effet, des recherches dans les bibliothèques et archives.

Revisor generalis librorum. — Chargé à Rome d'examiner et de censurer certains ouvrages des religieux, qui ne peuvent pas être imprimés sans son approbation. Il y a, en outre, dans chaque province, des *Censores librorum* qui remplissent les mêmes fonctions.

Concionator. — Prédicateur.

Concionator Dominicalis. — Prédicateur des Dimanches.

Concionator festivus. — Prédicateur des fêtes.

Concionator Gallicus. — Prédicateur en langue française.

Concionator Controversiæ, *Prædicator Controversiarum*. — Prédicateur traitant des sujets de controverse.

Exhortator domesticus. — Religieux chargé de faire, généralement tous les quinze jours, une exhortation à la communauté, c'est-à-dire aux seuls membres qui forment le personnel de la Maison, et pas à des étrangers.

Procurator Temporalium, *Procurator temporalis*. — Économe.

Nous avons de plus, dans chaque Faculté, le Doyen et le Syndic.

Le Doyen (*Decanus*), titre simplement honorifique, est le Professeur le plus ancien dans l'ordre de promotion.

Le Syndic (*Syndicus, Decanus oneris* ou *Pro tempore Decanus*) est le remplaçant du Chancelier au cas d'absence et préside généralement les soutenances de thèses.

Le Syndic de la Faculté de théologie doit être Docteur en théologie et la fonction est conférée au professeur de théologie scholastique le plus ancien comme promotion au Doctorat. Si aucun des deux professeurs de théologie scholastique n'a obtenu le Doctorat, les fonctions de Syndic sont remplies, soit par le Chancelier, soit par un Docteur agrégé à l'Université et nommé par la Faculté avec consentement du Recteur.

Le Syndic de la Faculté des arts (*Facultas philosophica*) est le professeur du cours de philosophie pour l'année courante, et c'est le professeur de grec qui est Syndic de la Faculté des langues (*Facultas linguarum*). Nous trouvons comme titres : pour le Recteur, *Magnificus*; le Chancelier, *Dignissimus*; le Docteur en théologie, *Sapientissimus*; le Licencié en théologie, *Meritissimus*; le Bachelier ou Candidat, *Doctissimus*.

Le terme consacré : *Dimissus*, que nous rencontrons pour quelques professeurs de Molsheim et de l'Université épiscopale, signifie : *Démissionnaire* et n'a dès lors rien de déshonorant.

Au début de la Compagnie, les Pères Jésuites ne postulaient pas les différents grades théologiques et l'obligation du Doctorat n'existait dès lors pas pour les Recteurs et les Chanceliers.

Le jeune étudiant pouvait obtenir après l'année de Logique, première année de *Facultas philosophica*, le grade de Bachelier et après la deuxième année ou *Physica*, le grade de Maître (Licencié ou Docteur) en philosophie, confirmé par la promotion solennelle au Doctorat.

L'impression des thèses présentées pour ces examens n'était pas obligatoire et elles étaient écrites par le Professeur.

Les futurs prêtres, séculiers ou réguliers, soutenaient, à la fin de leur première année de théologie, la *Tentative* ou *Candidatus theologicum*.

Le Baccalauréat biblique se conférait à la fin de leur seconde année et le Baccalauréat formé à la fin de la troisième année.

Pour la Licence, il fallait avoir suivi les cours de théologie pendant quatre années, être âgé de 24 ans et être dans les ordres sacrés ou avoir fait le vœu de chasteté.

Le Doctorat se conférait sans nouvel examen, par promotion solennelle, comme le Doctorat en philosophie.

Dans des circonstances exceptionnelles, on conférait les grades successifs sans s'astreindre aux délais d'usage.

Introduction historique.

Les droits d'inscription étaient fixés à 1 livre et portés à 1 livre 10 sous pour les nobles ; à 2 livres pour la haute noblesse, et à 3 livres pour les Comtes ou Barons, le tout augmenté d'un quart en faveur du Trésorier de l'Université. Les droits de soutenance étaient :

pour le Baccalauréat en philosophie, de . .	6 livres.
pour la Maîtrise en philosophie, de	14 livres.
pour la Candidature en théologie, de . . .	21 livres 15 sous.
pour le Baccalauréat biblique, de.	26 livres 15 sous.
pour le Baccalauréat formé, de.	37 livres 15 sous.
pour la Licence en théologie, de	49 livres 15 sous.
pour le Doctorat en théologie, de.	94 livres 15 sous.

Les Pères de la Compagnie de Jésus ne recevaient aucun traitement et étaient exempts comme conséquence de tout paiement des droits d'examen, considérablement réduits d'ailleurs pour les Frères des ordres mendiants.

Lors de leur promotion, les nouveaux docteurs étaient tenus d'offrir diner solennel dont ils fournissaient le vin.

Contrairement à ce que nous avons vu page... pour l'Université de Strasbourg, les autres frais du repas étaient fixés par les statuts de l'Université épiscopale, de manière à ne pas dépasser 80 livres, s'il s'agissait de la réception d'un seul docteur, et l'Université supportait la moitié de la dépense.

Nous croyons devoir admettre, pour le pouvoir de l'argent au XVIIIe siècle comparé à l'époque actuelle, la proportion de 1 à 4, ce qui équivaudrait à 320 fr. de nos jours. On voit qu'il y avait déjà moyen de faire les choses très convenablement.

Pour deux docteurs, le maximum était de 100 livres, dont 60 livres supportées par l'Université et 20 livres au compte de chaque docteur.

Enfin pour trois docteurs, le maximum était de 120 livres, dont 80 livres payées par l'Université.

Nous avons indiqué que les thèses de l'Université de Strasbourg, pour l'obtention du grade de Bachelier dans les trois Facultés, étaient d'ordinaire l'œuvre du Professeur. D'après les Statuts de l'Université épiscopale, au contraire, les thèses présentées à la soutenance *pour les quatre grades de Théologie* étaient obligatoirement écrites par le Candidat, qui était tenu de les faire imprimer, alors que pour l'Université de Pont-à-Mousson, les thèses imprimées sont d'une rareté extrême.

La série que nous avons pu reconstituer quant à l'Université épiscopale nous fait connaître l'existence probable de 540 thèses environ, avec d'énormes lacunes pour les années de 1715 à 1762 notamment.

Un ancien Registre d'imprimerie de notre Maison nous fait connaître, pour les années 1762 à 1764, l'impression de 75 thèses, soit une moyenne de 25 thèses par an, qui nous donnerait pour les quatre-vingt-dix années d'existence de l'Université épiscopale, un nombre d'environ 2,200 thèses. Pour la période totale de 1701 à 1791, nous croyons dès lors à un minimum de 1,200 à 1,500 thèses, dont l'immense majorité est en fait inconnue de nos jours.

Il résulte de nos notices que les étudiants conservaient pendant leur année de Logique et celle de *Physica* le même Professeur qui reprenait ensuite la Logique, passait à la Faculté de Théologie ou recevait une autre destination, suivant les qualités dont il avait fait preuve dans l'enseignement.

La Faculté de Théologie comportait normalement :

Une chaire de théologie morale ;
Deux chaires de théologie scolastique ;
Une chaire d'Écriture sainte, auxquelles s'ajoutaient de temps en temps :
Une chaire de grec et d'hébreu ;
Une chaire de théologie polémique ou de controverse.

« L'objet des deux cours de théologie scolastique était l'étude du
« dogme catholique ; la théologie scolastique étudiait la doctrine catho-
« lique, c'est-à-dire, les articles de la foi et les principes de la morale,
« non pas d'une manière oratoire, mais selon les règles de la dialec-
« tique, établissant l'état de la question, posant des thèses et les prou-
« vant, partie par partie, toujours avec la forme syllogistique, répon-
« dant aux objections, tirant des corollaires, etc.[1]

« Le livre expliqué était la Somme théologique du grand saint
« Thomas d'Aquin dont la gloire, un peu obscurcie au xv° siècle, avait
« reçu naguère un nouvel éclat : les Pères du Concile de Trente
« avaient placé cet ouvrage à côté de la Bible et le souverain pontife,
« en 1569, avait proclamé son auteur docteur de l'Église. Saint Ignace
« avait fortement recommandé à ses disciples les écrits du célèbre
« dominicain et le *Ratio studiorum* imposa la Somme comme ouvrage
« classique aux professeurs de théologie.

---

1. Voir MARTIN (l'abbé Eug.), *L'Université de Pont-à-Mousson*, 1572-1768, pp. 344 à 365, *passim*. — Berger-Levrault et Cⁱᵉ, Nancy. In-8° de XVI-455 p. 1891.

Introduction historique. LIX

« Le *Ratio* avait ainsi réglé le programme des cours :

« 1ʳᵉ année. — 1ᵉʳ cours. Dieu et la Trinité ;
«   —   2°   — Les vertus de justice et de religion.
« 2ᵉ année. — 1ᵉʳ cours. La création, les Anges, les Actes humains ;
«   —   2°   — L'Incarnation et les Sacrements en général.
« 3ᵉ année. — 1ᵉʳ cours. Les autres vertus cardinales ;
«   —   2°   — Le Baptême, l'Eucharistie, etc.
« 4ᵉ année. — 1ᵉʳ cours. Les vertus théologales ;
«   —   2°   — La Pénitence et le Mariage.

« Le professeur devait passer très rapidement sur les questions
« faciles, en renvoyant à des auteurs qui les avaient traitées, et ne
« jamais empiéter d'une année sur l'autre ; les matières qu'il n'avait
« pu expliquer étaient abandonnées au travail personnel des élèves.
« Les cours se dictaient et les étudiants étaient tenus de présenter
« leurs cahiers à certaines époques.
« Les maîtres de scolastique, en commentant saint Thomas, étu-
« diaient en même temps, nous l'avons constaté, les vérités dogma-
« tiques et les principes de la morale chrétienne.
« Mais ces principes, il fallait les appliquer aux différents devoirs
« que l'homme doit remplir envers Dieu, envers son prochain et envers
« lui-même et aux circonstances variées dans lesquelles il se peut
« trouver. C'était le but et la mission des Casuistes qui étaient à la
« théologie ce que les jurisconsultes sont au droit, qui résolvaient les
« cas de conscience, c'est-à-dire ces questions de morale où l'on se
« demande si telle chose est permise ou défendue, ou bien quelles
« sont au juste nos obligations dans telles ou telles circonstances don-
« nées.
« Le cours comprenait deux leçons par jour et durait deux ans :
« dans la première année, on voyait les questions pratiques relatives
« aux sacrements, les censures et les devoirs des différents états ; dans
« la seconde, on étudiait le décalogue et, à propos du septième com-
« mandement, les différentes obligations relatives aux contrats.
« Chaque semaine, il y avait un exercice pratique pour les étudiants
« des deux cours ; on y discutait les différentes opinions plus ou moins
« probables, on posait des cas de conscience, etc.
« Le cours qui tenait le premier rang, et par la dignité de son objet
« et par le respect dont on l'entourait, était celui d'Écriture sainte.

« Il avait pour but l'explication du texte de la Vulgate, seule traduc-
« tion déclarée authentique par le Concile de Trente.

« Pour corroborer ses commentaires et éclaircir toutes les obscu-
« rités de la version de saint Jérôme, le professeur devait recourir au
« texte original, aux canons des Conciles, aux écrits des Pères, aux
« décrets des Papes, il pouvait aussi consulter les autres versions,
« celles des Septante d'Aquila, de Symmache, etc.; les écrits des rab-
« bins, etc. Il devait donc être versé non seulement dans les langues
« latine et grecque, mais savoir l'hébreu, le syriaque, le chaldaïque,
« connaître à fond la théologie, l'histoire sacrée et profane et les dif-
« férentes sciences nécessaires à l'étude de la Bible.

« Les leçons d'Écriture sainte ne semble pas avoir eu d'abord de
« limites, ni dans la durée, ni dans les matières; mais le *Ratio studio-*
« *rum* réduisit ce cours à deux ans et le plaça dans la deuxième et
« la troisième année de théologie. »

Au point de vue de l'enseignement théologique, il convient de re-
marquer qu'un certain nombre d'abbayes ou couvents d'Alsace étaient
agrégés à l'Université épiscopale et avaient comme tels des droits pour
la collation des grades inférieurs. Nous citerons à cet égard : les Au-
gustins de Colmar, les Bénédictins d'Ebersmünster, de Murbach et d'Altorff, les Cisterciens de Maulbronn et Lucelle, les Franciscains de
Schlestadt, l'ordre de Malte à Strasbourg, les Frères Prêcheurs de
Schlestadt, les Récollets de Ruffach, de Saverne et de Strasbourg.

Grâce à la haute estime en laquelle le Cardinal Louis Constantin de
Rohan, Prince-Évêque de Strasbourg et Christophe de Klinglin, Premier Président du Conseil souverain d'Alsace, tenaient les Pères Jésuites, les Lettres patentes du 6 Août 1762, ordonnant l'expulsion de
France des Jésuites, ne furent pas exécutées en Alsace pendant plus
de deux ans. Il fallut des ordres impératifs de Versailles pour faire
enregistrer par le Conseil souverain le 15 Décembre 1764 ces Lettres
patentes et les professeurs fournis par les provinces de Champagne
et du Rhin supérieur quittèrent Strasbourg et Molsheim à la fin de
l'année scolaire 1764-1765, en même temps que les différentes maisons de l'ordre en Alsace furent fermées le 1ᵉʳ octobre 1765, en conséquence d'un arrêt du 17 Décembre 1764, réglant le mode de leur
suppression.

Édit du 15 Décembre 1764.

Arrêt du Conseil souverain du 17 Décembre 1764.

L'édit de Louis XV permit aux Pères Jésuites, nés Français, de rester en France et d'y vivre en particuliers sous l'autorité spirituelle des Ordinaires, en se conformant aux lois du Royaume. Ils furent remplacés à l'Université épiscopale par des prêtres séculiers, tandis que Molsheim fut maintenu comme Collège, annexe du Grand Séminaire catholique de Strasbourg.

Il y a lieu d'observer que le Droit canon avait été enseigné au Collège royal depuis 1691.

Brevet du 15 Août 1691.

Cet enseignement passa ensuite au Grand Séminaire, par suite d'une combinaison tout à l'avantage du Collège royal.

Lettres patentes portant règlement pour le Collège de Strasbourg, 6 septembre 1765.

ARTICLE III. — Comme il se trouve fondé dans notredit Collège une chaire de Droit canonique, et dans le Séminaire de notredite ville, deux chaires de philosophie, et qu'il nous a paru plus convenable de faire professer dans ledit séminaire le Droit canonique et la Philosophie dans notredit collège, voulons que dorénavant les deux Professeurs de Philosophie qui sont à la charge dudit Séminaire remplissent les deux chaires de Philosophie établies par l'article précédent dans le dit Collège, et que le Professeur de Droit canonique donne ses leçons dans ledit Séminaire, sans toutefois rien innover en ce qui concerne le payement des honoraires desdits Professeurs, qui resteront toujours, comme par le passé, à la charge dudit séminaire et dudit collège.

Statuts de l'Université, 3 Juillet 1775.

Par lettres patentes du 24 Mai 1776, Louis XVI établit à l'Université épiscopale une chaire de droit Canonique.

Lettres patentes de Mai 1776.

Nous constatons l'existence du grade de *Baccalaureus canonicus* qui autorisait le Candidat à se présenter un an après aux examens requis pour la collation du grade de Licencié (Docteur) en droit canon.

Les archives de l'Évêché pour la fin du xviii° siècle ont été pour la majeure partie détruites, aussi les notices que nous avons pu établir pour les professeurs de cette époque présentent-elles de nombreuses lacunes. Dans plus d'un cas nous ne connaissons guère que leur nom et la date approximative de leurs fonctions et la presque totalité de nos renseignements nous a été fournie par les titres de thèses que nous avons pu retrouver.

Le nom d'*Université* conféré par Louis XIV à l'Université épiscopale n'était en réalité qu'un titre honorifique, ayant pour but de la placer au même rang que l'ancienne Université de la ville de Strasbourg. En fait, elle ne répondait nullement aux conditions requises pour constituer une Université de plein exercice, qui devait réunir les *quatre* Facultés, avec le droit de conférer, *pour chacune d'elles*, tous les grades académiques, y compris le Doctorat.

C'est ainsi que Pont-à-Mousson et Würzbourg ont porté à bon droit le titre d'Université, tandis que Bamberg est resté Académie jusqu'au 25 Octobre 1773. Nous citons ces noms, parce qu'ils se rencontrent souvent dans notre travail.

PÉRIODE RÉVOLUTIONNAIRE ET TRANSITOIRE

Par suite de l'émigration du cardinal Louis-René-Édouard de Rohan, Évêque de Strasbourg, suivi bientôt par la presque totalité des professeurs de l'Université épiscopale et du Grand Séminaire, qui se refusèrent à prêter le serment constitutionnel, Brendel, Évêque du Bas-Rhin, nomma, pour pourvoir à leur remplacement et remplir les fonctions de professeurs, un certain nombre de ses vicaires, avec maintien du fameux Euloge Schneider, de néfaste mémoire, demeuré seul en fonctions.

Le décret du 18 août 1792, supprimant les congrégations ainsi que les communautés religieuses et laïques, et suivi du décret du 8 Août 1793, mit d'ailleurs fin définitivement, par ce fait même, à l'existence de l'Université épiscopale, du Séminaire catholique et du Collège de Molsheim.

Pour assurer le recrutement du clergé dans la partie badoise du diocèse de Strasbourg, le cardinal de Rohan y créa, dès 1791, dans l'ancien couvent d'Allerheiligen et à Ettenheim un Grand Séminaire, qui reçut en outre comme élèves la presque totalité de anciens Séminaristes de Strasbourg. Nous y retrouvons comme professeurs F. J. Beckmann, F. L. B. Liebermann, J. P. Sauthier, précédemment à Strasbourg.

Quant à l'Université de Strasbourg, elle sortit, *très considérablement amoindrie*, de cette période de crise, mais échappa à une destruction complète, parce que son existence se trouvait garantie par les articles 3 et 4 de la capitulation signée le 30 Septembre 1681, lors de la réunion de Strasbourg à la France : . . . .

« Art. 3. Sa Majesté laissera le libre exercice de la religion, comme
« il a été depuis l'année 1624 jusques à présent, avec toutes les Éc-
« clises et Écoles, et ne permettra, d'y faire des prétentions ny aux
« Biens Ecclésiastiques, Fondations et Couvents, à sçavoir l'Ab-
« baye de St-Étienne, le chapitre de St-Thomas, St-Marc, St-Guil-
« laume, aux Touts-Saints et les autres compris et non compris, mais
« les conservera à perpétuité à la ville et ses habitans.

« Art. 4. Sa Majesté veut laisser le Magistrat dans le présent état,
« avec touts ses droits et libre élection de leurs Collèges, nommément
« celui de Treize, Quinze, Vingt et un, Grand et Petit Sénat, des Éche-
« vins, des officiers de la ville et chancellerie, des Couvents ecclésias-
« tiques, l'Université, avec tous leurs docteurs, Professeurs et Étudians,
« en quelque qualité qu'ils soient, le Collège, les Tribus et Maîtrises,
« tout comme ils se trouvent à présent avec la juridiction civile et
« criminelle. »

Ces deux articles furent ratifiés, comme on le sait, par Louis XIV le 3 Octobre 1681, sous la seule réserve de la restitution de la Cathédrale au culte catholique et d'un droit d'appel au Conseil souverain d'Alsace pour certains jugements.

L'Assemblée nationale reconnut qu'elle se trouvait en présence d'un traité international qu'il n'appartenait pas à l'une des deux parties contractantes de modifier ou d'annuler unilatéralement. Elle confirma cette décision par le décret du 17 Août 1790, sanctionné le 24 Août et dont nous reproduisons les parties essentielles :

« Considérant que les protestans des deux Confessions d'Augsbourg et
« Helvétique ont toujours joui en Alsace de l'exercice du Culte public,
« avec Églises, Consistoires, Universités, Collèges, Fondations, Fabri-
« ques, paiement des Ministres et des Maîtres d'École et que ces droits

« et autres leur ont été confirmés à l'époque de leur réunion à la
« France,

L'Assemblée Nationale

« Décrète que les protestans des deux confessions d'Augsbourg et Hel-
« vétique, habitants l'Alsace, continueront à jouir des mêmes droits,
« libertés et avantages dont ils ont joui et eu droit de jouir et que les
« atteintes qui peuvent y avoir été portées seront considérées comme
« nulles et non avenues. »

Ce premier vote fut complété par le Décret du 1er Décembre 1790,
sanctionné le 10 décembre et qui porte :

« L'Assemblée Nationale, ouï le rapport qui lui a été fait de la part
« de ses Comités de constitution et des affaires ecclésiastiques, décrète
« ce qui suit :

« Article 1. Les biens possédés actuellement par les établissements
« des protestants des deux confessions d'Augsbourg et Helvétique, ha-
« tants de la ci-devant province d'Alsace et des terres de Blamont,
« Clémont, Héricourt et Châtelot, sont exceptés de la vente des biens
« nationaux, et continueront d'être administrés comme par le passé. »

Les articles 2 à 4 de ce Décret précisent les règles à suivre pour
l'acquittement des dimes, le règlement des charges grevant les biens
nationaux en faveur des établissements protestans, etc., et n'ont pas
d'intérêt pour notre sujet.

Ces Décrets favorables subirent cependant de rudes assauts, comme
le prouvent entre autres les pièces suivantes :

Ordre pour la vente des biens des Protestants,
27 Février 1793.

Article 14 du Décret du 8 Mars 1793.

Lettre du Ministre des contributions directes au Directoire
du Bas-Rhin, 14 Mai 1793.

Déclaration de l'Administration municipale, 8 Mars 1795.

Lettre du Comité de législation au Directoire du District
de Strasbourg, 26 Mai 1795.

*Lettre du Ministre des Finances au Directoire du Bas-Rhin,
21 Juin 1796.*

*Déclaration de l'Administration municipale,
21 Septembre 1796.*

Pendant cette période de troubles, la fortune des Églises protestantes de Strasbourg se trouva considérablement réduite. Les dîmes rachetées ne furent payées qu'une seule fois, en assignats; beaucoup de propriétés furent perdues, des rentes confondues avec les propriétés féodales; les biens situés au delà du Rhin durent être abandonnés sans aucune indemnité à la suite du traité de Lunéville [1].

Nous possédons, quant à la situation de l'Université à la veille de sa disparution, un document du plus haut intérêt; il s'agit d'un Rapport adressé, sous la date du 27 Octobre 1795 (6 Brumaire an III), par le Directoire du District de Strasbourg en réponse à un questionnaire de la Commission exécutive de l'instruction publique. Cette pièce n'est pas facilement accessible à nos lecteurs, aussi croyons-nous devoir reproduire les passages qui touchent directement à notre sujet [2].

Jung, l'Université de Strasbourg sous la Convention.

En réalité, les cours de l'Université avaient cessé presque complètement à partir de 1792. J. J. Oberlin fut interné à Metz, pendant dix mois, depuis Octobre 1793, par ordre de Saint-Just et Lebas; Jean Schweighæuser le fut à Baccarat. Quelques mois après, plusieurs professeurs : Blessig, Haffner, etc., furent enfermés comme suspects dans les bâtiments de l'ancien Séminaire catholique, avec un grand nombre d'autres citoyens notables.

Les immatriculations ne cessèrent toutefois pas complètement, sur-

---

1. Sans parler de l'Université proprement dite, les pertes ont été, pour diverses Fondations servant à accorder aux étudiants des bourses d'études, de voyages, etc., d'environ 260,000 fr.

2. Voir JUNG, *L'Université de Strasbourg sous la Convention.* (*Revue alsacienne*, août 1884, p. 442-456).

tout pour la Faculté de théologie, mais en fait, les cours se bornaient à quelques leçons données par les Professeurs restants, à leur domicile, à un nombre d'étudiants très restreint.

Le Trésor de l'Université, comprenant surtout les masses en argent (sceptres) portées devant le Recteur, lors des cérémonies solennelles et de nombreuses coupes en argent, d'un beau travail artistique, offertes en souvenir par des étudiants appartenant d'ordinaire à des familles princières, fut mis en réquisition les 11 et 12 Novembre 1793 par P. F. Monet, Maire de Strasbourg, au titre de matières d'or et d'argent et dut être versé à la Monnaie pour être fondu.

Les matrices, gravées sur argent, des Sceaux de l'Université, échappèrent à la destruction et existent encore aux archives de Saint-Thomas. Il nous paraît intéressant de donner la série complète de ces Sceaux, dont cinq ont déjà été reproduits dans une brochure publiée à Strasbourg en 1872[1].

Nous avons été très étonné au premier abord de voir qu'ils portent tous ACADEMIA ARGENTORATENSIS, tandis qu'il paraissait tout naturel d'admettre de nouvelles gravures, au nom de UNIVERSITAS ARGENTORATENSIS, faites en 1621 à la suite du privilège accordé par l'Empereur Ferdinand II. Ce fait s'explique toutefois, par la crise financière intense qui frappa à cette époque la ville de Strasbourg, et il faut admettre que l'Ammeistre et le Magistrat reculèrent devant la dépense à faire, quoique relativement minime.

L'habitude étant prise, on continua évidemment à se servir des anciens Sceaux, sans penser à une modification.

Nous avons constaté de plus, à notre grand étonnement, que le Magistrat et les Scholarques n'ont pas eu l'idée de faire établir de nouveaux Sceaux en 1681, lors de la réunion de Strasbourg à la France, pour *affirmer* par ce fait l'existence de l'Université, ainsi que les droits et privilèges qui lui étaient garantis par le traité de capitulation d'Illkirch, du 30 Septembre.

Supposant au premier abord que les anciens Sceaux au nom de l'*Académie* de Strasbourg avaient échappé à la destruction, parce que Monet ignorait leur existence et que les Sceaux plus récents au nom de l'*Université* avaient été seuls réquisitionnés et fondus, j'ai fait, pour en trouver des empreintes, une série de recherches infructueuses dans

---

1. *Zur Geschichte der Universität Strassburg.* Festschrift, zur Eröffnung der Universität Strassburg, am 1. Mai 1872, von Dr August Schricker, Senats-Sekretär. F. Bull. In-8° de 68 pages et 2 planches. 1872.

nos dépôts publics et j'ai découvert enfin à la Bibliothèque de la Ville le diplôme de Docteur en médecine délivré à Thomas Lauth, le 27 Septembre 1781 (Voir le Sceau N°.., timbre sec sur papier et pain à cacheter) et qui tranche la question.

ACADÉMIE PROTESTANTE, puis SÉMINAIRE PROTESTANT

La loi du 8 Avril 1802 (18 Germinal an X), réorganisant le service des cultes, porte :

« Art. 9. — Il y aura deux académies ou séminaires dans l'Est de « la France, pour l'instruction des ministres de la Confession d'Augs- « bourg.

« Art. 10. — Il y aura un séminaire à Genève, pour l'instruction « des ministres des églises réformées.

« Art. 11. — Les Professeurs de toutes les académies ou sémi- « naires seront nommés par le Premier Consul.

« Art. 12. — Nul ne pourra être ministre ou pasteur d'une église « de la Confession d'Augsbourg, s'il n'a étudié, pendant un temps « déterminé, dans un des séminaires français, destinés à l'instruction « des ministres de cette Confession, et s'il ne rapporte un certificat en « bonne forme constatant son temps d'étude, sa capacité et ses bonnes « mœurs . »

L'article 9 du titre I de la loi organique du 8 Avril 1802 reçut une exécution partielle par la loi du 20 Mai 1803[1].

Articles organiques du 30 Floréal an XI.

Nous constatons que cette loi reconnaît d'une manière très explicite les droits de l'Église protestante de la Confession d'Augsbourg à tous les biens qui avaient appartenu à l'ancienne Université, en tant qu'ils avaient échappé à la tourmente révolutionnaire.

L'Académie protestante n'est pas seulement l'héritière de cette Université, mais elle est de fait sa continuation.

Elle forme une véritable Université au petit pied, dans le sens absolu de ce mot.

Nous avons comme Faculté de théologie 3 chaires de théologie proprement dite : J. L. Blessig, I. Haffner et G. F. Weber;

1 chaire de droit et d'histoire ecclésiastique : J. Frantz.

---

1. La deuxième Académie protestante prévue par cet article n'a jamais été créée.

1 chaire de droit ècclésiastique : J. D. Braun.
1 chaire de philosophie morale : J. F. Ehrmann.
1 chaire de grec et de langues orientales : J. Schweighæuser.

Nous trouvons en outre :

1 chaire de droit : J. D. Reisseissen ;
2 chaires de médecine : Th. Lauth et J. J. Spielmann ;
1 chaire de mathématiques, physique et chimie : J. L. A. Herrenschneider ;
1 chaire d'histoire et de droit public : C. G. Koch ;
1 chaire d'histoire, de diplomatique et de langue latine : J. J. Oberlin ;

et nous reconnaissons ici les noms des Professeurs de l'ancienne Université.

L'Académie fut installée solennellement le 7 Novembre 1803.

Le nom de *Séminaire protestant,* comme titre officiel, a été la conséquence de la loi du 17 Mars 1808, créant l'Université impériale. Le même personnel de Professeurs (sauf les vacances produites par deux décès) est mentionné dans l'Annuaire du Bas-Rhin comme constituant en 1809 l'*Académie protestante*; en 1810, l'*Académie protestante* ou *Séminaire*; en 1811, le *Séminaire protestant,* ci-devant *Académie protestante.*

Le nombre des Professeurs de théologie, avec ses branches accessoires, augmenta au fur et à mesure de la vacance des autres chaires.

Le Séminaire protestant avait pour mission de préparer aux cours de la Faculté de théologie protestante, dont il formait de plus le complément. Il comportait une section préparatoire dans laquelle les étudiants suivaient les cours de littératures grecque et latine, de langues orientales, de littérature française, d'histoire et de philosophie pour passer après examen à la section théologique, pour laquelle le grade de Bachelier ès lettres était de rigueur, et dont le programme comprenait l'encyclopédie et la méthodologie des sciences théologiques, l'introduction historique et critique aux Livres de l'Ancien et du Nouveau Testament, l'histoire des dogmes, la théologie pratique et l'exégèse, en tant qu'elle n'était pas enseignée à la Faculté de théologie, dont tous les élèves de la section théologique étaient tenus de suivre les cours pendant une période minimum de trois ans.

Les cours étaient faits par dix professeurs, rétribués sur les revenus de la fondation Saint-Thomas, et dont cinq étaient en même temps professeurs à la Faculté de théologie.

Nous trouvons en outre un certain nombre de chaires transitoires, créées sans doute pour répondre à des besoins momentanés.

Les Professeurs étaient nommés par le Directoire de la Confession d'Augsbourg, sur la présentation faite par les Professeurs du Séminaire.

Le décret du 14 Mars 1810 fonda pour le Séminaire des bourses payées par le Gouvernement et dont les titulaires étaient nommés par le Ministre des cultes. Leur nombre fut successivement porté à seize bourses entières de 400 francs et trente-deux demi-bourses. Il y avait, en outre, quelques bourses provenant d'anciennes fondations.

Le Séminaire avait comme annexe le Collège Saint-Guillaume, qui recevait comme internes les boursiers et demi-boursiers, plus quelques étudiants payants.

ÉCOLE CENTRALE DU BAS-RHIN

Par une loi du 25 Février 1795 (7 Ventôse an III) la Convention Nationale décréta l'organisation d'Écoles centrales qui devaient remplacer à la fois les établissements d'instruction supérieure et les établissements d'instruction secondaire, et tenir lieu dès lors d'Université et de Lycée. Nous sommes donc obligés d'en tenir compte dans notre travail.

Le programme fut modifié par un nouveau décret du 25 Octobre 1795 (3 Brumaire an IV), mais il ne reçut jamais d'exécution complète et d'ailleurs, tel qu'il avait été conçu, il n'était pas viable.

Pour le Bas-Rhin les professeurs furent nommés le 27 juillet 1796 (9 Thermidor an IV), à la suite d'élections faites au concours par un jury central institué à Strasbourg. Nous trouvons parmi eux quelques noms déjà connus :

J. Hermann, pour l'histoire naturelle ;
J. Schweighæuser, pour les langues anciennes ;
L. F. A. Arbogast, pour les mathématiques ;
F. L. Ehrmann, pour la physique et la chimie ;

puis quelques professeurs moins marquants :

P. Hullin, pour les belles-lettres ;
P. J. Massenet, pour l'histoire ;

nommés tous deux en 1809 professeurs à la Faculté des lettres ;

F. G. Haussner, pour les langues vivantes ;
B. Escher, pour la grammaire générale ;

enfin Goureau, professeur de législation, en remplacement de Fréville, décédé avant d'avoir pris possession de sa chaire.

L'enseignement comportait de plus des leçons de dessin données par Chr. Guérin et Heim, et très fréquentées (150 élèves), ainsi que les cours d'histoire naturelle, de physique et de langues vivantes (85 à 50 élèves), tandis que les cours de grec, d'histoire et de belles-lettres ne réunissaient pas vingt auditeurs. Supprimée le 7 Septembre 1802, l'École centrale fut remplacée en fait par le Lycée qui compta en peu de temps 300 élèves.

ACADÉMIE DE STRASBOURG

Le décret du 10 mai 1806 décida en principe la création d'une UNIVERSITÉ IMPÉRIALE, dont le fonctionnement fut assuré par le décret d'organisation du 17 Mars 1808.

Ce décret prévoit entre autres :

Des Facultés de théologie catholiques en nombre égal à celui des Églises métropolitaines.

Une Faculté de théologie protestante à Strasbourg, pour l'Église de de la Confession d'Augsbourg, recevant de plus des étudiants appartenant à l'Église réformée.

Une Faculté de théologie protestante pour l'Église réformée, à Montauban, créée par décret du 17 Septembre 1808 et organisée le 8 Décembre 1809.

Une Faculté de théologie protestante à Genève, pour l'Église réformée ; cette Faculté cessa d'exister, comme Faculté française, par suite du traité du 30 Mai 1814.

Douze Facultés de Droit, par un simple changement de nom des Écoles de droit qui existaient.

Cinq Facultés de médecine remplaçant purement et simplement les cinq Écoles de médecine.

Une Faculté des sciences comprenant quatre professeurs et une Faculté des lettres composée de trois professeurs au siège de chaque chef-lieu d'académie [1].

Le décret ne mentionne pas les Écoles supérieures de pharmacie, considérées évidemment comme annexes des Facultés de médecine et maintenues dès lors de droit par ce fait même.

L'Académie de Strasbourg se trouva richement dotée, puisqu'elle comprit une Faculté de théologie protestante, une Faculté de médecine, une Faculté de droit, une Faculté des sciences, une Faculté des lettres, plus une École supérieure de pharmacie.

Nous n'avons pas la prétention d'écrire son histoire et nous nous

---

1. Les nombres indiqués se rapportent aux débuts des facultés de province.

bornerons à indiquer que le nombre de ses professeurs a été augmenté successivement et était en 1870 :

	PROFESSEURS.	AGRÉGÉS.
Faculté de théologie protestante. . .	6	»
Faculté de droit	8	2
Faculté de médecine	16	16
Faculté des sciences	6	»
Faculté des lettres	6	»
École supérieure de pharmacie . . .	5	»

FACULTÉ DE THÉOLOGIE

Par suite de complications diverses, l'organisation de la Faculté de théologie protestante, prévue par le décret du 17 Mars 1808, ne fut réglée que par l'arrêté du 27 Décembre 1818.

Arrêté qui établit une Faculté de théologie protestante, du 27 Décembre 1818.

Il y avait six chaires: Morale, Critique sacrée et exégèse, Histoire ecclésiastique, Éloquence sacrée, Dogme de la Confession d'Augsbourg et Dogme de l'Église réformée.

Les professeurs titulaires des cinq premières chaires appartenaient à la Confession d'Augsbourg, occupaient simultanément une chaire au Séminaire et étaient en outre chanoines de Saint-Thomas.

Leurs traitements, au titre de professeurs de la Faculté, étaient très modiques (3,000 francs), ce qui s'explique par le fait que nous constatons.

Ces fonctionnaires étaient nommés par décret ou délégués par le Ministre, selon qu'il s'agissait d'un professeur titulaire ou d'un chargé de cours. A partir du décret du 18 Mars 1852 sur l'organisation des cultes protestants, les nominations eurent lieu à la suite d'une présentation faite en séance de la Faculté, après examen des titres des candidats et transmise avec avis motivé par le Directoire de la Confession au Ministre.

Lors du remplacement de M. Richard, Professeur de dogme de l'Église réformée, nommé en 1820 et admis à la retraite en 1867, son successeur, L. A. Sabatier, fut proposé au choix du Gouvernement par les votes des Consistoires réformés, transmis avec avis motivé par le Conseil central des Églises réformées.

Le traitement du professeur de dogme réformé fut maintenu sans variation au chiffre de 3,000 francs, fixé par le statut du 6 Septembre 1810.

Le Doyen de la Faculté jouissait d'un préciput de 1,000 francs.

Nous avons indiqué, à l'occasion du Séminaire protestant, le programme des cours de la Faculté de théologie, que les étudiants étaient tenus de suivre pendant une période minimum de trois années, avant d'être admis à postuler, après examens et soutenance d'une thèse, le grade de Bachelier en théologie, qui qualifiait à l'exercice des fonctions pastorales moyennant la consécration au Saint-Ministère.

La préparation aux examens pour l'obtention des grades de Licencié et de Docteur en théologie était le résultat du travail personnel du candidat.

Les étudiants réformés étaient autorisés à suivre les cours de la Faculté de théologie de Genève, sauf à passer en France les examens requis pour la collation des grades.

Quatre inscriptions prises à Genève étaient comptées pour trois inscriptions dans les Facultés françaises; trois années d'études à Genève ne représentent donc que neuf inscriptions. Quatre années d'études à Genève étaient dès lors nécessaires pour former l'équivalent des trois années réglementaires dans les Facultés de France.

ÉCOLE, puis FACULTÉ DE DROIT[1]

La loi du 1 Mars 1802 prévoyant la création de 10 Écoles de droit, chacune à quatre professeurs, fut précisée et complétée par la loi du 13 Mars 1804 et le décret d'organisation du 21 Septembre 1804, qui déterminèrent les matières et la distribution de l'enseignement, l'âge d'admission des étudiants, le nombre et l'ordre des examens, les droits à percevoir, etc., en fixant à douze le nombre de ces Écoles, dont celle de Strasbourg, avec un personnel de cinq professeurs et deux suppléants, ne commença à fonctionner que le 1 Juin 1806.

Le décret organique du 17 Mars 1808, qui constitua l'Université, érigea les Écoles en Facultés et remplaça leur directeur par un doyen.

Chaque vacance de place donnait lieu à un concours dont les professeurs étaient juges; la nomination des professeurs et des suppléants était faite par le Chef de l'État, sur la présentation d'un candidat par les professeurs de l'École (Faculté) et d'un candidat par les inspecteurs généraux des Écoles (Facultés) de droit.

Supprimé et rétabli à plusieurs reprises, le concours fut définitivement abrogé par les décrets des 9 Mars 1652 et 22 Août 1854.

Pour être nommé Professeur, il fallait être âgé de trente ans et avoir fait pendant deux ans un cours dans un établissement de l'État, ou un cours particulier dûment autorisé analogue à ceux qui étaient professés dans les Facultés, ou bien avoir fait pendant six mois, étant membre de l'Institut, un cours dans les conditions indiquées ci-dessus.

Le décret du 22 août 1854 supprima les suppléants, pour les remplacer par des Agrégés, qui continuèrent à être nommés par voie de concours, dont les conditions, réglées d'abord par le statut du 20 Décembre 1855, furent définitivement arrêtées par le statut du 19 août 1857, demeuré en vigueur jusqu'après 1871. Les candidats devaient être âgés de vingt-cinq ans au moins et pourvus du grade de Docteur.

Le décret du 21 Septembre 1804 attribuait aux professeurs des Facultés de département un traitement fixe de 3,000 fr., et en outre un

---

1. De même que pour les autres Facultés, nous reproduisons quelquefois des passages entiers du volume : *Statistique de l'enseignement supérieur*, 1865-1868, mentionné dans nos sources, ne voyant pas la possibilité de donner des indications plus claires et plus précises.

traitement supplémentaire et des droits de présence prélevés sur le produit des inscriptions, examens et actes, et le décret du 11 Mai 1810 détermina un maximum et un minimum pour l'ensemble des traitements et droits, réglé chaque année en proportion du nombre des étudiants inscrits.

Le maximum dans les départements, fixé d'abord à 6,000 fr., fut porté le 7 Juillet 1812 à 7,000 fr. et le 6 avril 1818 à 7,600 fr.

La Faculté de Strasbourg ne paraît pas avoir été spécialement favorisée au point de vue des traitements. Le maximum y était de 5,250 fr., alors que nous trouvons pour Aix et Poitiers un maximum de 6,000 fr., et pour Toulouse le maximum absolu.

Le traitement fixe des Agrégés (Suppléants), fixé à 1,000 fr. par le décret du 21 septembre 1804, fut porté à 1,500 fr. par le règlement du 11 Novembre 1826. L'éventuel produisait un supplément à peu près égal.

Le doyen jouissait d'un préciput de 800 fr.

L'École de droit de Strasbourg comprenait, lors de sa création, le 21 Septembre 1804 :

    3 chaires de Code civil ;
    1 chaire de droit romain ;
    1 chaire de procédure civile et législation criminelle ;

auxquelles vinrent s'ajouter :

    le 26 Mars 1829, une chaire de droit des gens, supprimée le 16 Juillet 1867 ;

    le 9 Mai 1830, une chaire de droit commercial ;
    le 12 Septembre 1837, une chaire de droit administratif ;
    le 4 Février 1853, une seconde chaire de droit romain.

Après avoir subi, à la fin de leur troisième année d'études, les deux examens requis et soutenu la thèse réglementaire, les étudiants obtenaient le diplôme de licencié, pour arriver, à la fin de leur quatrième année et soutenance d'une nouvelle thèse, au grade de docteur.

ÉCOLE DE MÉDECINE, puis FACULTÉ DE MÉDECINE

La suppression momentanée des Facultés de médecine devait amener à bref délai des inconvénients graves pour les populations civiles, mais la lacune n'était pas devenue très sensible au moment où les guerres de la Révolution firent ressortir l'impérieuse nécessité d'assurer le service de santé des armées, en avisant au recrutement des médecins militaires, détachés au nombre de plus de quatre mille, pour arriver en 1794 à huit mille, dans les corps de troupe et hôpitaux et dont 600 avaient succombé en dix-huit mois, dès les débuts, aux fatigues et au typhus.

Le décret du 4 Décembre 1794 créa trois Écoles de médecine, dont une à Strasbourg, qui devait avoir six professeurs, plus six adjoints.

Nous trouvons pour cette époque :

Directeur : J. A. Lorentz.
Anatomie et physiologie : Th. Lauth ; B. Bérot, adjoint.
Chirurgie opératoire, pathologie externe et accouchements : P. R. Flamant ; Barbier, adjoint.
Clinique interne : P. Coze.
Botanique et matière médicale : J. Hermann.
Chimie et pharmacie : Nicolas (non acceptant).

L'École fut complétée le 20 Avril 1795, par la nomination de J. Noël, E. Tourtelle et de J. M. N. Tinchant, comme Directeur provisoire en remplacement de J. A. Lorentz. — Le Conseil des professeurs se réunit pour la première fois le 9 Février 1795.

Les premiers moments de l'École furent difficiles ; les ressources étaient à peu près nulles et des dissentiments d'une extrême violence se produisirent entre plusieurs des professeurs. Il fut question de transférer l'École à Nancy, mais avec le temps elle réussit à se consolider et à fonctionner utilement.

La Convention nationale s'était préoccupée avant tout, pour ne pas dire uniquement, de trouver des médecins pour ses armées ; les garanties qu'elle exigeait d'eux, à l'entrée et à la sortie, étaient également illusoires.

De même que pour la Faculté de droit, le décret du 17 Mars 1808

qui constitua l'Université, accorda à l'École de médecine de Strasbourg le titre de Faculté et remplaça son directeur par un doyen.

Au point de vue de la nomination des professeurs, le concours institué en 1808 fut supprimé en 1815, rétabli en 1830 et définitivement abrogé par les décrets du 9 Mars 1852 et du 22 Août 1854.

Les renseignements que nous avons donnés en ce qui concerne la Faculté de droit, s'appliquent aussi aux agrégés de la Faculté de médecine.

Le traitement fixe des Professeurs de Strasbourg, fixé d'abord à 4,800 francs, fut porté à 5,000 francs le 1 Janvier 1866, plus un maximum éventuel d'abonnement, fixé d'abord à 700 francs, élevé à 1,200 francs en 1857, par suite de la création de l'École du service de santé militaire et porté enfin à 1,800 francs par le décret du 9 Novembre 1865.

Les Agrégés avaient un traitement moyen de 1,000 francs, plus un éventuel d'environ 500 francs.

A partir de 1865, trois professeurs sur seize et onze agrégés sur quinze ont reçu de plus chacun en moyenne, du Ministère de la guerre, 1,000 francs pour conférences et exercices pratiques faits aux élèves militaires.

Le doyen jouissait d'un préciput de 1,500 francs.

La Faculté de médecine de Strasbourg comprenait, le 7 Février 1809, lors de son organisation, les neuf chaires ci-après :

    Physique médicale ;
    Chimie médicale et toxicologie ;
    Histoire naturelle médicale ;
    Anatomie normale et anatomie pathologique ;
    Physiologie ;
    Médecine opératoire ;
    Matière médicale ;
    Médecine légale ;
    Accouchements ; maladies des femmes et des enfants ;

auxquelles vinrent s'ajouter :

    le 1 Mars 1845, une chaire de pathologie et thérapeutique générales ;

    le 30 Novembre 1864, une chaire de pathologie chirurgicale ;
    Une chaire de pathologie médicale ;
    Deux chaires de clinique chirurgicale ;
    Deux chaires de clinique médicale,

donc en tout seize chaires ;

Plus cinq cours complémentaires :

    Maladies syphilitiques et cutanées, 2 Novembre 1837 ;
    Maladies des enfants, 1 Janvier 1845 ;
    Maladies chroniques, 1 Avril 1847 ;
    Ophthalmologie, 27 mars 1854 ;
    Maladies mentales, 1 Avril 1855.

Avant leur première inscription pour le Doctorat, les étudiants étaient tenus de produire, à dater du 20 Prairial an XI, un certificat d'études complètes dans les lycées ;

    du 10 Octobre 1815, le diplôme de bachelier ès lettres ;
    du 1 Janvier 1823 les diplômes de bachelier ès lettres et de bachelier ès sciences ;
    du 18 Janvier 1831, le diplôme de bachelier ès lettres ;
    du 9 Août 1836, les diplômes de bachelier ès lettres et de bachelier ès sciences ;
    du 10 Avril 1852, le baccalauréat ès sciences ;
    du 23 Août 1858, le baccalauréat ès lettres, avant la troisième inscription, le baccalauréat ès sciences restreint.

Le Doctorat exige seize inscriptions, donc quatre années d'études.

Les officiers de santé n'ont à produire, avant la première inscription, que le certificat de grammaire et ne sont tenus de prendre que douze inscriptions.

Nous ne croyons pas devoir détailler les conditions spéciales prescrites pour les élèves des Écoles préparatoires de médecine.

FACULTÉ DES SCIENCES

La Faculté des sciences, prévue par le décret du 17 Mars 1808, fut définitivement organisée par le statut du 16 Février 1810 et installée à Strasbourg le 1 Mai suivant.

Les professeurs étaient nommés tantôt au concours, tantôt par présentation, comme nous l'avons vu pour les Facultés de droit et de médecine.

A Strasbourg ils avaient droit à un traitement fixe de 4,000 francs, plus à un supplément éventuel d'environ 880 francs, porté par un décret du 26 Décembre 1867 à un minimum de 1,000 francs.

Le doyen jouissait d'un préciput de 1,000 francs.

La Faculté des sciences de Strasbourg comprenait, lors de sa création, quatre chaires :

    Mathématiques pures ;
    Mathématiques appliquées ;
    Physique ;
    Chimie ;

auxquelles vinrent s'ajouter :

    Une chaire de zoologie et physiologie animale, créée le . . . ;
    Une chaire de géologie et minéralogie, créée le . . . . ;

en tout six chaires ;

Plus en 1855, comme cours supplémentaires :

    Un cours de chimie industrielle ;
    Un cours d'histoire naturelle populaire.

La Faculté accordait, après examen, les diplômes de Bachelier ès sciences restreint, Licencié et Docteur.

FACULTÉ DES LETTRES

La Faculté des lettres, prévue par le décret du 17 Mars 1808, fut définitivement constituée par décret du 20 Juillet 1809.

Les professeurs furent nommés d'abord au concours, mais l'ordonnance du 17 Février 1815 disposa qu'ils seraient choisis entre quatre candidats dont deux présentées par la Faculté et deux par le Conseil académique; les conditions furent plus ou moins modifiées par le décret du 9 Mars 1852.

Les professeurs de Strasbourg avaient droit à un traitement fixe de 4,000 francs, plus un éventuel d'environ 1,260 francs.

Le doyen jouissait d'un préciput de 1,000 francs.

La Faculté comprenait, lors de sa création en 1809, les chaires ci-après :

> Philosophie;
> Histoire;
> Littérature française;

Une chaire de Littérature grecque et une chaire de Littérature latine, devenues le 1 Décembre 1855 chaire unique de littérature ancienne;

auxquelles vint s'ajouter, le 24 Août 1838,

> Une chaire de littérature étrangère.

La Faculté accordait, après examen, les diplômes de Bachelier ès lettres, Licencié et Docteur, dont les conditions ont été successivement réglées par le décret du 17 Mars 1808, le statut du 16 Février 1810, le décret du 15 Novembre 1811, l'ordonnacce du 5 Juillet 1820, l'ordonnance du 27 Février 1821, l'ordonnance du 17 Novembre 1821, l'arrêté du 11 mars 1828, l'arrêté du 24 mai 1836, l'arrêté du 17 Juillet 1840, le décret du 16 Novembre 1849, la loi du 15 Mars 1850 et la loi du 14 Juin 1854.

ÉCOLE SUPÉRIEURE DE PHARMACIE

Avant 1789 on ne pouvait tenir de pharmacie en Alsace, sans un privilège spécial que pouvaient seuls obtenir ceux qui avaient le droit de bourgeoisie et justifiaient en outre du titre de Maître en pharmacie délivré à Strasbourg par un Collège de médecins nommés par le Magistrat ; dans les Seigneuries de Hanau, Ribeaupierre, etc., par des commissions spéciales nommées par les Conseils de régence et pour le reste de l'Alsace par un inspecteur général des hôpitaux qui procédait, au cours de ses tournées, à l'examen des candidats.

A partir de 1789 les réceptions eurent lieu, jusqu'à la création des Écoles de pharmacie, par des Commissions ou Jurys médicaux.

La loi du 11 Avril 1803 créa, comme annexes aux Écoles de médecine en existence, six Écoles de pharmacie (Paris, Montpellier, Strasbourg, Turin, Coblence et Bruxelles), comportant chacune trois ou quatre Professeurs et dont le fonctionnement fut réglé par l'Arrêté réglementaire du 13 Août 1803.

L'École de Strasbourg eut théoriquement un directeur, trois professeurs et deux adjoints :

Macquart, Directeur ;
F. L. Hammer, L. Hecht et Ch. G. Nestler, Professeurs ;
Ant. Oberlin et E. A. Lefebvre, adjoints.

Au cas de vacance, les membres de l'École présentaient au Gouvernement un candidat choisi soit parmi les professeurs ou adjoints, soit parmi les pharmaciens diplômés.

Pendant plus de trente ans, le manque de place, de laboratoire et de matériel empêcha d'ouvrir des cours théoriques ou pratiques sérieusement organisés ; les professeurs durent plus ou moins se borner à procéder aux examens des pharmaciens et des herboristes, à surveiller l'exercice de la pharmacie, à faire la visite des pharmacies, des boutiques d'herboristes et des magasins de droguerie et à répondre enfin aux questions que les tribunaux et les administrations civiles soumettaient à l'École.

La réduction, par décès ou retraite, du nombre de ses professeurs mit en 1831 l'École de pharmacie dans l'impossibilité de procéder aux

examens et le Préfet du Bas-Rhin fut obligé, pour en assurer la fonctionnement, de nommer à titre provisoire M. Ch. F. Spielmann professeur titulaire et M. Nestler professeur adjoint, dont la nomination fut confirmée par le Ministre.

L'organisation des Écoles de pharmacie paraît avoir été plus ou moins oubliée jusqu'à l'ordonnance du 27 Décembre 1840, qui leur attribua, quant à Strasbourg, un personnel de :

Trois professeurs titulaires ;
Deux professeurs adjoints ;
Et trois agrégés.

Les professeurs titulaires et les adjoints étaient nommés sur une double liste de présentation, comprenant chacune deux noms et arrêtées l'une par l'École de pharmacie, l'autre par la Faculté de médecine.

Les agrégés étaient nommés au concours.

L'École de pharmacie de Strasbourg se trouva enfin solidement constituée par l'Ordonnance du 28 Novembre 1835, rendue à la suite d'un rapport spécial du Ministre de l'Instruction publique qu'il nous paraît intéressant de reproduire.

La loi du 21 germinal an XI a établit trois Écoles de pharmacie, l'une à Paris, l'autre à Montpellier, la troisième à Strasbourg.

Aux termes de l'art. 2 de cette loi, les Écoles ont le droit de recevoir, par toute la France, les élèves qui se destineraient à la pratique de la pharmacie ; elles sont, de plus, chargées d'enseigner les principes et les théories de cet art dans des cours publics, d'en surveiller l'exercice, d'en dénoncer les abus aux autorités, et d'en étendre les progrès.

Cependant, Sire, depuis longtemps l'École de pharmacie de Strasbourg ne remplit plus que la première partie de la mission qui lui est confiée par la loi ; comme École, elle n'existe réellement que de nom, car elle n'a point de local qui lui soit propre, elle n'a point d'enseignement, et les fonctions des professeurs se bornent à recevoir des pharmaciens.

Un tel état de choses ne saurait durer davantage. Ou bien l'École de Strasbourg peut subsister ; dans ce cas, elle doit être organisée conformément à la loi ; ou bien il lui est impossible de se soutenir ; il faut alors qu'elle soit supprimée. Mais puisqu'une loi l'a créée, une autre loi peut seule la détruire.

Il était du devoir de l'administration supérieure, avant de s'arrêter à aucune détermination à cet égard, de rechercher scrupuleusement, au moyen d'une enquête parfaitement exacte, quelle était la situation véritable de cette École, quelles causes avaient amené sa décadence, quels moyens surtout pourraient être tentés dans le but de la relever et de la rendre à sa destination légale.

J'ai donc pris les informations les plus précises à cet égard, et il résulte clairement des renseignements qui m'ont été transmis, que les difficultés qui se sont opposées jusqu'à ce jour à la réorganisation de l'École de pharmacie de Strasbourg ne sont point insurmontables.

Le nombre des élèves, si borné qu'il soit, est déjà suffisant pour assurer annuellement à l'École un produit égal aux frais rigoureusement nécessaires. Je me suis assuré de ce fait, en établissant par un calcul minutieux la balance des recettes et des dépenses. Ce nombre s'accroîtra d'ailleurs à mesure que l'enseignement de l'École prendra plus d'importance, et les élèves qui suivent aujourd'hui les cours de chimie, de pharmacologie et de botanique professés à la Faculté de médecine de Strasbourg, viendront d'eux-mêmes suivre les cours de l'École spéciale lorsqu'ils seront confiés à des maîtres habiles et zélés.

Jusqu'à ce que l'École puisse s'établir dans un local qui lui appartienne, les cours de chimie et de toxicologie seront faits provisoirement dans le laboratoire de la Faculté des sciences, et les autres dans l'amphithéâtre de la Faculté de médecine. Enfin, les frais de première installation seront acquittés sur une somme de cinq mille francs, qui a été versée par l'École elle-même à la Caisse des dépôts et consignations. Sire, je ne proposerai pas à V. M. d'assimiler l'École de Strasbourg à celle de Paris, d'y créer un même nombre de chaires, d'étendre, autant que la loi pourrait le lui permettre, le personnel de cet établissement; jusqu'à nouvel ordre, l'un des professeurs remplira les fonctions de directeur, et un autre celles de trésorier. Il n'y aura point de directeur adjoint. L'enseignement sera confié à trois professeurs, qui seront chargés, l'un du cours de chimie, un autre de celui de pharmacie, un troisième de celui de botanique; deux professeurs adjoints enseigneront la toxicologie et l'histoire naturelle des drogues. L'un d'eux sera en même temps secrétaire de l'École.

Plus tard, lorsque les cours auront attiré dans le sein de l'École un plus grand nombre d'élèves, et augmenté par conséquent les recettes de l'établissement, on pourra diminuer les charges qui pèseront sur les professeurs. Jusque-là chacun d'eux se dévouera avec zèle à la tâche honorable qui leur est imposée, celle de relever de sa ruine un établissement utile, en imprimant à toutes les parties de l'enseignement une activité nouvelle, telle que la loi l'exige et que le réclame l'état actuel des sciences chimiques et pharmaceutiques....

Les décrets du 9 Mars 1852 et 22 Août 1854 édictèrent, pour les nominations, des règles analogues à celles que nous avons déjà constatées pour la Faculté de droit.

Les professeurs de Strasbourg recevaient un traitement fixe de 3,000 francs, plus un éventuel d'environ 560 francs.

Le traitement des adjoints, y compris l'éventuel, était d'environ 2,000 francs et celui des agrégés de 600 francs environ.

Le Directeur jouissait d'un préciput de 1,000 francs.

Les cours de l'École comprenaient, d'après l'ordonnance du 28 Novembre 1835 :

Pharmacie ;
Chimie ;

Plus, en conséquence de l'ordonnance du 28 Septembre 1840 :

Toxicologie et physique ;
Histoire naturelle ;
Matière médicale.

Nous avons à partir de l'année.... deux grades : *Maître en pharmacie*, pour lequel les droits d'examen étaient de 1,000 fr., et *Pharmacien*, aux droits réduits de 200 fr.

Les grades actuels depuis l'année.... comportent le diplôme de pharmacien de 1re classe ou de 2e classe.

Pour obtenir le diplôme de pharmacien de 1re classe, il fallait douze inscriptions (quatre années d'études) dans une École supérieure (Règlement du 5 Février 1841), plus, à partir du décret du 10 avril 1852, le diplôme de bachelier ès sciences et trois années de stage dans une pharmacie.

Pour le grade de pharmacien de deuxième classe, il suffisait du brevet de grammaire, avec quatre inscriptions d'École supérieure et six années de stage dans une pharmacie.

L'École de pharmacie délivrait en outre des diplômes d'herboriste de première et de deuxième classe, les uns valables dans toute la France, les autres valables seulement pour le département.

GRAND SÉMINAIRE CATHOLIQUE

Le Grand Séminaire, qui remplace l'ancien Séminaire épiscopal supprimé pendant la période révolutionnaire, a été créé comme conséquence de la loi du 11 Mars 1804 (23 Ventôse an XII).

Article 1. — Il y aura, par chaque arrondissement métropolitain, et sous le nom de *Séminaire*, une maison d'instruction pour ceux qui se destinent à l'état ecclésiastique.

Art. 2. — On y enseignera la morale, le dogme, l'histoire ecclésiastique et les maximes de l'Église gallicane ; on y donnera les règles de l'éloquence sacrée.

Art. 3. — Il y aura des examens ou exercices publics sur les différentes parties de l'enseignement.

Art. 4. — A l'avenir, on ne pourra être nommé évêque, vicaire général, chanoine ou curé de première classe, sans avoir soutenu un examen public et rapporté un certificat de capacité sur tous les objets énoncés en l'article 2.

Art. 5. — Pour toutes les autres places et fonctions ecclésiastiques, il suffira d'avoir soutenu un examen public sur la morale et le dogme, et d'avoir obtenu, sur cet objet, un certificat de capacité.

Art. 6. — Les directeurs et professeurs seront nommés par le Premier Consul, sur les indications qui seront données par l'archevêque et les évêques suffragans.

Art. 7. — Il sera accordé une maison nationale et une bibliothèque pour chacun des établissemens dont il s'agit, et il sera assigné une somme convenable pour l'entretien et les frais desdits établissemens.

Art. 8. — Il sera pourvu, par des règlemens d'administration publique, à l'exécution de la présente loi.

Les besoins spéciaux du culte en Alsace, qui exigeaient la connaissance du dialecte alsacien pour assurer aux membres du clergé catholique la possibilité de remplir utilement les fonctions de leur ministère, ne permettaient pas d'envoyer à Besançon les jeunes séminaristes.

Strasbourg reçut dès lors un séminaire diocésain, assimilé aux séminaires métropolitains et qui fut installé le 13 Janvier 1807. Ouvert avec 74 élèves, il arriva plus tard à un nombre moyen de 150 à 200 séminaristes.

Le Décret du 17 Mars 1808 rendit aux Archevêques (dès lors pour Strasbourg à l'Évêque) le droit de nommer les Supérieurs, Directeurs et Professeurs des Grands Séminaires.

ÉCOLE DES HAUTES ÉTUDES ECCLÉSIASTIQUES ou SORBONNE

La Sorbonne, œuvre personnelle de Mᵍʳ Jean-François-Marie Le Pappe de Trévern, Évêque de Strasbourg, fut créée par lui à Molsheim en 1827, transférée à Strasbourg en 1834, puis établie à Marlenheim de 1835 à 1842, date de sa cessation par suite de la mort de l'Évêque.

Elle recevait chaque année quelques jeunes ecclésiastiques, choisis à leur sortie du Grand-Séminaire, parmi les candidats les plus distingués de leur promotion. Ils y passaient un ou deux ans.

Les *Sorbonnistes*, au nombre de douze, avaient à leur disposition une bibliothèque d'ouvrages dogmatiques et historiques, et étaient tenus de faire par écrit, chaque semaine, deux dissertations traitant des questions fondamentales de la foi et qui donnaient ensuite lieu à des expositions et expositions orales. Ils se réunissaient à cet effet, deux fois par semaine, en conférences, de deux heures chacune. Ce double travail prenait tout leur temps.

Ils avaient à leur tête un Directeur, qui ne professait pas, mais indiquait les sujets à traiter, dirigeait les conférences et prenait part aux débats.

Les travaux écrits passaient sous les yeux de l'Évêque qui faisait connaître aux Sorbonnistes son avis ou ses critiques par l'entremise du Directeur.

Pendant ses séjours, à Molsheim d'abord, puis à Marlenheim où il avait acheté une maison de campagne qui comprenait un bâtiment affecté au logement des Sorbonnistes, l'Évêque présidait lui-même chaque soir une conférence d'une heure, que sa science personnelle rendait des plus fructueuses pour les jeunes Sorbonnistes. Il visait ainsi la formation d'une pépinière d'élite, qui devait forcément influer d'une manière très appréciable sur le niveau scientifique du Clergé alsacien en général.

MÉDECINE MILITAIRE

Il nous reste à parler de l'enseignement de la médecine militaire, dans la mesure où il intéresse l'Alsace [1].

Nous trouvons comme point de départ le « Règlement du 22 Dé-
« cembre 1775, fait par ordre du Roy, pour établir dans les hôpitaux
« militaires de Strasbourg, Metz et Lille des amphithéâtres destinés à
« former en médecine, en chirurgie et en pharmacie des officiers de
« santé pour le service des hôpitaux militaires du Royaume et des ar-
« mées. »

En dehors des chefs de service pour la médecine, la chirurgie et la pharmacie, chargés de faire un cours, ce règlement prescrit le choix d'un chirurgien aide-major, démonstrateur et disséqueur, qui devra faire un cours d'anatomie, d'opérations, de principes de chirurgie et de bandages.

On admettait comme *élèves principaux* quatre médecins surnuméraires sans appointements, obligés d'assister à tous les cours, aux opérations, de suivre les médecins et chirurgiens-majors dans leurs visites, etc. Nous ignorons quel était le nombre des élèves proprement dits.

Modifiée par l'ordonnance du 26 Février 1777 qui créa de plus en vue de la marine les hôpitaux d'instruction de Toulon et de Brest, cette organisation fut supprimée, comme entraînant des dépenses superflues, par l'ordonnance du 1 Janvier 1780, qui maintint d'ailleurs certains cours (Médecine pratique ; de plus, en hiver, Anatomie et opérations ; en été, Ostéologie, bandages et botanique. Cette ordonnance est restée non avenue pour Strasbourg, où l'enseignement fut continué.

Un nouveau règlement du 2 Mai 1781 rétablit les cinq hôpitaux militaires d'instruction : Lille, Metz et Strasbourg ; Toulon et Brest. Ce règlement fut confirmé par l'ordonnance du 20 Juillet 1788, qui créa

---

[1]. Dictionnaire encyclopédique des Sciences médicales, 2ᵉ Série, Tome VIII, Article : MILITAIRE (*Service de santé*).

GAMA (J. P.), *Esquisse historique du service de santé militaire en général, et spécialement du service chirurgical, depuis l'établissement des hôpitaux militaires en France.* Germer Baillière, Paris. In-8° de XVI-718 p. 1841.

en outre des Hôpitaux militaires d'instruction au titre auxiliaire. L'Almanach d'Alsace de 1792 nous donne même les noms des douze élèves.

Pour remédier à la disette de médecins militaires qui se produisit dès le début des guerres de la Révolution, le décret du 7 Août 1793 prescrivit de nouveau qu'il serait formé, dans les hôpitaux de Strasbourg, Lille, Metz et Toulon, des cours de science et de pratique.

Nous trouvons ensuite le décret du 21 Février 1794, complété par la loi du 23 Novembre 1794, suivie peu après de la loi du 26 Septembre 1795 qui maintenait les hôpitaux d'instruction de Lille, Metz et Strasbourg, avec celui de Toulon insuffisamment doté et celui du Val-de-Grâce à Paris, à peine ébauché.

Vint ensuite le Règlement du 26 Septembre 1796, qui fixa, pour chaque établissement, le personnel en Professeurs à trois officiers de santé en chef, plus deux médecins, deux chirurgiens et un pharmacien de 1re classe.

Le décret du 12 Août 1800 réduit à deux par hôpital d'instruction, le nombre des Professeurs, et dès le commencement de 1801, ils étaient supprimés en fait, avant même l'arrêté du 30 Novembre 1803, la presque totalité des élèves étant détachés aux armées.

Les Hôpitaux-écoles (Lille, Metz et Strasbourg) furent rétablis de nouveau par le Règlement d'instruction du 17 Avril 1816, pris en exécution des Ordonnances des 25 Novembre et 30 Décembre 1814.

L'enseignement reçut quelques modifications par les Règlements des 18 Septembre et 20 Décembre 1824 et celui du 1er Avril 1831, complété par l'Ordonnance du 12 Août 1836 et l'Instruction du 14 Août 1837.

Ces Hôpitaux recevaient chaque année un certain nombre de jeunes gens, admis après concours et pourvus du grade de bacheliers ès lettres. Ils y passaient deux ans.

Le personnel des Professeurs comprenait pour la Médecine, les cours de clinique médicale, de pathologie interne et d'hygiène et médecine légale militaire; pour la Chirurgie, les cours de clinique chirurgicale, d'anatomie et physiologie et de pathologie chirurgicale et médecine opératoire; pour la Pharmacie, les cours de chimie et physique médicale, d'histoire naturelle et matière médicale et de pharmacologie; donc en tout neuf Professeurs, plus un démonstrateur. Soumis

---

Bégin (L. J.), *Études sur le service de santé militaire en France, son passé, son présent et son avenir.* V. Rozier, à Paris. In-8° de XL-376 p. 1860.

à la discipline militaire et portant l'uniforme, les élèves étaient admis à loger en ville. Après leur seconde année d'études, ils passaient à l'Hôpital de perfectionnement du Val-de-Grâce, à Paris, sauf à avoir satisfait aux examens, et ils y restaient un an, pour devenir ensuite chirurgiens-sous-aides ou pharmaciens-sous-aides.

Les trois Hôpitaux d'instruction et l'Hôpital de perfectionnement de Paris furent supprimés par décret du 23 Avril 1850 et un second décret du 9 Août 1850 institua une *École d'application de la médecine militaire* au Val-de-Grâce, à laquelle on était admis par concours, pour y faire un stage d'un an, après obtention du grade de Docteur en médecine ou de Pharmacien (Maître en pharmacie).

L'insuffisance, comme nombre, des candidats qui se présentaient fit bientôt reconnaître la nécessité de rétablir une École préparatoire, créée à Strasbourg sous le nom d'*École impériale du service de santé militaire*, par décret du 12 Juin 1856, complété par le règlement du 7 Février 1857 et les décrets des 28 Juillet 1860 et 29 Avril 1864.

A partir de 1860 les élèves furent casernés, tandis qu'ils n'avaient pu l'être, faute d'un local disponible, de 1857 à 1859.

Le personnel de l'École comportait un Médecin inspecteur comme Directeur, un Médecin principal, Sous-Directeur, deux répétiteurs d'anatomie, un répétiteur de physiologie, deux répétiteurs de pathologie médicale, deux de pathologie chirurgicale, un répétiteur de thérapeutique et médecine légale, un répétiteur de chimie et physique, un répétiteur d'histoire naturelle, un répétiteur de pharmacie et matière médicale, plus douze surveillants (Médecins-majors et aide-majors).

Les élèves-médecins (346 en 1870) passaient quatre ans à l'École ; les élèves-pharmaciens (44 en 1870), trois ans. Ils suivaient les cours de la Faculté de médecine ou de l'École supérieure de pharmacie et arrivaient à l'École d'application de médecine et de pharmacie militaire au Val-de-Grâce, en quittant Strasbourg, après avoir été reçus Docteurs en médecine ou Pharmaciens de 1re classe.

PÉRIODE FINALE (1870-1872)

Les cours des Facultés de Droit, de Médecine, des Sciences et des lettres ont cessé à la fin de l'année scolaire 1869-1870, qui a coïncidé avec les débuts du siège de Strasbourg.

Les cours de la Faculté de théologie continuèrent jusqu'au mois de Mai 1872.

Il nous paraît intéressant d'indiquer pour chaque Faculté, la première et la dernière thèse soutenue sous forme officielle pendant le XIX° siècle.

Faculté de théologie protestante.

Fonvieille (J.), Thèse exégétique sur l'arrivée des Mages à Bethléhem (Baccalauréat en théologie). Décembre 1824.
Bourlier (E.), Théorie de l'Église, d'après Vinet (Baccalauréat en théologie). 21 Juillet 1870.

Faculté de Droit.

Vicq, Thèse de licence. 2 Août 1806.
Leboibe, Thèse de licence. 9 Août 1870.

Faculté de Médecine.

Gaillardot (C. P.), l'Opération césarienne (Doctorat). 10 Octobre 1799.
Gass (A.), Les Fractures de la rotule (Doctorat). 12 Août 1870.

Faculté des Sciences.

Engelhardt (F. A.), Thèse de physique sur le calorique (Doctorat). 23 Juillet 1819.
Strohl (E.), Recherches sur les boues minérales et en particulier sur celles de l'eau sulfureuse d'Allevard (Doctorat). 3 mai 1865.

Faculté des Lettres.

Soullié (N. C.), Thèse de littérature ancienne et moderne sur l'étude de la langue grecque (Doctorat). 19 Août 1817.

Arren (L. V.), *Quid ad informandos mores valere potuit priorum Stoïcorum doctrina* (Doctorat). 14 Juillet 1859.

ÉCOLE LIBRE DE MÉDECINE

Désirant éviter aux étudiants Alsaciens l'obligation de se rendre à Paris pour continuer leurs études et les charges assez lourdes qui résulteraient pour eux de ce séjour, quelques professeurs et agrégés de l'ancienne Faculté, encouragés par l'Administration municipale de Strasbourg, se concertèrent pour donner une série de cours libres, assurant aux candidats la possibilité de rester en Alsace ou d'attendre l'ouverture de la Faculté de médecine de Nancy.

L'initiative de cette décision fut prise par le professeur Ch. Schützenberger, qui devint en fait le Directeur de cette École transitoire, comprenant 7 chaires :

Clinique médicale : Ch. Schützenberger.
Clinique d'accouchement et de maladie des enfants : G. A. Aubenas.
Clinique chirurgicale : E. Bœckel.
Anatomie descriptive : J. G. Jœssel.
Chimie médicale : F. Schlagdenhauffen.
Matière médicale : C. E. E. Strohl.
Pathologie médicale : F. Wieger.
Botanique : J. D. Buchinger (Cours libre).

Le Conseil municipal mit à sa disposition une somme de 15,000 fr. destinée aux frais matériels de l'enseignement et qui laissa un reliquat disponible d'environ 3,100 fr., reversé à la caisse municipale.

61 étudiants et 10 auditeurs bénévoles s'inscrivirent en novembre 1871 sur les registres de l'École.

L'École libre conféra le grade de Docteur en médecine à 17 candidats après soutenance de la thèse réglementaire, dont la première date du 12 Avril 1872 et les cinq dernières du 28 Septembre 1872.

ÉCOLE LIBRE DE PHARMACIE

Concurremment avec l'École libre de médecine, nous constatons la création d'une École libre de pharmacie, dont la formation fut décidée, par les mêmes motifs, le 11 Mai 1871 et qui comprit 6 chaires :
Directeur : A. A. Heydenreich.
Pharmacie proprement dite : J. A. Beno.
Chimie minérale : F. G. Memminger.
Botanique : L. F. G. Pfersdorff.
Chimie organique : E. Reeb.
Matière médicale : J. A. Schanté.
Toxicologie : F. Schlagdenhauffen.

26 élèves ayant pris les inscriptions réglementaires, suivirent les cours jusqu'à la fin. Ils comprenaient :
12 élèves de 1re classe, dont

   3 de 1re année ;
   5 de 2e —
   4 de 3e —

14 élèves de 2e classe.

Tous ces élèves se présentèrent aux examens semestriels réglementaires ; un seul élève de 2e classe fut ajourné.

Les 4 élèves de 3e année subirent avec succès les quatre épreuves prescrites et furent reçus pour le diplôme de pharmacien de 1re classe.

Un aspirant, étranger à l'école, échoua à la 3e épreuve.

11 candidats, élèves de l'École libre, se présentèrent pour le diplôme de pharmacien de 2e classe. Dix furent admis.

11 candidats, étrangers à l'École, se présentèrent pour ce même diplôme. 7 furent reçus et 4 ajournés.

L'Administration municipale avait mis à la disposition du Comité organisateur les bâtiments de l'ancienne École de pharmacie, ainsi qu'un concours de 3,300 francs aux frais d'enseignement.

Le Ministère de l'Instruction publique a admis l'identité ou équivalence avec les grades français pour les grades conférés par la Faculté

de théologie protestante, ainsi que par les Écoles libres de médecine et de pharmacie depuis le 9 Juin 1871, date du traité de Francfort, jusqu'au 30 Septembre 1872, dernier délai d'option.

Cette décision paraît absolument équitable et logique, attendu que professeurs et étudiants avaient jusqu'au 30 Septembre 1872 le droit de revendiquer la nationalité française.

CONCLUSIONS

Nous publions, comme résultat de longues recherches, un travail que nous avons tâché, dans la mesure de notre programme, de rendre aussi complet que possible au point de vue des Notices qui le composent. Nous avons borné notre ambition à présenter en quelques lignes un aperçu d'ensemble très succinct de la carrière de nos anciens professeurs alsaciens, laissant aux savants biographes de l'avenir le soin d'étudier leurs ouvrages et d'apprécier leur activité, leurs mérites et leur valeur scientifiques. Nous croyons avoir réussi à fournir, en assez grand nombre, des données intéressantes et inédites et nous n'avons pas eu d'autre prétention.

La critique pourra reprocher à bon droit aux observations préliminaires qui accompagnent notre brochure leur manque d'unité et l'inégalité de nos développements. Il nous sera permis de faire observer que nous avons désiré surtout fournir les explications indispensables pour bien comprendre nos Notices, par un aperçu historique très succinct de nos anciennes Facultés.

Nous avons rencontré de plus, au cours de notre travail, un certain nombre de pièces inédites et des documents intéressants, reproduits dans divers volumes qui se trouvent dans la plupart de nos grandes bibliothèques publiques, mais qui n'existent qu'exceptionnellement dans les collections privées. Nous avons pensé être agréable à nos lecteurs en réimprimant ces pièces, et éviter peut-être par ce fait quelques recherches à l'historien futur des institutions qui ont été consacrées en Alsace à l'enseignement supérieur. Nous n'avons pas même tenté de fournir une légère esquisse d'une histoire pareille, entreprise bien trop vaste pour nos forces, notre compétence, et pour laquelle les ressources bibliographiques indispensables nous feraient d'ailleurs défaut par suite de notre éloignement de l'Alsace.

Nous avons reproduit en latin nos notices pour la période du XVIe au XVIIIe siècle, parce que les sources auxquelles nous avons dû re-

courir sont généralement imprimées ou écrites dans cette langue. Nous aurions d'ailleurs été fort embarrassé pour traduire en français, d'une manière claire et satisfaisante, diverses qualifications que nous avons souvent rencontrées : *Comes palatinus cæsareus.* — *Præfectus spiritus.* — *Conventus ecclesiastici Præses*, etc.

La signification de certains mots, en usage au XVIII° siècle, n'est d'ailleurs plus la même de nos jours ; ainsi *Cod. et Consuet. Feud. Prof.* — Comment rappeler, dans une traduction française, à moins d'une longue explication, qu'il ne s'agit pas de nos Cinq Codes ou du Code civil.

Nos lecteurs savent tous que *Physicæ Professor* implique un enseignement philosophique dogmatique, tandis que *Physices Professor* se rapporte à une chaire de sciences naturelles comprenant sans doute, outre la Physique, quelques éléments de chimie.

En rédigeant nos notices pour cette période, nous avons trouvé bien commode l'usage de la langue latine, qui permet de placer, au commencement de la phrase, le mot principal. Pour un travail consacré à des Professeurs, *Juris Doctor, Pandectarum Professor*, est certainement plus typique que la traduction française.

Nous n'avons du reste pas eu la prétention de faire œuvre de savant. — Dans nos renseignements relatifs aux mutations de chaires, nous avons considéré comme *invariable* le nom du Professeur ; c'est ainsi que nous avons imprimé : *Loco C. Bitschius* au lieu de : *Loco C. Bitschii*, insuffisant pour indiquer si le nom usuel était *Bitsch* ou *Bitschius*. — Nos sources nous ont donné quelquefois en français certains noms de localités, et il nous a paru fort inutile de traduire péniblement en latin *Éclaron, Sainte-Menehould*, etc., pour obliger nos lecteurs à faire à leur tour le travail inverse. — Nous avons de même admis résolument : *Academia Würzburgensis*, tout en connaissant le terme classique : *Academia Herbipolensis* ou *Wirceburgensis*, mais nous avons maintenu les noms : *Altissiodorensis, Calvomontanus*, etc., expliqués d'ailleurs p. .... et ...

A partir de 1791 au contraire, les désignations officielles des positions nous sont données *en français* et nous avons naturellement fait de même, en sorte que quelques-unes de nos Notices sont mi-partie latines, mi-partie françaises.

Indiquant *à la première ligne* de chaque Notice le *lieu de naissance*, vu l'intérêt qu'il présente, puis qu'il fait généralement connaître le milieu dans lequel le Professeur a été élevé, nous ne le rappelons naturellement pas à la seconde ligne, en regard de la date, suivie

immédiatement par la date du Décès, ce qui nous paraît présenter l'avantage de pouvoir se rendre compte, par un calcul rapide, de l'âge atteint par le professeur. Nous donnons ensuite les indications relatives aux Doctorats, vu qu'il importe, pour les retrouver facilement, de leur assigner une place fixe, indépendante de l'ordre chronologique. Le lieu du Décès ou de la Réception au Doctorat est *Strasbourg,* à moins de mention contraire et sauf le cas où nous n'avons pu découvrir, ni la localité, ni la date précise.

Nos lecteurs comprendront dès l'abord que toutes les situations, pour lesquelles nous n'indiquons pas de *ville spéciale*, ont forcément trait aux institutions Strasbourgeoises *proprement dites* (Académie, Université, etc.).

Sans faire de l'iconographie, il m'a paru intéressant d'indiquer d'une manière sommaire les portraits, soit gravés, soit lithographiés, dont nous connaissons l'existence. Ce renseignement sera peut-être utile aux collectionneurs ou aux auteurs futurs de monographies. Je le dois en majeure partie à l'obligeant concours de MM. Ferdinand Reiber, Charles Schmidt et Maurice Himly, qui ont bien voulu vérifier, en vue de mon travail, leurs importantes collections de portraits alsatiques.

Les indications fort intéressantes que j'ai pu donner quant aux professeurs de l'Académie de Molsheim et de l'Université épiscopale de Strasbourg sont, je le crois du moins, *absolument inédites* dans leur ensemble. Je les dois en presque totalité à la gracieuse intervention et à l'amabilité toute spéciale du Révérend Père Carlos Sommervogel, Strasbourgeois comme moi, et qui vient de mener à bonne fin l'impression des trois premiers volumes d'un immense travail d'une valeur exceptionnelle : *Bibliothèque de la Compagnie de Jésus,* qui reproduira en dix gros volumes in-4°, les résultats de trente années de recherches incessantes. Ces données, bien précieuses déjà, ont encore été complétées par les notes que le Révérend Père L. H. Carrez a réunies depuis plusieurs années quant aux Professeurs de l'Université épiscopale, dont il a bien voulu revoir, avec la plus grande obligeance, toutes les notices.

Je suis redevable à M. le chanoine L. Dacheux et à M. le chanoine Joder, Secrétaire général de l'Évêché de la majeure partie des données relatives au Grand Séminaire catholique, incomplètes malheureusement par suite de la disparition partielle des archives de l'Évêché de Strasbourg.

J'ai trouvé à la Bibliothèque de l'Université de Strasbourg une série de renseignements fort utiles et dont j'ai pu profiter largement, au fur et à mesure des exigences de mon travail.

Je ne saurais oublier M. Rod. Reuss, le très obligeant bibliothécaire de la Ville de Strasbourg, et M. A. Erichson, Directeur du Collège Saint-Guillaume, qui a contrôlé toutes les notices des Professeurs de la Faculté de théologie protestante et du Séminaire, en vérifiant à mon intention les archives du Chapitre de Saint-Thomas.

Pour cette même période du XIX° siècle, il m'a été possible de compléter à bien des égards mon travail, vu la haute obligeance de M. Liard, Directeur de l'enseignement supérieur au Ministère de l'instruction publique, qui a bien voulu faire dépouiller pour moi, en tant qu'elles sont accessibles, les archives de son Ministère, relatives à l'Académie de Strasbourg, déposées actuellement aux Archives nationales.

J'ai pu combler enfin des lacunes en assez grand nombre grâce aux notes prises pour la Faculté de droit, par M. E. Lederlin, Doyen de la Faculté de Nancy; pour la Médecine, M. Hahn, Bibliothécaire de la Faculté de médecine de Paris, M. A. Dureau, archiviste de l'Académie de médecine, M. le docteur J. A. Stoltz, Doyen honoraire, qui occupe sa verte vieillesse à préparer une histoire de la Faculté de médecine, et M. le professeur L. Hecht; pour la Pharmacie, par M. Dorveaux, Bibliothécaire de l'École supérieure de pharmacie de Paris, et M. Balland, Pharmacien principal à l'Hôtel des Invalides; pour l'École libre de médecine, par M. le docteur E. Bœckel et pour l'École libre de pharmacie, par M. L. F. G. Pfersdorff.

—Oscar BERGER-LEVRAULT.

Nancy, Octobre 1892.

ANNALES DES PROFESSEURS

Achon, Marcel-Benoît-Joseph, de Fribourg (Suisse).
>Né 4 Avril 1804.
>Décédé 18 Février 1855.
>Professeur au Petit Séminaire catholique, 1827-1830.
>Directeur en second au Grand Séminaire catholique et Prédicateur français à la Cathédrale, 29 Novemb. 1830-Avril 1835.
>Chanoine honoraire de la Cathédrale, 3 Avril 1835.
>Supérieur du Petit Séminaire catholique, nomination épiscopale du 2 Mai 1835 et Ordonnance royale du 28 Juin 1835.
>Vicaire général de l'Evêché, Ordonnance royale du 7 Août 1843 et nomination épiscopale, Octob. 1843.
>>Portrait lithographié. (*Légende* : J. B. M. Achon.) E. Simon.

Adam, Carolus Michael (*S. J.*), Nancy.
>Natus 29 Septemb. 1695.
>Denatus (Mussiponti) 1771.
>Theol. Doct.
>Rhetoricæ Professor in Collegio regio, 1722-1723.
>Matheseos Professor in Universitate episcopali, 1725-1726.
>>*Loco* J. L. Raussin.
>
>Scripturæ Sacræ Professor in Universitate Mussipontana, 1736-1738.
>Theologiæ scholasticæ Professor in Universitate Mussipontana, 1738-1744.
>Præfectus Sodalitatis Civium, Mussiponti, 1744-1745.
>Præfectus Scholarum in Collegio Rhemensi, 1745-1756.
>Cancellarius Universitatis episcopalis, 31 Martii 1757-1762.
>>*Loco* C. E. Tavernier.

Adam, Josephus (*S. J.*), Catalaunensis.
>Natus 6 Martii 1676.
>Denatus (Argentin.) 10 Decemb. 1743.
>Theol. Doct.
>Matheseos Professor in Universitate episcopali, 1705-1706.
>>*Loco* G. Beaujour.
>
>Philosophiæ Professor in Collegio Divionensi, 1711-1712.
>Theologiæ moralis Professor in Universitate episcopali, 1712-1714.
>>*Loco* C. Gaucher.
>
>Theologiæ scholasticæ Professor in Universitate episcopali, 1714-1722.
>>*Loco* C. Gaucher.
>
>Bibliothecarius in Collegio Argentoratensi, 1722-1723.

Rector Collegii Catalaunensis, 10 Octob. 1723-1726.
Rector Collegii Rhemensis, 31 Maii 1727-1731.
Theologiæ scholasticæ Professor in Universitate episcopali, 1731-1732.
        Loco D. Bernard.
Præfectus Spiritus & Bibliothecarius in Collegio Argentoratensi, 1741-1743.

AGERIUS (Acker), Nicolaus, Ittenheimens.-Alsat. (B. U.)
 Natus 11 Decemb. 1568.
 Denatus 26 Junii 1634.
 Med. Doct. (Basileæ), 11 Julii 1597.
 Physices Professor, 1618.
       Loco J. L. Hawenreutter.

 Ex Facultate philosophica Facultatis medicæ Assistens, 1634.

ALBERTI, Nicolaus (*S. J.*), Veitsböchheimens.-Francon.
 Natus
 Denatus (Würzburg) 18 Januar. 1641.
 Philosophiæ Professor in Collegio Würzburgensi.
 Concionator & Regens Seminarii Molshemiani, 1628.
 Cancellarius & Scripturæ Sacræ Professor in Academia Molshemiana, 1630-1632.
       Loco A. Han.
 Rector Academiæ Molshemianæ, 1633-1635.
 Rector Collegii Würzburgensis, 1640-1641.

ANTOINE, Claude, de Buligny (Lorraine).
 Né 29 Décemb. 1753.
 Décédé 25 Décemb. 1811.
 Maître en chirurgie (Nancy), 3 Décemb. 1783.
 Professeur en chirurgie au Collège de Nancy, 1783.
 Chirurgien à Neuves-Maisons, 6 Avril 1775.
 Médecin surnuméraire, 6 Décemb. 1786.
 Professeur à la Faculté de médecine de Nancy. 1791.
 Médecin titulaire, 15 Avril 1792.
 Médecin en chef d'armée, 12 Octob. 1795.
 Médecin en chef de l'armée du Rhin.
 Médecin en chef de l'armée du Rhin et Médecin en chef provisoire de l'Hôpital militaire d'instruction, 24 Avril 1801.
 Médecin en chef de l'Hôpital militaire d'instruction, 25 Janvier 1802.
 Médecin en chef et Professeur à l'Hôpital militaire d'instruction, 3 Juin 1803-21 Avril 1809.
 Médecin en chef et Professeur à l'Hôpital militaire d'instruction, 12 Décemb. 1809-Décemb. 1811.

ARBOGAST, Ludovicus Franciscus Antonius, Mutzingens.-Alsat.
 Natus 4 Octobris 1759.
 Denatus 18 Aprilis 1803.
 Mathematum Professor.
 Mathematum Professor in Schola regia Pyrotechnica.
 Directeur du Collège national, Avril-Octobre 1791.
 Député à l'Assemblée législative, 1791.

Correspondant de l'Académie des sciences, 18 Août 1792.
Député à la Convention nationale, 1792.
Associé de l'Institut National (Section de mécanique), 28 Février 1796.
Professeur de mathématiques à l'École centrale, 27 Juillet 1796 - 7 Septemb. 1802.

ARNOLD, Jean-Georges-Daniel, de Strasbourg.
Né 18 Février 1780.
Décédé 18 Février 1829.
Docteur en droit (Coblence), 13 Février 1806.
Docteur ès lettres (*Coll.*), 3 Juillet 1810.
Professeur de législation à Coblence, 26 Mars 1806.
Professeur d'histoire à la Faculté des lettres, 20 Juillet 1809.
Professeur de droit romain à la Faculté de droit, 10 Janvier 1811.
Loco S. H. Guillaume.
Doyen de la Faculté de droit, 8 Mars 1820 - Février 1829.
Loco J. F. Hermann.
Portrait lithographié d'après C. Guérin, par Simon.

ARNOULD, Edmond-Nicolas, de Dieuze.
Né 13 Mars 1811.
Décédé (Paris) 1864.
Docteur ès lettres (Paris), 15 Décemb. 1842.
Professeur suppléant de littérature française à la Faculté des lettres, 8 Novemb. 1843.
Professeur de littérature étrangère à la Faculté des lettres de Poitiers, 4 Novemb. 1845.
Professeur de littérature étrangère à la Faculté des lettres de Paris, 1 Mai 1853.

ARON, Jules, de Hegenheim.
Né 6 Décemb. 1830.

Docteur en médecine, 24 Août 1853.
Médecin aide-major de 2e classe, 1 Janvier 1855.
Médecin aide-major de 1re classe, 28 Mai 1859.
Médecin-major de 2e classe, 12 Août 1863.
Répétiteur de Thérapeutique et Médecine légale à l'École du service de santé militaire, 1864 - 1870.
Médecin-major de 1re classe, 24 Décemb. 1869.
Médecin principal de 2e classe, 17 Novemb. 1878.
Médecin principal de 1re classe, 2 Février 1882.
Médecin-inspecteur, 27 Septemb. 1888.

ARONSSOHN, Jacques-Léon, de Metz.
Né 2 Mai 1793.
Décédé 8 Septembre 1861.
Docteur en médecine, 24 Août 1822.
Professeur agrégé à la Faculté de médecine, 14 Avril 1829.

ARONSSOHN, Paul, de Strasbourg.
Né 6 Janvier 1833.
Décédé (Paris) 28 Mai 1887.

Docteur en médecine, 28 Août 1856.
Professeur agrégé à la Faculté de médecine, 24 Janvier 1863 (30 Mars 1863).
Médecin adjoint des hospices civils de Strasbourg, 21 Décemb. 1864-18 Novemb. 1871.
Professeur suppléant de clinique interne à la Faculté de médecine, 21 Avril 1868.
Médecin-major de 2e classe au titre auxiliaire à l'hôpital militaire de Montpellier, 24 Décemb. 1870-1 Avril 1871.
Professeur agrégé à la Faculté de médecine de Nancy, 1 Octob. 1872.
                                            Démissionnaire.
Médecin à Paris.

ARTOPŒUS (Becker), Johannes Christophorus, Argent.
Natus 24 August. 1626.
Denatus 21 Junii 1702.
Jur. Doct. (6 April. 1682).
Professor in Gymnasio, 1651-1683.
Director Gymnasii, 1677-1702.
Eloquentiæ latinæ Professor, 22 April. 1683.
                    Loco J. J. Bockenhoffer.
Portrait par J. A. Seupel.

ARTOPŒUS, Johannes Georgius, Argent.
Natus 28 Januar. 1660.
Denatus 30 Decemb. 1706.
Superioris Gymnasii, Logices & Rhetoricæ Præceptor et Ecclesiastes, 1697.

ARTOPŒUS, Samuel, Argent. (B. U.)
Natus 30 Septemb. 1659.
Denatus 19 Julii 1713.
Historiæ Professor, cum venia Privata Collegia habendi, 9 Octob. 1706.

ATHÉNAS, Joseph-Robert, de Pont-à-Mousson.
Né 18 Octob. 1773.
Décédé (? Bourbonne-les-Bains) 15 Mai 1829.
Maître en pharmacie (? ?).
Pharmacien de 3e classe, 19 Janvier 1793.
Pharmacien-major, 19 Septemb. 1805.
Pharmacien principal, 21 Mars 1813.
Professeur à l'Hôpital militaire d'instruction, 8 Janvier 1815-5 Mai 1816.
Pharmacien en chef à l'hôpital de Bourbonne-les-Bains, 1816-1829.

AUBENAS, Georges-Adolphe, de Mutzig.
Né 22 Juin 1829.

Docteur en médecine, 28 Août 1855.
Professeur agrégé à la Faculté de médecine, 20 Mars 1860.

Professeur de la clinique d'accouchement et de maladie des enfants à l'École libre de médecine, Mai 1871 - 30 Septemb. 1872.
Directeur de l'Ecole départementale d'accouchement, 1 Novemb. 1871.
Professeur à l'Université de Strasbourg, 6 Novemb. (23 Octob.) 1872.

AUBRY, Charles-Marie-Barbe-Antoine, de Saverne.
Né 20 Juin 1803.
Décédé (Paris) 14 Mars 1882.
Docteur en droit, 6 Avril 1824.
Professeur suppléant à la Faculté de droit, 2 Février 1830.
Professeur de Code civil à la Faculté de droit, 31 Janvier 1833.
Loco Ch. F. X. Thieriet de Luyton.
Doyen de la Faculté de droit, 21 Novemb. 1851 - 1871.
Loco J. F. Rauter.
Conseiller à la Cour de cassation, 5 Mars 1872.

AUBRY, Johannes (*S. J.*), Maceriensis.
Natus 17 Decemb. 1642.
Denatus (Argent.) 26 August. 1703.
Theologiæ moralis Professor in Universitate episcopali, 1701 - 1703.

AUFSCHLAGER, Jean-Frédéric, de Künheim.
Né 3 Décemb. 1766.
Décédé 8 Novemb. 1833.
Docteur en philosophie, 26 Septemb. 1786.
Régent au Gymnase protestant, 1794.
Régent au Gymnase protestant, 23 Mai 1810.
Répétiteur au Gymnase protestant, 15 Juillet 1812.
Professeur au Gymnase protestant, 24 Janvier 1829.
Professeur délégué de philosophie à la Faculté des lettres.
Portrait-médaillon lithographié par Beyer.

BACCARA, Franciscus Josephus (*S. J.*), Colmariens.
Natus 14 Novemb. 1722.
Denatus (Erstein) 27 Decemb. 1805.
Logicæ Professor in Universitate episcopali, 1754 - 1755.
Loco J. Keifflin.
Præbendarius Ecclesiæ S. Petri Senioris.
Parochus in Erstein, 1768 - 1792.
Émigré, 1792 - 1797.
Curé d'Erstein, 1797 - 1805.

BACKER, Nicolaus, Nerdena - Batavus.
Natus
Denatus
Juris Professor Privatus, circa 1595.

BACH, Marie-Joseph-Auguste, de Soultz-sous-Forêts (Bas-Rhin).
Né 11 Février 1809.
Décédé (Bergheim) 3 Novemb. 1886.

Docteur en médecine, 28 Août 1832.
Professeur agrégé à la Faculté de médecine, 20 Février 1835.
Chargé du cours de pathologie externe à la Faculté de médecine, 8 Février 1865.
Professeur de pathologie externe à la Faculté de médecine, 1 Septemb. 1865.
Professeur de pathologie externe à la Faculté de médecine de Nancy, 1 Octob. 1872.
Professeur honoraire, 1 Novemb. 1880 (13 Novemb. 1880).

BACH, Xavier-Dagobert, de Soultz-sous-Forêts (Bas-Rhin).
Né 15 Juin 1813.
Décédé (Marlenheim) 9 Octob. 1885.
Docteur ès sciences mathématiques, 26 Décemb. 1857.
Chargé du cours de mathématiques pures à la Faculté des sciences, 28 Octob. 1858.
Loco P. F. Sarrus.
Professeur de mathématiques pures à la Faculté des sciences, 26 Novemb. 1860.
Doyen de la Faculté des sciences, 28 Décemb. 1866-1871.
Loco P. A. Bertin-Mourot.
Professeur de mathématiques pures à la Faculté des sciences de Nancy, 15 Novemb. 1871.
Doyen de la Faculté des sciences de Nancy, 18 Novemb. 1871-Septemb. 1873.
Doyen honoraire, 30 Septemb. 1873.

BÆGERT, Jacobus (*S. J.*), Kaysersberg.-Alsat.
Natus 1 April. 1686.
Denatus (Spiræ) 7 Septemb. 1766.
Logicæ Professor in Schola Molshemiana, 1722-1723.
Loco Eretsman.
Physicæ Professor in Schola Molshemiana, 1723-1724.
Loco Eretsman.
Polemicæ Professor in Schola Molshemiana, 1728.
Loco N. Fimberger.
Minister Scholæ Molshemianæ, 1729.
Præfectus Spiritus Scholæ Molshemianæ, 1745.
Professor in Collegio Heidelbergensi, 1748.
Exhortator domesticus in Collegio Molshemiano, 1752.
Præfectus Spiritus in Collegio Hagenoënsi, 1754.
Exhortator domesticus in Collegio Molshemiano, 1757.
Præfectus Spiritus in Collegio Wormatiensi, 1759-1763.

BÆGERT, Jean-Baptiste, de Kaysersberg (Haut-Rhin).
Né 12 Mars 1793.
Décédé (Mulhouse) 1831.
Professeur d'éloquence sacrée au Petit Séminaire catholique, avant 1820-1823.
Professeur de philosophie au Lycée de Strasbourg.
Principal du Collège de Colmar, 1825.
Directeur de la Sorbonne à Molsheim.
Chanoine honoraire de la Cathédrale, 26 Mars 1831.

Bær, Fridericus Carolus, Argent.
>Natus 15 Novemb. 1719.
>Denatus 23 April. 1797.
>Theologiæ Professor extraordinarius, 1754.
>Aumônier honoraire du roi de Suède.

Bæumlin, Thiébaut-Antoine.
>Né 22 Juillet 1765.
>Décédé (Bernwiller près Cernay) 1832.
>Professeur au Collège de Porrentruy.
>Professeur au Collège de Colmar.
>Émigré en Suisse, 1792.
>Chancelier de la Nonciature en Suisse.
>Nonce apostolique en Suisse.
>Curé cantonal de Sainte-Madeleine à Sainte-Marie-aux-Mines, proposition épiscopale du 2 Mars et Décret du 26 Mars 1812-24 Septemb. 1823.
>Professeur de droit canon au Grand Séminaire catholique, 1824-1828.
>Professeur de droit canon et de morale au Grand Séminaire catholique, 1828-1829.
>Chanoine honoraire de la Cathédrale, 30 Décemb. 1824.
>Professeur de droit canon au Grand Séminaire catholique, 1829-1831.

Bailly
>Né
>Décédé
>Docteur en chirurgie.
>
>Médecin militaire.
>Professeur de pathologie externe et opérations chirurgicales, 1798-1801.

Balazuc, Louis, de La Chapelle-sous-Aubenas (Ardèche).
>Né 5 Janvier 1735.
>Décédé
>Docteur en médecine.
>Chirurgien adjoint à l'Hôpital militaire, 20 Janvier 1769.
>Chirurgien-major, 24 Août 1771.
>Professeur à l'Hôpital militaire d'instruction, 1781-1788.
>>Admis à la retraite, 30 Juin 1803.

Balduinus (Baudouin), Franciscus, Atrebatus.
>>Natus 1 Januar. 1520.
>>Denatus (Arras) 24 Octobr. 1573.
>>Juris Doctor (Biturig.), 1549.
>>Juris Professor, 1555-1557.
>>Juris Professor in Universitate Heidelbergensi, 1557-1561.
>>Juris Professor in Universitate Bituricensi.
>>Juris Professor in Universitate Duacensi, 1563-1566.
>>Juris Professor in Universitate Andegavensi, 1568-1573.
>>>Portrait par J. N. Larmessin.

BALTUS, Johannes Franciscus (*S. J.*), Metensis.
>Natus 8 Junii 1667.
>Denatus (Rhemis) 9 Martii 1743.
>Theol. Doct.
>Rhetoricæ Professor in Academia Mussipontana, 1690-1691.
>Scripturæ Sacræ et Linguæ hebrææ Professor in Seminario episcopali, 1698-1701.
>Scripturæ Sacræ Professor in Universitate episcopali, 1701-1702.
>Theologiæ positivæ Professor in Universitate episcopali, 1702-1712.
>Rector Universitatis episcopalis, 13 Septemb. 1712-11 Decemb. 1712.
>>*Loco J. Dez.*
>Præfectus Sodalitatis & Bibliothecæ Divionensis, 1712-1717.
>Revisor generalis librorum, Romæ, 1717.
>Rector Collegii Cabillonensis.
>Rector Collegii Divionensis, 9 April. 1719-1723.
>Præses Academiæ græcæ Divionensis, 1723-1724.
>Confessarius in Collegio Divionensi, 1724-1725.
>Rector Collegii Metensis, 22 Julii 1725-1728.
>Rector Universitatis Mussipontanæ, 27 Novemb. 1728-Décemb. 1731.
>Rector Collegii Metensis, 4 Decemb. 1731-1735.
>Rector Collegii Catalaunensis, 7 Februar. 1736-1740.
>Confessarius in Collegio Rhemensi, 1741-1743.

BARBIER, Joseph-Athanase B[on], de Brunoy (Seine-et-Oise).
>Né 13 Mai 1767.
>Décédé (Paris) 7 Mai 1846.
>Docteur en médecine (Paris), 5 janvier 1804.
>Chirurgien sous-aide, 11 Septemb. 1792.
>Chirurgien aide-major, 26 Juillet 1793.
>Professeur de pathologie à l'Ecole de médecine, 22 Décemb. 1794.
>>Quitte Strasbourg, Juillet 1795.
>>Démissionnaire, 21 Août 1798.
>Chirurgien-major, 28 Octob. 1795.
>Chirurgien en chef, Professeur adjoint à l'Hôpital de perfectionnement du Val-de-Grâce, 10 Mai 1796.
>Chirurgien en chef, premier Professeur à l'Hôpital militaire de perfectionnement du Val-de-Grâce, 8 Janvier 1815.
>>Admis à la retraite, 26 Janvier 1825.
>Membre honoraire (Section de chirurgie) de l'Académie de médecine de Paris, 27 Décemb. 1820.

BARLET, Josephus Dionysius (*S. J.*), Nanceian.
>Natus 14 Decemb. 1728.
>Denatus (? Nanceii) post 1773.
>Grammatices & Rhetorices Professor in Collegio Virdunensi, 1745-1746.
>Grammatices & Rhetorices Professor in Collegio Rhemensi, 1746-1747.

Grammatices & Rhetorices Professor in Collegio Laudunensi, 1747-1748.
Grammatices & Rhetorices Professor in Collegio Catalaunensi, 1748-1749.
Matheseos Professor in Universitate episcopali, 1752-1753.
Præfectus in Collegio Mussipontano, 1753-1754.
Vice-Director in Collegio Mussipontano, 1754-(?)1759.
Logicæ Professor in Universitate Mussipontana, 1759-1760.
Physicæ Professor in Universitate Mussipontana, 1760-1761.
Logicæ Professor in Universitate Mussipontana, 1761-1762.
Physicæ Professor in Universitate Mussipontana, 1762-1763.
Logicæ Professor in Universitate Mussipontana, 1763-1764.
Physicæ Professor in Universitate Mussipontana, 1764-1765.
Philosophiæ Professor, pro Repetentibus, in Universitate Mussipontana, 1765-1766.
Logicæ Professor in Universitate Mussipontana, 1766-1767.
Physicæ Professor in Universitate Mussipontana, 1767-1768.
Pensionarius, degens Nanceii, 1773.

BARTENSTEIN, Johannes Philippus, Lindav. (B. U.)
Natus 3 Decemb. 1650.
Denatus 12 Septemb. 1726.
Latinæ linguæ Præceptor in Gymnasio, 1679-1702.
Moralium Professor, 19 Maii 1702.
Logicæ et Metaphysicæ Professor, 4 Julii 1702.

Logicæ et Philosophiæ primæ Prof. publ. ord., 1708.

Portrait par J. A. Seupel.
Portrait d'après Meyer par P. J. Lutherburg.

BARTH, Johannes Henricus, Argent. (B. U.)
Natus 2 Septemb. 1680.
Denatus 21 Septemb. 1719.
Logicæ & Metaphysicæ Præceptor in Gymnasio.
Theol. Doct., 11 Junii 1711. (6 Maii 1711.)
Theologiæ Professor, 21 Februar. 1710.

SS. Theol. Doct. & Prof. publ. ordin. atque Ecclesiastes, 1712.

BARTHOLMESS, Christian-Jean-Guillaume, de Geisselbronn près Haguenau (Bas-Rhin).
Né 26 Février 1815.
Décédé (Nüremberg) 31 Août 1856.
Docteur ès lettres (Paris), 17 Décemb. 1849.
Professeur de philosophie au Séminaire protestant, 15 Mars 1853.
Loco J. Willm.

Portrait lithographié par Ch. Schultz, Paris.

BARTSCH, Jacobus, Lauba-Lusat.
Natus 1600.
Denatus 26 Decemb. 1633.
Med. Doct., 2 Martii 1630. (17 Februar. 1630.)
Mathemat. Professor, 22 Februar. 1630.
Loco Is. Malleolus.

BATAILLE (Abbé), Charles-François-Jean-Marie, de Bains (Vosges).
  Né 26 Août 1792.
  Décédé
  Docteur ès lettres, 14 Août 1834.
  Professeur de philosophie au Collège royal, 22 Octob. 1825.
  Professeur suppléant à la Faculté des lettres, 5 Avril-29 Octob. 1841.

BAUDELOT, Jules-Joseph-Émile, de Vendresse (Ardennes).
  Né 23 Mars 1835.
  Décédé (Nancy), 23 Février 1875.
  Docteur en médecine (Paris), 19 Août 1859.
  Docteur ès sciences naturelles (Paris), 2 Avril 1873.
  Chargé du cours de zoologie et de physiologie animale à la Faculté des sciences, 15 Décemb. 1865.
    Loco D. A. Lereboullet.
  Professeur de zoologie et de physiologie animale à la Faculté des sciences, 1 Décemb. 1868.
  Professeur de zoologie et de physiologie animale à la Faculté des sciences de Nancy, 9 Décemb. 1871.

BAUDOUIN, Franciscus, *vide* BALDUINUS.

BAUER (BAUR), Michael (*S. J.*), Moguntin.
  Natus 23 (*vel* 24) Septemb. 1712.
  Denatus
  Logicæ Professor in Schola Molshemiana, 1747-1748.
    Loco J. Hacquebaut.
  Physicæ Professor in Schola Molshemiana, 1748-1749.
    Loco J. Hacquebaut.
  Missionarius in Hispania Nova, 1749.
  Pater Spiritus Collegii in Tepotzotlan, 1764-1767.

BAUER, Philippus (*S. J.*), Hollfeldens., Diœc. Bamberg.
  Natus 31 Decemb. 1705.
  Denatus post 1766.
  Theol. Doct.
  Logicæ Professor in Collegio Bambergensi, 1738-1739.
  Physicæ Professor in Collegio Bambergensi, 1739-1740.
  Metaphysicæ Professor in Collegio Bambergensi, 1740-1741.
  Logicæ Professor in Collegio Fuldensi, 1741-1742.
  Physicæ Professor in Collegio Fuldensi, 1742-1743.
  Theologiæ moralis Professor in Collegio Fuldensi, 1743-1745.
  Scripturæ Sacræ Professor in Academia Bambergensi, 1745-1747.
  Minister Collegii Würzburgensis, 1747.
  Scripturæ Sacræ Professor in Collegio Moguntino, 1748-1749.
  Theologiæ scholasticæ Professor in Collegio Moguntino, 1749-1752.
  Theologiæ scholasticæ Professor in Collegio Molshemiano, 1752-1753.
    Loco J. Sendelbach.
  Theologiæ moralis Professor in Academia Bambergensi, 1753-12 Februar. 1763.

Cancellarius Academiæ Bambergensis, 1756-1763.
Vice-Rector Academiæ Erfurtensis, 12 Februar. 1763.
Rector Academiæ Erfurtensis, 21 Novemb. 1764.

BAUHOFFIUS, Engelhartus, Argent.
Natus
Denatus
Theologiæ Professor extraordinarius, 1558.

BAULNY, Carolus (*S. J.*), Fléville-Ardenn.
Natus 5 Februar. 1717.
Denatus
Logicæ Professor in Universitate episcopali, 1750-1751.
Loco F. Rcon.
Physicæ Professor in Universitate episcopali, 1751-1752.
Loco F. J. Sermonnet.
Logicæ Professor in Universitate episcopali, 1752-1753.
Loco P. Collin.
Physicæ Professor in Universitate episcopali, 1753-1754.
Loco P. Collin.
Professor in Collegio Rhemensi, 1761.

BAUM, Jean-Guillaume, de Flonheim (Mont-Tonnerre).
Né 7 Décembre 1809.
Décédé 29 Octobre 1878.
Docteur en théologie (Zürich), 27 Mai 1864.
Professeur agrégé au Séminaire protestant, 1 Décemb. 1839 (24 Octob. 1839).
Professeur de littérature latine au Séminaire protestant, 24 Avril 1860.
Loco Th. Kreiss.
Professeur d'éloquence sacrée pour la prédication allemande à la Faculté de théologie, 19 Juillet 1864.
Loco Ch. G. A. Schmidt.
Professeur de théologie pratique au Séminaire protestant 25 Juillet (19 Juillet) 1864.
Professeur à l'Université de Strasbourg, 1 Mai 1872.

BAUMGARTNER, Heinricus, Argent.
Natus 21 Octob. 1553.
Denatus 6 Octob. 1614.
Consul, 1601, 1607 et 1613.
Scholarcha, 23 Mart. 1597.

BAUNACH, Sebastianus (*S. J.*), Bambergens.
Natus Junio 1607.
Denatus (Selestad.) 6 August. 1679.
Metaphysicæ Professor in Academia Molshemiana, 1654-1655.
Theologiæ moralis Professor in Academia Molshemiana, 1655-1656.
Loco H. Gnadt.

BAUTAIN (Abbé), Louis-Eugène-Marie, de Paris.
    Né 17 Février 1796.
    Décédé (Viroflay, près Paris) 15 Octob. 1867.
    Docteur ès lettres (Paris), 10 Août 1816.
    Docteur en théologie (Paris), 25 Février 1825.
    Docteur en médecine 24 Juin 1826.
    Docteur honoraire en théologie (Tubingue), 18 Février 1835.
    Professeur de philosophie au Collège royal, 1816.
    Chargé du cours de philosophie à la Faculté des lettres, 31 Octobre 1817.
                          Loco J. P. Sauthier.
    Professeur de philosophie à la Faculté des lettres, 6 Novemb. 1817-1849.
        Cours suspendu de 1822 à 1824, interrompu par congé de 1830-1832, puis du 29 Octob. 1841-1849.
    Supérieur du Petit Séminaire catholique, 2 Octob. 1830-1834.
    Doyen de la Faculté des lettres, 18 Septemb. 1838-5 Avril 1841.
                          Loco P. Hullin.
    Doyen honoraire de la Faculté des lettres, 10 Novemb. 1863.
    Supérieur du Collège de Juilly, 6 Octob. 1840-13 Mai 1867.
    Chanoine honoraire de Paris, 29 Septemb. 1847.
    Vicaire général honoraire et Promoteur du diocèse de Paris, 31 Décemb. 1849.
    Professeur de théologie morale à la Faculté de théologie de Paris, 30 Décemb. 1853.
    Vicaire général honoraire de Paris, 14 Novemb. 1863.
        Portrait lithographié par Ch. A. Schuler, 1836.
        Portrait lithographié. Th. Mainberger.

BEAUJOUR, Gabriel (*S. J.*), Juviniacus.
    Natus 3 Novemb. 1670.
    Denatus (Châlons-sur-Marne) 13 Januar. 1736.
    Logicæ Professor in Universitate episcopali, 1703-1704.
                          Loco F. Gouriot.
    Physicæ & Matheseos Professor in Universitate episcopali, 1704-1705.
                          Loco F. Gouriot.
    Logicæ Professor in Universitate episcopali, 1705-1706.
                          Loco F. Simon.
    Physicæ Professor in Universitate episcopali, 1706-1707.
                          Loco J. Laurans.
    Logicæ Professor in Universitate episcopali, 1707-1708.
                          Loco J. Laurans.
    Physicæ Professor in Universitate episcopali, 1708-1709.
                          Loco J. Laurans.
    Rector Collegii Rhemensis, 18 Septemb. 1718-1722.
        Ensishemii, 1723.
    Rector Collegii Altissiodorensis, 1724-1727.
    Rector Collegii Colmariensis, 1728-1732.
    Rector Collegii Catalaunensis, 1732-1734.

Beaunis, Henri-Étienne, d'Amboise.
>Né 2 Août 1830.

>>Docteur en médecine (Montpellier), 26 Février 1856.
>>Médecin aide-major de 2° classe, 22 Mars 1857.
>>Médecin aide-major de 1re classe, 28 Mai 1859.
>>Professeur agrégé à la Faculté de médecine, 18 Juin 1863-1870.
>>Répétiteur d'anatomie à l'Ecole de santé du service militaire, 1864-1870.
>>Médecin-major de 2° classe, 23 Décemb. 1865.
>>Médecin-major de 1re classe, 8 Octob. 1870.
>>>Hors cadres en 1874.
>>Professeur de Physiologie à la Faculté de médecine de Nancy, 1 Octob. 1872.
>>Directeur du Laboratoire de psychologie physiologique à l'École pratique des Hautes-Etudes, 31 Janvier 1889.

Bebel, Baltasar (Bœbelius), Argent.
>Natus 28 Octobris 1632.
>Denatus (Wittenbergæ) 2 Octobris 1686.
>Theol. Doct. 18 Februar. 1662. (11 Decemb. 1661.)
>Theologiæ Professor 27 Septemb. 1661.
>>Abiit Wittenbergam 1686.

>SS. Theol. Doct. & Prof. publ. ord. atque Ecclesiastes Summi Templi & Collegii Wilhelmitani Inspector, 1670.
>>Portrait gravé d'après B. Hopffer par Ph. Kilian.

Bebio, Ludovicus, Württemberg.
>Natus
>Denatus 1545.
>Phil. Magister (Wittenbergæ).
>Theol. Licentiatus (Wittenbergæ).
>Jur. Doctor (Biturigæ).
>Juris Professor, 1542.
>>*Loco* W. Büttelbronn.
>Advocatus Civitatis Argentinensis, 1543.

Béchamp, Pierre-Jacques-Antoine, de Bassing (Meurthe).
>Né 15 Octob. 1816.

>>Pharmacien de 1re classe, 11 Août 1843.
>>Docteur ès sciences physiques, 27 Août 1853.
>>Docteur en médecine, 18 Septemb. 1856.
>>Professeur agrégé de chimie, physique et toxicologie à l'École de pharmacie, 10 Février 1851.
>>Chargé du cours de chimie à la Faculté des sciences, 1853-1854.
>>Professeur adjoint de toxicologie et de physique à l'Ecole de pharmacie, 16 Mars 1854.
>>Professeur de chimie médicale et de pharmacie à la Faculté de médecine de Montpellier, 10 Décemb. 1856.
>>>Démissionnaire, Août 1876.
>>Doyen de la Faculté catholique de médecine et de pharmacie de Lille, 2 Novemb. 1876-Juillet 1879.

Professeur de chimie organique et de chimie biologique à la Faculté libre de médecine et de pharmacie de Lille, 13 Novemb. 1877.
 Admis à la retraite, Août 1886.

BECHTOLD, Johannes, Argent. (B. U.)
 Natus 7 Februar. 1580.
 Denatus 2 Martii 1622.
 Theol. Doct. (Tübingæ), 1607.
 Theologiæ Professor, 1610.
 Loco J. Pappus.
 Theol. Doct. & Prof. et Convent. eccles. Præses, 1610-1622.

BECKER, Johannes Christophorus, *vide* ARTOPŒUS.

BECKMANN, Franciscus Josephus, Molsheim.
 Natus 19 Novemb. 1753.
 Denatus (Behlenheim) 19 Januar. 1827.
 Vicarius in Obersteinbach (1 Annus).
 Vicarius in Rumersheim (7 Annos).
 Concionator in Ecclesia Cathedrali.
 Professor in Seminario episcopali, 1789-1791.
 Professor Seminarii episcopalis in Monasterio Allerheiligen, 1791-1796.
 Parochus in Birckenwald, 1796.
 Administrateur de la paroisse d'Ernolsheim, Janvier 1801-14 Avril 1803.
 Curé de Zeinheim, 1803-11 Juillet 1811.
 Curé de Behlenheim, 12 Juillet 1811-1827.

BÉCLARD, Francois-Philippe, d'Angers.
 Né 18 Octob. 1773.
 Décédé 26 Décemb. 1832.
 Docteur en médecine (Paris), 11 Juin 1802.
 Chirurgien sous-aide, 22 Avril 1799.
 Chirurgien aide-major, 27 Septemb. 1806.
 Chirurgien-major, 12 Mai 1807.
 Chirurgien principal d'armée, 21 Mars 1813.
 Professeur à l'Hôpital militaire d'instruction, 8 Janvier 1815-11 Avril 1815, puis 21 Août 1815-Décemb. 1832.
 Chirurgien-major breveté, 27 Octob. 1824.
 Chirurgien-major en chef de l'Hôpital militaire, 10 Janvier 1825-Décemb. 1832.

BEDEL, Jean-Joseph, de Rambervillers (Vosges).
 Né 23 Mars 1767.
 Décédé (?Strasbourg) 6 Octob. 1832.
 Docteur ès sciences (? *Coll.*)
 Professeur de mathématiques pures à la Faculté des sciences, 25 Juillet 1809.
 Professeur honoraire, 19 Décemb. 1829.
  Portrait lithographié par C. Guérin, F. G. Levrault.

Bedrottus, Jacobus, Bludentz.
>Natus
>Denatus 21 Novembr. 1541.
>Linguæ græcæ Professor, Friburgi-Brisg., 1523.
>Linguæ græcæ Professor, 1526.

Bégin, Louis-Jacques, de Liège.
>Né 2 Novembre 1793.
>Décédé (Locronan, Finistère), 13 Avril 1859.
>Docteur en médecine, 12 Février 1823.
>Chirurgien sous-aide-major, 6 Mars 1812.
>Chirurgien aide-major, 3 Mai 1819.
>Chirurgien aide-major breveté, 1 Septemb. 1827.
>Chirurgien-major, 30 Juin 1832.
>Professeur à l'Hôpital militaire d'instruction, 1834-1840.
>Chirurgien-major breveté, 26 Janvier 1834.
>Chargé du cours de clinique externe et de médecine opératoire à la Faculté de médecine, 14 Mai 1835.
>> Loco R. Cailliot.
>
>Professeur de clinique interne et de médecine opératoire à la Faculté de médecine, 25 Août 1835.
>Professeur honoraire, 25 Août 1840.
>Chirurgien en chef de l'Hôpital du Val-de-Grâce à Paris, 29 Février 1840.
>Chirurgien-inspecteur, 29 Juillet 1842.
>> Admis à la retraite, 11 Juin 1858.

Bégue, André, de Petite-Fontaine, près Massevaux (Haut-Rhin).
>Né 5 Mars 1814.
>Décédé (Petite-Fontaine) 16 Octobre 1872.
>Directeur de la Sorbonne à Marlenheim, 1839-1841.
>Professeur de droit canon au Grand Séminaire catholique, 1841-1842.
>Professeur de dogme et de droit canon au Grand Séminaire catholique, 22 Août 1842-1849.
>Professeur de dogme et d'Ecriture Sainte au Grand Séminaire catholique, 1849-1856.
>Professeur de dogme et d'exégèse du Nouveau Testament au Grand Séminaire catholique, 1856-1864.
>Professeur de dogmatique spéciale et Trésorier au Grand Séminaire de Strasbourg, 1864-1872.
>Chanoine honoraire de la Cathédrale, 27 Août 1864.

Beno, Joseph-Aloyse, de Strasbourg.
>Né 15 Février 1830.
>Décédé (Ludres), 4 Janvier 1887.
>Pharmacien de 1re classe, 30 Octob. 1854.
>Professeur de pharmacie à l'École libre de pharmacie, 11 Mai 1871-30 Septemb. 1872.

Benoist, Nicolaus (*S. J.*), Augustodunens.
>Natus 21 Novemb. 1667.
>Denatus (Dijon) 17 Maii 1758.

Theol. Doct.
Physicæ Professor in Collegio Augustodunensi, 1701-1703.
Logicæ Professor in Collegio Augustodunensi, 1703-1704.
Physicæ Professor in Collegio Augustodunensi, 1704-1705.
Theologiæ moralis Professor in Universitate episcopali, 1706-1709.
      Loco I. Du Chailloux.
Theologiæ scholasticæ Professor in Collegio Divionensi, 1709-1716.
Rector Collegii Sedanensis, Julio 1717-Septemb. 1720.
Præfectus generalis studiorum in Collegio Divionensi, 1722-1723.
Rector Collegii Divionensis, 1726-1729.
Præfectus generalis studiorum in Collegio Divionensi, 1746-1758.

BENTZ, Johannes, Bruchsal.
 Natus 1547.
 Denatus 1599.
 Præceptor Tertiæ Classis in Gymnasio, 1572.
 Logices Professor ordin. & Matheseos extraord., Maio 1597.

BERCKHEIM, Franciscus Samuel de.
 Natus 6 Octob. 1703.
 Denatus 15 Novemb. 1787.
 Prætor, 7 Januar. 1751.
 Universitatis Cancellarius, 26 Maii 1764.

BERGMANN, Frédéric-Guillaume, de Strasbourg.
 Né 9 Février 1812.
 Décédé 13 Novemb. 1887.
 Docteur ès lettres, 21 Novemb. 1839.
 Chargé du cours de littérature étrangère à la Faculté des lettres, 18 Septemb. 1838.
 Professeur de littérature étrangère à la Faculté des lettres, 2 Mai 1840.
 Doyen de la Faculté des lettres, 9 Octob. 1860-1871.
      Loco Ch. Cuvier.
 Professeur à l'Université de Strasbourg, Mai 1872.

BERINGER, Christophorus (*S. J.*), Bambergens.
 Natus 2 April. 1713.
 Denatus (Neostadii) 7 Januar. 1770.
 Scripturæ Sacræ Professor in Schola Molshemiana, 1752-Febr. 1753.
      Loco I. Morlock.
 Minister in Collegio Aschaffenburgensi, 1754.
 Præfectus Spiritus in Domo Probationis Moguntinæ, 1757-1762.
 Professor in Domo Probationis Moguntinæ, 1762-1763.
 Præfectus Spiritus in Collegio Neostadiensi, 1763-1768.

BERNARD, Dominicus (*S. J.*), Metensis.
 Natus 10 Junii 1689.
 Denatus (in Lotharingia) 1782.
 Theol. Doct.

Theologiæ scholasticæ Professor in Universitate episcopali, 1727-1732.
>*Loco* J. Nicolas.

Rector Collegii Sedanensis, 1736-1739.
Rector Collegii Divionensis, 1739-1741.
Præpositus Provinciæ Campaniæ, 1741-1744.
Rector Universitatis episcopalis, 1 Februar. 1745-1 Maii 1748.
>*Loco* N. Cannelle.

Rector Universitatis Mussipontanæ, 1748-1752.
Rector Collegii Divionensis, 1752-1756.
Rector Universitatis episcopalis, 2 Septemb. 1756-19 Novemb. 1759.
>*Loco* C. Gauthier.

Rector Collegii Virdunensis, 1759-1762.
Sine officio, Mussiponti, 1764-1768.

BERNARD, Johannes (*S. J.*), Buhlen.-Badens.
Natus 16 Junii 1643.
Denatus (Bamberg.) 9 April. 1707.
Theol. Doct.
Artium liberalium Professor in Collegio Moguntino.
Philosophiæ Professor in Collegio Würzburgensi, 1677-1680.
Philosophiæ moralis Professor in Academia Molshemiana, 1680-1681.
>*Loco* P. Classmann.

Minister & Procurator in Collegio Würzburgensi, 1681.
Procurator Temporalium in Collegio Badensi.
Procurator Temporalium in Collegio Moguntino.
Minister in Collegio Bambergensi.
Regens Seminarii Fuldensis.
Scripturæ Sacræ Professor & Præfectus Spiritus in Collegio Bambergensi.
Theologiæ moralis Professor in Academia Molshemiana, 1687-1690.
>*Loco* L. Lutz.

Theologiæ scholasticæ Professor in Academia Molshemiana, 1690-1699.
>*Loco* D. Mandt.

Cancellarius Academiæ Bambergensis, 1703-19 April. 1705.
Scripturæ Sacræ Professor in Academia Bambergensi, 19 April. 1705-1707.

BERNEGGERUS, Mathias, Halstadt-Austriac. (B. U.)
Natus 8 Februar. 1582.
Denatus 5 Februar. 1640.
Bonarum litterarum Professor et Gymnasii Præceptor, 1608-1613.
Historiarum Professor, 1613.
>*Loco* C. Bitschius.

Eloquentiæ Professor, 1626.
>*Loco* M. Florus.

Historiarum Professor, 1629.
Portrait par P. Aubry.
Portrait par I. I. Haid, Augsbourg.
Portrait par M. Haffner.
Portrait. J. Freinshemius. 1640.
Portrait non signé.
Portrait non signé.
Portrait non signé.

BERNHEIM, Hippolyte, de Mulhouse.
Né 27 Avril 1840.

Docteur en médecine, 21 Janvier 1867.
Professeur agrégé à la Faculté de médecine, 27 Octob. 1869.
Professeur agrégé à la Faculté de médecine de Nancy, 1 Octob. 1872.
Chargé de suppléance pour le cours de clinique interne à la Faculté de médecine de Nancy, 20 Novemb. 1873.
Chargé du cours de clinique interne à la Faculté de médecine de Nancy, 1 Février 1878.
Loco M. M. Hirtz.
Professeur de clinique interne à la Faculté de médecine de Nancy, 12 Août 1878.

BÉROT, Bernard, de Bagnères-de-Bigorre.
Né 3 Mars 1768.
Décédé 24 Mars 1832.
Docteur en médecine, 22 Septemb. 1803.
Docteur en médecine (*Coll.*), 24 Septemb. 1810.
Professeur adjoint d'anatomie et de physiologie à l'École de médecine, 22 Décemb. 1794.
Professeur de physiologie à l'École, puis Faculté de médecine, 1806.
Professeur de physiologie et de clinique externe à la Faculté de médecine, 7 Février 1809.

BERSTETT, Philippus Jacobus de.
Natus 2 Maii 1676.
Denatus 17 August. 1741.
Prætor, 17 Martii 1717.
Universitatis Cancellarius.

BERTHERAND, Alphonse-François, de Bazeilles (Ardennes).
Né 9 Février 1815.
Décédé (Alger) Décemb. 1887.
Docteur en médecine (Paris), 29 Décemb. 1837.
Chirurgien aide-major 28 Août 1839.
Chirurgien aide-major de 1re classe, 16 Novemb. 1841.
Détaché pour faire fonctions de Professeur à l'Hôpital militaire d'instruction de Metz, 15 Août 1842.
Professeur d'anatomie descriptive et générale et de physiologie élémentaire à l'Hôpital militaire d'instruction, 27 Avril 1843 - 21 Avril 1852.
Chirurgien-major de 2e classe, 15 Avril 1846.

Chirurgien-major de 1re classe, 3 Octob. 1849.
Médecin principal de 2e classe, 21 Avril 1852.
Médecin principal de 1re classe, 27 Décemb. 1856.
Admis à la retraite, 3 Mars 1869.

Bertin-Mourot, Pierre-Auguste, de Besançon.
Né 13 Février 1818.
Décédé (Saut-du-Doubs), 14 Septemb. 1884.
Docteur ès sciences physiques (Paris), 14 Septemb. 1845.
Chargé du cours de physique à la Faculté des sciences, 11 Octob. 1848.
Loco A. Fargeaud.
Professeur de physique à la Faculté des sciences, 1 Mai 1849.
Doyen de la Faculté des sciences, 31 Octob. 1865-Août 1866.
Loco D. A. Lereboullet.
Maître de conférences de physique à l'École normale supérieure, 31 Août 1866.
Sous-Directeur à l'École normale supérieure, 16 Octob. 1867.

Bertrand, Pierre-Paul-François, de Saint-Flour (Cantal).
Né 26 Janvier 1778.
Décédé 1 Juillet 1826.
Maître en pharmacie (3e classe), 29 Mars 1800.
Pharmacien-major, 27 Septemb. 1806.
Démonstrateur à l'Hôpital de perfectionnement du Val-de-Grâce, 15 Février 1816-28 Février 1820.
Professeur à l'Hôpital militaire d'instruction, 29 Février 1820-24 Février 1823.
Pharmacien principal d'armée, 24 Février 1823.
Professeur à l'Hôpital militaire d'instruction, 16 Mars 1824 Juillet 1826.
Pharmacien-major breveté, 27 Octob. 1824.

Beudant, Léon-Charles-Anatole, de Fontenay-le-Fleury (Seine-et-Oise).
Né 9 Janvier 1829.

Docteur en droit (Paris), 18 Août 1852.
Professeur suppléant provisoire à la Faculté de droit, 14 Février 1853.
Professeur agrégé à la Faculté de droit de Toulouse, 9 Janvier 1857.
Professeur agrégé à la Faculté de droit de Paris, 22 Novemb. 1862.
Professeur de Code civil à la Faculté de droit de Paris, 11 Mai 1870.
Doyen de la Faculté de droit de Paris, 20 Octob. 1879-Octob. 1887.
Doyen honoraire, 29 Octob. 1887.

Beuther, Johannes Michael, Argent.
Natus April. 1565.
Denatus 10 Januar. 1618.

Jur. Doct. (Basil.), 1591.
Juris Professor, 1604.

J. U. D. & Pandect. Prof. ordin., 1612.

BEUTHER, Michael, Carlstadio-Francus.
Natus 18 Novemb. 1522.
Denatus 27 Octob. 1587.
Jur. Doct. (Ferrariæ), 1554.
Consiliarius Episcopi Würzburgensis.
Bibliothecarius Electoris Palatini.
Historiarum Professor, 1565.
<small>Portrait par I. Brunn. 1587.
Portrait par P. Aubry. 1581.</small>

BEYCKERT, Johannes Philippus, Argent. (B. U.)
Natus 27 Maii 1713.
Denatus 26 Septemb. 1787.
Theol. Doct., 22 Septemb. 1757. (6 Septemb. 1757.)
Poëseos Professor, 22 Septemb. 1745.
Theologiæ Professor, 3 Novemb. 1752.
Loco J. M. Lorentz.

Philos. Doct. & Poëseos Prof. ordin. atque Ecclesiastes, 1748.
Director Gymnasii, 1761-1787.
<small>Silhouette gravée. 178..</small>

BICCIUS, Gregorius, Budissinæ-Lusatus. (B. U.)
Natus 4 Martii 1603.
Denatus 13 Decemb. 1657.
Jur. Doct., 15 Julii 1630. (13 Julii 1630.)
Juris Professor, 3 Martii 1637.
Loco C. Bitschius.

J. U. D. & Pandect. Prof. publ. 1645.
<small>Portrait par I. Brunn. 1645.
Portrait par P. Aubry.
Portrait d'après F. Roos par G. A. Wolfarg. 1642.? J.</small>

BICHET, Philibertus (*S. J.*), Lingonens.
Natus 11 Julii 1721.
Denatus (Breslau) 11 Januarii 1758.
Matheseos Professor in Universitate episcopali, 1749-1752.
Loco J. Thomas.
Logicæ Professor in Collegio Metensi, 1752-1753.
Physicæ Professor in Collegio Metensi, 1753-1754.
Matheseos Professor in Collegio Wratislaviensi, 1754-1758.

BIEGEISEN, Johannes (*S. J.*), Altkirch.-Alsat.
Natus 1587.
Denatus (Aschaffenburg) 17 Februar. 1636.
Logicæ Professor in Academia Molshemiana, 1620-1621.
Loco L. Ripperberger.
Physicæ Professor in Academia Molshemiana, 1621-1622.
Loco L. Ripperberger.

Metaphysicæ Professor in Academia Molshemiana, 1622-1623.
Loco L. Ripperberger.
Theologiæ scholasticæ Professor in Academia Moguntina, 1628-1630.
Rector Collegii Würzburgensis, 1630-1631.

BILONIUS, Josephus (*S. J.*), Tabernens.-Alsat.
Natus 31 August. 1657.
Denatus (Molsheim) 3 August. 1726.
Humaniorum litterarum Professor in Collegio Würzburgensi, 1681-1686.
Theologiæ Studiosus in Collegio Würzburgensi, 1686-1689.
Theologiæ Studiosus anni Probationis in Collegio Bambergensi, 1689-1690.
Philosophiæ Professor in Collegio Heiligenstadiensi, 1690-1692.
Philosophiæ Professor in Collegio Fuldensi, 1692-1694.
Logicæ Professor in Academia Bambergensi, 1694-1695.
Physicæ Professor in Academia Bambergensi, 1695-1696.
Metaphysicæ Professor in Academia Bambergensi, 1696-1697.
Minister in Collegio Aschaffenburgensi.
Minister in Collegio Moguntino.
Scripturæ Sacræ Professor in Academia Bambergensi, 26 Februar. 1701-1703.
Theologiæ Professor in Collegio Fuldensi.
Theologiæ scholasticæ Professor in Schola Molshemiana, 1714-1715.
Loco L. Stein.
Theologiæ Polemicæ Professor in Schola Molshemiana, 1717-1720.
Loco J. Oettweiller.
Theologiæ Polemicæ Professor in Schola Molshemiana, 1721-1722.
Loco I. Wolff.

BIRGY, François-Joseph-Urbain, de Winzenheim.
Né 26 Juin 1792.
Décédé 7 Juin 1866.
Professeur au Petit Séminaire de Lachapelle-sous-Rougemont.
Secrétaire particulier de l'Évêque de Strasbourg, 1826.
Chanoine honoraire de la Cathédrale, 2 Janvier 1828.
Chanoine de la Cathédrale, 5 Octobre 1833.
Trésorier du Grand Séminaire catholique, 6 mars 1847-Juin 1864.

BISCHWEILER, Adam (*S. J.*), Tabernens.-Alsat.
Natus 16 April. 1648.
Denatus (Selestadii), 21 Septemb. 1691.
Rhetoricæ Professor in Collegio Bambergensi, 1673-1674.
Logicæ Professor in Academia Molshemiana, 1680-1681.
Loco H. Westenberger.
Physicæ Professor in Academia Molshemiana, 1681-1682.
Loco H. Westenberger.

Metaphysicæ Professor in Academia Molshemiana, 1682-1683.
Loco H. Westenberger.
Concionator Hagenoæ.
Rector Collegii Selestadiensis, 1686.
Rector Collegii Hagenoensis, 168.-1691.
Rector Collegii Selestadiensis, 17 Julii 1691.

BITSCHIUS, Casparus, Hagenoënsis.
Natus 5 April. 1579.
Denatus 2 Decemb. 1636.
Jur. Doct. (Basil.), 7 Junii 1608.
Primæ Curiæ Præceptor in Gymnasio, 1607-1608.
Historiarum Professor, 29 Septemb. 1608.
Loco Ph. Rihel.
Pandectarum Professor, Novemb. 1612.
Loco J. Meier.
Portrait par J. v. d. Heyden.

BITTELBRONN, Wendelin, *vide* BÜTTELBRONN.

BIZOUARD, Carolus (*S. J.*), Mont-Saint-Jean (Côte-d'Or).
Natus 26 Decemb. 1662.
Denatus (Dijon) 13 Julii 1728.
Logicæ Professor in Universitate Mussipontana, 1695-1696.
Theologiæ moralis Professor in Seminario episcopali, 1699-1700.
Loco N. Geninet.
Theologiæ scholasticæ Professor in Collegio Rhemensi, 1700-1701.
Theologiæ scholasticæ Professor in Collegio Rhemensi, 1702-1705.
Minister in Universitate Mussipontana, 1711-1712.
Rector Collegii Colmariensis, 1712-1716.
Rector Collegii Ensisheimensis, 1716-1719.
Superior Residentiæ Sammiellanæ, 1720.
Confessarius in Ecclesia Sancti Nicolai a Portu, 1722-1723.

BLAMONT, Franciscus Eustachius de (*S. J.*), Rhemensis.
Natus 16 Februar. 1659.
Denatus (Mussiponti) 30 April. 1740.
Logicæ Professor in Seminario episcopali, 1689-1690.
Concionator in Collegio Catalaunensi, 1695-1696.
Concionator in Collegio Senonensi, 1701-1702.
Concionator in Collegio Altissiodorensi, 1703-1704.
Theologiæ scholasticæ Professor in Collegio Rhemensi, 1704-1705.
Concionator in Collegio Lingonensi, 1711-1712.
Rector Collegii Altissiodorensis, 1713-1717.
Rector Collegii Carolopolitani, 1720-1723.
Rector Collegii Augustodunensis, 1728-1731.

BLANCKENBURG, Fridericus, Grossenfahnern-Thuring.
Natus 1580.
Denatus 24 August. 1625.
Hebrææ linguæ Professor, 21 April. 1615.
Loco T. Speccer.

BLEICHER, Marie-Gustave, de Colmar.
> Né 16 Décemb. 1838.

Docteur en médecine, 13 Décemb. 1862.
Pharmacien de 1re classe, 27 Juillet 1870.
Docteur ès sciences (Montpellier), 30 Novemb. 1870.
Médecin aide-major de 2e classe, 31 Décemb. 1863.
Médecin aide-major de 1re classe, 31 Décemb. 1865.
Répétiteur de Botanique et Histoire naturelle des médicaments à l'École du service de santé militaire. Février 1869-1870.
Médecin-major de 2e classe, 8 Février 1871.
> Hors cadres, 1 Décemb. 1876.

Chargé du cours d'histoire naturelle à l'École de pharmacie de Nancy, 4 Novemb. 1876.
Professeur d'histoire naturelle à l'École de pharmacie de Nancy, 1 Décemb. 1876.
Médecin-major de 1re classe (hors cadres), 1 Juillet 1879.
> Réintégré, 12 Juillet 1884.
> En non-activité pour infirmités temporaires, 18 Septemb. 1884.

BLESINGER, Carolus (*S. J.*), Maincameran. - Palatin.
> Natus 28 Octob. 1664.
> Denatus (Hagenoæ) 23 Martii 1736.

Logicæ Professor in Academia Molshemiana, 1698-1699.
> *Loco J. Hess.*

Physicæ Professor in Academia Molshemiana, 1699-1700.
> *Loco J. Hess.*

BLESSIG, Johannes Laurentius, Argent. (B. U.)
> Natus 15 April. 1747.
> Denatus 17 Februar. 1816.

Phil. Doct., 20 Septemb. 1770. (3 August. 1770.)
Jur. Doct. (27 Martii 1784).
Theol. Doct., 27 Martii 1788. (27 Februar. 1788.)
Præceptor in Gymnasio.
Diaconus Ecclesiæ gallicæ Sancti Nicolai, 1768-1779.
Philosophiæ Professor extraordin., 21 Decemb. 1778.
Theologiæ Professor extraordinarius, 23 Januar. 1783.
Pastor adjunctus Ecclesiæ germanicæ Sancti Nicolai, 1779-1780.
Pastor Novi Templi, 1781-1816.
Philosophiæ Professor, 10 Novemb. 1785.
Theologiæ Professor, 8 Novemb. 1787.
Theol. Doct. & Prof. ac Convent. eccl. Præses, 1795.
Professeur de philosophie et d'interprétation des livres de l'Ancien et du Nouveau Testament à l'Académie protestante, 20 Mai 1803.

> Portrait d'après S. Debeyer par C. Guérin.
> Portrait par C. Guérin. (Variante.)
> Portrait par Ch. A. Schuler, 1812.
> Portrait lithographié par J. D. Beyer, Engelmann & Cie.
> Portrait lithographié par Flaxl.
> Portrait lithographié par Ch. A. Schuler.
> Portrait non signé. Engelmann & Cie.

BLŒCHEL, Philippe-Jacques, de Strasbourg.
: Né 27 Janvier 1780.
: Décédé 23 Mai 1860.
: Docteur en droit, 16 Août 1808.
: Professeur suppléant à la Faculté de droit, 13 Septemb. 1809.
: Professeur de droit civil français à la Faculté de droit, 22 Avril 1820.
: : *Loco* J. F. Herrmann.
: Professeur honoraire, 9 Novemb. 1846.

BLONDEAU, Hyacinthe-Jean-Baptiste-Antoine, de Namur.
: Né 20 Août 1784.
: Décédé (Ermenonville) 12 Novemb. 1854.
: Docteur en droit (Paris) [*Coll.*], 20 Décemb. 1809.
: Professeur suppléant à l'Ecole, puis Faculté de droit, 26 Mars 1806.
: Professeur suppléant à la Faculté de droit de Paris, 2 Juillet 1808.
: Avocat à la Cour royale de Paris, 1810.
: Professeur de droit romain à la Faculté de droit de Paris, 1819.
: Correspondant de l'Académie des sciences morales et politiques, 29 Juin 1833.

BLOTIUS, Hugo, Delft.
: Natus 1533.
: Denatus (Viennæ) 29 Januar. 1588.
: Ethicæ Professor, 1565.
: : Abiit (Viennam) 1575.

BOCK a BLÆSHEIM, Antonius Everardus.
: Natus 20 Septemb. 1664.
: Denatus 26 Januar. 1730.
: Prætor, 7 Januar. 1700.
: Universitatis Cancellarius, 13 Januar. 1721.

BOCK a BLÆSHEIM, Franciscus Carolus, Argent.
: Natus 24 Novemb. 1705.
: Denatus (Stuttgart) 28 August. 1780.
: Prætor, 3 Januar. 1732-1764.
: Universitatis Cancellarius, 16 Januar. 1747.

BOCKENHOFFER, Johannes Joachim, Argent. (B. U.)
: Natus 12 Decemb. 1651.
: Denatus 2 Januar. 1683.
: Jur. Doct., 26 April. 1682.
: Eloquentiæ Professor, Februar. 1682.

BOEBELIUS, Baltasar, *vide* BEBEL.

BŒCKEL, Eugène, de Strasbourg.
: Né 21 Septembre 1831.

: Docteur en médecine, 19 Mai 1856.
: Professeur agrégé à la Faculté de médecine, 3 Mars 1857.
: Chef des travaux anatomiques à la Faculté de Médecine, 1862-1868.

Annales des Professeurs.

Professeur de clinique chirurgicale à l'École libre de médecine, Mai 1871-30 Septemb. 1872.
Chirurgien en chef de l'Hôpital civil, 1872.

BŒCKLE, Johannes Philippus, Rubeacens.
Natus 1551.
Denatus 16 Maii 1614.
Prætor, 1594.
Universitatis Cancellarius, 8 Martii 1602.

BŒCLER, Johannes, Stockholm. (B. U.)
Natus 11 Octobr. 1651.
Denatus 19 April. 1701.
Med. Doct., 20 Maii 1675. (11 Octob. 1673.)
Medicinæ Professor, 23 Februar. 1685.
Comes palatinus Cæsareus, 17 Martii 1673.

Chemiæ ac Mater. medic. Prof., 1685.
Med. ac Phil. Doct., Botan. ac Chymiæ Prof. publ. ord.
Phil. & Med. Doct., Botan. reliquæque Mater. med. Prof.

<small>Portrait J. A. Seupel.</small>
<small>Portrait non signé.</small>

BŒCLER, Johannes, Argent. (B. U.)
Natus 6 Novemb. 1681.
Denatus 27 Februar. 1733.
Med. Doct., 23 April. 1705. (24 Januar. 1705.)
Physices Professor, 8 Maii 1708.
Medicinæ Professor, 10 Novemb. 1719.
                        Loco J. S. Henninger.

Med. & Phil. Doct. & Histor. natur. Prof. publ. ord., 1711.
Med. & Phil. Doct. Physic. Prof. publ. ord., 1716.

BŒCLER, Johannes, Argent. (B. C.)
Natus 21 Septemb. 1710.
Denatus 19 Maii 1759.
Med. Doct., 2 Julii 1733. (25 April. 1733.)
Phil. Doct., 8 Novemb. 1736.
Physices Professor, 6 Octob. 1734.
Chemiæ, Botanices reliquæque Materiæ medicæ Professor, 9 Maii 1738.
                        Loco J. Saltzmann.

BŒCLER, Johannes Fridericus, Argent. (B. U.)
Natus 5 Febr. 1692.
Denatus 4 Novemb. 1755.
Jur. Doct., 5 Maii 1734. (18 Novemb. 1716.)
Juris Professor, Januar. 1732.
                        Loco J. H. Bœcler.

J. U. D. Pandect. & Cod. Prof. 1748.

BŒCLER, Johannes Henricus, Cronheim-Francus. (B. U.)
> Natus 13 Februar. 1611.
> Denatus 12 Septemb. 1672.
> Phil. Doct., 1636.
> Præceptor in Gymnasio, 1636.
> Eloquentiæ Professor, 11 April. 1637.
> Historiarum Professor, 5 Maii 1640-Januar. 1649.
>> Abiit Upsalam 26 Januar. 1649.
> Eloquentiæ Professor in Universitate Upsaliensi, 1649.
>> Rediit Argentoratum 27 Martii 1654.
> Historiarum Professor, 29 Martii 1654.
> Comes palatinus Cæsareus, 3 April. 1663.
>> Portrait par J. A. Seupel.
>> Idem : Variante.
>> Portrait par J. G. Krügner, Leipzig.
>> Portrait non signé.

BŒCLER, Johannes Henricus, Argent.
> Natus 6 Januar. 1679.
> Denatus 12 Januar. 1732.
> Jur. Doct. (30 Decemb. 1702.)
> Juris Professor, 6 Maii 1701.
>
> U. J. D. Instit. Imp & Jur. publ. Prof. publ., 1709.
> U. J. D. Juris publ. Prof. ord., 1710.
> U. J. D. Cod. & Feudal. placit. Prof. publ., 1730.
>> Portrait non signé.

BŒCLER, Philippus Henricus, Argent. (B. U.)
> Natus 15 Decemb. 1718.
> Denatus 7 Junii 1759.
> Med. Doct., 19 April. 1742. (30 Junii 1741.)
> Medicinæ Professor extraord., 24 Februar. 1748.
> Logices et Metaphysices Professor publicus ordinarius, 30 Januar. 1756.
>> *Loco* P. C. Rang.
> Anatomiæ & Chirurgiæ Professor ordinarius, 24 Septemb. 1756.
>
> Phil. & Med. Doct. ejusdemque Prof. publ. extraord.
> Reg. Scient. Monspel., Cæsar. Nat. Curios. et Elect. Mogunt. Scient. util. Academ. Adscriptus, 1756.

BŒCLIN, Caspar, *voir* HEDIO.

BORLER, Augustinus (*S. J.*), Senheim.-Hassus.
> Natus 1 Maii 1632.
> Denatus (Mogunt.) 4 Septemb. 1698.
> Theol. Doct. (Bamberg), 16 Septemb. 1670.
> Litterarum humaniorum Professor in Academia Bambergensi, 1654-1658.
> Litterarum humaniorum Professor in Collegio Hagenoënsi.
> Rhetoricæ Professor in Collegio Bambergensi, 1658-1659.
> Logicæ Professor in Academia Molshemiana, 1664-1665.
>> *Loco* D. Jobart.

Physicæ Professor in Academia Molsheiniana, 1665-1666.
   Loco D. Jobart.
Metaphysicæ Professor in Academia Molshemiana, 1666-1667.
   Loco D. Jobart.
Theologiæ scholasticæ Professor in Academia Bambergensi, 1667-1670.
Theologiæ Professor in Collegio Moguntino, 1672-1673.
Theologiæ Professor in Universitate Würzburgensi, 1674-1675.
Rector Academiæ Bambergensis, 29 Septemb. 1675-24 Januar. 1679.
Rector Novitiatus Moguntini, 1 Februar. 1679-1680.
Præpositus Provinciæ Rheni Superioris, 20 Julii 1679-1683.
Rector Novitiatus Moguntini, Januar. 1683-14 Januar. 1686.
Præpositus Provinciæ Rheni Superioris, 14 Februar. 1686-1691.
Rector Collegii Moguntini, 16 April. 1691-1694.
Præpositus Provinciæ Rheni Superioris, 30 Junii 1694-1698.

Bosch, Michael, Windshemio-Francus.

Natus 1536.
Denatus 21 Septemb. 1608.
Præceptor in Gymnasio, 1563.
Linguæ græcæ Professor, 1591.

Bouchard, Henri-Désiré-Abel, de Ribeauvillé.

Né 18 Décembre 1833.

Docteur en médecine, 2 Février 1856.
Médecin aide-major de 2⁰ classe, 22 Mars 1857.
Médecin aide-major de 1ʳᵉ classe, 28 Mai 1859.
Répétiteur d'anatomie à l'École du service de santé militaire, 1864-1870.
Professeur agrégé à la Faculté de médecine, 1 Mai 1866.
Médecin-major de 2⁰ classe, 12 Août 1866.
Médecin-major de 1ʳᵉ classe, 25 Janvier (29 Juin) 1872.
Professeur agrégé à la Faculté de médecine de Nancy, 1 Octobre 1872.
   Rappelé au service militaire, 1 Juillet 1874.
   Admis à la retraite, 1883.
Professeur d'anatomie à la Faculté mixte de médecine et de pharmacie de Bordeaux, 1 Novemb. (13 Juin) 1878.
Médecin-major de 1ʳᵉ classe (Territoriale), 1883.

Boucher, Jacobus (*S. J.*), Altissidorensis.

Natus 7 Octob. 1647.
Denatus (Argent.) 5 Junii 1703.
Theologiæ positivæ Professor in Seminario episcopali, 1690-1691.
   Loco F. Claudot.
Scripturæ Sacræ Professor in Seminario episcopali, 1691-1693.
Director et Confessor Seminarii episcopalis, 1695-1696.
Director et Confessor Seminarii episcopalis, 1700-1701.
Director et Præfectus Spiritus in Universitate episcopali, 1701-1703.

Bouisson, Étienne-Frédéric, de Mauguio (Hérault).
> Né 14 Juin 1813.
> Décédé (Montpellier), 28 Mars 1844.
> Docteur en médecine (Montpellier), 16 Mai 1835.
> Professeur de physiologie à la Faculté de médecine, 15 Février 1838. (Dispense d'âge, 13 Février 1838.)
> *Loco* E. A. Lauth.
> Professeur à la Faculté de médecine de Montpellier, 16 Mars 1840.

Bousquet, Jean-Baptiste-Joseph, de Bessières (Haute-Garonne).
> Né 21 Février 1792.
> Décédé (Bessières), 25 Juin 1872.
> Docteur en médecine (Montpellier), 31 Mai 1815.
> Membre de l'Académie de médecine de Paris, 2 Novemb. 1823
> Professeur agrégé à la Faculté de médecine, 27 Juin 1829.
> Agrégé libre à la Faculté de médecine, 6 Mai 1834.
> A quitté l'enseignement.
> Secrétaire du Conseil d'administration de l'Académie de médecine de Paris, 1836-1850.
> Directeur du Service de la vaccine de l'Académie de médecine de Paris, 1853-1864.

Boyer, Antoine-Léon, de Montpellier.
> Né (Montpellier), 20 Novemb. 1804.
> Décédé (Montpellier), 18 Avril 1885.
> Docteur en médecine (Montpellier), 3 Août 1833.
> Professeur de pathologie externe à la Faculté de médecine, 9 Septemb. 1836.
> Professeur de physiologie à la Faculté de médecine, 31 Mars 1840.
> *Loco* E. F. Bouisson.
> Professeur à la Faculté de médecine de Montpellier, 27 Février 1846.

Brackenhoffer, Andreas, Argentin.
> Natus 24 Martii 1617.
> Denatus 25 August. 1679.
> Consul, 1658, 1664, 1670 et 1676.
> Scholarcha, 27 Januar. 1662.

Brackenhoffer, Elias, Argentin. (B. U.)
> Natus 10 Novemb. 1669.
> Denatus 5 Mart. 1730.
> Consul, 1729.
> Scholarcha, 16 Januar. 1730.

Brackenhoffer, Elias, Argent.
> Natus 27 Martii 1720.
> Denatus 30 Maii 1794.
> XIII vir.
> Scholarcha, 14 Septemb. 1780.

BRACKENHOFFER, Johannes Jeremias, Argent. (B. U.)
    Natus 29 Julii 1723.
    Denatus 31 August. 1789.
    Phil. Doct., 4 Maii 1747.
    Mathematum Professor, 28 Martii 1746-1789.
                        Loco J. G. Schertz.
    Mathematum Professor in Schola Regia pyrotechnica, 1746.
                        Loco J. G. Schertz.

    Matheseos Prof. publ. ord. ejusdemque Regius ad militares ordines Doctor.

BRACONNIER, Franciscus (*S. J.*), Cusey (Haute-Marne).
    Natus 25 Junii 1656.
    Denatus (in castro Dardanelles) 1 Februar. 1716.
    Logicæ Professor in Seminario episcopali, 1687-1688.
                        Loco N. Maucervel.
    Theologiæ moralis Professor in Seminario episcopali, 1689-1690.
    Rector Collegii Spinalensis, 1691-1693.
    Missionarius in Græcia, 1696-1716.

BRANTHÔME, Yves-Marie, de Port-Louis.
    Né 12 Août 1763.
    Décédé 9 Novemb. 1832.
    Docteur en théologie.
    Docteur ès sciences (?*Coll.*).
    Professeur de chimie à la Faculté des sciences, 25 Juillet 1809.
    Doyen de la Faculté des sciences, 2 Juin 1826-Novemb. 1832.
                        Loco Ch. Ch. Krampp.

BRASSIER, Marie-Joseph-Bernard-Séraphin-Charles, de Strasbourg.
    Né 12 Octob. 1771.
    Décédé
    Docteur en médecine (23 Juin 1791).
    Médecin surnuméraire, 19 Juillet 1792.
    Médecin ordinaire, 9 Février 1793.
    Médecin principal, 22 Décemb. 1805.
    Médecin en chef provisoire d'armée, 23 Novemb. 1810.
    Médecin en chef d'armée, 15 Novemb. 1813.
    Professeur à l'Hôpital militaire d'instruction, 8 Janvier 1815-11 Avril 1815, puis 26 Septemb. 1815-Janvier 1825.
    Admis à la retraite, 26 Janvier 1825.

BRAULT, Jacques-Augustin, d'Orléans.
    Né 28 Décemb. 1786.
    Décédé
    Docteur en médecine (Paris).
    Pharmacien sous-aide-major, 19 Septemb. 1805.
    Pharmacien aide-major, 9 Août 1812.
    Pharmacien-major, 1 Mai 1813.
    Démonstrateur à l'Hôpital militaire d'instruction, 27 Janvier 1824-1825.
    Pharmacien-major breveté, 27 Octob. 1824.

Démonstrateur à l'Hôpital militaire d'instruction de Metz, 25 Juillet 1825-1826.
Professeur à l'Hôpital militaire d'instruction de Metz, 1 Septemb. 1826-1832.
Professeur à l'Hôpital de perfectionnement du Val-de-Grâce, 7 Juin 1832-31 Janvier 1840.
Pharmacien principal, 17 Décemb. 1832.
Pharmacien-inspecteur, 31 Janvier 1840 (4 Septemb. 1836).
Admis à la retraite, 2 Janvier 1851.

BRAUN, Johannes Daniel, Argent.
Natus 12 Decemb. 1735.
Denatus 28 Novemb. 1809.
Jur. Doct., 26 Septemb. 1776. (18 Junii 1760.)
Juris Professor extraord., 27 April. 1773.
Juris Professor, 24 August. 1775.
Loco J. F. Ehrlen.
Président du Directoire du département du Bas-Rhin, 1792.
Professeur de droit civil et criminel à l'Académie protestante, 1803-1809.
Président du Tribunal civil.

BRECHT, Johannes Reinhartus, Plobsheim.-Alsat. (B. U.)
Natus 27 Octob. 1656.
Denatus 26 Februar. 1722.
Theol. Doct., 11 Junii 1711. (25 Mart. 1711.)
Præceptor in Gymnasio.
Theologiæ Professor, 8 Maii 1708.
Loco J. J. Zentgraff.

SS. Theol. Prof. publ. ord. & Eccles. liber, 1711.

BRENDEL, Franciscus Antonius, Lohran.-Spessart.
Natus 4 Octob. 1736.
Denatus 22 Maii 1799.
Jur. Can. Doct.
Theol. Doct.
Parochus in Sultz, Alsat. inf.
Juris canonici Professor in Universitate episcopali, 17..-1791.
Professor in Seminario episcopali, 1786-1791.
Évêque constitutionnel du Bas-Rhin, 6 Mars 1791-17 Novemb. 1793 et 21 Février 1795-23 Mai 1797.
Archiviste départemental du Bas-Rhin, 1797.

Theol. & Jur. canon. Doct. hujusque Prof., 1777.
Theol. & Sacr. canon. Doct. Jur. canon. Prof., 1778.

BRENY, Ludovicus Dominicus (*S. J.*), Selestadiens.
Natus 16 Junii 1705.
Denatus (Selestadii), 24 Januar. 1791.
Theol. Doct.
Logicæ Professor in Schola Molshemiana, 1739-1740.
Loco J. Thorwesten.

Physicæ Professor in Schola Molshemiana, Januar.-Julium 1741.
Loco J. Thorwesten.
Concionator Argentorati.
Juris canonici Professor in Universitate episcopali, 1743-1745.
Loco F. J. Jost.
Juris canonici Professor in Universitate episcopali, 1746-1750.
Loco F. J. Jost.
Dimissus (Argentinæ), 12 August. 1750.
Parochus in Ettenheim.
Capellanus Selestadii.

BRIFFAULT, Jean-Baptiste-René, de Besançon.
Né 23 Février 1769.
Décédé 18 Février 1839.
Docteur en droit, 6 Décemb. 1808.
Professeur suppléant à la Faculté de droit, 5 Avril 1825.

BRISORGUEIL, François-Joseph.
Né
Décédé
Docteur en médecine.
Professeur adjoint à l'École de médecine, 17 Février 1799.
Professeur de botanique et de matière médicale à l'École de médecine.
Démissionnaire, 16 Mars 1803.

BRIXIUS, Ignatius, Selestadiens.
Natus 17 Februar. 1754.
Denatus (Ohnenheim) 24 Junii 1843.
Præceptor.
Director in Seminario episcopali (7 annos).
Professor in Seminario episcopali Ettenheimensi, 1791.
Curé de Bootzheim.
Curé de Nothalten, 16 Mai 1805.
Curé d'Ohnenheim, ... Juin 1843.

BROSAMER (Brœsamer), Philippus (*S. J.*), Oxovius-Francus (Ochsenfurt.)
Natus 30 Decemb. 1608.
Denatus (Moguntiæ) 24 Novemb. 1671.
Logicæ Professor in Academia Molshemiana, 1654-1655.
Physicæ Professor in Academia Molshemiana, 1655-1656.
Loco C. Soll.
Metaphysicæ Professor in Academia Molshemiana, 1656-1657.
Loco C. Soll.
Theologiæ Professor in Collegio Fuldensi, 1657.
Philosophiæ Professor in Collegio Moguntino, 1659-1665.
Theologiæ moralis Professor in Collegio Moguntino, 1665-1666
Controversiæ Professor in Collegio Moguntino, 1666-1670.
Scripturæ Sacræ & Linguæ hebrææ Professor in Collegio Moguntino, 1670-1671.

BRUCH, Casparus (*S. J.*), Wetzlar.
    Natus 12 August. 1703.
    Denatus (Moguntiæ), 3 Septemb. 1755.
    Theologiæ moralis Professor in Schola Molshemiana, 1741-1744.
                                 Loco J. Hornigk.
    Rector Collegii Heiligenstadiensis, 7 Novemb. 1748.
    Rector Collegii Wormatiensis, 1 Novemb. 1751-1754.

BRUCH, Jean-Frédéric, de Pirmasens (Mont-Tonnerre).
    Né 13 Décembre 1792.
    Décédé 21 Juillet 1874.
    Docteur en théologie, 19 Janvier 1822.
    Vicaire à Lohr.
    Professeur de morale au Séminaire protestant, 21 Février 1821.
    Professeur de morale évangélique à la Faculté de théologie, 10 Juillet 1821-1833.
    Directeur du Gymnase protestant, 16 Décemb. 1828-Août 1849.
    Pasteur à l'église de Saint-Nicolas, 1 Août 1831-1874.
    Professeur d'éloquence sacrée à la Faculté de théologie, 8 Février 1833-1838.
    Doyen de la Faculté de théologie, 9 Décemb. 1834-1871.
                                     Loco F. H. Redslob.
    Professeur de dogme et Chargé du cours d'éloquence sacrée, 26 Octob. 1838-1872.
    Professeur à l'Université de Strasbourg, 20 Avril 1872.
        Portrait lithographié par J. Serre.
        Portrait à l'eau-forte par Mme E. Gerold.

BRULON, Claudius (*S. J.*), Sainte-Menehould.
    Natus 4 April. 1638.
    Denatus (Ensisheim) 14 Septemb. 1715.
    Theologiæ moralis Professor in Universitate Mussipontana, 1691-1694.
    Theologiæ moralis Professor in Seminario episcopali, 1696-1698.
                                 Loco C. de La Ruelle.
    Minister Collegii Ensishemiensis, 1700-1701.
    Theologiæ moralis Professor in Collegio Ensishemiensi, 1703-1704.
    Minister Collegii Ensishemiani, 1704-1705.
    Præfectus Ecclesiæ in Collegio Ensishemiensi, 1711-1712.

BRÜLOVIUS (Brülow), Casparus, Falckenberg-Pomeran.
    Natus 18 Septemb. 1585.
    Denatus 14 Julii 1627.
    Præceptor in Gymnasio, 1612.
    Poëseos Professor, 1615-1626.
    Director Gymnasii, 1621-1627.
    Historiarum Professor, 11 Decemb. 1626.
                                 Loco M. Berneggerus.
        Portrait par J. Heyden. 1627.

BRUMBACH, Johannes Simon a, Lohranus.-Alsat.
    Natus 28 Octob. 1572.
    Denatus 19 Octob. 1618.

Prætor, 1614.
Universitatis Cancellarius, 30 Maii 1614.

BRUNFELS, Otto, Moguntinus.
Natus 1488.
Denatus (Bernæ) 23 Novemb. 1534.
Med. Doct. (Basil.), 1530.
Botanices Professor.
Medicinæ Professor, circa 1530.
                 Abiit Bernam 8 Octob. 1533.
Portrait sur bois, non signé.

BRUNO, Johannes, Argentin.
Natus
Denatus 5 Januar. 1571.
Philosophiæ Doct. (Wittembergæ).
Physices Professor.

BUCER (Butzer), Martinus, Selestadiensis.
Natus 11 Novemb. 1491.
Denatus (Cambridge) 28 Februar. 1551.
Theol. Doct. honor. (Cambridge), 1550.
Theologiæ Professor, 1523-1549.
Pastor Ecclesiæ S. Aurelianæ, Martio 1524.
Pastor Ecclesiæ Thomanæ, 1531.
Conventus ecclesiastici Præses, 1531.
                 Abiit Cambridge, 5 April. 1549.
Theologiæ Professor in Universitate Cantobrigensi, 1549.
Portrait signé R. B.
Portrait non signé.
Portrait d'après A. Van der Werff par G. Valck.
Portrait signé : D. S. 1586. (Daniel Seidel.)
(Nombre de portraits publiés en 1891.)

BUCHINGER, Jean-Daniel, de Bouxwiller.
Né 30 Décemb. 1803.
Décédé 15 Février 1888.
Candidat en théologie.
Inspecteur de l'enseignement primaire, 1830-1848.
Directeur de la maison des Orphelins.
Chargé d'un cours de botanique à l'École libre de médecine,
   11 Mai 1871 - 30 Septemb. 1872.

BÜCHLEIN, Paulus, *vide* FAGIUS.

BÜRGLIN, François-Joseph, d'Orschwihr (Haut-Rhin).
Né 1794.
Décédé 25 Juin 1835.
Docteur en médecine (Paris), 18 Juillet 1820.
Médecin à Strasbourg, 1820-1835.
Professeur agrégé à la Faculté de médecine, 14 Avril 1829.
Agrégé libre à la Faculté de médecine, 1835.

Büttel, Henricus (*S. J.*), Bambergens.
> Natus 22 Octob. 1643.
> Denatus (Heiligenstad.) 15 Maii 1689.
> Ethices et Mathematum Professor in Academia Bambergensi, 1673-1674.
> Ethices et Mathematum Professor in Academia Molshemiana, 1674-1676.
> Rector Collegii Heiligenstadiensis, 1 Martii 1686.

Büttelbronn (Bittelbronn), Wendelin, Argent.
> Natus
> Denatus 27 Martii 1542.
> Juris Professor, 1538.

Burg, Jean-Baptiste, de Minversheim (Bas-Rhin).
> Né 3 Avril 1804.
> Décédé 1 Mai 1887.
> Vicaire à l'église de Saint-Georges à Haguenau, 20 Janvier 1827.
> Curé de Merzweiler, 5 Juillet 1830-Octob. 1839.
> Professeur de morale au Grand Séminaire catholique, 12 Octob. 1839-1841.
> Professeur de morale et Économe au Grand Séminaire catholique, 1841-1853.
> Membre de la Congrégation du Saint-Esprit et du Saint-Cœur de Marie, 1 Octob. 1853.
> Consulteur général de la Congrégation du Saint-Esprit, 23 Août 1855.
> Maître des novices clercs de la Congrégation du Saint-Esprit à Monsivry, 8 Septemb. 1856.
> Supérieur de la Maison de Chevilly, 2 Février 1864.
> Supérieur provincial pour l'Allemagne de la Congrégation du Saint-Esprit, 28 Septemb. 1865.
> Supérieur de la Maison de Chevilly, 27 Août 1871-Mai 1887.

Cailliot, Eugène, de Strasbourg.
> Né 12 Juin 1801.
> Décédé 14 Août 1868?
> Docteur en médecine, 26 Août 1823.
> Chirurgien sous-aide-major, 25 Octob. 1819.
> Professeur agrégé à la Faculté de médecine, 3 Octob. 1829.

Cailliot, Louis-Armand-Victor-Amédée, de Brest.
> Né 30 Avril 1805.
> Décédé (Paris) 26 Décemb. 1884.
> Docteur en médecine, 19 Avril 1830.
> Professeur agrégé à la Faculté de médecine, 20 Février 1835.
> Professeur de chimie médicale à la Faculté de médecine, 1 Octob. 1838.
> *Loco* G. Masuyer.
> Professeur honoraire, 8 Juin 1872.
>> Portrait lithographié par A. Rosé. 1860.

CAILLIOT, René, de Baugé.
   Né 23 Juin 1769.
   Décédé 17 Octob. 1835.
   Docteur en chirurgie (Paris), 17 Février 1799.
   Docteur en médecine (*Coll.*), 24 Septemb. 1810.
   Chirurgien militaire à l'armée de réserve, 21 Mai 1793-19 Mars 1795.
   Professeur de médecine opératoire et de pathologie externe à l'Ecole, puis Faculté de médecine, 17 Février 1799.
   Doyen de la Faculté de médecine, 1 Août 1821.
                              Loco P. Coze.

CALVIN, Johannes, Novioduno-Veromand.
   Natus 10 Julii 1509.
   Denatus (Genève) 21 Maii 1564.
   Theol. Doct.
   Theologiæ Professor, Septemb. 1538.
                  Abiit Genevam, Septemb. 1541.
   Portrait gravé par H. Thiriat. Tcherning.
   Nombreux portraits divers.

CAMBOULIU, François-Romain, de Palalda (Pyrénées-Orientales).
   Né 9 Août 1820.
   Décédé (Montpellier) 29 Octob. 1869.
   Docteur ès lettres (Toulouse), 29 Mai 1854.
   Chargé du cours de littérature ancienne à la Faculté des lettres, 23 Mai 1859.
                              Loco F. Colin.
   Professeur de littérature ancienne à la Faculté des lettres, 15 Juillet 1861.
   Professeur à la Faculté des lettres de Montpellier, 7 Octob. 1862.

CAMPAUX, Antoine-François, de Thillay (Seine-et-Oise).
   Né 15 Juillet 1818.

   Docteur ès lettres (Paris), 9 Juillet 1859.
   Régent de rhétorique au Collège de Remiremont, 4 Octob. 1843.
   Régent de rhétorique au Collège de Thionville, 9 Octob. 1844.
   Chargé de la classe de troisième au Collège de Saint-Omer, 29 Septemb. 1845.
   Chargé de la classe de troisième au Collège de Nancy, 1 Octob. 1846.
   Chargé de la rhétorique au Lycée de Napoléon-Vendée, Octob. 1849.
   Professeur de rhétorique au Lycée de Mâcon, 11 Octob. 1849.
   Maître surveillant à l'École normale supérieure, 12 Octob. 1855.
   Inspecteur de l'Académie de Strasbourg en résidence à Colmar, 2 Juillet 1860.
   Chargé du cours de littérature ancienne à la Faculté des lettres, 29 Septemb. 1862.
   Professeur de littérature ancienne à la Faculté des lettres, 6 Décemb. 1864.
   Professeur de littérature ancienne à la Faculté des lettres de Nancy, 7 Novemb. 1871.
   Professeur honoraire, 1 Novemb. (26 Juillet) 1888.

Cannelle, Nicolaus (*S. J.*), Rhemens.
    Natus 25 August. 1673.
    Denatus (Ensisheim) 23 Februar. 1751.
    Rector Collegii Carolopolitani, 1711-1714.
    Rector Collegii Metensis, 1738-1741.
    Rector Universitatis episcopalis, 27 Octob. 1741-31 Januar. 1745.
                        Loco E. Charron.
    Rector Collegii Ensishemiensis, 1745-1748.

Capito (Kœpflein), Wolffgang Fabricius, Hagenoënsis.
    Natus 1472.
    Denatus 4 Novemb. 1541.
    Med. Doct. (Friburgi-Brisg.), 1498.
    Jur. Doct. (Moguntiæ), 1520.
    Theol. Doct. (Friburgi-Brisg.), 1506.
    Theologiæ Professor in Universitate Friburgensi-Brisg., 1506.
    Parochus in Bruchsal, 1512.
    Theologiæ Professor in Universitate Basileensi, 1515.
    Theologiæ Professor, 1523.
        Portrait non signé. 1541.

Capnio (Reuchlin), Antonius, Isnensis-Württ.
    Natus 22 Februar. 1495.
    Denatus 1558.
    Hebrææ linguæ Professor, 17 Mart. 1554.
                        Loco D. Kyber.

Caresme, Marie-Nicolas-Joseph, de Pont-à-Mousson (Meurthe).
    Né 22 Août 1791.
    Décédé 31 Août 1840.
    Docteur ès lettres (1re partie), 26 Décemb. 1839.
    Professeur suppléant à la Faculté des lettres, 3 Mars 1832.

Carl, Adolphe-Georges-Marie, de Strasbourg.
    Né 4 Septemb. 1804.
    Décédé (Juilly) 20 Février 1873.
    Docteur ès lettres, 9 Août 1827.
    Docteur en médecine, 4 Août 1828.
    Professeur d'histoire au Collège royal, 1826-1828.
    Vicaire à l'église de Saint-Pierre-le-Jeune à Strasbourg, 1829-1830.
    Directeur au Petit Séminaire catholique, Octob. 1830-1832.
    Professeur de philosophie au Grand Séminaire catholique, 1832-1834.
    Directeur du Pensionnat de la Toussaint, 1834-1841.
    Directeur général et Professeur de philosophie au Collège de Juilly, 18 Avril 1841-Octob. 1844.
    Directeur de la Congrégation de Saint-Louis à Rome, Octob. 1844-Janvier 1846.
    Directeur général du Collège de Juilly, Janvier 1846-3 Octob. 1864.
    Professeur de philosophie au Collège de Juilly, Octob. 1864-1867.
    Membre de la Congrégation de l'Oratoire à Juilly, 1868-1873.

Carrière d'Azerailles, Charles-Jean-Baptiste-Léon, d'Azerailles (Vosges).
  Né
  Décédé
  Docteur en médecine, 15 Décemb. 1838.
  Professeur agrégé à la Faculté de médecine, 6 Mai 1839.

Caselius, Gregorius.
  Natus
  Denatus 1528.
  Hebrææ linguæ Professor, 1526.

Cassin, Léonce-André-Michel, de Caen.
  Né 2 Septemb. 1834.
  Décédé (Paris) 27 Mai 1883.
  Docteur en droit (Caen), 24 Septemb. 1858.
  Professeur agrégé à la Faculté de droit, 27 Janvier 1862.
  Professeur agrégé à la Faculté de droit de Toulouse, 22 Novemb. 1862.
  Professeur agrégé à la Faculté de droit de Paris, 19 Octob. 1865.

Cauvet, Philippe-Émilien-Luc-Désiré, d'Agde.
  Né 16 Octob. 1827.
  Décédé (Lyon), 23 Janvier 1890.
  Pharmacien de 1re classe (Montpellier), 13 Mai 1854.
  Docteur ès sciences, 12 Août 1861.
  Docteur en médecine (Montpellier), 31 Août 1870.
  Pharmacien aide-major de 2e classe, 20 Septemb. 1855.
  Pharmacien aide-major de 1re classe, 28 Mai 1859.
  Pharmacien-major de 2e classe, 16 Mars 1862.
  Répétiteur de Botanique et d'Histoire naturelle des médicaments à l'Ecole du service de santé militaire, 26 Novemb. 1860-1868.
  Professeur agrégé pour l'Histoire naturelle à l'École de pharmacie, 9 Décemb. 1864.
  Pharmacien-major de 1re classe, 10 Août 1868.
  Professeur agrégé d'Histoire naturelle à l'Ecole de pharmacie de Nancy, 1 Juin 1874.
     Non acceptant pour rester au service militaire.
  Pharmacien principal de 2e classe, 20 Mars 1876.
  Professeur de Matière médicale à la Faculté mixte de médecine et de pharmacie de Lyon, 24 Avril 1877-1890.
  Pharmacien principal de 1re classe, 26 Avril 1879.
     Admis à la retraite, 10 Juillet 1881.
  Pharmacien principal de 1re classe (Territoriale), 28 Juillet 1881.

Cetti, Andreas (*S. J.*), Selestadiens.
  Natus 19 Novemb. 1682.
  Denatus (Molsheim) 22 Februar. 1747.
  Rhetoricæ Professor in Collegio Bambergensi, 1708-1709.
  Logicæ Professor in Schola Molshemiana, 1714-1715.
                              Loco G. Rippel.
  Physicæ Professor in Schola Molshemiana, 1715-1716.
                              Loco M. Niedt.

Moralium Professor in Schola Molshemiana, 1721-1722.
Loco O. Wigandt.
Minister Scholæ Molshemianæ, 1722-1724.
Minister Scholæ Molshemianæ, Mart.-Decemb. 1725.
Procurator Scholæ Molshemianæ, 1726-1734.

CHAMPOUILLON, Jean, de Bacourt (Meurthe).
Né 24 Septemb. 1809.

Docteur en médecine (Paris), 12 Août 1836.
Pharmacien sous-aide-major commissionné, 8 Avril 1831.
Pharmacien sous-aide-major breveté, 17 Décemb. 1832.
Pharmacien aide-major, 14 Octob. 1835.
Professeur à l'Hôpital militaire d'instruction, 13 Janvier 1837 - 29 Janvier 1840.
Médecin adjoint, 29 Janvier 1840.
Professeur à l'Hôpital militaire d'instruction de Lille, 19 Février 1841 - Novemb. 1841.
Professeur à l'Hôpital militaire d'instruction, 16 Novemb. 1841 - Juin 1845.
Médecin ordinaire de 2° classe, 21 Mars 1844.
Professeur à l'Hôpital militaire d'instruction de Metz, 5 Juin 1845 - 3 Novemb. 1845.
Professeur à l'Hôpital de perfectionnement du Val-de-Grâce, 3 Novemb. 1845 - 31 Août 1854, puis 15 Décemb. 1854 - Décemb. 1869.
Médecin ordinaire de 1re classe, 1 Avril 1848.
Médecin principal de 2° classe, 21 Avril 1852.
Médecin principal de 1re classe, 12 Août 1857.

Admis à la retraite, 30 Décemb. 1869.

CHAPPUIS, Mauritius (*S. J.*), Pruntrut.
Natus 3 Maii 1649.
Denatus (Molshemii) 29 Maii 1700.
Theol. Doct.
Litterarum humaniorum Professor in Collegio Fuldensi, 1670.
Litterarum humaniorum Professor in Collegio Spirensi, 1673-1674.
Physicæ Professor in Academia Molshemiana, 1683-1684.
Loco C. Karg.
Logicæ Professor in Academia Molshemiana, 1684-1685.
Loco J. Walle.
Physicæ Professor in Academia Molshemiana, 1686-1687.
Superior Missionis Bockenheimensis.
Vicarius generalis Episcopi Metensis in partibus Bockenhemio vicinis.
Rector Academiæ Molshemianæ, 17 Decemb. 1698 - 29 Maii 1700.
Loco J. Willermin.

CHARRON, Edmundus (*S. J.*), Clamecy.
Natus 28 April. 1665.
Denatus (Mussiponti) 17 Septemb. 1749.

Theol. Doct.
Rhetoricæ Professor in Universitate Mussipontana, 1691-1692.
Philosophiæ Professor in Universitate Mussipontana, 1702-1703.
Theologiæ scholasticæ Professor in Universitate Mussipontana, 1704-1705.
Theologiæ scholasticæ Professor in Universitate episcopali, 1705-1711.
> Loco I. de L'Aubrussel.

Rector Novitiatus Nanceiani, 1711-1715.
Rector Universitatis Mussipontanæ, 1715-1718.
Præpositus Provinciæ Campaniæ, 1718-1721.
Rector Universitatis Mussipontanæ, 1722-1725.
Rector Collegii Augustodunensis, 1725-1728.
Rector Collegii Metensis, 1728-1731.
Rector Collegii Calvomontani, 1731-1733.
Rector Collegii Rhemensis, 1733-1734.
Præpositus Provinciæ Campaniæ, 1734-1738.
Rector Universitatis episcopalis, 12 April. 1738-26 Octob. 1741.
> Loco C. de La Motte.

Rector Universitatis Mussipontanæ, 1741-1745.
Rector Collegii Metensis, 1745-1748.
Confessarius in Universitate Mussipontana, 1748-1749.

CHARSTADIUS, Valerius, Stettinens. (B. U.)
Natus 12 Maii 1590.
Denatus 24 Novemb. 1642.
Medicinæ Doctor, 16 Mart. 1626. (2 Mart. 1626.)
In Facultate medica Assistens, 1626.

CHAUFFOUR, Marie-Victor, de Colmar.
Né 13 Mars 1819.
Décédé (Neuilly-sur-Seine) 23 Juin 1889.
Docteur en droit (Paris), 4 Décemb. 1843.
Professeur suppléant à la Faculté de droit, 12 Novemb. 1846.
Représentant du Peuple à l'Assemblée constituante, 1848.
Représentant du Peuple à l'Assemblée législative, 1849.
> Expulsé de France, Décembre 1851.

Associé-gérant de la fabrique Kestner à Thann (Alsace).
Administrateur délégué de la Fabrique de produits chimiques de Thann, 1 Avril 1872-1 Avril 1876.
Conseiller d'État, 1879.
_{Lithographie d'après nature par A. Lemoine. Lemercier à Paris.}

CHÉRUEL, Pierre-Adolphe, de Rouen.
Né 17 Janvier 1809.
Décédé (Paris) 1 Mai 1891.
Docteur ès lettres (Paris), 26 Novemb. 1849.
Maître de conférences à l'Ecole normale supérieure, 15 Décemb. 1849.
Inspecteur général de l'Instruction publique, 16 Février 1861.
Recteur de l'Académie, 23 Janvier 1866.
> Loco L. P. E. Delcasso.

Recteur de l'Académie de Poitiers, 20 Août 1870.
Inspecteur général honoraire, 22 Octob. 1874.

CHOMAS, Franciscus (S. J.), Oberehnheimens.
>Natus 20 Junii 1705.
>Denatus post 1770.
>Logicæ Professor in Schola Molshemiana, 1741-1742.
>>*Loco* H. Leiss.
>Physicæ Professor in Schola Molshemiana, 1742-1743.
>>*Loco* H. Leiss.
>Procurator in Collegio Hagenoënsi, 1748-1758.
>Superior Residentiæ Rubeacensis, 1759-1761.
>Rector Collegii Selestadiensis, 15 Decemb. 1761-1763.
>>In Alsatia, 1767-1771.

CHOULETTE, Sébastien, de Toul.
>Né 27 Octob. 1803.
>Décédé (Nice) 20 Juillet 1877.
>Pharmacien de 1re classe, 26 Janvier 1833.
>Pharmacien sous-aide, 8 Septemb. 1823.
>Chirurgien sous-aide, 13 Février 1839.
>Pharmacien aide-major, 2 Juin 1840.
>Professeur à l'Hôpital militaire d'instruction, 26 Mars 1841-22 Janvier 1852.
>Pharmacien aide-major de 1re classe, 4 Avril 1845.
>Pharmacien-major de 2e classe, 3 Août 1849.
>Pharmacien-major de 1re classe, 25 Juillet 1855.
>Pharmacien principal de 2e classe, 14 Août 1860.
>>Admis à la retraite, 5 Janvier 1864.

CLASSMANN, Paulinus (S. J.), Merlensis.
>Natus 28 Februar. 1628.
>Denatus (Fuldæ) 28 Martii 1687.
>Logicæ Professor in Academia Bambergensi, 1669-1670.
>Physicæ Professor in Academia Bambergensi, 1670-1671.
>Metaphysicæ Professor in Academia Bambergensi, 1671-1672.
>Theologiæ moralis Professor in Academia Molshemiana, 1679-1680.
>>*Loco* G. Kolb.
>Controversiarum Lector in Collegio Fuldensi, 1687.

CLAUDOT, Nicolaus Franciscus (S. J.).
>Natus 16 April. 1650.
>Denatus (Rhemis) 13 Januar. 1717.
>Theol. Doct.
>Theologiæ positivæ Professor in Seminario episcopali, 1689-1690.
>Theologiæ moralis Professor in Seminario episcopali, 1690-1692.
>>*Loco* F. Braconnier.
>Director Seminarii episcopalis, 1692-1694.
>Scripturæ Sacræ Professor in Seminario episcopali, 1694-1696.
>Rector Collegii Augustodunensis, 1708-1711.
>Rector Universitatis Mussipontanæ, 1711-1715.
>Rector Collegii Nanceiani, 1715-1717.

CLERGET, Stephanus (*S. J.*), Fay-Billot (Diœc. Langres).
    Natus 13 Decemb. 1681.
    Denatus (Argent.) 8 Februar. 1724.
    Philosophiæ Professor in Universitate Mussipontana, 1715-1716.
    Theologiæ scholasticæ Professor in Universitate episcopali, 1723-1724.
                                       Loco J. Conat.

CLEVY, Johannes Baptista (*S. J.*), Dombrot (Vosges).
    Natus 24 Junii 1698.
    Denatus (Bouxières-aux-Dames) 29 Martii 1771.
    Theol. Doct.
    Logicæ Professor in Universitate episcopali, 1730-1731.
                              Loco P. A. Maderni.
    Physicæ Professor in Universitate episcopali, 1731-1732.
                              Loco P. A. Maderni.
    Rector Novitiatus Nanceiani, 1741-1746.
    Director Tertianorum in Novitiatu Nanceiano, 1746-1748.
    Rector Novitiatus Nanceiani, 1748-1756.
    Rector Collegii Metensis, 1756-1759.
    Rector Universitatis Mussipontanæ, 1759-1764.
    Superior Seminarii Missionum, Nanceii, 1764-1768.
    Vice-Provincialis Provinciæ Campaniæ, 1768-1771.

CLÜTEN, Joachim, Parchim-Mecklemb.
    Natus 3 Septemb. 1582.
    Denatus 6 Septemb. 1636.
    Jur. Doct. (Basil.), Decemb. 1613.
    Juris Professor, 14 Maii 1613.

    J. U. D. & Pand. Prof. 1623.

COCCIUS, Jodocus (*S. J.*), Trevir. (*vel* Coloniens.).
    Natus April. 1581.
    Denatus (Rubeac.) 25 Octob. 1622.
    Theol. Doct.
    Confessarius Leopoldi Archiducis Austriæ, Episcopi Argentinensis & Passaviensis.
    Cancellarius et Scripturæ Sacræ Professor in Academia Molshemiana, 1619-1621.
    Cancellarius et Theologiæ moralis Professor in Academia Molshemiana, 1621-1622.

COCHU, Charles-Auguste, d'Amiens.
    Né 23 Décemb. 1831.
    Décédé (Limoges) 8 Décemb. 1884.
    Docteur en médecine, 30 Août 1854.
    Médecin aide-major de 2ᵉ classe, 20 Septemb. 1855.
    Médecin aide-major de 1ʳᵉ classe, 28 Mai 1859.
    Médecin-major de 2ᵉ classe, 12 Août 1863.
    Répétiteur de pathologie générale et médecine opératoire à l'École du service de santé militaire, 4 Février 1864-4 Mars 1869.

Médecin-major de 1re classe, 24 Décemb. 1869.
Médecin principal de 2e classe, 7 Juin 1877.
Médecin principal de 1re classe, 18 Mai 1881.

COCQUEY, Jacobus (*S. J.*), Chaumont-en-Bassigny.
Natus 14 Januar. 1703.
Denatus (Dijon) 5 Junii 1754.
Logicæ Professor in Universitate episcopali, 1735-1736.
Loco F. A. Marlois.
Physicæ Professor in Universitate episcopali, 1736-1737.
Loco F. A. Marlois.
Logicæ Professor in Universitate episcopali, 1737-1738.
Loco F. A. Marlois.
Physicæ Professor in Universitate episcopali, 1738-1739.
Loco F. Schmaltz.
Theologiæ scholasticæ Professor in Universitate episcopali, 1743-1749.
Loco P. A. Maderni.

COGNIAT (*vel* GOGNIAT), Josephus Laurentius, Argent.
Natus 10 August. 1758.
Denatus (Argent.) 1 Februar. 1806.
Jur. can. Doct., 22 Februar. 1782.
Professor in Seminario episcopali, 1785-1790.
Vicaire à Saint-Laurent à Strasbourg, 15 Juin 1805.

COLANI, Timothée, de Lemé (Aisne).
Né 24 Janvier 1824.
Décédé (Grindelwald) 2 Septembre 1888.
Docteur en théologie, 22 Mars 1864.
Chargé du cours de littérature française au Séminaire protestant, 11 Mars 1861-Juin 1864.
Pasteur de l'Eglise française de Saint-Nicolas, 15 Mai 1862-1864.
Professeur d'éloquence sacrée à la Faculté de théologie, 4 Juin 1864.
Professeur de philosophie au Séminaire protestant, 18 Octobre 1864.
Loco Ch. F. Waddington.
Démissionnaire 31 Janvier 1871.
Bibliothécaire adjoint à la Bibliothèque de la Sorbonne, 24 Avril 1877.

COLIN, Faustin, d'Épinal.
Né 21 Septemb. 1801.
Décédé 4 Juillet 1865.
Docteur ès lettres, 25 Mai 1837.
Régent de Collèges, 1 Novemb. 1819-12 Octob. 1835.
Professeur de troisième au Collège royal, 12 Octob. 1835.
Professeur de seconde au Collège royal, 14 Octob. 1837.
Professeur de rhétorique au Collège royal, 25 Septemb. 1838.
Professeur suppléant de littérature latine à la Faculté des lettres, 12 Novemb. 1842.

Chargé du cours de littérature grecque à la Faculté des lettres, 25 Avril 1844.
>Loco J. G. Schweighæuser.

Professeur de littérature grecque à la Faculté des lettres, 24 Juillet 1845.
Doyen de la Faculté des lettres, 1 Décemb. 1855-1 Mai 1859.
>Loco L. P. E. Delcasso.

Professeur honoraire, 24 Mai 1859 (1 Mai 1859).
Doyen honoraire, 20 Février 1864.

COLINET, Franciscus (*S. J.*), Rhemensis.
Natus 12 Februar. 1659.
Denatus (Nanceii) 6 Martii 1711.
Logicæ Professor in Seminario episcopali, 1692-1693.
>Loco M. Gillet.

Physicæ Professor in Seminario episcopali, 1693-1694.
>Loco H. Morot.

Theologiæ moralis Professor in Seminario episcopali, 1694-1696.
>Loco P. Geoffroy.

Theologiæ scholasticæ Professor in Seminario episcopali, 1696-1698.
>Loco F. B. de La Chapelle.

Rector Domus probationis Nanceianæ, 1698-1711.

COLLIGNON, Petrus (*S. J.*), Habay-Trevirens.
Natus 20 Julii 1682.
Denatus (Augustoduni) 13 Januar. 1762.
Logicæ Professor in Universitate episcopali, 1716-1717.
>Loco L. M. Gilbert.

Physicæ Professor in Universitate episcopali, 1717-1718.
>Loco L. M. Gilbert.

Logicæ Professor in Universitate episcopali, 1718-1719.
>Loco L. M. Gilbert.

Physicæ Professor in Universitate episcopali, 1719-1720.
>Loco L. M. Gilbert.

Logicæ Professor in Universitate episcopali, 1720-1721.
>Loco J. A. Febvre.

Physicæ Professor in Universitate episcopali, 1721-1722.
>Loco J. A. Febvre.

Præses Sodalitii Optimatum, Augustoduni, 1746-1762.

COLLIN, Petrus (*S. J.*), Mainville-Mosell.
Natus 18 Decemb. 1716.
Denatus
Physicæ Professor in Collegio Divionensi, 1749-1751.
Logicæ Professor in Universitate episcopali, 1751-1752.
>Loco C. Baulny.

Physicæ Professor in Universitate episcopali, 1752-1753.
>Loco C. Baulny.

Logicæ Professor in Collegio Augustodunensi, 1753-1754.
Physicæ Professor in Collegio Augustodunensi, 1754-1755.
Logicæ Professor in Collegio Spinalensi, 1755-1756.
Theologiæ scholasticæ Professor in Collegio Divionensi, 1757-1763.

COLLOT, Carolus (*S. J.*), Semilly (Haute-Marne).
Natus 24 Januar. 1709.
Denatus (Bourmont) 12 Novemb. 1764.
Scripturæ Sacræ Professor in Universitate episcopali, 1750-1755.
Loco F. V. Neef.
Theologiæ moralis Professor in Universitate episcopali, 1755-1756.
Loco F. H. Prugnon.
Director in Seminario episcopali, Mussiponti, 1757-1761.
Theologiæ moralis Professor in Collegio Divionensi, 1761-1763.

COLMANT, Arnoux-Joseph, de Wargnies-le-Petit (Nord).
Né 13 Août 1809.
Décédé (Douai) 26 Juin 1883.
Docteur en médecine, 9 Juin 1835.
Chirurgien aide-major de 2ᵉ classe, 17 Juin 1840.
Chirurgien aide-major de 1re classe, 23 Juin 1842.
Chirurgien-major de 2ᵉ classe, 24 Décemb. 1849.
Médecin-major de 1re classe, 1 Août 1854.
Médecin principal de 2ᵉ classe, 10 Octob. 1855.
Médecin principal de 1re classe, 15 Mai 1861.
Médecin-inspecteur, 26 Décemb. 1868.
Directeur de l'Ecole du service de santé militaire, 1869-2 Octob. 1870.
Loco Ch. E. Sédillot.
Admis à la retraite, 4 Décemb. 1873.

COMITIN, Henricus de (*S. J.*), Éclaron (Haute-Marne).
Natus 20 Julii 1631.
Denatus (Chaumont) 29 Maii 1687.
Rhetoricæ Professor in Universitate Mussipontana, 1655-1656.
Mathematum Professor in Universitate Mussipontana, 1657-1658.
Philosophiæ Professor in Universitate Mussipontana, 1664-1665.
Philosophiæ et Mathematum Professor in Universitate Mussipontana, 1666-1667.
Theologiæ scholasticæ Professor in Universitate Mussipontana, 1668-1671.
Rector Collegii Rhemensis, 19 April. 1679-1683.
Rector Domus probationis Nanceii, Februar. 1683-April. 1686.
Theologiæ scholasticæ & moralis Professor in Seminario episcopali, 1686-1687.
Loco F. Perrin.

CONAT, Josephus (*S. J.*), Spinalens.
Natus 17 Martii 1676.
Denatus (Nancy) 18 Februar. 1756.
Theol. Doct.

Rhetoricæ Professor in Universitate Mussipontana, 1701-1702.
Theologiæ scholasticæ Professor in Universitate episcopali, 1718-1723.
       Loco L. Dumesnil.
Rector Collegii Carolopolitani, 1723-1727.
Rector Collegii Barroducensis, 1727-1731.
Rector Universitatis Mussipontanæ, 1731-1735.
Rector Collegii Barroducensis, 1735-1737.
Rector Collegii Augustodunensis, 1737-1741.
Rector Collegii Altissiodorensis, 1741-1744.
Rector Collegii Sedanensis, 1745-1748.
Rector Collegii Rhemensis, 1748-1752.

CONTZEN, Adam (*S. J.*), Montjoye in ducatu Juliacens.

Natus 1571 *vel* 1573.
Denatus (Münich) 19 Junii 1635.
Theol. Doct.
Logicæ Professor in Universitate Würzburgensi, 1608.
Theologiæ Professor in Universitate Würzburgensi.
Theologiæ Professor in Universitate Moguntina, 1616.
Theologiæ Professor in Academia Molshemiana, 1617.
Theologiæ Professor in Universitate Moguntina, 1618.
Confessarius J. G. ab Aschhausen, Episcopi Würzburgensis, 1619.
Confessarius Maximiliani, Electoris Bavariæ, 1624.

CORDIER, Nicolaus (*S. J.*), Saint-André-Virodun.

Natus 4 Decemb. 1710.
Denatus (Ile-Madame, Rochefort) Decemb. 1793.
Logicæ Professor in Universitate episcopali, 1746-1747.
       Loco F. A. Simon.
Physicæ Professor in Universitate episcopali, 1747-1748.
       Loco F. A. Simon.
Theologiæ scholasticæ Professor in Universitate Mussipontana, 1748-1750.
Primarius Convictuum, Mussiponti, Sept. 1750-1756.
Præfectus generalis studiorum in Collegio Rhemensi, 1757-1761.
Superior Residentiæ Sammiellanæ, 1761-1768.

COTTARD, Louis-Magloire, d'Orry-la-Ville.

Né 17 Février 1790.
Décédé
Professeur de quatrième au Lycée de Marseille, 1 Décemb. 1810.
Professeur de troisième au Lycée de Marseille, 29 Septemb. 1819.
Inspecteur d'Académie à Marseille, 1 Octob. 1821.
Recteur de l'Académie de Limoges, 11 Mars 1828.
Recteur de l'Académie d'Aix, 1 Octob. 1828.
Recteur de l'Académie, 12 Mars 1831.
       Loco J. F. D. Ordinaire.
Admis à la retraite, 5 Mars 1842.
Recteur honoraire, 29 Novemb. 1845.

Courtois, Johannes Ludovicus (*S. J.*), Charleville.
    Natus 8 Januar. 1712.
    Denatus (Saint-Laurent, *prope* Charleville) 1 Junii 1772.
    Poëseos Professor in Collegio Divionensi, 1746-1750.
    Rhetoricæ Professor in Collegio Divionensi, 1750-1752.
    Scriptor in Collegio Divionensi, 1752-1753.
    Scriptor, Romæ, 1753-1758.
    Scriptor, Genuæ, 1758-1759.
    Scriptor, Divione, 1759-1763.
    Scriptor, Argentorati, 1763-1764.
    Scripturæ Sacræ Professor in Universitate episcopali, 1764-1765.
                         Loco F. M. J. Siffert.
        In Alsatia, 1765.
    In finitimis Austriæ Ditionis regionibus, 1767-1768.
        In Campania.

Coze, Jean-Baptiste-Rozier, de Strasbourg.
    Né 9 Décemb. 1795.
    Décédé (Oberbrück), 25 Avril 1875.
    Docteur en médecine, 15 Juillet 1817.
    Chargé du cours de matière médicale et de pharmacie à la Faculté de médecine, 9 Novemb. 1821.
                         Loco A. C. Gerboin.
    Professeur de matière médicale et de pharmacie à la Faculté de médecine, 13 Octob. 1827.
    Doyen de la Faculté de médecine, 23 Octob. 1835-23 Octob. 1857.
                         Loco R. Cailliot.
    Admis à la retraite, 31 Août 1857.
    Doyen honoraire, 18 Mars 1858.
    _{Portrait lithographié par A. Rosé. 1860.}

Coze, Pierre, d'Ambleteuse.
    Né 17 Août 1754.
    Décédé 25 Juin 1821.
    Docteur en médecine (?Paris), vers 1779.
    Docteur en médecine (*Coll.*), 24 Septemb. 1810.
    Médecin-major du régiment de Chasseurs de Champagne-cavalerie, 26 Mai 1779.
    Médecin en chef de l'armée de Sambre-et-Meuse, 15 Janvier 1794.
    Professeur de clinique interne à l'Ecole, puis Faculté de médecine, 21 Décemb. 1794.
    Doyen de la Faculté de médecine, 3 Juillet 1814-Juin 1821.
                         Loco D. Villars.

Coze, Pierre-Léon, de Strasbourg.
    Né 13 Octob. 1819.

    Docteur en médecine, 31 Août 1842.
    Professeur agrégé à la Faculté de médecine, 30 Janvier 1854.
    Chargé du cours de matière médicale et de pharmacie à la Faculté de médecine, 23 Octob. 1857.
                         Loco J. B. R. Coze.

Professeur de matière médicale et de pharmacie à la Faculté de médecine, 14 Juillet 1858.
Professeur de matière médicale et thérapeutique à la Faculté de médecine de Nancy, 1 Octob. 1872.
Professeur honoraire, 1 Novemb. 1889 (30 Juillet 1889).

Portrait lithographié par A. Rosé. 1860.

CRON, Conrad (*S. J.*), Herbipolens.
Natus 11 Julii 1722.
Denatus post 1771.
Litterarum humaniorum Professor in Collegio Bambergensi, 1744-1746.
Missionarius in Schelbronn, 1754.
Physicæ Professor in Collegio Badensi, 1757-1758.
Logicæ Professor in Academia Bambergensi, 1758-1759.
Physicæ Professor in Academia Bambergensi, 1759-1760.
Minister Scholæ Molshemianæ, 1761-1762.
Scripturæ Sacræ Professor in Schola Molshemiana, 1761-1762.
Loco P. Pichelmayer.
Scripturæ Sacræ & Juris Canonici Professor in Schola Molshemiana, 1762-1763.
Præfectus scholarum in Collegio Spirensi, 1763.
Operarius in Collegio Würzburgensi, 1766-1768.
Theologiæ Professor in Lycæo Heiligenstadiensi.
Theologiæ Professor in Lycæo Spirensi.
Præfectus scholarum in Collegio Spirensi, 1771.

CRON, Philippus (*S. J.*), Bingen.
Natus 3 Decemb. 1623.
Denatus (Molshem.) 30 Octob. 1680.
Poëseos Professor in Collegio Bambergensi, 1649-1650.
Rhetoricæ Professor in Collegio Bambergensi, 1650-1651.
Logicæ Professor in Academia Molshemiana, 1655-1656.
Loco P. Brosamer.
Physicæ Professor in Academia Molshemiana, 1656-1657.
Loco P. Brosamer.
Metaphysicæ & Ethices Professor in Academia Molshemiana, 1657-1658.
Loco P. Brosamer.
Logicæ Professor in Academia Molshemiana, 1658-1659.
Loco N. Fischer.
Metaphysicæ & Ethicæ Professor in Academia Molshemiana, 1659-1660.
Loco L. Rodenbach.
Logicæ Professor in Academia Bambergensi, 1660-1661.
Physicæ Professor in Academia Bambergensi, 1661-1662.
Metaphysicæ Professor in Academia Bambergensi, 1662-1663.
Procurator in Collegio Molshemiano, 1663-1680.

CROUST, Franciscus Antonius (*S. J.*), Aspach.-Alsat.
Natus 15 Maii 1701.
Denatus (Pruntruti) 10 Novemb. 1776.

Matheseos Professor in Universitate episcopali, 1732-1735.
Missionarius in Collegio episcopali, 1746-1752.
Concionator dominicalis Germanus, 1752-1753.
Rector Collegii Colmariensis, 28 Oct. 1753-1765.
   Degens Pruntruti, Octob. 1765-1776.

CROUST (KROUST), Michael (*S. J.*), Aspach-Alsat.
 Natus 25 Novemb. 1694.
 Denatus (Pruntruti) 10 Novemb. 1772.
 Theologiæ scholasticæ Professor in Universitate episcopali, 1739-1746.
   Loco C. S. Tavernier.
 Superior Collegii Colmariensis, 1746-1747.
 Confessarius Mariæ-Josephæ, Delphinæ Franciæ, 1747-1764.
   Sine officio, Pruntruti, 1765-1772.

CRUSIUS, Johannes Paulus, Argent.
 Natus 19 Februar. 1588.
 Denatus 28 Octob. 1629.
 Primæ Curiæ Præceptor in Gymnasio, 1613-1627.
 Poëseos Professor, 7 Maii 1627.
   Loco C. Brülovius.
 Portrait par J. ab Heyden. 1609.

CUNITZ, Auguste-Édouard, de Strasbourg.
 Né 29 Août 1812.
 Décédé 16 Juin 1886.
 Docteur en théologie, 25 Novemb. 1840.
 Professeur agrégé au Séminaire protestant, 25 Septemb. 1857.
 Professeur d'exégèse du Nouveau Testament au Séminaire protestant, 26 Avril 1864.
 Professeur à l'Université de Strasbourg, 1 Mai 1872.

CUSTOSIUS, Philippus (DE LA GARDE, Sieur de FRANCHEVILLE), Tolosanus.
 Natus
 Denatus 18 Julii 1576.
 Juris Professor, circa 1573.

CUVIER, Charles, de Seloncourt (Doubs).
 Né 24 Octob. 1798.
 Décédé (Montbéliard) 17 Avril 1881.
 Docteur ès lettres, 10 Août 1826.
 Chargé du cours d'histoire à la Faculté des lettres, 23 Novemb. 1824.
   Loco P. J. Massenet.
 Professeur d'histoire à la Faculté des lettres, 10 Janvier 1829.
 Doyen de la Faculté des lettres, 24 Mai 1859-1 Octob. 1860.
   Loco F. Colin.
 Doyen honoraire, 9 Octob. 1860.

DABUTZ (DAPUTZ), Florianus (*S. J.*), Camberg.-Nassov.
 Natus 25 (*vel* 23) Februar. 1727.
 Denatus (Wetzlar) 1804.

Professor in Collegio Aschaffenburgensi, 1752.
Bibliothecarius Collegii Moguntini, 1759.
Logicæ Professor in Schola Molshemiana, 1761-1762.
Loco P. Paraquin.
Physicæ, Ethicæ & Metaphysicæ Professor in Schola Molshemiana, 1762-1763.
Loco P. Paraquin.
Matheseos Professor in Collegio Heidelbergensi, 1763.
Professor in Collegio Fuldensi.
Theologiæ Professor in Universitate Würzburgensi, 1766.
Matheseos Professor in Collegio Moguntino, 1767-1771.

DÆLE, Michael, *vide* DELIUS.

DAENZER, François-Georges, de Clèves (Dép. de la Roer).
Né 29 Mai 1790.
Décédé (Saintry, Seine-et-Oise) 22 Octob. 1873.
Pharmacien de
Docteur en médecine, 27 Janvier 1834.
Pharmacien aide-major, 21 Janvier 1813.
Pharmacien aide-major breveté, 27 Octob. 1824.
Pharmacien-major, 29 Décemb. 1828.
Pharmacien-major breveté, 17 Décemb. 1832.
Professeur à l'Hôpital militaire d'instruction de Metz, 20 Mars 1833-Mai 1834.
Pharmacien-major de 1re classe, 11 Mai 1834.
Professeur à l'Hôpital militaire d'instruction, 11 Mai 1834-Janvier 1836.
Pharmacien principal, 5 Février 1836.
Professeur à l'Hôpital militaire d'instruction de Lille, 29 Janvier 1836-7 Avril 1840.
Pharmacien principal de 1re classe, 23 Novemb. 1841.
Admis à la retraite, 3 Mai 1852.

DAGONET, Henri, de Châlons-sur-Marne.
Né 4 Février 1823.

Docteur en médecine (Paris), 11 Mai 1849.
Professeur agrégé à la Faculté de médecine, 30 Janvier 1854.
Médecin en chef de l'Asile départemental de Stephansfeld, 5 Juillet 1850.
Médecin en chef de l'Asile Sainte-Anne à Paris, 1 Mars 1867-1888.
Médecin honoraire de l'Asile Sainte-Anne, 17 Mai 1888.

DAHLER, Jean-Georges, de Strasbourg.
Né 7 Décembre 1760.
Décédé 3 Juin 1832.
Candidat en théologie, 8 Novembre 1785.
Professeur au Gymnase protestant, Novemb. 1793.
Professeur suppléant à l'Académie protestante, 28 Mars (25 Mai) 1807.
Professeur au Séminaire protestant, 11 Juillet 1811.

Professeur d'exégèse à la Faculté de théologie, 26 Avril 1819-1831.
Directeur du Gymnase protestant, 1821.
Professeur de dogme à la Faculté de théologie, 1831.
Loco I. Haffner.

<small>Portrait lithographié par J. Ringel.</small>

DANNHAUER, Johannes-Conrad, Kündringa-Brisgoius. (B. U.)
Natus 24 Martii 1603.
Denatus 7 Novemb. 1666.
Phil. Doct., 1621.
Theol. Doct., 27 Februar. 1634. (18 Novemb. 1633.)
Eloquentiæ Professor, 4 Martii 1629.
Loco M. Bernegger.

Theologiæ Professor, 14 Junii 1633-1666.
Loco Is. Frœreisen.

Ecclesiastes Ecclesiæ Cathedralis, 4 Februar. 1658.
Theol. Doct. & Prof. et Convent. eccles. Præses, 20 Septemb. 1658.

Oratoriæ Prof. publ., 1632.

<small>Portrait par B. Kilian.
Portrait par M. Haffner.
Portrait par P. Aubry.
Portrait par J. C. Oberdorffer.
Portrait non signé.
Portrait par I. Brunn. 1641.</small>

DASYPODIUS, Conrad, Argent.
Natus 1531.
Denatus 21 Maii 1601.
Mathematum Professor, 26 Octob. 1562.

DASYPODIUS (Rauhfuss), Petrus, Frauenfeld. Helvet.
Natus 1509.
Denatus 28 Februar. 1559.
Præceptor Primæ Classis in Gymnasio.
Græcæ linguæ Professor, 27 Octob. 1549.
Loco Chr. Kerlinus.

DAUBENTON, Guilielmus (S. J.), Auxerre.
Natus 21 Octob. 1648.
Denatus (Madrid) 7 August. 1723.
Rhetoricæ Professor in Universitate Mussipontana, 1674-1675.
Rector Collegii regii et Seminarii episcopalis, 23 Septemb. 1691 - 22 Octob. 1694.
Loco J. Dez.

Præpositus Provinciæ Campaniæ, 22 Octob. 1694-1698.
Rector Collegii regii et Seminarii episcopalis, 6 Novemb. 1698-13 Maii 1701.
Loco P. Verry.

Confessarius Philippi V, Regis Hispaniæ, 1701-1705.
Assistens Galliæ, 1706-1715.
Confessarius Philippi V, Regis Hispaniæ, 1715-1723.

Daubrée, Gabriel-Auguste, de Metz.
    Né 25 Juin 1814.

    Docteur ès sciences physiques (Paris), 12 Janvier 1839.
    Ingénieur ordinaire des mines de 3° classe, 15 Novemb. 1837.
    Chargé du cours de minéralogie et de géologie à la Faculté des sciences, 1 Décemb. 1838.
    Ingénieur ordinaire des mines de 2° classe, 15 Mai 1840.
    Professeur de minéralogie et de géologie à la Faculté des sciences, 22 Mars 1842.
    Ingénieur ordinaire des mines de 1re classe, 1 Juin 1848.
    Doyen de la Faculté des sciences, 16 Août 1852-Juin 1861.
                   Loco P. F. Sarrus.
    Ingénieur en chef des mines de 2° classe, 30 Août 1855.
    Membre de l'Académie des sciences, 20 Mai 1861.
    Professeur de géologie au Muséum d'histoire naturelle de Paris, 14 Juin 1861.
    Professeur de minéralogie à l'École des mines, 18 Juillet 1862.
    Ingénieur en chef des mines de 1re classe, 7 Février 1863.
    Inspecteur général des mines de 2° classe, 1 Mars 1867.
    Inspecteur général des mines de 1re classe, 16 Juin 1872.
        Admis à la retraite, 1 Janvier 1892.
    Directeur de l'École des mines, 16 Juin 1872.
    Directeur honoraire de l'École des mines, 30 Mai 1884.

Dauburtin, Johannes (*S. J.*), Metensis.
    Natus 10 Novemb. 1656.
    Denatus (Argent.) 1 Januar. 1730.
    Logicæ Professor in Seminario episcopali, 1691-1692.
                   Loco H. Morot.
    Procurator Seminarii episcopalis, 1695-1696.
    Procurator Seminarii episcopalis, 1700-1701.
    Procurator Universitatis episcopalis, 1702-1705.
    Procurator Universitatis episcopalis, 1711-1712.
    Minister Universitatis episcopalis, 1722-1727.

Daucourt, Franciscus Ignatius (*S. J.*), Pruntrut. in Episcopatu Basileensi.
    Natus 24 Martii 1696.
    Denatus (Pruntrut.) 16 Decemb. 1763.
    Theologiæ moralis Professor in Universitate episcopali, 1743-1745.
                   Loco J. L. Metzinger.
    Minister Universitatis episcopalis, 1746-1750.
    Præfectus Spiritus in Universitate episcopali, 1750-1752.
    Minister Universitatis Mussipontanæ, 1752-1756.
    Præfectus Spiritus in Collegio Divionensi, 1757-1763.
    Sine officio, Pruntruti (post Collegii Divionensis suppressionem), Julio 1763.

Decanus, Christophorus (*S. J.*), Würzburgens.
    Natus 1611.
    Denatus ante 1678.
    Matheseos Professor in Academia Molshemiana, 1669-1673.

Decker, Fridericus, Meisenheim-Bipontinus. (B. U.)
    Natus 4 Januar. 1619.
    Denatus 28 Januar. 1666.
    Jur. Doct., 11 Junii 1640. (20 Septemb. 1638.)
    Juris Professor, 15 April. 1658.
                                        Loco G. Biccius.
    Portrait par P. Aubry.
    Portrait non signé.

Deinhardus, Nicolaus (*S. J.*), Bambergens.
    Natus 14 August. 1690.
    Denatus (Mannhemii) 25 Septemb. 1759.
    Theologiæ polemicæ Professor in Schola Molshemiana, 1730-1731.

Delcasso, Laurent-Pierre-Étienne, de Paris.
    Né 8 Juillet 1797.
    Décédé (?) Janvier 1887.
    Docteur ès lettres, 11 Août 1828.
    Régent de Collèges, 1818-1827.
    Professeur de quatrième au Collège royal, 22 Octob. 1827.
    Professeur d'histoire au Collège royal, 30 Avril 1830-Novemb. 1835.
    Professeur suppléant de philosophie à la Faculté des lettres, 1830-1832.
                                        Loco L. E. M. Bautain, en congé.
    Professeur de littérature latine à la Faculté des lettres, 6 Novemb. 1835.
                                        Loco C. P. B. de Saint-Venant.
    Doyen provisoire de la Faculté des lettres, 5 Avril 1841.
                                        Loco L. E. M. Bautain.
    Doyen de la Faculté des lettres, 18 Octob. 1841-Novemb. 1855.
    Recteur de l'Académie, 19 Novemb. 1855.
                                        Loco J. Rinn.
    Recteur honoraire, 23 Janvier 1866.

Delius (Dæle), Michael, Aach, *prope* Constanz.
    Natus
    Denatus 1554.
    Hebrææ linguæ Professor, Friburgi-Brisg., 1521-1531.
    Hebrææ linguæ Professor, 1531.

Denneville, Franciscus Antonius, Selestad.
    Natus 9 Novemb. 1750.
    Denatus (Leipzig) circa 1812.
    Theol. Doct., 2 Julii 1782. (10 Maii 1773.)
    Concionator in Ecclesia Cathedrali Argentoratensi.
    Theologiæ moralis Professor in Universitate episcopali, 1789-1790.
    Superior Seminarii episcopalis Ettenheimensis, 1791-1799.
    Prédicateur à la Cour royale de Saxe.

Depaeuw, Auguste-Charles-Louis, de Dunkerque.
    Né 9 Février 1817.
    Décédé (Huy, Belgique) 19 Août 1855.

Docteur en médecine (Paris), 25 Août 1841.
Chirurgien sous-aide, 31 Janvier 1839.
Chirurgien aide-major, 8 Octob. 1843.
Médecin adjoint, 31 Mars 1846.
Professeur de pathologie médicale à l'Hôpital militaire d'instruction, 7 Décemb. 1847-28 Septemb. 1850.
Médecin ordinaire de 2° classe, 8 Août 1851.
Médecin-major de 2° classe, 23 Mars 1852.

Dereser, Thaddæus-Antoine, de Fahr (Franconie).
Né 3 Février 1757.
Décédé (Breslau) 5 Juin 1827.
Docteur en théologie.
Professeur de théologie à l'Université de Bonn.
Professeur et Supérieur au Grand Séminaire constitutionnel, 1792.
Professeur de langues orientales, d'herméneutique sacrée et de théologie pastorale à l'Université de Heidelberg.

Portrait-médaillon gravé d'après Müller. Heidelberg.

Deschamps
Né
Décédé
Docteur en médecine.

Médecin en chef.
Professeur à l'Hôpital militaire d'instruction, 1812.

Des Roches, Sigismundus Johannes (S. J.), Diœces. Basileensis.
Natus 19 Maii 1668.
Denatus (Argent.) 23 August. 1741.
Theol. Doct., 8 Julii 1704.
Logicæ Professor in Seminario episcopali, 1698-1699.
Loco N. Geninet.
Physicæ Professor in Seminario episcopali, 1699-1700.
Loco J. Gouffier.
Theologiæ moralis Professor in Universitate episcopali, 1703-1704.
Director Seminarii episcopalis, 1704-1723.

Destrais, Jean-Charles-Édouard, de Strasbourg.
Né 24 Juin 1811.
Décédé 8 Avril 1875.
Docteur en droit, 31 Août 1839.
Professeur suppléant à la Faculté de droit, 30 Septemb. 1845.
Professeur de procédure civile et de législation criminelle à la Faculté de droit, 7 Juillet 1855.
Loco J. A. Rauter.
Professeur de procédure civile et de législation criminelle à la Faculté de droit de Nancy, 15 Février 1871.
N'a pas accepté.
Professeur honoraire des Facultés de droit de France, 15 Juin 1872.

Deumer, Petrus (S. J.), Vitensis-Luxemb. (Saint-Vit.).
: Natus 6 Decemb. 1595.
: Denatus (Spiræ) 1 August. 1672.
: Rector Academiæ Molshemianæ, 1651-1653.
: : *Loco* D. Lupius.
: Præpositus Provinciæ Rheni superioris, 1656-1659.
: Rector Academiæ Molshemianæ, 31 Julii 1659-10 Octob. 1662.
: : *Loco* G. Mentzius.

Develle, Claudius (S. J.).
: Natus
: Denatus
: Mathescos Professor in Universitate episcopali, 1721-1722.
: : Dimissus (Mussiponti), 9 Julii 1723.

Dez, Johannes (S. J.), La Neuville-au-Pont *prope* Sainte-Menehould.
: Natus 3 April. 1643.
: Denatus (Argent.) 12 Septemb. 1712.
: Theol. Doct.
: Rhetoricæ Professor in Universitate Mussipontana, 1669-1670.
: Mathematum Professor in Universitate Mussipontana, 1670-1674.
: Rector Collegii Sedanensis, 1681-1682.
: Vice-Rector Seminarii episcopalis, 1682-4 Martii 1684.
: Rector Seminarii episcopalis, 5 Martii 1684-1686.
: Rector Collegii regii et Seminarii episcopalis, 16 Junii 1686-23 Septemb. 1691.
: Præpositus Provinciæ Campaniæ, 1691-1694.
: Præpositus Provinciæ Gallo-Belgicæ, 1695-1699.
: Præpositus Provinciæ Franciæ, 1699-1701.
: Præpositus Provinciæ Campaniæ, 1701-1704.
: Rector Universitatis episcopalis, 3 Novemb. 1704-18 Maii 1708.
: : *Loco* P. Robinet.
: Præpositus Provinciæ Campaniæ, 1708-1711.
: Rector Universitatis episcopalis, 11 Octob. 1711-12 Septemb. 1712.
: : *Loco* I. de L'Aubrussel.

Dietrich, Antoine, de Minversheim (Bas-Rhin).
: Né 14 Octobre 1807.
: Décédé (Benfeld) 7 Décemb. 1860.
: Docteur en théologie.
: Directeur de la Sorbonne à Molsheim, 1830-1832.
: Professeur de dogme au Grand Séminaire catholique, 1832-1838.
: Professeur de dogme et d'Ecriture sainte au Grand Séminaire catholique, 1838-Juin 1849.
: Chanoine honoraire de la Cathédrale, 1839.
: Curé de Benfeld, 4 Juin 1849.

Dietrich, Dominicus, Argent.
: Natus 30 Januar. 1620.
: Denatus 9 Martii 1694.
: Consul, 1660, 1666, 1672, 1678 et 1684.
: Scholarcha, 13 Octob. 1679-1686.

Dietrich, Nicolaus (*S. J.*), Oberehnheim.-Alsat.
> Natus 9 Novemb. 1735.
> Denatus
> Philosophiæ Magister.
> Humaniorum Litterarum Professor in Collegio Molshemiano, 1756-1765.
> Philosophiæ Professor in Academia Molshemiana, 1765-1771.
> Philosophiæ Professor in Universitate episcopali, 1771-1775.
> Parochus in Plobsheim, 1775-1782.
> Parochus in Wittesheim, 1782-1791.
> Curé de Wittesheim, 1795-1802.
> Curé de Suffelweyersheim, 1802.

Dietz, Petrus (*S. J.*), ex pago Urtrich, Diœc. Trevirens.
> Natus 1576.
> Denatus (Moguntiæ) 19 Januar. 1654.
> Cancellarius et Theologiæ moralis Professor in Academia Molshemiana, 1626-1628.
> Rector Academiæ Molshemianæ, 1628-1631.
>> *Loco* A. Kirchberger.

Disberger, Johannes Baptista (*S. J.*), Colmariens.
> Natus 2 Maii 1729.
> Denatus
> Logicæ Professor in Universitate episcopali, 1763-1764.
>> *Loco* P. S. Virot.
> In Alsatia, 1765.

Ditterich, Franciscus Georgius, Bamberg.
> Natus 1745.
> Denatus (Münich) Octobr. 1811.
> Jur. can. Doct.
> Juris canonici Professor in Universitate episcopali, 17..-1790.
>> Abiit Münich 1790.
> Conseiller supérieur de justice à Münich, 1791.
>> Anobli, 1792.
>> Admis à la retraite.

> Jur. can. Doct. ac Prof. publ. ord., 1777.
> Jur. publ. eccles. Prof. publ. ord., 1779.
> Juris can. Doct. & Prof., Supremæ Curiæ Alsat. Advocatus, Principis Salm-Salmensis Consil. aulic., 1779.
> Jur. publ. eccles. Prof. publ. ord., Episcop. Spirens. Consil. intim. actual., 1781.

Doffner, Jean-Népomucène, d'Ernolsheim (Bas-Rhin).
> Né 16 Mai 1788.
> Décédé 14 Novemb. 1862.
> Professeur en second au Grand Séminaire catholique, 1812-1820.
> Curé-desservant de Bergheim, 20 Octob. 1820.
> Curé-desservant de Stotzheim, 1 Juillet 1825.
> Curé-desservant de la Wantzenau, 1 Septemb. 1827.

Curé de l'église de Saint-Jean à Strasbourg, Ordonnance royale du 7 Juillet 1834.
Promoteur de l'Evêché, 5 Mai 1835.
Chanoine de la Cathédrale, Ordonnance royale du 10 Décemb. 1842.
Vicaire général honoraire de l'Évêché, 13 Septemb. 1844.

Donné, Alfred, de Noyon (Oise).
Né 13 Septemb. 1801.
Décédé (Paris) 7 Mars 1878.
Docteur en médecine (Paris), 17 Janvier 1831.
Professeur de microscopie à la Faculté de médecine de Paris, 1844.
Inspecteur général de l'Université, 24 Avril 1845.
Recteur de l'Académie de Strasbourg, 30 Avril 1853.
Loco A. L. A. Nouseilles.
Recteur de l'Académie de Montpellier, 22 Août 1854.
Recteur honoraire, 18 Septemb. 1873.
Admis à la retraite, 18 Septemb. 1873.

Donung, Stephanus (*S. J.*), Hanau.-Hassiac.
Natus 10 Januar. 1655.
Denatus (Würzburg.) 17 Novemb. 1728.
Theol. Doct.
Logicæ Professor in Academia Bambergensi, 1688-1689.
Physicæ Professor in Academia Bambergensi, 1689-1690.
Metaphysicæ Professor in Academia Bambergensi, 1690-1691.
Mathematum Professor in Academia Bambergensi, 1691-1692.
Mathematum et Ethices Professor in Academia Bambergensi, 1695-1696.
Scripturæ Sacræ et Matheseos Professor in Academia Bambergensi, 1696-1701.
Cancellarius et Theologiæ scholasticæ Professor in Schola Molshemiana, 1701-1702.
Loco J. Schneider.
Theologiæ dogmaticæ Professor in Collegio Fuldensi, 1702-1703.
Theologiæ scholasticæ Professor in Universitate Würzburgensi, 1703-1728.

Dorigny, Philippus (*S. J.*), Rhemensis.
Natus 12 Decemb. 1645.
Denatus (Divione) 15 Septemb. 1711.
Theol. Doct.
Theologiæ moralis Professor in Universitate Mussipontana, 1685-1686.
Rector Novitiatus Nanceiani, 1688-1694.
Rector Collegii Lingonensis, 1694-1695.
Rector Universitatis Mussipontanæ, 1695-1698.
Theologiæ scholasticæ Professor in Seminario episcopali, 1698-1699.
Loco P. Robinet.
Theologiæ scholasticæ Professor in Collegio Divionensi, 1700-1701.
Præfectus Spiritus in Collegio Divionensi, 1702-1705.
Rector Collegii Senonensis, 1705-1708.

Dorsch, Antoine-Joseph, de Heppenheim.
>   Né 1759.
>   Décédé
>   Docteur en théologie.
>   Professeur au Grand Séminaire constitutionnel et Vicaire de l'Evêque constitutionnel du Bas-Rhin, 1791.

Dorsch, Johannes Georgius, Argent.
>   Natus 13 Novemb. 1597.
>   Denatus (Rostock.) 25 Decemb. 1659.
>   Theol. Doct., 5 Novemb. 1627. (13 Septemb. 1627.)
>   Theologiæ Professor, Martio 1627.
>   Abiit Rostockium, 12 Octob. 1653.
>   Theologiæ Professor in Universitate Rostochiensi, 1653.
>
>   SS. Theol. Doct. ejusdemque Prof. ord. & Ecclesiastes, 1628.
>
>   Portrait par J. G. Mentzel.
>   Portrait par M. Haffner.
>   Portrait par I. Brunn. 1652.
>   Portrait par L. B. 1637.
>   Portrait par B. Kilian.
>   Portrait par J. M. B.
>   Portrait par J. C. Steinberger.
>   Portrait par J. C. Böcklin.
>   Portrait par I. Brunn. 1653.
>   Portrait par P. Aubry.
>   Portrait par François Brunn.

Dreis (Dreiss), Wilhelmus (S. J.), Lorcherhusanus (Lorchaus).
>   Natus 25 Martii 1667.
>   Denatus (Würzburg.) 13 Januar. 1730.
>   Theol. Doct.
>   Rector Scholæ Molshemianæ, 2 Junii 1711 - Novemb. 1714.
>   Rector Collegii Selestadiensis, 22 Novemb. 1714.
>   Præpositus Provinciæ Rheni superioris, 1721 - 1724.
>   Loco P. Edmund.
>   Rector Collegii Moguntini, 18 Julii 1724.
>   Procurator, Romæ, 1727 - 1728.

Dreux, Johannes Ignatius Xaverius.
>   Natus 1734.
>   Denatus 1804.
>   Theol. Doct.
>   Theologiæ Professor in Universitate episcopali.
>   Chanoine de la Cathédrale, 4 Février 1803.
>
>   Theol. Doct., Univers. Argent. Aggregatus, Abbatiæ ad Novum Castrum Ordin. Cisterciensis Præsul, 1782.

Dubois, Jean-Ambroise-Ernest, de Sens (Yonne).
>   Né 9 Décemb. 1837.
>   Décédé (Nancy) 7 Avril 1882.
>   Docteur en droit, 27 Juillet 1860.
>   Délégué près la Faculté de droit, 22 Décemb. 1862.
>   Agrégé des Facultés de droit, 21 Avril 1864.

Agrégé à la Faculté de droit de Grenoble, 15 Juin 1864.
Professeur agrégé chargé du cours de droit romain à la Faculté de droit de Nancy, 30 Septemb. 1865.
Professeur de droit romain à la Faculté de droit de Nancy, 9 Décemb. 1867.

Dubor, François, de Larroumieu (Gers).
Né 30 Janvier 1756.
Décédé (Martigné, Maine-et-Loire) 14 Avril 1817.
Docteur en médecine.
Chirurgien-major au régiment de Dragons d'Artois, 26 Mai 1779.
Chirurgien en chef adjoint à l'Hôpital militaire, 3 Juin 1803.
Chirurgien-major, 30 Octob. 1804.
Professeur à l'Hôpital militaire d'instruction, 1806-1812.
Admis à la retraite, 15 Novemb. 1815.

Du Bourg, Casparus (S. J.), Tarasconens.
Natus 1 Januar. 1671.
Denatus (Colmar.) 30 Decemb. 1724.
Logicæ Professor in Universitate episcopali, 1701-1702.
Physicæ Professor in Universitate episcopali, 1702-1703.
Loco C. H. Villiain.
Præfectus Scholarum inferiorum in Collegio Regio, 1703-1704.
Adjutor Directoris Seminarii episcopalis, 1704-1712.

Du Chailloux, Johannes Ignatius (S. J.), Marcigny (Saône-et-Loire).
Natus 9 Septemb. 1663.
Denatus (Dijon) 4 Septemb. 1725.
Juris canonici Professor in Universitate episcopali, 1701-1703.
Scripturæ Sacræ Professor in Universitate episcopali, 1703-1704.
Theologiæ moralis Professor in Universitate episcopali, 1704-1706.
Loco S. Des Roches.

Duconte, Bernhardus Alexander Xaverius.
Natus
Denatus
Juris canonic. Professor in Universitate episcopali, 1781-1790.

Düngen, Wilhelmus (S. J.), Forchheim., Diœc. Bamberg.
Natus 28 Martii 1627.
Denatus (Mogunt.) 4 Februar. 1695.
Litterarum humaniorum Professor in Collegio Moguntino, 1652-1656.
Litterarum humaniorum Professor in Collegio Fuldensi, 1656-1657.
Theologiæ Studiosus, 1657-1662.
Logicæ Professor in Academia Molshemiana, 1662-1663.
Loco N. Lares.
Physicæ Professor in Academia Molshemiana, 1663-1664.
Loco N. Lares.

Metaphysicæ Professor in Academia Molshemiana, 1664-1665.
> *Loco* N. Lares.

Theologiæ moralis Professor in Collegio Fuldensi, 1665-1667.
Theologiæ moralis Professor in Academia Molshemiana, 1667-1668.
> *Loco* N. Hansler.

Rector Collegii Selestadiensis.
Rector Collegii Aschaffenburgensis.
Minister in Collegio Moguntino.
> Emeritus in Collegio Moguntino, 1695.

Dürrbach, Geoffroi, de Strasbourg.
> Né 28 Mars 1790.
> Décédé 21 Avril 1870.
> Docteur en théologie, 14 Juillet 1837.
> Pasteur à Trænheim, 12 Mai 1824.
> Pasteur à l'église de Saint-Nicolas, 1831-1870.
> Agrégé libre au Séminaire protestant (Cours de philosophie et de morale), 1837-1840.
> Agrégé libre au Séminaire protestant (Cours d'uranographie), 1848.

Dugué, Ludovicus Rodrigue (*S. J.*), Stenay.
> Natus 4 Decemb. 1696.
> Denatus (Stenay) 26 Januar. 1775.
> Theol. Doct.
> Matheseos Professor in Universitate episcopali, 1727-1732.
>> *Loco* C. L. Duhamel.
>
> Logicæ & Matheseos Professor in Universitate episcopali, 1739-1740.
>> *Loco* F. Schmaltz.
>
> Physicæ & Matheseos Professor in Universitate episcopali, 1740-1741.
>> *Loco* F. Schmaltz.
>
> Matheseos Professor in Universitate episcopali, 1741-1742.
> Theologiæ scholasticæ Professor in Universitate Mussipontana, 1744-1748.
> Minister Collegii Virdunensis, 1748-1753.
> Minister Collegii Rhemensis, 1753-1756.
> Bibliothecarius Collegii Rhemensis, 1757-1762.
> Sine officio, Stenaci, 1765-1768.

Duhamel, Carolus Ludovicus (*S. J.*), Metens.
> Natus 19 Decemb. 1696.
> Denatus
> Matheseos Professor in Universitate episcopali, 1726-1727.
>> Dimissus, 1727.

Dumesnil, Ludovicus (*S. J.*), Catalaunensis.
> Natus 10 Januar. 1667.
> Denatus (Argent.) 26 Julii 1727.
> Theol. Doct.

Rhetoricæ Professor in Universitate Mussipontana, 1696-1697.
Philosophiæ Professor in Universitate Mussipontana, 1704-1705.
Philosophiæ Professor in Universitate Mussipontana, 1706-1707.
Theologiæ scholasticæ Professor in Universitate episcopali, 1711-1718.
> *Loco* E. Charron.

Cancellarius Universitatis episcopalis, 1718-1727.
> *Loco* P. Flavet.

DUMONT, Henri-Joseph, de Paris.
Né 23 Septembre 1824.
Décédé
Docteur en médecine (Paris), 25 Août 1859.
Docteur en chirurgie, 30 Août 1862.
Professeur agrégé à la Faculté de médecine, 24 Janvier 1863.
> Parti pour la Havane en 1863 ; il n'a jamais été en fonctions et a été remplacé le 31 Octobre 1865.

DUROSOY, Johannes Baptista (*S. J.*), Belfortens.
Natus 10 Februar. 1726.
Denatus (Befortiæ) 22 (*vel* 24) April. 1804.
Theol. Doct. (Mussiponti).
Logicæ Professor in Universitate episcopali, 1760-1761.
> *Loco* M. Zœpfel.

Physicæ Professor in Universitate episcopali, 1761-1762.
> *Loco* M. Zœpfel.

Philosophiæ Professor in Universitate Mussipontana, 1762-1763.
Logicæ Professor in Universitate episcopali, 1764-1765.
> *Loco* J. B. Disberger.

Physicæ Professor in Collegio Regio, 1765-1767.
Physicæ Professor in Collegio Colmariensi, 1767-1768.
Theologiæ Professor in Collegio Colmariensi, 1773.
In Helvetia, 1793.
In Alsatia (Befortiæ).
Conseiller ecclésiastique à Colmar, 1802.

DUSSOURT, Charles-François, de Rambervillers (Vosges).
Né 7 Août 1817.
Décédé
Docteur en médecine (Paris), 7 Décemb. 1841.
Chirurgien sous-aide-major, 26 Mars 1839.
Chirurgien aide-major de 2ᵉ classe, 18 Décemb. 1841.
Médecin adjoint, 29 Octob. 1845.
Professeur d'hygiène de l'homme de guerre et de médecine légale à l'Hôpital militaire d'instruction, 24 Avril 1846-12 Septemb. 1849, puis 7 Avril 1850-28 Septemb. 1850.
Médecin ordinaire de 2ᵉ classe, 22 Août 1849.
Médecin-major de 1ʳᵉ classe, 9 Décemb. 1852.
Médecin principal de 2ᵉ classe, 30 Décemb. 1857.
Médecin principal de 1ʳᵉ classe, 27 Décemb. 1866.
> Admis à la retraite, 23 Octob. 1877.

Duvergey, Henry-Elzéar-Lazare-Justin, d'Entrains (Nièvre).
    Né 5 Septemb. 1841.

        Docteur en droit (Paris), 25 Août 1865.
        Chargé provisoirement des fonctions d'Agrégé à la Faculté de droit, 1 Juin 1870.
        Juge au Tribunal de Tournon, 22 Octob. 1871.
        Juge au Tribunal d'Alais, 5 Août 1872.
        Président du Tribunal de Ribérac, 27 Janvier 1874.
        Conseiller à la Cour d'appel de Caen, 11 Juin 1877.
        Conseiller à la Cour d'appel de Bordeaux, 15 Septemb. 1883.

Duvernoy, Georges-Louis, de Montbéliard (Doubs).
    Né 6 Août 1777.
    Décédé (Paris) 1 Mars 1855.
    Docteur en médecine (Paris), 21 Mai 1801.
    Docteur ès sciences (*Coll.*).
    Docteur honoraire de l'Université de Tubingue, 1825.
    Pharmacien à l'Armée des Alpes, 1799-1800.
    Médecin à Montbéliard, Octobre 1802.
    Collaborateur du Dictionnaire des sciences naturelles, 1802 à 1805.
    Médecin à Montbéliard, 1805 à 1827.
    Professeur de zoologie à la Faculté des sciences de Paris, 20 Juillet 1809. (N'a pas accepté.)
    Professeur d'histoire naturelle à la Faculté des sciences de Strasbourg, 18 Août 1827-Décemb. 1837.
        Loco F. L. Hammer.
    Professeur agrégé à la Faculté de médecine de Strasbourg, 14 Août 1829-Décemb. 1837.
    Doyen de la Faculté des sciences, 29 Novemb. 1832-8 Décemb. 1837.
        Loco Y. M. Branthôme.
    Professeur d'histoire naturelle au Collège de France, 8 Décemb. 1837.
    Professeur d'anatomie comparée au Muséum d'histoire naturelle de Paris, 30 Août 1850.

Dyhlin, Bernhardus (*S. J.*), Badenens.
    Natus 24 Junii 1693.
    Denatus (Aschaffenburg.) 17 Januar. 1765.
    Litterarum humaniorum Professor in Collegio Bambergensi, 1713-1716.
    Poëseos Professor in Collegio Bambergensi, 1716-1717.
    Rhetoricæ Professor in Collegio Bambergensi, 1717-1718.
    Logicæ Professor in Academia Bambergensi, 1728-1729.
    Physicæ Professor in Academia Bambergensi, 1729-1730.
    Metaphysicæ Professor in Academia Bambergensi, 1730-1731.
    Theologiæ moralis Professor in Schola Molshemiana, 1732-1734.
        Loco B. Schœffer.
    Theologiæ moralis Professor in Academia Bambergensi, 1735-1738.

Professor in Collegio Badensi, 1738.
Rector Collegii Badensis, 12 Octob. 1739-Novemb. 1742.
Minister in Collegio Neostadiensi, 1748-1754.
Præfectus Spiritus in Collegio Aschaffenburgensi, 1754-1765.

Dylenhen, Antonius (*S. J.*), Naumburg.
Natus 12 April. 1701.
Denatus (Baden) 30 Décemb. 1742.
Physicæ Professor in Schola Molshemiana, 1733-1734.
Loco J. Finck.
Logicæ Professor in Academia Bambergensi, 1735-1736.
Physicæ Professor in Academia Bambergensi, 1736-1737.
Metaphysicæ Professor in Academia Bambergensi, 1737-1738.

Edmund, Paulus (*S. J.*), Lixheim-Lotharing.
Natus 2 Februar. 1664.
Denatus (Bockenheim.) 26 Maii 1733.
Theol. Doct.
Superior Residentiæ Bockenheimensis, 1701-1705.
Rector Collegii Selestadiensis, 3 Februar. 1705-20 Martii 1708.
Rector Scholæ Molshemianæ, 22 Martii 1708-2 Junii 1711.
Loco L. Wedekind.
Superior Residentiæ Bockenheimensis, 1711-1714.
Rector Scholæ Molshemianæ, 26 Novemb. 1714-Junium 1718.
Loco W. Dreis.

Ehrlen, Johannes Fridericus, Argent. (B. C.).
Natus 3 Julii 1730.
Denatus (Griesbach) 20 August. 1775.
Phil. Doct., 29 April. 1751.
Jur. Doct., 30 April. 1767 (4 Maii 1757).
Juris Professor, 25 Julii 1760.
Loco J. M. Silberrad.

Instit. Imp. Prof. publ. ord., 1760.
Instit. Imp. & Juris can. Prof. ord., 1770.

Ehrmann, Charles-Henri, de Strasbourg.
Né 15 Septembre 1792.
Décédé 19 Juin 1878.
Docteur en médecine, 27 Juin 1812.
Professeur d'anatomie normale à la Faculté de médecine, 21 Décemb. 1826.
Loco Th. Lauth.
Professeur d'anatomie normale et pathologique à la Faculté de médecine, 8 Mai 1835.
Loco J. G. F. M. Lobstein.
Doyen de la Faculté de médecine, 23 Octob. 1857-30 Avril 1867.
Loco J. B. R. Coze.
Doyen honoraire, 10 Juillet 1867.

EHRMANN, Jean-François, de Strasbourg.
Né 12 Février 1757.
Décédé 24 Septemb. 1839.
Docteur en droit (14 Mars 1782).
Professeur de philosophie, 10 Septemb. 1789.
Député à la Convention nationale, 1792-1795.
Professeur de philosophie morale à l'Académie protestante, 20 Mars 1803.
Professeur de droit ecclésiastique à l'Académie protestante.
Conseiller à la Cour d'appel de Colmar, 1811-1816.
Professeur de droit ecclésiastique au Séminaire protestant.

EHRMANN, Johannes Fridericus, Argent. (B. U.)
Natus 27 Junii 1739.
Denatus 29 Novemb. 1794.
Med. Doct., 23 Junii 1763. (7 Octob. 1762.)
Medicinæ Professor extraord., 19 Novemb. 1768.
Medicinæ Professor, 8 Martii 1782.

EHRMANN, Louis-Frédéric, de Strasbourg.
Né 17 Avril 1741.
Décédé 18 Février 1801.
Docteur en médecine, 23 Juin 1763 (7 Octob. 1762).
Professeur de physique et de chimie à l'École centrale du Bas-Rhin, 27 Juillet 1796-Février 1801.
Professeur de chimie à l'Ecole de médecine, 1796.

EIMER, Jodocus (S. J.), Ohmes-Hassiac.
Natus 29 Septemb. 1699.
Denatus (Mogunt.) 6 Septemb. 1780.
Theol. Doct.
Litterarum humaniorum Professor in Collegio Bambergensi, 1720-1723.
Poëseos Professor in Collegio Bambergensi, 1723-1724.
Rhetoricæ Professor in Collegio Bambergensi, 1723-1725.
Philosophiæ Professor in Academia Fuldensi, 1732-1734.
Physicæ Professor in Universitate Heidelbergensi, 1734-1737.
Scripturæ Sacræ Professor in Schola Molshemiana, 1737-1738.
Minister Scholæ Molshemianæ, 1738-1739.
Theologiæ specialis Professor in Universitate Würzburgensi, 1743-1747.
Theologiæ dogmaticæ Professor in Academia Bambergensi, 1747-1748.
Rector Collegii Fuldensis, 4 Novemb. 1748.
Rector Collegii Erfurtensis, 6 Decemb. 1751.
Theologiæ scholasticæ Professor in Academia Fuldensi, 1752-1754.
Rector Collegii Heidelbergensis, 10 April. 1755.
Dogmatum Professor in Universitate Würzburgensi, 1757.
Theologiæ scholasticæ et Juris canonici Professor in Schola Molshemiana, 1758-1763.
Loco I. Morlock.
Præfectus Spiritus in Collegio Fuldensi, 1763-1767.
Rector Collegii Erfurtensis.
Præfectus Spiritus in Collegio Wormatiensi, 1771.

EISENMANN, Georgius Henricus, Argent. (B. U.)
    Natus 18 Novemb. 1693.
    Denatus 16 Septemb. 1768.
    Med. Doct., 27 April. 1719. (3 Novemb. 1717.)
    Phil. Doct., 29 April. 1734.
    Physices Professor, 6 Mart. 1733.
    Medicinæ Professor, 6 Octob. 1734.

    Physices & Matheseos Professor, 1733.
    Anatomiæ & Chirurgiæ Professor, 1734.
    Pathologiæ Professor, 1756.

EMMERICH, Frédéric-Charles-Timothée, de Strasbourg.
    Né 15 Février 1786.
    Décédé 1 Juin 1820.
    Professeur agrégé de langues anciennes au Gymnase protestant, 1810-1819.
    Professeur agrégé de langues anciennes au Séminaire protestant, 3 Novemb. 1812 (15 Juillet 1812).
    Professeur d'histoire ecclésiastique à la Faculté de théologie protestante, 12 Novemb. (26 Avril) 1819.
        Portrait lithographié par Ch. A. Schuler.
        Portrait gravé par Ch. A. Schuler.

ENGEL, Louis-Charles, de Strasbourg.
    Né 21 Avril 1821.
    Décédé (Nancy) 16 Février 1880.
    Docteur en médecine, 20 Avril 1844.
    Professeur agrégé à la Faculté de médecine, 30 Juin 1860.
    Professeur de botanique et d'histoire naturelle médicale à la Faculté de médecine de Nancy, 1 Octob. 1872.

ENGELBRECHT, Laurentius (S. J.), Gerlocurensis.
    Natus 11 Junii 1721.
    Denatus post 1771.
    Professor in Collegio Erfurtensi, 1748.
    Logicæ Professor in Schola Molshemiana, 1759-1760.
                                           Loco B. Heyder.
    Physicæ, Ethicæ & Metaphysicæ Prof. in Schola Molshemiana, 1760-1761.
                                           Loco B. Heyder.
    Physicæ Professor in Collegio Badensi, 1762-1763.
    Minister in Collegio Wormatiensi, 1763.
    Concionator in Collegio Erfurtensi, 1765-1768.
    Professor in Collegio Ettlingensi, 1771.

ERETSMAN, Paulus, (S. J.).
    Natus 29 Maii 1692.
    Denatus
    Logicæ Professor in Schola Molshemiana, 1721-1722.
                                         Loco N. Masset.
    Physicæ Professor in Schola Molshemiana, 1722-1723.
                                         Loco N. Masset.
                                               Dimissus, 1723.

ERYTHRÆUS, Valentinus, Lindaviens.
>   Natus 1521.
>   Denatus (Altorf) 29 Martii 1576.
>   Professor quartæ Classis in Gymnasio, 1546.
>   Ethices Professor, 15 Februar. 1553.
>   Rector Universitatis Altorflanæ, 1575.
>> Portrait par W. P. Kilian.
>> Portrait non signé.

ESCHBACH, Louis-Prosper-Auguste, de Phalsbourg (Meurthe).
>   Né 16 Août 1814.
>   Décédé (Marseille), 1 Avril 1860.
>   Docteur en droit, 24 Février 1838.
>   Professeur suppléant provisoire à la Faculté de droit, 27 Mars 1839.
>   Professeur suppléant à la Faculté de droit, 24 Janvier 1840.
>   Professeur de droit civil français à la Faculté de droit, 21 Juillet 1847.
>> Loco Ph. J. Blœchel.

ESCHER, Jean-Baptiste, de Beulich, près Saint-Goar.
>   Né 1755.
>   Décédé (Haguenau) 9 Janvier 1814.
>   Docteur en philosophie.
>   Professeur de grammaire générale à l'École centrale, 27 Juillet 1796-7 Septemb. 1802.
>   Principal du Collège de Haguenau, 1810.

ESPICH, Jacobus Valentinus, Wittemberg. (B. U.)
>   Natus 26 Julii 1590.
>   Denatus 27 Septemb. 1651.
>   Med. Doct. (Basileæ), 29 Junii 1615.
>   Logices & Metaphysices Professor, 11 Septemb. 1633.
>> Loco D. Rixinger.
>   Ex Facultate philosophica Facultatis medicæ assistens, 1639.
>> Portrait par J. ab Heyden.

FABER, Johannes, Herbsleben-Thuring.
>   Natus
>   Denatus 31 August. 1596.
>   Theol. Doct.
>   Theologiæ Professor, 1581.

FABER, Johannes, Argent.
>   Natus 8 August. 1567.
>   Denatus 19 Maii 1623.
>   Theol. Licentiatus, 21 Septemb. 1591.
>   Theol. Doct.
>   Theologiæ Professor, 1593.

FABER, Johannes Heinricus, Argent. (B. U.)
>   Natus 10 Februar. 1697.
>   Denatus 26 Junii 1763.
>   Consul 1741, 1747 et 1753.
>   Scholarcha, 1742.

Faber, Philippus (*S. J.*), Lœfflingens.-Würtemb.
> Natus 2 Februar. 1637.
> Denatus (Bamberg.) 30 Septemb. 1689.
> Theol. Doct. (Mogunt.), 11 Septemb. 1685.
> Litterarum humaniorum Professor in Collegio Spirensi, 1662-1668.
> Logicæ Professor in Academia Molshemiana, 1668-1669.
> > *Loco* H. Gerard.
>
> Physicæ Professor in Academia Molshemiana, 1669-1670.
> > *Loco* H. Gerard.
>
> Metaphysicæ Professor in Academia Molshemiana, 1670-1671.
> > *Loco* H. Gerard.
>
> Logicæ Professor in Academia Bambergensi, 1671-1672.
> Physicæ Professor in Academia Bambergensi, 1672-1673.
> Metaphysicæ Professor in Academia Bambergensi, 1673-1674.
> Philosophiæ Professor in Collegio Heiligenstadiensi, 1674-1675.
> Professor in Academia Bambergensi, 1675-1677.
> Concionator Spiræ.
> Concionator Heiligenstadii.
> Concionator Fuldæ.
> Theologiæ moralis Professor in Universitate Würzburgensi, 1682-1683.
> Theologiæ scholasticæ Professor in Collegio Moguntino, 1683-1684.
> Theologiæ moralis Professor in Collegio Moguntino, 1684-1685.
> Pro-Cancellarius et Theologiæ scholasticæ Professor in Academia Molshemiana, 1686-1687.
> Theologiæ scholasticæ Professor in Academia Bambergensi, 1687-1689.

Fabulet, Adolphe-Gabriel-Thomas, de Saint-Lô.
> Né 13 Août 1780.
> Décédé (Barr) 26 Avril 1834.
> Maître en pharmacie, 12 Août 1826.
> Pharmacien sous-aide, 9 Juillet 1803.
> Pharmacien-major, 1 Octob. 1806.
> Pharmacien de 1re classe, 27 Juin 1807.
> Démonstrateur à l'Hôpital de perfectionnement du Val-de-Grâce, 7 Janvier 1815-Février 1816.
> Professeur à l'Hôpital militaire d'instruction de Metz, 14 Février 1816-Juillet 1826.
> Pharmacien-major breveté, 27 Octob. 1824.
> Professeur à l'Hôpital militaire d'instruction, 24 Juillet 1826-Avril 1834.
> Pharmacien principal, 17 Décemb. 1832.

Fagius (Büchlein), Paulus, Rheinzabern.
> Natus 1504.
> Denatus (Cambridge) 13 Novemb. 1549.
> Theol. Doct.
> Pastor Ecclesiæ S. Petri Junioris.

Hebrææ linguæ Professor, 1542.
Abiit Cambridge, 1549.
Hebrææ linguæ Professor in Universitate Cantobrigensi, 1549.
Portrait non signé.
Portrait non signé.
Portrait non signé.
Portrait signé R. S.
Portrait signé H. B.
Portrait par I. I. Haid, Augsbourg.

FAGNIER, Claudius Franciscus (*S. J.*), Metensis.
Natus 9 Martii 1690.
Denatus
Philosophiæ Professor in Universitate Mussipontana, 1722-1723.
Philosophiæ Professor in Universitate Mussipontana, 1724-1725.
Rector Collegii Lingonensis, 1738-1741.
Rector Collegii Augustodunensis, 1745-1748.
Rector Universitatis episcopalis, 1 Maii 1748-1 Decemb. 1751.
Loco D. Bernard.
Præpositus Provinciæ Campaniæ, 1751-1755.
Rector Universitatis Mussipontanæ, 1756-1759.
Rector Collegii Rhemensis, 1759-1762.
Sine officio, Metis, 1765-1766.

FARGEAUD, Antoine, de Saint-Léonard (Haute-Vienne).
Né 24 Septembre 1792.
Décédé (?) 1871.
Docteur ès sciences naturelles, 6 Août 1829.
Régent de Collèges, 1813-1827.
Professeur des sciences physiques au Collège royal, 22 Octob. 1827.
Professeur de physique à la Faculté des sciences, 24 Avril 1830.
Loco J. L. A. Herrenschneider.
Professeur honoraire, 2 Janvier 1849.

FAUCHIER, Ludovicus (*S. J.*), Brignoles.
Natus 1 Novemb. 1652.
Denatus (Argent.) 10 Maii 1690.
Logicæ Professor in Seminario episcopali, 1685-1686.
Loco F. Fortet.
Physicæ Professor in Seminario episcopali, 1686-1687.
Loco F. Fortet.
Theologiæ scholasticæ Professor in Seminario episcopali, 1687-1690.
Loco H. de Comitin.

FAURE, Raymond, de Marmande (Lot-et-Garonne).
Né 28 Septemb. 1786.
Décédé
Docteur en médecine (Paris), 4 Décemb. 1810.
Médecin adjoint, 13 Février 1812.
Médecin ordinaire, 27 Janvier 1823.

Professeur adjoint à l'Hôpital militaire d'instruction, 5 Octob. 1830-26 Août 1832.
Professeur à l'Hôpital militaire d'instruction, 2 Décemb. 1835-Novemb. 1841.
Médecin principal de 2ᵉ classe, 16 Novemb. 1841.
Médecin principal de 1ʳᵉ classe, 24 Août 1847.
    Admis à la retraite, 26 Septemb. 1848.

FAUST, Johannes, Argent. (B. U.)
Natus 22 Septemb. 1632.
Denatus 1 Julii 1695.
Theol. Doct., 8 Septemb. 1664. (25 August. 1664.)
Logices & Metaphys. Professor, 20 Julii 1658.
Theologiæ Professor, 4 Junii 1686.
    Loco B. Bebel.

FAUST, Johannes Fridericus, Argent. (B. U.)
Natus 6 Novemb. 1699.
Denatus 26 August. 1769.
Consul, 1748, 1754, 1760 et 1766.
Scholarcha, 1755.

FAUST, Isaac, Argent. (B. U.)
Natus 10 Junii 1631.
Denatus 30 Novemb. 1702.
Theol. Doct., 5 Februar. 1661. (3 Junii 1659.)
Theologiæ Professor, 10 Septemb. 1661.
SS. Theol. Doct. ejusdemque Prof. publ. ord. & Convent. Eccl. Præses, 9 Februar. 1696.
Portrait par J. A. Seupel.
Portrait par J. A. Seupel, jun.

FEBVRE, Jacobus Antonius (*S. J.*), Claravallensis, *prope* Baume-les-Dames.
Natus 30 April. 1689.
Denatus (Baume-les-Dames) 4 Julii 1767.
Theol. Doct.
Matheseos Professor in Universitate episcopali, 1716-1717.
    Loco L. G. Robinet.
Logicæ Professor in Universitate episcopali, 1719-1720.
    Loco P. Collignon.
Physicæ Professor in Universitate episcopali, 1720-1721.
    Loco P. Collignon.
Logicæ Professor in Universitate episcopali, 1721-1722.
    Loco P. Collignon.
Physicæ Professor in Universitate episcopali, 1722-1723.
    Loco P. Collignon.
Logicæ Professor in Universitate episcopali, 1723-1724.
    Loco P. Ruppen.
Physicæ Professor in Universitate episcopali, 1724-1725.
    Loco P. Ruppen.

Logicæ Professor in Universitate episcopali, 1725-1726.
> Loco J. Raussin.

Physicæ Professor in Universitate episcopali, 1726-1727.
> Loco J. Raussin.

Juris canonici Professor in Universitate episcopali, 1727-1730.
> Loco F. A. Grangier.

Theologiæ positivæ Professor in Universitate episcopali, 1730-1732.
> Loco J. P. Ruppen.

Scripturæ Sacræ Professor in Universitate episcopali, 1732-1734.
Theologiæ positivæ Professor in Universitate episcopali, 1734-1737.
Instructor Antonii Jacobi, Principis Hispaniæ, 1737-1748.
Bibliothecarius in Universitate episcopali, 1748-1765.
> Balmæ-Virginum, 1765-1767.

Fée, Antoine-Laurent-Apollinaire, de Saint-Vincent-d'Ardentes (Indre).

Né 7 Novemb. 1789.
Décédé (Paris) 21 Mai 1874.
Maître en pharmacie, 1 Mars 1815.
Docteur en médecine, 14 Mai 1833.
Pharmacien sous-aide, 8 Octob. 1809.
Pharmacien aide-major, 28 Septemb. 1813.
Démonstrateur à l'Hôpital militaire d'instruction de Lille, 15 Juillet 1825-Juin 1832.
Pharmacien aide-major breveté, 29 Novemb. 1826.
Pharmacien-major, 22 Décemb. 1828.
Professeur à l'Hôpital militaire d'instruction, 16 Juin 1832-Décemb. 1832.
Professeur à l'Hôpital militaire de perfectionnement du Val-de-Grâce, 28 Décemb. 1832-Août 1833.
Professeur à l'Hôpital militaire d'instruction, 7 Août 1833-Mai 1852.
Professeur de botanique et d'histoire naturelle médicale à la Faculté de médecine, 16 Août 1833-1870.
> Loco C. G. Nestler.

Professeur à l'Hôpital militaire d'instruction, 1833-1849.
Pharmacien principal, 11 Mars 1840.
Pharmacien principal de 1re classe, 16 Juin 1842.
> Admis à la retraite, 3 Mai 1852.

Professeur honoraire (Nancy), 7 Mars 1872.

<small>Portrait lithographié par Ch. A. Schuler. 1840.
Portrait lithographié. E. Simon.</small>

Fée, Mathieu-Félix-Eugène, de Strasbourg.

Né 13 Août 1833.

Docteur en médecine, 29 Novemb. 1858.
Docteur ès sciences naturelles, 15 Mars 1869.
Médecin aide-major de 2e classe, 31 Décemb. 1859.
Médecin aide-major de 1re classe, 31 Décemb. 1861.

Répétiteur de Physiologie à l'École du service de santé militaire, 1864-1869.
Médecin-major de 2ᵉ classe, 13 Août 1865.
Professeur agrégé à la Faculté de médecine, 19 Mars 1869.
Médecin-major de 1ʳᵉ classe, 8 Février 1871.
Professeur agrégé à la Faculté de médecine de Nancy, 1 Octob. 1872.
      Retenu au service militaire.
Médecin principal de 2ᵉ classe, 10 Avril 1879.
Médecin principal de 1ʳᵉ classe, 28 Mars 1883.

Feltz, Johannes Henricus, Kolbsheim.-Alsat. (B. U.)
Natus 22 Februar. 1665.
Denatus 30 Septemb. 1737.
Jur. Doct., 16 Februar. 1696. (16 Decemb. 1688.)
Juris Professor, 18 Novemb. 1695.

Instit. Imperial. & Juris publ. Prof. publ. ord., 1698.
Pandect. & Juris can. Prof. publ. ord., 1704.

Feltz, Victor-Timothée, de Hattstatt (Haut-Rhin).
Né 8 Janvier 1835.

Docteur en médecine, 3 Juillet 1860.
Professeur agrégé à la Faculté de médecine, 29 Décemb. 1865.
Professeur d'anatomie et de physiologie pathologiques à la Faculté de médecine de Nancy, 1 Octob. 1872.

Феræus (Feray), Claudius, Normannus.
Natus
Denatus 4 Martii 1541.
Linguæ græcæ Professor, circa 1538.

Ferber, Johannes Jacobus, Argent. (B. U.)
Natus 13 Decemb. 1682.
Denatus 14 Februar. 1717.
Theol. Doct., 2 Julii 1716. (18 Maii 1716.)
Theologiæ Professor extraord., Septemb. 1715.

Philos. Doct., Professor extraordin. & Ecclesiastes, 1715.

Ferber, Nicolaus, Argent. (B. U.)
Natus 6 Decemb. 1576.
Denatus 1 Martii 1651.
Philos. Doct. 1603.
Præceptor quartæ Classis in Gymnasio, Maio 1604.
Græcæ linguæ Professor, 1609.
      Loco M. Bosch.

Ferrari, Joseph, de Milan.
Né 8 Mars 1811.
Décédé (Rome) Juillet 1876.
Docteur ès lettres (Paris), 27 Août 1840.

Professeur suppléant de philosophie à la Faculté des lettres,
29 Octob. 1841.
Destitué, 6 Avril 1842.
Professeur suppléant de philosophie à la Faculté des lettres,
20 Mars-16 Décemb. 1848.
Parti pour l'Italie, Juin 1849.
Député au Parlement de Turin, 1850.
Membre du Sénat italien, 1876.

FERRIS, Mauritius de, Hibernus.
Natus 1729.
Denatus 1805.
Theol. Doct.
Theologiæ moralis Professor in Universitate episcopali.
Theologiæ Professor in Universitate episcopali.
Chanoine honoraire de la Cathédrale, 1803.
Chanoine de la Cathédrale, 5 Octob. 1804.

Theol. Doct. & Professor, Canonicus Capituli Neovillaris, Summi
Chori Cathed. Eccles. Argent. Præbend., 1770.

FIGUIER, Jean-Pierre-Albin, de Montpellier.
Né 19 Mars 1833.

Pharmacien de 1re classe (Montpellier), 30 Août 1858.
Pharmacien de 1re classe (brevet supérieur), 14 Juin 1884.
Pharmacien aide-major commissionné, 15 Octob. 1860.
Pharmacien aide-major de 2e classe, 27 Décemb. 1861.
Pharmacien aide-major de 1re classe, 31 Décemb. 1863.
Répétiteur à l'Ecole de santé du service militaire, 23 Mars 1870.
Chargé des fonctions d'agrégé à la Faculté de médecine et de
pharmacie de Bordeaux, 16 Juin 1878.
Maitre de conférences de physique à la Faculté de médecine et
de pharmacie de Bordeaux, 10 Septemb. 1878-1881.
Pharmacien-major de 1re classe, 26 Avril 1879.
Hors cadres, 14 Décemb. 1879.
Remis en activité, 14 Mai 1884.
En non-activité pour infirmités temporaires,
17 Février 1885.
Chargé du cours de pharmacie à l'École de médecine et de phar-
macie de Bordeaux, 24 Février 1881.
Professeur de pharmacie à l'Ecole de médecine et de pharmacie
de Bordeaux, 1 Novemb. 1884.
Pharmacien-major de 1re classe de réserve, 1887.

FIGULUS, Sebastianus, Landav.
Natus
Denatus post 1588.
Theologiæ Professor extraordinar., 5 Maii 1577.

FIMBERGER, Nicolaus (*S. J.*), Bodenheim.-Hassiac.
Natus 16 Junii 1688.
Denatus (Würzburg.) 2 Octob. 1754.

Litterarum humaniorum Professor in Collegio Bambergensi, 1709-1712.
Poëseos Professor in Collegio Bambergensi, 1712-1713.
Rhetoricæ Professor in Collegio Bambergensi, 1713-1714.
Theologiæ polemicæ Professor in Schola Molshemiana, 1726-1727.
      Loco A. Hœglein.
Scripturæ Sacræ Professor in Academia Bambergensi, 1743-1745.
Superior Residentiæ Wetzlarianæ, 1745.
Minister in Collegio Moguntino, 1748.
Præfectus Spiritus in Collegio Würzburgensi, 1752.

FINCK, Josephus (*S. J.*), Neustad.-Speyerbach.-Bavar.
 Natus 24 Februar. 1699.
 Denatus (Hagenoæ) 2 Februar. 1747.
 Logicæ Professor in Schola Molshemiana, 1731-1732.
      Loco J. Koch.
 Physicæ Professor in Schola Molshemiana, 1732-1733.
      Loco J. Koch.

FINCK, Pierre-Joseph-Étienne, de Lauterbourg (Bas-Rhin).
 Né 15 Octob. 1797.
 Décédé 27 Juillet 1870.
 Docteur ès sciences mathématiques, 25 Juillet 1829.
 Professeur suppléant à la Faculté des sciences, 26 Février 1842.
 Professeur de mathématiques appliquées à la Faculté des sciences, 6 Mai 1847.

FISCHER, Johannes, *vide* PISCATOR.

FISCHER, Nicolaus (*S. J.*), Dudenheim.-Spirens.
 Natus 28 Novemb. 1606.
 Denatus (Molsheim.) 1 Februar. 1659.
 Logicæ Professor in Academia Molshemiana, 1657-1658.
      Loco L. Rodenbach.
 Physicæ Professor in Academia Molshemiana, 1658-1659.
      Loco P. Rodenbach.

FISCHER, Pancratius (*S. J.*), Bamberg.
 Natus 5 August. 1658.
 Denatus (Spiræ) 5 Februar. 1726.
 Theol. Doct. (Bamberg.), 8 Februar. 1707.
 Litterarum humaniorum Professor in Collegio Würzburgensi, 1680.
 Litterarum humaniorum Professor in Collegio Aschaffenburgensi, 1684-1685.
 Theologiæ Studiosus in Collegio Ettlingensi, 1685-1689.
 Missionarius.
 In Domo probationis, Oettingæ.
 Philosophiæ Professor in Collegio Friburg.-Brisg.
 Concionator, Ratisbonæ.
 Theologiæ Professor in Collegio Ratisbonensi.

Concionator, Neostadii - ad - Haardam.
Scripturæ Sacræ & Theologiæ polemicæ Professor in Schola
  Molshemiana, 1701-1702.
> *Loco* J. Kühhorn.

Theologiæ scholasticæ Professor in Schola Molshemiana, 1702-
  1706.
> *Loco* J. Heckmann.

Theologiæ dogmaticæ Professor in Academia Bambergensi, 1706-
  1708.
Rector Collegii Hagenoënsis, 1712-1713.
Minister in Collegio Moguntino.
Minister in Collegio Aschaffenburgensi, 1724.
Rector Domus probationis & Instructor 3^{ae} probationis, Ettlingæ,
  13 Novemb. 1708 - Julio 1712.
Præfectus Spiritus Scholæ Molshemianæ, 15 Julii 1717-1718.
Præfectus Spiritus in Collegio Heidelbergensi.
Præfectus Spiritus in Collegio Spirensi.
Præfectus Spiritus in Collegio Aschaffenburgensi.
Juris canonici Professor in Academia Bambergensi, 1723-1724.
Præfectus Spiritus in Academia Heiligenstadiensi, 1724-1725.
> Valetudinarius Spiræ, 1725.

FLACH, Sigismundus, Argent.
  Natus 10 Martii 1599.
  Denatus 5 Decemb. 1629.
  Jur. Doct., 1624. (5 Julii 1624.)
  Juris Professor, 17 Maii 1625.

J. U. D. & Instit. Prof. ord., 1626.

FLAMANT, Pierre-René, de Nantes.
  Né 29 Août 1762.
  Décédé 7 Juillet 1833.
  Docteur en médecine (Nancy), 22 Août 1788.
  Chirurgien - major, 21 Février 1791.
  Professeur d'accouchement et de clinique externe à l'École, puis
    Faculté de médecine, 22 Décemb. 1794.

FLAVET, Petrus (*S. J.*), Altissiodorensis.
  Natus 29 Septemb. 1642.
  Denatus (Argent.) 15 Julii 1718.
  Theol. Doct.
  Theologiæ scholasticæ Professor in Collegio Rhemensi, 1695-
    1698.
  Theologiæ scholasticæ Professor in Seminario episcopali, 1699-
    1701.
> *Loco* P. Dorigny.

Theologiæ scholasticæ Professor et Præfectus Scholarum superiorum in Universitate episcopali, 1701-1702.
Theologiæ scholasticæ Professor et Cancellarius in Universitate
  episcopali, 1702-1714.
Cancellarius Universitatis episcopalis, 1714-1718.

Flegel, Petrus.
>Natus
>Denatus 1564.
>Hebrææ linguæ Professor, 1558.

Fleury, Gustave-Clément, de Chenay (Deux-Sèvres).
>Né 30 Décemb. 1833.

>>Pharmacien de 1re classe (Paris), 20 Septemb. 1858.
>>Docteur ès sciences physiques, 20 Juin 1864.
>>Pharmacien sous-aide, 10 Octob. 1855.
>>Pharmacien aide-major de 2e classe, 21 Novemb. 1858.
>>Pharmacien aide-major de 1re classe, 21 Novemb. 1860.
>>Répétiteur de chimie et de physique médicale à l'Ecole du service de santé militaire, 26 Janvier 1863 - Février 1870.
>>Professeur agrégé (Section de physique et de pharmacie) à l'École de pharmacie, 31 Décemb. 1866.
>>Pharmacien-major de 2e classe, 28 Août 1867.
>>Professeur agrégé à l'Ecole d'application de médecine et de pharmacie militaires au Val-de-Grâce, 15 Février 1870 - 7 Janvier 1876.
>>Professeur agrégé à l'École de pharmacie de Nancy, 1 Octob. 1872.
>>>Retenu au service militaire.
>>Pharmacien-major de 1re classe, 8 Septemb. 1872.
>>Pharmacien principal de 2e classe, 28 Avril 1880.
>>Pharmacien principal de 1re classe, 7 Mars 1883.
>>>Admis à la retraite, 16 Janvier 1890.
>>Professeur de pharmacie à l'École de médecine et de pharmacie de Nantes, 23 Octob. 1889.

Florence, Antoine-Aloïse, de Munster (Haut-Rhin).
>Né 24 Juin 1842.

>>Docteur en théologie (Innsbruck), 10 Novemb. 1865.
>>Vicaire à l'église de Saint-Louis à Strasbourg, 6 Janvier 1866.
>>Professeur d'Écriture sainte et d'hébreu au Grand Séminaire catholique, 15 Octob. 1866-1867.
>>Professeur d'Écriture sainte et de droit canon au Grand Séminaire catholique, Novemb. 1867-1870.
>>Vicaire à l'église de Saint-Pierre-le-Jeune, 1 Décemb. 1870.
>>Vicaire à l'église de Saint-Louis, 23 Décemb., 1870-1871.
>>Précepteur, 15 Novemb. 1871 - 31 Décemb. 1876.
>>Vicaire à Saint-Jean-Baptiste de Belleville à Paris, 4 Janvier 1877 - 15 Octob. 1877.
>>Professeur d'Écriture sainte à la Faculté libre de théologie catholique de Lille, 14 Novemb. 1877.

Florus, Marcus, Argent.
>Natus 30 Januar. 1567.
>Denatus 20 Junii 1626.
>Præceptor Tertiæ Classis in Gymnasio, 1594.
>Philosophiæ practicæ Professor, 1600.
>Eloquentiæ Professor, 1604.
>>>*Loco* M. Junius.

Florus, Nicolaus, Gothæ-Thuring.
    Natus 1525.
    Denatus 31 Januar. 1596.
    Theol. Doct.
    Theologiæ Professor, 1573.
                        Loco M. Speccer.

Flory, Ignatius (*S. J.*), Molshemens.
    Natus 5 August. 1693.
    Denatus (Hagenoæ) 1757 (*vel* 1754).
    Minister Scholæ Molshemianæ, 1727.
    Logicæ Professor in Schola Molshemiana, 1727-1728.
                    Loco J. Schweighæuser.
    Physicæ Professor in Schola Molshemiana, 1728-1729.
                    Loco J. Schweighæuser.
    Philosophiæ Professor in Collegio Würzburgensi, 1729-1732.
    Rector Scholæ Molshemianæ, 29 Decemb. (*vel* 29 Januar.) 1732 - 2 April. 1736.
                    Loco I. Michel.
    Rector Collegii Selestadiensis, 1736.
    Magister Novitiorum in Collegio (?).
    Rector Collegii Moguntini, 1740.
    Rector Collegii Selestadiensis, 1743.
    Rector Collegii Hagenoënsis, 24 Octob. 1745.
    Rector Scholæ Molshemianæ, 9 Novemb. 1749 - 16 Januar. 1753.
                    Loco J. Schweighæuser.

Flourens, Marie-Jean-Pierre, de Maureilhan (Hérault).
    Né 15 Avril 1794.
    Décédé (Montgeron, près Paris) 6 Décemb. 1867.
    Docteur en médecine (Montpellier), 17 Décemb. 1813.
    Membre de l'Académie des sciences, 1 Décemb. 1828.
    Professeur agrégé à la Faculté de médecine, 27 Juin 1829.
    Chargé du cours d'anatomie humaine au Muséum d'histoire naturelle de Paris, 25 Mai 1830.
    Professeur d'anatomie humaine au Muséum d'histoire naturelle, 19 Septemb. 1832.
    Membre de l'Académie française, 20 Février 1840.

Fodéré, François-Emmanuel, de Saint-Jean-de-Maurienne.
    Né 8 Janvier 1764.
    Décédé 4 Février 1835.
    Docteur en médecine (Turin), 7 Mars 1787.
    Médecin juré du Duché d'Aoste, 1790.
    Médecin des hôpitaux de Marseille.
    Professeur de chimie et de physique à l'École centrale de Nice, 1798.
    Professeur à l'École secondaire de médecine de Nice, 1804.
    Professeur de médecine légale à la Faculté de médecine, 12 Février 1814.
                    Loco J. M. N. Tinchant.

FONTIUS, Bartholomæus, Venetus.
> Natus
> Denatus
> Theologiæ Professor, 1533-1534.

FORGET, Charles-Polydore, de Saintes (Charente-Inférieure).
> Né 17 Juillet 1800.
> Décédé 19 Mars 1861.
> Docteur en médecine (Paris), 23 Février 1828.
> Médecin de marine, 13 Mars 1822.
> Professeur agrégé à la Faculté de médecine de Paris, 20 Août 1832.
> Professeur de clinique médicale et de pathologie interne à la Faculté de médecine, 13 Mars 1836.
> *Loco* J. G. F. M. Lobstein.
> Portrait lithographié par A. Rosé. 1860.

FORTET, Franciscus (S. J.), ex Diœc. Bituricensi.
> Natus 15 Octob. 1650.
> Denatus (Caen) 21 Octob. 1726.
> Logicæ Professor in Seminario episcopali, 1684-1685.
> Physicæ Professor in Seminario episcopali, 1685-1686.
> *Loco* J. Gratien.

FRANCK, Philippus Jacobus, Argentin. (B. U.)
> Natus 17 Novemb. 1715.
> Denatus 12 Septemb. 1780.
> Consul, 1767, 1773 et 1779.
> Scholarcha, 23 Decemb. 1769.

FRANTZ, Johannes Joachim, Argentin. (B. U.)
> Natus 12 Januar. 1626.
> Denatus 29 April. 1697.
> XIII Vir, 1684.
> Scholarcha, 1691.

FRANTZ, Jean, de Bischwiller (Bas-Rhin).
> Né 6 Mai 1761.
> Décédé 14 Décemb. 1818.
> Docteur en philosophie 26 Septembre 1786 (23 Février 1786).
> Docteur en droit (1 Mars 1787).
> Juris Professor Adjunctus.
> Membre du Directoire du Département du Bas-Rhin, 1797.
> Juge au Tribunal civil.
> Sous-Préfet de Wissembourg.
> Député de Wissembourg au Corps législatif.
> Assesseur au Tribunal des Douanes.
> Professeur de droit et d'histoire ecclésiastique à l'Académie protestante, 20 Mars 1803.
> Professeur de Code civil français ainsi que de droit public et germanique à l'École puis Faculté de droit, 26 Mars 1806 au 14 Décembre 1818.
> Professeur suppléant d'histoire et de droit ecclésiastique à l'Académie protestante, 28 Mars (21 Mai) 1807.
> Conseiller de Préfecture du Bas-Rhin.

Frémy, Arnould, de Versailles.
>Né 17 Juillet 1809.
>Décédé
>Docteur ès lettres (Paris), 23 Septemb. 1843.
>Professeur suppléant de littérature française à la Faculté des lettres de Lyon, 1844.
>Professeur suppléant de littérature française à la Faculté des lettres, 6 Novemb. 1847.
>Professeur à la Faculté des lettres de Montpellier.
>>Démissionnaire, Mars 1848.
>Littérateur à Paris, 1848-1885.

Frid, Johannes Fridericus, Argent. (B. U.)
>Natus 4 April. 1708.
>Denatus 21 Februar. 1794.
>Phil. Doct., 8 Novemb. 1736.
>Jur. Doct., (28 Maii 1731.)
>Philosophiæ practicæ Professor, 26 Februar. 1743.
>>Loco J. D. Osterried.

>J. U. D., Discipl. moral. Prof. publ. ord., 1762.
>J. U. D., Juris nat. & Discipl. moral. Prof. publ. ord., 1770.

Friderici, Johannes Reinboldus, Argentin. (B. U.)
>Natus 14 Decemb. 1656.
>Denatus 13 Julii 1727.
>Consul, 1697, 1703, 1709, 1715, 1721 et 1727.
>Scholarcha, 3 Julii 1697.

Frindel, François-Antoine, *dit* Père Ambroise, d'Oberschæffolsheim (Bas-Rhin).
>Né 9 Août 1768.
>Décédé (Hindisheim) 27 Avril 1815.
>Religieux de l'Ordre de Saint-Benoît à Marmoutier.
>Curé à Wahlenheim, 1795.
>Professeur de philosophie et Directeur au Grand Séminaire catholique, 1807-1810.
>Curé à Marckolsheim, 1810.
>Curé à Hindisheim, 1 Janvier 1811-1815.

Frings, Johannes (*S. J.*), Coblenz.
>Natus 7 Octob. 1666.
>Denatus (Aschaffenburgi) 21 Martii 1716.
>Litterarum humaniorum Professor in Collegio Moguntino.
>Poëseos Professor in Collegio Bambergensi, 1692-1693.
>Rhetoricæ Professor in Collegio Bambergensi, 1693-1694.
>Logicæ Professor in Schola Molshemiana, 1701-1702.
>>Loco A. Haydt.
>Physicæ Professor in Schola Molshemiana, 1702-1703.
>>Loco A. Haydt.
>Rhetoricæ Professor in Collegio Bambergensi, 1703-1704.
>Philosophiæ Professor in Collegio Fuldensi.
>Theologiæ Professor n Collegio Fuldensi, 1707-1713.

Theologiæ moralis Professor in Academia Bambergensi, 1713-1715.
Præfectus Spiritus in Academia Aschaffenburgensi, 1715-1716.

FRITSCH, Jean-Baptiste, de Zeinheim (Bas-Rhin).
Né 15 Septembre 1798.
Décédé (Neudorf-Strasbourg) 17 Février 1880.
Directeur du Grand Séminaire catholique, 1821-1832.
Directeur des Sœurs de la Providence, 1832-1849.
Chanoine honoraire de la Cathédrale, 1844.
Curé de Saar-Union, 18 Novemb. 1850-22 Avril 1854.

FRITSCH, Jean-Thiébaut-Michel, de Zeinheim (Bas-Rhin).
Né 16 Septembre 1787.
Décédé (Schlestadt) 6 Octobre 1867.
Professeur de théologie, d'histoire ecclésiastique et de langues orientales au Grand Séminaire catholique, 1812-1819.
Curé de Rouffach. Décret du 19 Avril 1819 et nomination épiscopale du 9 Mai 1819-6 Octob. 1828.
Curé de Saint-Georges à Schlestadt. Décret du 16 Novemb. 1828 et nomination épiscopale de Décemb. 1828-Octob. 1867.

FRITZ, Charles-Maximilien, de Strasbourg.
Né 7 Octobre 1758.
Décédé 14 Janvier 1821.
Docteur en philosophie (14 Septembre 1782).
Professeur au Gymnase protestant, 1792.
Pasteur à Barr, 1793.
Pasteur au Temple-Neuf.
Professeur agrégé de dogmatique et de théologie pratique à l'Académie protestante, 1805.
Professeur suppléant de dogmatique et de théologie pratique à l'Académie protestante, puis Séminaire protestant, 28 Mars (21 Mai) 1807.
Directeur du Gymnase protestant, 1809-1821.
Professeur de dogmatique et de théologie pratique au Séminaire protestant, 13 Novembre 1813.
Professeur de dogmatique à la Faculté de théologie, 26 Avril 1819.

FRITZ, Théodore, de Barr (Bas-Rhin.
Né 13 Juin 1796.
Décédé 27 Mars 1864.
Docteur en théologie, 3 Septembre 1825.
Professeur suppléant au Séminaire protestant, 21 Février 1821.
Professeur de langues orientales au Séminaire protestant, 21 Novembre 1826.
Professeur d'exégèse à la Faculté de théologie, 19 Octobre 1832.
Loco J. G. Dahler.

FROEREISEN, Johannes Leonhard., Argent. (B. U.)
Natus 2 August. 1629.
Denatus 24 Novemb. 1690.

Consul, 1679 et 1685.
Scholarcha, 21 Octob. 1679.
<small>Portrait par J. A. Seupel.</small>

FROEREISEN, Johannes Leonhardus, Breuschwickersheim - Alsat. (B. U.)
Natus 9 Maii 1694.
Denatus 13 Januar. 1761.
Theol. Doct., 26 Junii 1727. (16 Maii 1727.)
Theologiæ Professor, 8 Decemb. 1724.
Loco J. D. Pfeffinger.
Theol. Doct. & Prof. ac Convent. eccles. Præses, 26 Junii 1728.
<small>Portrait par P. J. Lutherburg. 1724.
Portrait non signé.</small>

FROEREISEN, Isaac, Argent. (B. U.).
Natus 27 Januar. 1590.
Denatus 13 Junii 1632.
Theol. Doct. (Tubingæ), 1620.
Theologiæ Professor, 1620.

SS. Theol. Doct., Professor ord. & Ecclesiastes, 1621.
<small>Portrait par I. Brunn. 1630.
Portrait par I. ab Heyden. 1631.
Portrait par L. Kilian. 1630.</small>

FUESS, François-Joseph, de Zillisheim (Haut-Rhin).
Né 29 Octobre 1815.
Décédé (Hirsingue) 28 Avril 1878.
Vicaire à Altkirch, 23 Février 1839.
Professeur de droit canon et d'éloquence sacrée au Grand Séminaire catholique, Novemb. 1849-1853.
Professeur de morale au Grand Séminaire catholique, 1853-1866.
Loco J. B. Burg.
Curé de Cernay. Décret impérial du 15 Octob. 1866 et nomination épiscopale du 20 Octob. 1866.
Curé de Hirsingue, Décret du 6 Janvier 1869.

FUSTEL DE COULANGES, Numa-Denis, de Paris.
Né 18 Mars 1830.
Décédé (Massy) 12 Septemb. 1889.
Docteur ès lettres (Paris), 6 Février 1858.
Chargé du cours d'histoire à la Faculté des lettres, 9 Octob. 1860.
Loco Ch. Cuvier.
Professeur d'histoire à la Faculté des lettres, 25 Novemb. 1862.
Maître suppléant de conférences d'histoire à l'Ecole normale supérieure, 28 Février 1870.
Maître de conférences d'histoire à l'École normale supérieure, 7 Août 1872.
Directeur de l'Ecole normale supérieure, 17 Février 1880.
Directeur honoraire de l'Ecole normale supérieure, 12 Octob. 1883.

Professeur d'histoire du moyen âge à la Faculté des lettres de Paris.
Membre de l'Académie des sciences morales et politiques, 15 Mai 1875.

GALLADE, Petrus (S. J.), Lorch.-Rhingav.
Natus 4 Septemb. 1708.
Denatus (Bamberg.) 29 Novembr. 1780.
Theol. Doct. (Heidelberg).
Jur. Doct. (Heidelberg).
Logicæ Professor in Academia Bambergensi, 1747-1748.
Physicæ Professor in Academia Bambergensi, 1748-1749.
Professor in Seminario Fuldensi, 1749-1750.
Scripturæ Sacræ & Juris canonici Professor in Collegio Moguntino, 1750-1753.
Theologiæ scholasticæ et Juris canonici Professor in Schola Molshemiana, 1753-1754.
Loco P. Bauer.
Juris canonici Professor in Universitate Heidelbergensi, 1754-1769.
Rector Academiæ Bambergensis, 8 Junii 1769-Martio 1772.
Rector Seminarii Carolini Heidelbergensis.

GAMA, Jean-Pierre, de Fontoy (Moselle).
Né 19 Décemb. 1772.
Décédé (Vaugirard-Paris) 27 Janvier 1861.
Docteur en médecine (Montpellier), 31 Août 1814.
Chirurgien de 3ᵉ classe, 21 Décemb. 1794.
Chirurgien-major, 12 Mai 1807.
Chirurgien principal d'armée, 16 Juillet 1813, confirmé 19 Février 1814.
Professeur à l'Hôpital militaire d'instruction, 14 Février 1816-27 Janvier 1823, puis 23 Décemb. 1823-Novemb. 1824.
Chirurgien en chef d'armée, 27 Janvier 1823.
Chirurgien principal breveté, 13 Octob. 1824.
Professeur à l'Hôpital militaire de perfectionnement du Val-de-Grâce, 2 Novemb. 1824-Avril 1840.
Admis à la retraite, 3 Avril 1840.

GAMBS, Johannes Sebastianus, Argent. (B. U.)
Natus 14 Januar. 1621.
Denatus 24 Januar. 1658.
Jur. Doct., 24 Junii 1647. (Martio 1644.)
Historiarum Professor, 1649.
Juris Professor, 29 Mart. 1654.

Phil. & U. J. D., Historiarum ac Eloquent. Prof. publ., 1649.

GAMBS, Paulus Gothofredus, Argent. (B. U.)
Natus 9 Decemb. 1702.
Denatus (Dorlishemii) 19 Octob. 1768.
Consul, 1756, 1762 et 1768.
Scholarcha, 1 August. 1763.

GARNIER, Valerianus Bernardus (*S. J.*), Lingonens.
> Natus 11 Octob. 1688.
> Denatus (Mussiponti) 13 August. 1773.
> Matheseos Professor in Universitate episcopali, 1717-1719.
> Logicæ Professor in Collegio Rhemensi, 1722-1723.
> Præfectus Bibliothecæ in Collegio Rhemensi, 1746-1752.
> Præfectus Sodalitatis Civium in Collegio Rhemensi, 1752-1756.
> Confessarius in Collegio Mussipontano, 1757-1760.
> > Sine officio, 1760-1768.

GAST, Marie-Joseph-Alexis, de Saverne.
> Né 18 Juillet 1818.
> Décédé (Paris) 2 Mai 1885.
> Docteur en droit, 8 Février 1840.
> Professeur suppléant à la Faculté de droit, 6 Février 1841.
> Substitut au Tribunal d'Al.kirch, 25 Novemb. 1842.
> Substitut au Tribunal de Colmar, 12 Septemb. 1845.
> Procureur du Roi au Tribunal de Belfort, 26 Juin 1847.
> Substitut au Tribunal de Strasbourg, 28 Novemb. 1847.
> Procureur de la République au Tribunal de Saverne, 10 Août 1848.
> Substitut du Procureur général à la Cour d'appel de Colmar, 7 Mai 1853.
> Avocat général à la Cour d'appel de Rennes, 27 Mai 1859.
> Premier Avocat général à la Cour d'appel de Poitiers, 20 Juin 1861.
> Président de chambre à la Cour d'appel de Colmar, 12 Septemb. 1868.
> Conseiller à la Cour d'appel de Paris, 28 Mars 1871.
> Directeur des affaires criminelles au Ministère de la Justice, 30 Juin 1873.
> Conseiller à la Cour de cassation, 4 Août 1874.

GAUCHER, Carolus (*S. J.*), Calvomontanus.
> Natus 27 Septemb. 1674.
> Denatus (Dijon) 19 Januar. 1730.
> Theol. Doct.
> Matheseos Professor in Universitate episcopali, 1702-1703.
> Theologiæ moralis Professor in Universitate episcopali, 1711-1712.
> > Loco G. Oudinet.
> Theologiæ moralis Professor in Universitate Mussipontana, 1712-1713.
> Theologiæ scholasticæ Professor in Universitate episcopali, 1713-1714.
> > Loco P. Flavet.
> Theologiæ scholasticæ Professor in Universitate Mussipontana, 1714-1722.
> Præfectus Bibliothecæ publicæ in Collegio Divionensi, 1722-1723.
> > Romæ, 1726-1729.

GAUTHIER, Carolus (*S. J.*), Tignécourt (Vosges).
> Natus 10 Septemb. 1690.
> Denatus (Tignécourt) 18 Maii 1770.

Theol. Doct.
Theologiæ scholasticæ Professor in Universitate Mussipontana, 1729-1738.
Rector Novitiatus Nanceiani, 1738-1741.
Rector Collegii Divionensis, 1745-1747.
Præpositus Provinciæ Campaniæ, 1747-1751.
Rector Universitatis episcopalis, 1 Decemb. 1751-2 Septemb. 1756.
Loco C. F. Fagnier.
Rector Collegii Rhemensis, 1756-1759.
Rector Collegii Divionensis, 1759-1763.
Sine officio, Mussiponti, 1764-1768.

GEIGER, Johannes Antonius (*S. J.*), Thalheim, *prope* Heidelberg.
    Natus 26 Januar. 1698.
    Denatus (Molsheim.) 16 August. 1752.
    Minister & Concionator in Schola Molshemiana, 1748.

GEIGER, Johannes Antonius Xaverius (*S. J.*), Buxovill.
    Natus 2 Februar. 1715.
    Denatus (Neuwiller) 1785.
    Theol. Doct.
    Philosophiæ Professor in Universitate Mussipontana, 1749-1750.
    Theologiæ scholasticæ Professor in Universitate Mussipontana, 1750-1757.
    Theologiæ scholasticæ Professor in Universitate episcopali, 1757-1762.
Loco G. Schoffit.
    Cancellarius Universitatis episcopalis, 1762-1765.
Loco C. M. Adam.
    Præfectus Studiorum in Collegio regio, 1765.
Neovillæ in Alsatia inferiori, 1766-1768.

GEIGER, Josephus (*S. J.*), Heidelberg.
    Natus 17 Novemb. 1700.
    Denatus (Ettlingæ) 18 Februar. 1744.
    Logicæ Professor in Schola Molshemiana, 1733-1734.
Loco B. Hagner.
    Physicæ Professor in Schola Molshemiana, 1734-1735.
Loco A. Dylenhen.

GEIER, Nicolaus (*S. J.*), Cochheim.-Mosell., Diœc. Trevirens.
    Natus 4 April. 1635.
    Denatus (Mogunt.) 28 Martii 1693.
    Litterarum humaniorum Professor in Collegio Moguntino, 1654-1659.
    Theologiæ Studiosus, 1659-1664.
    Minister & Concionator in Collegio Erfordensi.
    Concionator in Academia Molshemiana.
    Physicæ Professor in Academia Molshemiana, 1671-1672.
    Præfectus in Seminario episcopali.
    Concionator in Collegio Selestadiensi.
    Concionator in Collegio Molshemiano.

Concionator in Collegio Spirensi.
Concionator in Collegio Moguntino.
Magister Novitiorum in Collegio Moguntino, 1692-1693.

GÉNIN, François, d'Amiens.
Né 16 Février 1803.
Décédé (Paris) 20 Mai 1856.
Docteur ès lettres, 4 Juin 1835.
Professeur au Lycée de Laon, 17 Juillet 1823.
Professeur au Lycée de Strasbourg, 16 Octob. 1831.
Professeur de littérature française à la Faculté des lettres, 17 Novemb. 1838-13 Novemb. 1841.
Loco P. Hullin.
En congé d'inactivité pour raisons de santé, 13 Novemb. 1841 - 1 Mars 1848.
Chef de division au Ministère de l'Instruction publique, 29 Février 1848 - Mai 1856.

GENINET, Nicolaus (S. J.), Spinalens.
Natus 8 Decemb. 1656.
Denatus (Epinal) 3 Februar. 1723.
Physicæ Professor in Collegio Calvomontano, 1695-1696.
Logicæ Professor in Seminario episcopali, 1697-1698.
Loco J. J. Petitdidier.
Theologiæ moralis Professor in Seminario episcopali, 1698-1699.
Loco C. Brulon.
Theologiæ moralis Professor & Director Seminarii in Universitate Mussipontana, 1700-1709.
Superior Residentiæ Samniellanæ, 1711-1716.
Præfectus Spiritus in Collegio Spinalensi, 1722-1723.

GEOFFROY, Petrus (S. J.), Dunensis, Diœc. Rhemensis.
Natus 7 August. 1654.
Denatus (Metz) 29 Octob. 1731.
Theologiæ moralis Professor in Seminario episcopali, 1693-1694.
Loco F. de La Chapelle.
Juris canonici Professor in Seminario episcopali, 1694-1698.
Loco F. Mouleto.
Rector Collegii Senonensis, 1698-1701.
Præfectus Scholarum in Collegio Virdunensi, 1702-1705.
Rector Collegii Carolopolitani, 1708-1711.
Rector Collegii Catalaunensis, 1715-1718.
Rector Collegii Ensisheimensis, 1719-1721.
Rector Collegii Augustodunensis, 1722-1725.
Rector Collegii Sedanensis, 1728-1729.

GEORGEL, Johannes Franciscus (S. J.), Bruyères.
Natus 29 Januar. 1731.
Denatus (Bruyères) 14 Novemb. 1813.
Grammatices Professor in Collegio Lingonensi, 1748-1749.
Grammatices Professor in Collegio Nanceiano, 1751-1752.

Litterarum humaniorum Professor in Collegio Nanceiano, 1752-1753.
Rhetoricæ Professor in Collegio Nanceiano, 1754-1755.
Præfectus in Collegio Mussipontano, 1755-1756.
Matheseos Professor in Universitate episcopali, 1757-1760.
Rhetoricæ Professor in Collegio Divionensi, 1760-1763.
    Dimissus (Nanceii), Martio 1763.
Secretarius Principis Ludovici Renati Eduardi de Rohan, Episcopi Argentoratensis, 1764.
Grand-Vicaire de l'Evêché de Strasbourg et de la Grande-Aumônerie de France.
Administrateur de l'hôpital des Quinze-Vingts à Paris.
Prieur de l'abbaye de Ségur (Corrèze).
    Émigré à Fribourg en Suisse, 1791-1802.
Provicaire général de l'Évêché de Nancy pour le département des Vosges, en résidence à Bruyères, Nomination épiscopale du 28 Août 1802 et Ordonnance impériale du 30 Septemb. 1803-Novemb. 1813.

GEORGIA, Jacobus (*S. J.*), Morley (Meuse).
Natus 10 Septemb. 1711.
Denatus (Nancy) 17 Junii 1767.
Theol. Doct.
Logicæ Professor in Universitate episcopali, 1745-1746.
    Loco V. Neef.
Theologiæ scholasticæ Professor in Universitate episcopali, 1746-1760.
    Loco M. Croust.

GEORGII, Johannes (*S. J.*), Lotharing.
Natus 1571.
Denatus (Molsheim.) 13 Martii 1657.
Theologiæ Doctor.
Philosophiæ Professor in Collegio Würzburgensi, 1615.
Theologiæ scholasticæ Professor in Academia Molshemiana, 1626-1631.
Præfectus Spiritus in Collegio Molshemiano, 1631-1657.

GÉRARD (GERARDI *vel* GERHARDI), Adam (*S. J.*), Mogunt.
Natus 1 April. 1626.
Denatus (Molsheim.) 29 Septemb. 1672.
Theologiæ moralis Professor in Academia Molshemiana, 1668-1669.
    Loco W. Düngen.

GÉRARD, Alexandre-Nicolas, de Rambervilliers.
Né 16 Décemb. 1758.
Décédé 18 Octob. 1794.
Docteur en médecine.
Médecin militaire.
Professeur à l'Hôpital militaire d'instruction, 1792.

GÉRARDT, Henricus (*S. J.*), Pfalzburg. - Lotharing.
  Natus 1 (*vel* 5) April. 1635.
  Denatus (Erfurt) 26 Julii 1707.
  Theol. Doct.
  Logicæ Professor in Academia Molshemiana, 1667-1668.
    Loco A. Kraushaar.
  Physicæ Professor in Academia Molshemiana, 1668-1669.
    Loco A. Kraushaar.
  Metaphysicæ Professor in Academia Molshemiana, 1669-1670.
    Loco A. Kraushaar.
  Theologiæ moralis Professor in Academia Molshemiana, 1672-1674.
  Theologiæ scholasticæ Professor in Academia Molshemiana, 1674-1675.
    Loco N. Intz.
  Theologiæ Professor in Collegio Moguntino, 1676-1679.
  Theologiæ Professor in Academia Bambergensi, 1679-1681.

GERBELIUS, Nicolaus, Pforzheimens.
  Natus circa 1490.
  Denatus 20 Januar. 1560.
  Jur. Doct. (Bolognæ), 1513.
  Juris Professor in Universitate Viennensi.
  Historiarum Professor, 1541.

GERBER, Franciscus Josephus, Eichhoffens. - Alsat.
  Natus 1741.
  Denatus 29 Novemb. 1805.
  Theol. Doct. (17 Julii 1770).
  Jur. can. Doct.
  Philosophiæ Professor in Universitate episcopali, 17..-1780.
  Theologicæ scholasticæ Professor in Universitate episcopali, Martio 1780.
    Loco F. J. Moser.
  Canonicus Capituli Neovillaris.
  Professeur de théologie au Grand Séminaire catholique, 1803.
  Chanoine honoraire de la Cathédrale, 1803.

GERBOIN, Antoine-Claude, d'Amboise (Indre-et-Loire).
  Né 16 Janvier 1758.
  Décédé 23 Mai 1827.
  Docteur en médecine (Montpellier), 11 Août 1783.
  Professeur adjoint de chimie et de pharmacie à l'École de médecine, 17 Février 1799.
  Professeur de matière médicale et de pharmacie à l'École, puis Faculté de médecine, 7 Février 1809.
    Loco L. C. R. Macquart.

GERHARDT, Charles-Frédéric, de Strasbourg.
  Né 21 Août 1816.
  Décédé 19 Août 1856.
  Docteur ès sciences physiques (Paris), 16 Avril 1841.

Professeur agrégé à la Faculté des sciences de Montpellier. Chargé du cours de chimie à la Faculté des sciences et à l'École de pharmacie, 25 Janvier 1855.
Loco A. Loir.
Professeur de chimie à la Faculté des sciences, 8 Août 1855.
Portrait lithographié. (Lemercier à Paris.)

GERICH, Adam (*S. J.*), Crautheim, Diœc. Würzburg.
Natus 23 Septemb. 1683.
Denatus (Ettlingen) 24 Septemb. 1733.
Logicæ Professor in Schola Molshemiana, 1716-1717.
Loco N. Hœhn.
Physicæ Professor in Schola Molshemiana, 1717-1718.
Loco N. Hœhn.
Instructor in Domo probationis, Ettlingæ, 1683.

GEROLD, Charles-Théodore, de Mulhouse.
Né 16 Juin 1837.

Licencié en théologie, 11 Mars 1867.
Vicaire à l'église Saint-Nicolas, 2 Novemb. 1864-1871.
Professeur de religion au Gymnase protestant, 1 Octob. 1866.
Agrégé libre au Séminaire protestant (Cours d'exégèse du Nouveau Testament, d'histoire ecclésiastique et de littérature allemande), Novemb. 1867-1872.
Pasteur à l'église Saint-Nicolas, 13 Novemb. 1871.

GERTNER, Michael (*S. J.*), Molsheim.
Natus 18 Septemb. 1692.
Denatus (Molsheim.) 27 Februar. 1759.
Logicæ Professor in Schola Molshemiana, 1725-1726.
Loco F. Stang.
Physicæ Professor in Schola Molshemiana, 1726-1727.
Loco F. Stang.
Minister Scholæ Molshemianæ, 1727-1728.
Polemicæ Professor in Schola Molshemiana, 1728-1730.
Loco J. Bægert.
Minister Scholæ Molshemianæ, 1730-1731.
Theologiæ scholasticæ Professor in Schola Molshemiana, 1730-1737.
Loco A. Hoeglein.
Theologiæ scholasticæ Professor in Schola Molshemiana, 1738-1741.
Loco U. Munier.
Socius Provincialis Rheni Superioris, 1741-1743.
Rector Scholæ Molshemianæ, 18 Januar. 1743-1746.
Loco I. Michel.
Superior Residentiæ Bockenheimensis, 1746.
Rector Collegii Selestadiensis, 5 Novemb. 1748.
Superior Residentiæ Bockenheimensis, 1751.
Rector Scholæ Molshemianæ, 14 Decemb. 1756-27 Februar. 1759.
Loco P. Wolff.

GILBERT, Ludovicus Mauritius (*S. J.*), Delanus (Delle), Diœc. Bisunt.
>Natus 18 Maii 1674.
>Denatus (Argent.) 29 Octob. 1752.
>Logicæ Professor in Universitate episcopali, 1715-1716.
>>Loco A. Grangier.
>
>Physicæ Professor in Universitate episcopali, 1716-1717.
>>Loco A. Grangier.
>
>Logicæ Professor in Universitate episcopali, 1717-1718.
>>Loco P. Collignon.
>
>Physicæ Professor in Universitate episcopali, 1718-1719.
>>Loco P. Collignon.
>
>Physicæ Professor in Collegio Ensishemensi, 1722-1723.
>Confessarius in Universitate Argentoratensi, 1746-1752.

GILLET, Matthæus (*S. J.*), Rhemensis.
>Natus 10 Novemb. 1659.
>Denatus (Châlons-sur-Marne) 15 Februar. 1703.
>Physicæ Professor in Seminario episcopali, 1690-1691.
>>Loco N. Maucervel.
>
>Logicæ Professor in Seminario episcopali, 1692-1693.
>>Loco J. Dauburtin.
>
>Physicæ Professor in Seminario episcopali, 1693-1695.
>>Loco F. Colinet.
>
>Logicæ Professor in Seminario episcopali, 1695-1696.
>>Loco J. J. Petitdidier.
>
>Physicæ Professor in Seminario episcopali, 1696-1697.
>Theologiæ moralis Professor in Universitate Mussipontana, 1697-1699.
>Missionarius, Divione, 1700-1701.
>Missionarius, Catalauni, 1702-1703.

GIPHANIUS, Obertus (Hubert von GIFFEN), Büren-Gueldr.
>Natus 1534.
>Denatus (Pragæ) 26 Julii 1609.
>Jur. Doct. (Orléans), 1567.
>Juris Professor, 1572.
>Professor in Universitate Altorfina, 1581.
>>Abiit Altorfium 1581.
>
>Professor in Universitate Ingolstadiensi, 1590.
>Consiliarius Cæsareus.
>Portrait par W. F. K. (Kilian).

GIROD, Jean-François-Nicolas, de Magny-lès-Jussey (Haute-Saône).
>Né 24 Avril 1794.
>Décédé (Vesoul) 24 Janvier 1832.
>Docteur en médecine, 26 Novemb. 1825.
>Pharmacien de .. classe.
>Pharmacien sous-aide-major, 21 Juillet 1813.
>Pharmacien aide-major breveté, 27 Octob. 1824.

Démonstrateur à l'Hôpital militaire d'instruction, 25 Juillet 1825-Janvier 1832.
Pharmacien-major commissionné, 9 Juin 1828.
Pharmacien-major breveté, 12 Mars 1829.
Professeur agrégé à la Faculté de médecine, 2 Février 1830.

GISENIUS, Johannes, Dissen-Soest-Westph.
Natus 1577.
Denatus (Lime, *prope* Lemgo) 6 Maii 1658.
Theol. Doct. (Gissæ).
Professor in Universitate Giessensi, 1615.
Theologiæ Professor, 27 Septemb. 1619.
Loco J. Taufrer.
Abiit Rintelium 1621.

Portrait par J. ab Heyden. 1621.

GLASER, Philippus, Argent.
Natus 23 Septemb. 1554.
Denatus 1 August. 1601.
Jur. Doct. (Basil.).
Tertiæ Curiæ Præceptor in Gymnasio, 1575-1589.
Poëseos et Linguæ græcæ Professor, 1589.
Historiarum Professor, 1591.
Loco J. Pappus.
Pandectarum Professor, 1600.

Portrait par J. ab Heyden. 1631.
Portrait non signé. 1601.
Portrait non signé.

GLOCCERUS, Jacobus.
Natus
Denatus 30 April. 1566.
Theol. Doct.
Theologiæ Professor, 1557.

GNADT, Herrmann (*S. J.*), Schaken., e Buchonia.
Natus Novemb. 1612.
Denatus (Fuldæ) 6 Julii 1662.
Theol. Doct. (Bamberg.), 2 Septemb. 1648.
Theologiæ Professor in Academia Bambergensi, 1648-1652.
Theologiæ Professor in Academia Fuldensi, 1652.
Theologiæ moralis Professor in Academia Molshemiana, 1654-1655.

GNILIUS, Johannes Andreas, Argent. (B. U.)
Natus 15 Novemb. 1694.
Denatus 17 August. 1741.
Theol. Doct., 1 Octob. 1733. (26 August. 1733.)
Præceptor vicarius in Gymnasio, 1717.
Græcæ linguæ Præceptor in Gymnasio, 1720-1731.
Ecclesiastes liber Novi Templi, 1728.
Theologiæ Professor, 6 Junii 1731.

SS. Theol. Prof. publ. ord. & Ecclesiastes, 1737.

GOBEL, Franciscus Josephus Theobaldus Antonius *dictus* Ildephonsus (*Ord. S. Bened.*).
    Natus 27 Decemb. 1731.
    Denatus 1819.
    Theologiæ Professor in Aprimonasterio.
    Facultati theologicæ Aggregatus in Universitate episcopali, 1761.
    Parochus in Burnhaupt.
    Parochus in Soppe.
    Curé à Reschentz (Suisse).

GODÉLIER, Charles-Pierre, de Poitiers.
    Né 19 Novemb. 1813.
    Décédé (La Rochelle) 7 Mars 1877.
    Docteur en médecine (Paris), 6 Mai 1838.
    Chirurgien sous-aide, 12 Août 1833.
    Chirurgien aide-major de 2e classe, 31 Mai 1838.
    Chirurgien aide-major de 1re classe, 16 Novemb. 1841.
    Médecin adjoint, 4 Avril 1842.
    Professeur de pathologie médicale à l'Hôpital militaire d'instruction, 4 Avril 1842-Septemb. 1847.
    Médecin ordinaire de 2e classe, 17 Janvier 1847.
    Professeur à l'Hôpital militaire d'instruction, 6 Novemb. 1848-29 Mars 1851.
    Médecin ordinaire de 1re classe, 3 Avril 1851.
    Médecin principal de 2e classe, 21 Avril 1852.
    Professeur de clinique médicale à l'Ecole d'application de médecine et de pharmacie militaires au Val-de-Grâce, 23 Décemb. 1852-Janvier 1872.
    Médecin principal de 1re classe, 27 Mars 1858.
    Sous-Directeur de l'Ecole d'application de médecine et de pharmacie militaires au Val-de-Grâce, 25 Janvier 1872-Avril 1874.
    Admis à la retraite, 2 Avril 1874.

GOEHAUSEN, Samuel (*S. J.*), Ridtberg.-Westphalus (*vel* Riedebergens.).
    Natus 16 Januar. 1655.
    Denatus (Fuldæ) 25 Julii 1694.
    Logicæ Professor in Academia Molshemiana, 1636-1687.
                  Loco M. Chappuis.
    Physicæ Professor in Academia Molshemiana, 1687-1688.
                  Loco M. Chappuis.
    Minister in Collegio Fuldensi, 1688-1689.
    Philosophiæ Professor in Collegio Moguntino, 1689-1692.
    Minister in Collegio Aschaffenburgensi, 1692-1693.
    Theologiæ moralis Professor in Collegio Fuldensi, 1693-1694.

GŒLTGENS, Ricquinus (*S. J.*), Emmerich.-Rhenan.
    Natus 20 Decemb. 1594.
    Denatus (Molsheim) 12 April. 1671.
    Philosophiæ Professor in Universitate Heidelbergensi, 1629.
    Rector Collegii Bambergensis, 29 April.-31 August. 1648.
    Rector Academiæ Bambergensis, 1 Septemb. 1648-4 Maii 1651.
    Concionator in Ecclesia cathedrali Spirensi, 1652.
    Rector Academiæ Würzburgensis, 2 Julii 1653-Maio 1656.
    Rector Collegii Spirensis, 3 Decemb. 1656-1659.

Præpositus Provinciæ Rheni Superioris, 1659-1662.
Rector Academiæ Molshemianæ, 10 Octob. 1662-14 Februar. 1666.

       Loco P. Deumer.

GŒPFFERT, Georgius (*S. J.*), Episcop. ad Rhen. (Rheinbischofsheim).
> Natus 8 Decemb. 1635.
> Denatus (Würzburg.) 14 Septemb. 1704.
> Theol. Doct. (Bamberg.), 10 Januar. 1680.
> Litterarum humaniorum Professor in Collegio Moguntino.
> Philosophiæ Professor in Universitate Würzburgensi, 1673.
> Philosophiæ Professor in Collegio Aschaffenburgensi.
> Concionator in Collegio Bambergensi, 1672.
> Concionator in Collegio Würzburgensi.
> Theologiæ Professor in Academia Bambergensi, Novemb. 1677-1681.
> Theologiæ scholasticæ Professor in Universitate Würzburgensi, 1681-1682.
> Cancellarius et Theologiæ Professor in Academia Bambergensi, 1682-1687.
> Theologiæ scholasticæ Professor in Academia Molshemiana, April. 1687.
> Juris canonici Professor in Academia Bambergensi, 1697-April. 1700.
> Theologiæ Professor in Academia Fuldensi, 1700.

GOFFRES, Joseph-Marie, de Toulouse.
> Né 17 Janvier 1808.
> Décédé (Toulouse) 4 Juillet 1869.
> Docteur en médecine (Montpellier), 18 Mars 1835.
> Chirurgien sous-aide-major commissionné, 3 Mars 1830.
> Chirurgien sous-aide-major breveté, 17 Décemb. 1832.
> Chirurgien aide-major, 23 Novemb. 1832.
> Chirurgien aide-major de 1re classe, 16 Novemb. 1841.
> Professeur de pathologie chirurgicale et de médecine opératoire à l'Hôpital militaire d'instruction de Metz, 2 Mars 1841-Novemb. 1844.
> Chirurgien-major de 2e classe, 16 Février 1842.
> Professeur de clinique chirurgicale et de médecine opératoire à l'Hôpital militaire d'instruction, 7 Novemb. 1844-Novemb. 1849.
> Chirurgien-major de 1re classe, 17 Avril 1846.
> Professeur de clinique médicale à l'Ecole d'application de médecine et de pharmacie militaires au Val-de-Grâce, 17 Novemb. 1849-14 Novemb. 1850.
> Médecin principal de 2° classe, 21 Avril 1852.
> Médecin principal de 1re classe, 9 Décemb. 1852.

GOGNIAT, Josephus Laurentius, *vide* COGNIAT.

GOLIUS (GOLL), Theophilus, Argent.
> Natus 1528.
> Denatus 13 April. (*vel* 18 Martii) 1600.
> Præceptor in Gymnasio, 1548-1572.
> Logices & Metaphys. Professor, 21 Julii 1572.

Golius, Theophilus, Argent.
    Natus Novemb. 1561.
    Denatus Februar. 1611.
    Jur. Doct. (Basil.), 1589.
    Ethicæ Professor, 1590.
                  Loco Th. Golius senior.

Gollius, Emmanuel.
    Natus
    Denatus
    Politicæ, Metaphysicæ & Eloquentiæ Professor, circa 1660.

Gommerspach, Johannes, *vide* Gummersbach.

Gonthier, Johannes Franciscus, *vide* Guintherus.

Goschler, Eugène-Louis-Isidore, de Strasbourg.
    Né 1804.
    Décédé
    Licencié en droit, 16 Février 1826.
    Docteur ès lettres, 18 Juin 1840.
    Docteur en théologie (Rome).
    Avocat
    Professeur de philosophie au Collège royal de Besançon.
    Professeur de philosophie au Grand Séminaire catholique, 14 Octob. 1830-1832.
    Professeur de langue latine au Pensionnat de la Toussaint, 1834-1840.
    Professeur de langue latine au Collège de Juilly, 1840-1842.
    Censeur au Collège de Juilly, 1842-Octob. 1844.
    Directeur du Collège de Juilly, Octob. 1844-Janvier 1846.
                  Parti pour Rome, 1846.
    Directeur du Collège Stanislas à Paris, 1847.

Gothofredus, Dionysius, Parisiensis.
    Natus 17 Octob. 1549.
    Denatus (Argent.) 7 Septemb. 1622.
    Juris Doct. (Orléans), 1579.
    Juris Professor in Academia Genevensi.
    Jur. Doct. (Orléans), 1579.
    Juris Professor, 1 Maii 1591.
                  Abiit Heidelbergam, 1600.
                  Rediit Novemb. 1601.
          Abiit iterum Heidelbergam, 1604.
    Portrait par I. ab Heyden. 1621.
    Portrait par P. Aubry.
    Portrait non signé. (? H. B.)

Gottesheim, Fridericus a, Argentin.
    Natus 1506.
    Denatus 3 Februar. 1581.
    XIII vir, 1551.
    Scholarcha, 1553.

GOUFFIER, Josephus (*S. J.*), Divionensis.
    Natus 22 Julii 1669.
    Denatus (Argent.) 7 Martii 1731.
    Physicæ Professor in Seminario episcopali, 1698-1699.
                        Loco J. J. Petididier.
    Physicæ Professor in Seminario episcopali, 1700-1701.
    Juris canonici Professor in Universitate episcopali, 1703-1716.
        Infirmus, Argentorati, 1722-1723.

GOUPIL, Jean-Martin-Auguste, de Flessingue.
    Né 8 Avril 1800.
    Décédé (Saint-Didier, Jura) 19 Septemb. 1837.
    Docteur en médecine (Paris), 3 Août 1822.
    Chirurgien sous-aide-major, 31 Octob. 1820.
    Chirurgien aide-major, 14 Avril 1823.
    Chirurgien aide-major breveté, 27 Octob. 1824.
    Démonstrateur à l'Hôpital militaire de Toulouse, 14 Avril 1823 - 25 Mai 1824.
    Démonstrateur à l'Hôpital militaire d'instruction, 3 Avril 1832 - Août 1836.
    Professeur de physiologie à la Faculté de médecine, 24 Février 1834.
                        Loco B. Bérot.
    Professeur de médecine légale à la Faculté de médecine, 19 Janvier 1836-Septemb. 1837.
                        Loco F. E. Fodéré.
    Professeur à l'Hôpital militaire d'instruction, 2 Août 1836-Septemb. 1837.
    Chirurgien-major, 2 Août 1836.

GOUREAU
    Né
    Décédé
    Docteur
    Professeur de législation à l'École centrale, Août 1796 - 7 Septemb. 1802.
    Professeur au Lycée de Strasbourg, 5 Septemb. 1803.

GOURIOT, Franciscus (*S. J.*), Chaumont.
    Natus 1 August. 1670.
    Denatus (Chaumont) 10 Januar. 1747.
    Logicæ Professor in Universitate episcopali, 1702-1703.
                        Loco G. Thiroux.
    Physicæ Professor in Universitate episcopali, 1703-1704.
                        Loco G. Du Bourg.
    Philosophiæ Professor in Universitate Mussipontana, 1708-1709.
    Theologiæ moralis Professor in Universitate Mussipontana, 1709-1712.

GOUVION, Jean-François, de Trévoux (?).
    Né 28 Mai 1767.
    Disparu 3 Mai 1824.

Docteur en médecine (Montpellier), 1788.
Chirurgien-major au 1ᵉʳ Bataillon de l'Ain, 27 Novemb. 1791.
Médecin ordinaire, 22 Septemb. 1793.
Professeur adjoint à l'Hôpital militaire d'instruction, 8 Janvier 1815-1824.

Gouvion, Simon-Joseph, d'Avesnes (Nord).
Né 15 Avril 1740.
Décédé
Docteur en médecine (? Montpellier).

Médecin militaire, 13 Mai 1795.
Professeur de pathologie générale et médicale à l'Hôpital militaire d'instruction, 24 Octob. 1796-3 Février 1801.
Loco J. A. Lorentz.
Admis à la retraite, 14 Novemb. 1810.

Grangier, Franciscus Antonius (*S. J.*), Friburg.-Helvet.
Natus 4 Septemb. 1678.
Denatus (Ensisheim.) 11 April. 1750.
Theol. Doct.
Logicæ Professor in Universitate episcopali, 1710-1711.
Loco L. Prevost.
Physicæ Professor in Universitate episcopali, 1711-1712.
Loco L. Prevost.
Logicæ Professor in Universitate episcopali, 1712-1713.
Loco H. Schiltz.
Physicæ Professor in Universitate episcopali, 1713-1714.
Loco H. Schiltz.
Logicæ Professor in Universitate episcopali, 1714-1715.
Loco H. Schiltz.
Physicæ Professor in Universitate episcopali, 1715-1716.
Loco H. Schiltz.
Juris canonici Professor in Universitate episcopali, 1716-1726.
Loco J. Gouffier.
Scripturæ Sacræ Professor in Universitate episcopali, 1726-1727.
Loco G. Robinet.
Rector Collegii Ensisheimensis, 1731-1735.

Graseccius, Paulus, Argent.
Natus 25 Januar. 1562.
Denatus 13 Martii 1603 (*vel* 1604).
Jur. Doct. (Basil.), 11 Junii 1588.
Juris Professor, 1588.
Pandectarum Professor, 1600.
Loco D. Gothofredus.

Gratien, Johannes (*S. J.*), Stenacensis.
Natus 29 August. 1649.
Denatus (Argent.) 26 Januar. 1690.

Logicæ Professor in Collegio Nanceiano, 1681-1682.
Philosophiæ Professor in Seminario episcopali, 1683-1684.
Physicæ Professor in Seminario episcopali, 1684-1685.
Theologiæ moralis Professor in Seminario episcopali, 1687-1689.

GRAUEL, Johannes Philippus, Argent. (B. U.)
　Natus 13 Novemb. 1711.
　Denatus 29 Novemb. 1761.
　Med. Doct., 19 Junii 1738. (9 April. 1738.)
　Physices Professor, 25 Maii 1741.
　　　　　　　　Loco J. G. Schertz.

GROS, Benedictus, Argent. (B. U.)
　Natus 12 August. 1599.
　Denatus 19 August. 1647.
　Theol. Licent., 20 Maii 1640.
　Græcæ & Hebrææ linguæ Professor, Decemb. 1625.
　　　　　　　　Loco F. Blanckenburg.
　Theologiæ Professor, 1644.

GROSS, Charles-Frédéric, de Strasbourg.
　Né 5 Juin 1844.

　Docteur en médecine, 6 Mars 1869.
　Professeur agrégé à la Faculté de médecine, 19 Mars 1869.
　Professeur agrégé à la Faculté de médecine de Nancy, 1 Octob. 1872.
　Professeur de médecine opératoire à la Faculté de médecine de Nancy, 30 Octob. 1879.
　Professeur de clinique externe à la Faculté de médecine de Nancy, 20 Février 1881.

GROSS, Frédéric-Joseph, de Strasbourg.
　Né 1 Janvier 1766.
　Décédé
　Docteur en théologie.
　Professeur au Grand Séminaire constitutionnel et Vicaire de l'Evêque constitutionnel du Bas-Rhin, 1792.

GRUBER, Antonius (S. J.), Beylngrisanus, Eichstadiens.-Diœc.
　Natus 2 August. 1679.
　Denatus (Heiligenstad.) 22 Maii 1733.
　Minister in Schola Molshemiana, 1716-1717.
　Theologiæ moralis Professor in Schola Molshemiana, 1716-1718.
　　　　　　　　Loco H. Schlinck.

GUERBER, Victor, de Reichshoffen (Bas-Rhin).
　Né 24 Février 1811.

　Vicaire à Marlenheim, 1 Décemb. 1835-1836.
　Vicaire à Obernai, 3 Février 1836-1839.
　Aumônier du Collège et Vicaire à Haguenau, 26 Mai 1839-1842.

Professeur d'éloquence sacrée, de pédagogie et d'archéologie au Grand Séminaire catholique, 22 Août 1842-1849.
Curé à Littenheim, 1 Décemb. 1849-Avril 1851.
Curé à Truchtersheim, Décret du 9 Avril 1851 et nomination épiscopale du 14 Avril 1851-Mars 1855,
Curé de Saint-Georges à Haguenau, Décret du 7 Mars 1855 et nomination épiscopale du 12 Mars 1855-1883.
   Démissionnaire, 16 Juillet 1883.
Chanoine honoraire de la Cathédrale, 4 Janvier 1869.

Guérin (Guering ou Géring *dit*), François-Antoine, de Rouffach.
 Né 9 Avril 1714.
 Décédé Mai 1794.
 Docteur en médecine, 6 Octob. 1740 (13 Juillet 1740).
 Médecin en second de l'Hôpital militaire, 8 Novemb. 1746.
 Médecin en premier de l'Hôpital militaire, 24 Avril 1756.
 Professeur à l'Hôpital militaire d'instruction, 1776-1788.
 Médecin en chef, 18 Août 1781.
 Médecin consultant des camps, armées et hôpitaux militaires, 6 Novemb. 1784.
   Admis à la retraite, 6 Avril 1788.

Guérin, François-Antoine, *dit* Joseph-Antoine.
 Né 1748.
 Disparu fin 1792.
 Docteur en médecine, 19 Juillet 1770 (21 Février 1770).
 Médecin surnuméraire, 16 Septemb. 1770.
 Médecin adjoint, 18 Août 1781.
 Professeur à l'Hôpital militaire d'instruction, 1782-1788.

Guibal, Marie-Louis-Edmond-Georges, de Castres.
 Né 6 Septemb. 1837.

 Docteur ès lettres (Paris), 10 Mars 1864.
 Professeur suppléant à la Faculté des lettres, 1 Janvier 1867.
 Chargé du Cours de littérature française à la Faculté des lettres, 31 Octob. 1868.
   Loco M. Lafite, en congé.
 Chargé du cours d'histoire à la Faculté des lettres de Poitiers, 11 Avril 1871.
 Professeur d'histoire à la Faculté des lettres de Poitiers.

Guillaume, Christophorus (*S. J.*), Chaumont.
 Natus 22 April. 1641.
 Denatus (Mussiponti) 6 April. 1713.
 Theol. Doct.
 Theologiæ positivæ Professor in Seminario episcopali, 1687-1688.
 Theologiæ scholasticæ Professor in Seminario episcopali, 1689-1690.
 Theologiæ scholasticæ Professor in Universitate Mussipontana, 1690-1696.
 Cancellarius Universitatis Mussipontanæ, 1700-1713.

GUILLAUME, Sébastien-Hubert.
    Né
    Décédé avant Février 1811.
    Docteur en droit (*Coll.*), 20 Novemb. 1809.
    Professeur de droit romain à l'Ecole, puis Faculté de droit, 26 Mars 1806.

GUINTHERUS (GONTHIER), Johannes Franciscus, Andernacens.-Rhenan.
    Natus 1487.
    Denatus 4 Octob. 1574.
    Med. Doct. (Paris).
    Græcæ linguæ Professor (Lovanii).
    Medicus Francisci I, Regis Galliæ.
    Græcæ linguæ Professor, 1544.
                           Loco P. Lacisius.
    Physices Professor.
    Medicinæ Professor.

    Medicinæ & Physices Professor, 1556.
    Portrait par de Bry.

GUITTON, Albert, de Metz.
    Né 5 Août 1781.
    Décédé (Metz) 24 Janvier 1834.
    Maître en pharmacie (3ᵉ classe), 22 Juin 1800.
    Pharmacien de 1re classe, 25 Avril 1826.
    Pharmacien aide-major, 20 Octob. 1807.
    Démonstrateur à l'Hôpital militaire d'instruction de Lille, 4 Juin 1822.
    Démonstrateur à l'Hôpital militaire d'instruction de Metz, 15 Septemb. 1823.
    Pharmacien aide-major breveté, 27 Octob. 1824.
    Professeur à l'Hôpital militaire d'instruction, 28 Juin 1825.
    Pharmacien-major commissionné, 4 Décemb. 1826.
    Pharmacien-major breveté, 12 Mars 1829.
    Professeur à l'Hôpital militaire d'instruction de Metz, 16 Juin 1832.
    Pharmacien en chef, 7 Février 1833.

GUMMERSBACH (GOMMERSPACH), Johannes (*S. J.*), Coloniensis.
    Natus 1589.
    Denatus (Hagenoæ) 26 Julii 1624.
    Mathematum Professor in Academia Molshemiana, 1622-1623.

GUTZEIT, Franciscus Antonius, Maurimonast.-Alsat.
    Natus 1735.
    Denatus 1806.
    Theol. Doct.
    Principalis Collegii Regii.
    Philosophiæ Professor in Universitate episcopali.
    Theologiæ Professor in Universitate episcopali, 1769-1791.

    Theol. & Philos. Professor, 1769.

Gyss, Modestus, Oberehenheim.
    Natus 15 Septemb. 1751.
    Denatus 20 April. 1823.
    Theol. Licent.
    Professor in Seminario episcopali, 1787-1790.
    Parochus in Marckolsheim.
    Curé de Saint-Jean à Strasbourg, 7 Mai 1795.
    Chanoine honoraire de la Cathédrale, 17 Juin 1803.

Haan, Conrad (S. J.), Selestadiens.
    Natus 7 Octob. 1660.
    Denatus (Molshem.) 3 Junii 1738.
    Logicæ Professor in Academia Molshemiana, 1696-1697.
                         Loco F. Straulin.
    Physicæ Professor in Academia Molshemiana, 1697-1698.
                           Loco A. Hochaus.
    Vice-Rector Scholæ Molshemianæ, 22 Novemb. 1722-18 August. 1723.
                           Loco N. Reeb.
    Instructor Tertiæ Probationis, Ettlingæ, 1728-1731.

Haarlass, Georgius, *vide* Harlass.

Hacquebaut, Jacobus (S. J.), Heidelberg.
    Natus 11 Februar. 1712.
    Denatus post 1770.
    Logicæ Professor in Schola Molshemiana, 1746-1747.
                           Loco M. Kretz.
    Physicæ, Ethicæ & Metaphysicæ Professor in Schola Molshemiana, 1747-1748.
                           Loco M. Kretz.
    Concionator in Ecclesia Cathedrali Mannheimensi, 1748.
    Missionarius in Palatinatu, 1752-1754.
    Minister in Collegio Selestadiensi, 1757.
    Professor in Collegio Mannheimensi, 1759-1760.
    Præfectus Spiritus in Residentia Bockenheimensi, 1760-1761.
    Missionarius in Oggersheim, 1761-1762.
    Procurator Missionis Oggersheimensis, 1762-1764.
    Præfectus Spiritus in Domo Probationis Moguntinæ, 1765-1768.
    Præfectus Spiritus in Collegio Mannheimensi, 1771.

Haffner, Isaac, Argent. (B. U.)
    Natus 4 Decemb. 1751.
    Denatus 27 Maii 1831.
    Phil. Doct., 26 Septemb. 1782.
    Theol. Doct. (10 August. 1784.)
    Docteur en théologie (Halle), 8 Avril 1819.
    Theologiæ Professor 26 Junii 1788.
    Professeur de théologie à l'Académie protestante, 20 Mai 1803.
    Professeur à la Faculté de théologie, 1819.
    Doyen de la Faculté de théologie, 26 Avril 1819-Mai 1831.
    Professeur de dogmatique à la Faculté de théologie, 1821.
                           Loco C. M. Fritz.

    Portrait lithographié par J. D. Beyer.

Portrait lithographié par Ch. A. Schuler.
Portrait d'après C. Guérin par Ch. Schuler. 1804.
Portrait non signé. (F. J. Oberthür.)
Portrait lithographié par E. Simon.

Hagner, Bartholomæus (*S. J.*), Ubstatt-Palatin.
>Natus 23 Septemb. 1697.
>Denatus (Molsheim.) 3 Maii 1733.
>Logicæ Professor in Schola Molshemiana, 1732-1733.
>>*Loco* J. Finck.

Hammer, Frédéric-Louis, de Neunstetten.
>Né 11 Septemb. 1762.
>Décédé (Ingershof près Fünfstetten, Bavière), 2 Septemb. 1837.
>Docteur ès sciences (*Coll.*), 3 Juillet 1810.
>Professeur d'histoire naturelle à l'École centrale, 1800-7 Septemb. 1802.
>Professeur d'histoire naturelle et des médicaments à l'École de pharmacie, 15 Janvier 1804-1826.
>Professeur d'histoire naturelle à la Faculté des sciences, 25 Juillet 1809-1826.
>Directeur par intérim de l'École de pharmacie.
>Admis à la retraite, 18 Novemb. 1826.

Hammerer, Johannes Fridericus, Argentin. (B. W.)
>Natus 21 Julii 1690.
>Denatus 11 Decemb. 1754.
>Consul, 1738, 1744 et 1750.
>Scholarcha 20 Julii 1743.

Han, Arnoldus (*S. J.*), Duisburg.
>Natus 1584.
>Denatus (Udenheimii) 8 Septemb. 1633.
>Theol. Doct. (Würzburg), 1614.
>Metaphysicæ Professor in Academia Molshemiana, 1619-1620.
>Cancellarius & Scripturæ Sacræ Professor in Academia Molshemiana, 1628-1630.
>>*Loco* P. Dietz.
>Superior & Professor academicus in Residentia Udenheimensi, 1630-1633.
>Theologiæ scholasticæ Professor in Collegio Würzburgensi.

Hanser, Jean, de Sainte-Croix-en-Plaine (Haut-Rhin).
>Né 3 Janvier 1796.
>Décédé 16 Décemb. 1857.
>Professeur de philosophie au Petit Séminaire, 1819-1829.
>Professeur de philosophie et de mathématiques au Petit Séminaire, 1829-1830.
>Trésorier au Grand Séminaire catholique et Professeur de physique au Petit Séminaire, 1830-1846.
>Chanoine honoraire de la Cathédrale, 3 Avril 1835.
>Chanoine titulaire de la Cathédrale, 1847.

Hansler, Nicolaus (*S. J.*), Trevirens.
    Natus 26 Maii 1596.
    Denatus (Molshem.) 30 Maii 1671.
    Theol. Doct.
    Theologiæ moralis Professor in Academia Molshemiana, 1628-1631.
                                Loco P. Dietz.
    Casuisticæ Professor in Bohemia, 1634.
    Theologiæ scholasticæ Professor in Collegio Bambergensi, 1647-1648.
        Valetudinarius in Collegio Moguntino, 1648-1649.
    Theologiæ moralis Professor in Universitate Würzburgensi, 1652.
    Theologiæ scholasticæ Professor in Academia Molshemiana, 1657-1662.
    Theologiæ moralis Professor in Academia Molshemiana, 1663-1667.
                                Loco M. Schönmann.

Hardy, Franciscus (*S. J.*), Moguntin.
    Natus 30 Martii 1693.
    Denatus (Molshem.) 15 Septemb. 1741.
    Theol. Doct.
    Concionator, Scripturæ Sacræ et Theologiæ moralis Professor in Collegio Fuldensi.
    Theologiæ scholasticæ Professor in Schola Molshemiana, 1738-1741.
                                Loco P. Harrings.

Harlass (*vel* **Haarlass**), Georgius (*S. J.*), Bamberg.
    Natus 30 Septemb. 1614.
    Denatus (Moguntiæ) 1 Julii 1699.
    Theol. Doct. (Bamberg.), 3 Septemb. 1665.
    Mathematum Professor in Universitate Würzburgensi, 1652-1655.
    Theologiæ moralis Professor in Academia Molshemiana, 1656-1657.
                                Loco C. Soll.
    Theologiæ moralis Professor in Academia Bambergensi, 1657-1658.
    Theologiæ Professor in Academia Bambergensi, 1662-1667.
    Cancellarius & Scripturæ Sacræ Professor in Academia Molshemiana, 1667-1669.
                                Loco P. Richard.

Harrings, Paulus (*S. J.*), Ober-Wesel.-Rhenan.
    Natus 27 Septemb. (*vel* Octob.) 1692.
    Denatus (Molshem.) 11 Januar. 1752.
    Theol. Doct. (Würzburg.), 18 Novemb. 1738.
    Litterarum humaniorum Professor in Universitate Würzburgensi, 1713-1717.
    Litterarum humaniorum Professor in Lycæo Heiligenstadiensi, 1717-1719.
    Grammatices Professor in Collegio Mannheimensi, 1724-1725.
    Concionator, Wetzlariæ, 1725-1726.

Logicæ Professor in Collegio Fuldensi, 1726-1727.
Physicæ Professor in Collegio Fuldensi, 1727-1728.
Theologiæ moralis Professor in Schola Molshemiana, 1734-1736.
Loco B. Dyhlin.
Theologiæ scholasticæ Professor in Schola Molshemiana, 1736-1738.
Loco G. Pfanzert.
Theologiæ Professor in Universitate Würzburgensi, 1738-1741.
Theologiæ Professor in Academia Moguntina, 1741-1742.
Rector Collegii Heiligenstadiensis, 28 Octob. 1742-1745.
Theologiæ moralis Professor in Schola Molshemiana, 1747-1752.
Loco I. Morlock.

HARTENFELS, Jacobus (*S. J.*), Montaburanus.
Natus 3 Februar. 1663.
Denatus (Ettlingæ) 24 Junii 1737.
Theol. Doct.
Logicæ Professor in Academia Bambergensi, 1700-1701.
Physicæ Professor in Academia Bambergensi, 1701-1702.
Metaphysicæ Professor in Academia Bambergensi, 1702-1703.
Theologiæ moralis Professor in Academia Bambergensi, 1703-1706.
Theologiæ scholasticæ Professor in Schola Molshemiana, 1706-Junio 1712.
Loco P. Fischer.
Præfectus Spiritus Scholæ Molshemianæ, Mart.-Decemb. 1708.
Rector & Instructor Tertiæ probationis, Ettlingæ, 24 Julii 1712-Octob. 1715.
Rector & Instructor Tertiæ probationis, Ettlingæ, 15 Julii 1720.
Socius Provincialis Rhemi superioris, 1723.
Rector Collegii Würzburgensis, 19 Januar. 1725.
Rector Domus probationis, Ettlingæ, 11 Maii 1728.
Rector Collegii Spirensis, 19 Februar. 1732.
Præfectus Spiritus, Ettlingæ, 1735-1737.

HARTMANN, Johannes (*S. J.*), Bottenstein. Bavar.
Natus 5 April. 1634.
Denatus (Aschaffenburgi) 29 Martii 1709.
Philosophiæ Professor in Collegio episcopali, 1681-1682.
Loco J. Bernard.

HARTSCHMIDT, Johannes Nicolaus, Argent. (B. U).
Natus 6 Decemb. 1657.
Denatus 10 Julii 1706.
Theol. Doct., 20 Septemb. 1696 (6 Septemb. 1696.)
Græcæ linguæ Præceptor in Gymnasio.
Logices & Metaphysices Professor, 25 Novemb. 1695.
Theologiæ Professor, 4 Julii 1702.

SS. Theol. Doct. ejusdemque Prof. publ. ord., Cap. Thomani. Canonicus et Ecclesiastes, 1703.

HASSELMANN, Jean-Jacques-Frédéric, de Bouxwiller.
Né 29 Janvier 1797.
Décédé 18 Mars 1871.

Professeur au Gymnase protestant, Février 1824.
Directeur du Collège de Bouxwiller, Avril 1824.
Professeur agrégé de littérature grecque au Séminaire protestant, 1 Août 1833.
Professeur de littérature grecque au Séminaire protestant, 28 Janvier 1835 (18 Décemb. 1834).

HATTENBERGER (HAUTEBERG), Franciscus Josephus, Selestadiens.
Natus 13 Martii 1759.
Denatus 12 Martii 1825.
Theol. Doct. (23 Decemb. 1782).
Rhetoricæ Professor in Collegio Molshemiano.
Vicaire à Holtzwihr.
Curé à Holtzwihr, 21 Octob. 1811 - Mars 1825.

HAUCK, Christophorus (S. J.), Heidelbergens.
Natus 29 Martii 1611.
Denatus (Mogunt.) 20 Septemb. 1679.
Rector Collegii Moguntini.
Magister Novitiorum in Collegio Moguntino.
Regens Seminarii Fuldensis.
Socius Provincialis Rheni Superioris.
Cancellarius Academiæ Molshemianæ, 1674-1675.

HAUSSNER, Frédéric-Guillaume.
Né
Décédé
Professeur de langues vivantes à l'École centrale, 27 Juillet 1796 - 7 Septemb. 1802.

HAWENREUTTER, Johannes Ludovicus, Argent. (B. C.).
Natus 2 (vel 1) August. 1548.
Denatus 1 Octob. 1618.
Med. Doct. (Tubingæ), 1586.
Physices Professor.
Medicinæ Professor, 1585.
Ethices & Physices Professor, 1589.

Naturalis Scientiæ Professor.
Medic. & Philos. Doctor, Philosophus & Antecessor ac Physices Professor.

Portrait non signé.
Portrait d'après Is. ab Heyden par J. ab Heyden. 1613.

HAWENREUTTER, Sebaldus, Nuremberg.
Natus 23 Novemb. 1508.
Denatus 20 Julii 1589.
Phil. Doct. (Wittemberg.), 1534.
Med. Doct. (Tubingæ), 16 Septemb. 1539.
Ethicæ & Dialecticæ Professor in Academia Tübingensi.
Medicinæ Professor, 10 Novemb. 1540.

Medicinæ & Physices Professor.

Hecht, Émile-Louis, de Strasbourg.
> Né 10 Octob. 1802.
> Décédé 1 Août 1856.
> Pharmacien de 1re classe.
> Professeur agrégé à l'Ecole de pharmacie, 17 Février 1842.

Hecht, Louis, de Strasbourg.
> Né 27 Août 1771.
> Décédé 22 Décemb. 1857.
> Pharmacien de 1re classe, 31 Août 1800.
> Professeur de chimie à l'Ecole de pharmacie, 15 Janvier 1804.
> Directeur par intérim de l'Ecole de pharmacie, 1822-1824.
> Directeur honoraire de l'Ecole de pharmacie, 22 Novemb. 1835.

Hecht, Louis-Émile, de Strasbourg.
> Né 19 Novemb. 1830.
>
> Docteur en médecine, 10 Mai 1855.
> Professeur agrégé à la Faculté de médecine, 3 Mars 1857.
> Professeur de pathologie générale et de pathologie interne à la Faculté de médecine de Nancy, 1 Octob. 1872.

Heckmann, Johannes (*S. J.*), Aquisgranens.
> Natus 30 Martii 1658.
> Denatus (Würzburg.) 22 April. 1712.
> Theol. Doct. (Moguntiæ).
> Litterarum humaniorum Professor in Collegio Bambergensi, 1682-1685.
> Poëseos Professor in Collegio Bambergensi, 1685-1686.
> Rhetoricæ Professor in Collegio Bambergensi, 1686-1687.
> Litterarum humaniorum Professor in Collegio Würzburgensi, 1687-1688.
> Theologiæ Studiosus, 1689-1694.
> Rhetoricæ Professor in Collegio Bambergensi, 1694.
> Logicæ Professor in Academia Molshemiana, 1694-1695.
>> *Loco* F. Werner.
>
> Physicæ Professor in Academia Molshemiana, 1695-1696.
>> *Loco* F. Werner.
>
> Logicæ Professor in Academia Bambergensi, 1696-1697.
> Physicæ Professor in Academia Bambergensi, 1697-1698.
> Metaphysicæ Professor in Academia Bambergensi, 1698-1699.
> Theologiæ moralis Professor in Academia Molshemiana, 1699-1701.
>> *Loco* F. Vincke.
>
> Theologiæ scholasticæ Professor in Schola Molshemiana, 1701-1702.
>> *Loco* L. Piertz.
>
> Theologiæ scholasticæ Professor in Collegio Moguntino, 1702-1704.
> Theologiæ scholasticæ Professor & Superiorum scholarum Præfectus in Collegio Fuldensi, 1704-1707.
> Rector Collegii Fuldensis, 1707-1710.
> Rector Collegii Würzburgensis, 26 Januar. 1711-1712.

Hedio (Bœclin), Caspar, Ettlingen-Suabens.
    Natus 1494.
    Denatus 17 Octob. 1552.
    Phil. Doct. (Friburgi).
    Theol. Doct. (Basileæ), 1519.
    Theologiæ Professor, 1523.
    Theol. Prof. & Convent. eccles. Præses, 1549.
        Portrait signé R. B.
        Portrait signé H. L.
        Portrait non signé.
        Portrait non signé.

Heggelius, Georgius.
    Natus
    Denatus
    Theologiæ Professor extraordin., 1577.

Heid, Adamus, *vide* **Heydt.**

Heilmann, Georgius (*S. J.*), Cassellan.
    Natus 22 Octob. 1695.
    Denatus 26 Januar. 1763.
    Minister & Juris canonici Professor in Schola Molshemiana, 1747-1748.
    Minister in Collegio Selestadiensis, 1748.
    Minister & Juris canonici Professor in Seminario pontificio Ettlingensi, 1752-1754.

Heimburger, Philippe, de Molsheim.
    Né 26 Octob. 1795.
    Décédé 17 Mars 1881.
    Docteur en droit, 16 Janvier 1819.
    Professeur de droit romain à la Faculté de droit, 2 Février 1830.
        Loco J. G. D. Arnold.
        Admis à la retraite, 17 Janvier 1872.
    Professeur honoraire des Facultés de droit de France, 7 Mars 1872.
    Professeur honoraire de la Faculté de droit de Nancy, 10 Juin 1875.

Heinrich, Luc, d'Eguisheim.
    Né 16 Octob. 1807.
    Décédé (Westhalten) 6 Mai 1875.
    Directeur de la Sorbonne (à Molsheim, 1832-1834; à Strasbourg, 1834-1835 et à Marlenheim, 1835-1839).
    Curé de Westhalten, 12 Mai 1839-Mai 1875.

Heister (*vel* Heuster), Johannes (*S. J.*), Hembstad-Luxemb.
    Natus 15 August. 1664.
    Denatus (Molshem.) 14 Decemb. 1716.
    Litterarum Professor in Collegio Molshemiano, 1690-1693.
    Rhetoricæ Professor in Collegio Selestadiensi, 1693-1695.
    Theologiæ Studiosus in Collegio Molshemiano, 1695-1700.
    In Domo probationis, Ettlingæ, 1701-1702.
    Logicæ Professor in Schola Molshemiana, 1702-1703.
        Loco J. Frings.

Physicæ Professor in Schola Molshemiana, 1703-1704.
Loco J. Frings.
Missionarius Bockenhemii & Concionator Neostadii ad Haardam, 1704-1705.
Logicæ Professor in Academia Bambergensi, 1705-1706.
Physicæ Professor in Academia Bambergensi, 1706-1707.
Metaphysicæ Professor in Academia Bambergensi, 1707-1708.
Concionator festivalis Hagenoæ, 1709-1715.
Concionator dominicalis Molshemii, 1715-Decemb. 1716.

HEITZ, Émile, de Strasbourg.
Né 15 Novemb. 1825.
Décédé 15 Juillet 1890.
Professeur agrégé au Gymnase protestant, 19 Août 1851.
Professeur au Gymnase protestant, 28 Avril 1854-15 Mars 1872.
Agrégé libre au Séminaire protestant, 1867.
Professeur extraordinaire au Séminaire protestant, 25 Juin 1870.
Professeur au Séminaire protestant, 20 Février 1872.
Professeur de la Faculté philosophique à l'Université de Strasbourg, 1 Mai 1872.

HELD, Abraham, Molshem.
Natus 16 Novemb. 1524.
Denatus 25 Septemb. 1594.
Consul, 1568, 1574, 1580, 1586 et 1592.
Scholarcha, 17 Julii 1588.

HELD, Charles-Théophile, de Wissembourg.
Né 16 Mars 1813.
Décédé 24 Mars 1879.
Docteur en médecine, 20 Juin 1836.
Professeur agrégé à la Faculté de médecine, 20 Mai 1839.

HELDT (HELD), Valerius (*S. J.*), Dambach.
Natus 25 Januar. 1615.
Denatus (Brunnæ, in Bohemia) 14 Martii 1693.
Logicæ Professor in Academia Bambergensi, 1652-1653.
Physicæ Professor in Academia Bambergensi, 1653-1654.
Metaphysicæ Professor in Academia Bambergensi, 1654-1655.
Scripturæ Sacræ Professor in Academia Molshemiana, 1658-1659.
Rector Collegii Spirensis, 19 Septemb. 1662.
Theologiæ moralis Professor in Academia Bambergensi, 1665-1669.
Missionarius in Lusatia, 1678.

HELLER, Johannes, Argentin. (B. W.)
Natus 20 Decemb. 1559.
Denatus 25 Novemb. 1632.
Consul, 1623 et 1629.
Scholarcha, 28 Maii 1627.
Portrait par J. ab Heyden.

HELLING, Lotharius (*S. J.*), Wipperfurt.-Rhenan.
Natus 27 Martii 1706.
Denatus post 1766.

Logicæ Professor in Academia Bambergensi, 1741-1742.
Physicæ Professor in Academia Bambergensi, 1742-1743.
Metaphysicæ Professor in Academia Bambergensi, 1743-1744.
Matheseos Professor in Academia Bambergensi, 1744-1745.
Polemicæ Professor in Schola Molshemiana, 1746-1747.
Loco P. Wolff.
Theologiæ Professor in Universitate Heidelbergensi, 1747-1755.
Theologiæ scholasticæ Professor in Collegio Fuldensi, 1755-1758.
Rector Collegii Wormatiensis, 8 Octob. 1758-1761.
Theologiæ dogmaticæ Professor & Præfectus Spiritus in Academia Bambergensi, 12 Decemb. 1761-1764.
Præfectus Spiritus in Academia Wormatiensi, 1764-1767.
Minister in Collegio Spirensi, 1771.

HEMMERLIN, Christianus (*S. J.*), ex Diœc. Basileensi.
Natus 25 Martii 1661.
Denatus (Ensisheim) 11 Martii 1710.
Logicæ Professor in Seminario episcopali, 1699-1700.
Loco S. Des Roches.
Missionarius in Seminario episcopali, 1700-1701.
Procurator Prioratus Montis Oliveti (Œlenberg), 1702-1703.
Superior Prioratus Montis Oliveti, 1703-1705.

HENNEBERGER, Johannes, Argent.
Natus
Denatus
Theologiæ Professor extraordin., 5 Maii 1577.

HENNENBERG, Franciscus Heinricus, Argent.
Natus 2 Julii 1716.
Denatus 18 April. 1796.
XIII vir, 1766.
Scholarcha, 1768.

HENNEQUIN, Johannes Baptista (*S. J.*), Thionville.
Natus 18 Octob. 1689.
Denatus (Verdun) 6 Novemb. 1760.
Magister Artium.
Matheseos Professor in Universitate episcopali, 1719-1720.
Præfectus Sodalitatis Civium, Virduni, 1746-Novemb. 1760.

HENNINGER, Johannes Sigismundus, Durlacens. (**B. U.**)
Natus 27 Julii 1667.
Denatus 27 Septemb. 1719.
Med. Doct. Junio 1694. (23 Maii 1692.)
Physices Professor, 19 Maii 1702.
Abiit 3 Julii 1702.
Medicinæ Professor 11 Decemb. 1703.

Med. Doct. & Anatom. Prof. publ.

HENRY, Johannes Nicolaus (*S. J.*), La Thour, Diœc. Rhemens.
Natus 20 Aug. 1732.
Denatus (in Diœc. Metensi) 1781.
Matheseos Professor in Universitate episcopali, 1762-1763.
Loco G. X. Moreau.

Hepp, Georges-Philippe, de Wissembourg.
> Né 22 Août 1791.
> Décédé 17 Août 1872.
> Docteur en droit, 16 Février 1820.
> Professeur suppléant provisoire à la Faculté de droit, 8 Décemb. 1819.
> Professeur suppléant à la Faculté de droit, 12 Avril 1820.
> Professeur de droit des gens, 23 Avril 1829-1867.
> Conseiller de Préfecture.
> Professeur honoraire, 16 Juillet 1867.

Herber, Georgius (S. J.), Argent.
> Natus 1593.
> Denatus circa 1639.
> Theol. Lic. (Molsheim), 1624.
> Physicæ Professor in Academia Molshemiana, 1630-1631.
> Matheseos Professor in Collegio Würzburgensi, 1636.

Herissem, Leopoldus de (S. J.), Badens.
> Natus 25 August. 1670.
> Denatus (Aschaffenburg.) 24 Februar. 1730.
> Philosophiæ Professor in Collegio Fuldensi.
> Philosophiæ Professor in Academia Heidelbergensi, 1703-1705.
> Matheseos & Ethicæ Professor in Academia Bambergensi, 1706-1707.
> Ethicæ Professor in Collegio Bambergensi, 1707-1708.
> Minister Domus probationis, Bambergæ (?), 1708-1710.
> Theologiæ moralis Professor in Schola Molshemiana, 1710-Julio 1712.
> > *Loco* P. Stephani.
> Theologiæ scholasticæ Professor in Schola Molshemiana, Julio 1712-1714.
> > *Loco* J. Hartenfels.
> Concionator.

Herlin, Christianus.
> Natus
> Denatus 21 Octob. 1562.
> Mathematum Professor, circa 1526.

Hermann, Godofredus (S. J.), Auben.-Francon.
> Natus 7 April. 1684.
> Denatus (Würzburg.) 9 April. 1743.
> Theol. Doct.
> Logicæ Professor in Schola Molshemiana, 1717-1718.
> > *Loco* A. Gerich.
> Physicæ Professor in Schola Molshemiana, 1718-1719.
> > *Loco* A. Gerich.
> Philosophiæ Professor in Collegio Würzburgensi, 1719-1722.
> Scripturæ Sacræ Professor in Collegio Moguntino, 1722-1723.
> Theologiæ moralis Professor in Collegio Würzburgensi, 1723-1724.
> Juris canonici Professor in Academia Bambergensi, 1724-1725.

Theologiæ scholasticæ Professor in Schola Molshemiana, 1726-1733.
> *Loco* L. Piertz.

Theologiæ scholasticæ Professor in Collegio Moguntino, 1733-1734.

Theologiæ scholasticæ Professor in Universitate Würzburgensi, 1734-April. 1743.

HERMANN, Johannes, Barrens. (B. U.)
Natus 31 Decemb. 1738.
Denatus 8 Octob. 1800.
Med. Doct., 23 Junii 1763 (22 Octob. 1762).
Phil. Doct., 21 Septemb. 1775.
Logicæ & Metaphysicæ Professor, 14 Octob. 1779.
Medicinæ Professor, 1782.
Professeur de botanique et de matière médicale à l'École de Médecine, 21 Décembre 1794-1800.
Professeur d'histoire naturelle à l'Ecole centrale, 27 Juillet 1796-Octob. 1800.

Phil. & Med. Doct. atque Prof. publ. extraordin.
Pathologiæ Prof. publ. ord., 1782.
Botan. & Chemiæ Prof., 1784.
_{Portrait d'après Fouquet, par Chrétien.}
_{Portrait lithographié par Flaxland.}
_{Portrait par C. Guérin.}
_{Portrait non signé. 1800.}

HERMANN, Jean-Frédéric, de Barr.
Né 3 Juillet 1743.
Décédé 20 Février 1820.
Docteur en droit (14 Novemb. 1765).
Membre du Conseil des Cinq Cents, 1795.
Professeur de Code civil français et du droit public français et germanique à l'École, puis Faculté de droit, 26 Mars 1806.
Directeur puis Doyen de la Faculté de droit, 26 Mars 1806-Février 1820.

HERRENSCHNEIDER, Johannes Ludovicus Alexander, Grehwiller-Alsat. (B. U.).
Natus 23 Martii 1760.
Denatus 29 Januar. 1843.
Phil. Doct., 26 Septemb. 1782. (21 Mart. 1782).
Jur. Licent. (31 Maii 1785).
Mathematum Professor, 10 Septemb. 1789.
> *Loco* J. J. Brackenhoffer.

Professeur de mathématiques au Gymnase protestant, Novemb. 1793.
Professeur de physique et chimie à l'École centrale, 1800-7 Septemb. 1802.
Professeur de mathématiques, physique, chimie, astronomie et philosophie à l'Académie protestante, puis Séminaire protestant, 20 Mars 1803-1843.
Professeur de physique à la Faculté des Sciences, 1810.
Professeur honoraire de la Faculté des sciences, 1827.
_{Portrait lithographié d'après Ch. Strintz par Ch. A. Schuler. 1838.}
_{Portrait lithographié par J. D. Beyer. (Engelmann et Cie.)}

HERRENSCHNEIDER, Johannes Samuel, Argent. (B. U.)
    Natus 5 Junii 1736.
    Denatus 2 Octob. 1784.
    Phil. Doct. 23 Septemb. 1773.
    Philosophiæ Professor extraord., 1772.
    Philosophiæ Professor, 1782.

HERRGOTT, François-Joseph, de Guebwiller.
    Né 12 Septemb. 1814.

    Docteur en médecine, 30 Décemb. 1839.
    Professeur agrégé à la Faculté de médecine, 30 Janvier 1854.
    Professeur d'accouchements et de maladies des enfants à la Faculté de médecine de Nancy, 1 Octob. 1872.
    Professeur de clinique obstétricale et d'accouchements à la Faculté de médecine de Nancy, 22 Novemb. 1879.
    Professeur honoraire, 1 Novemb. 1886 (22 Juillet 1886).

HERTEL, Leonhard, Argent.
    Natus
    Denatus
    Primæ Classis Præceptor in Gymnasio.
    Logices & Metaphysices Professor, 1561.

HERTENSTEIN, Johannes Henricus, Argent. (B. U.)
    Natus 3 Decemb. 1676.
    Denatus 16 Martii 1741.
    Jur. Doct., 5 Novemb. 1722. (22 Decemb. 1714.)
    Juris naturalis Professor in Academia Berolinensi, 1705-1711.
            Rediit Argentinam, 1711.
    Mathematum Professor, 16 Novemb. 1719.

HESS, David (S. J.), Duderstadiens.-Hannoveran.
    Natus 8 Januar. 1687.
    Denatus (Bamberg.) 12 Januar. 1729.
    Logicæ & Physicæ Professor in Collegio Heiligenstadiensi, 1718-1719.
    Logicæ Professor in Schola Molshemiana, 1719-1720.
            Loco H. Reeb.
    Physicæ Professor in Schola Molshemiana, 1720-1721.
            Loco H. Reeb.

HESS, Jacobus (S. J.), Fuldensis.
    Natus 19 Februar. 1668.
    Denatus
    Logicæ Professor in Academia Molshemiana, 1697-1698.
            Loco C. Haan.
    Physicæ Professor in Academia Molshemiana, 1698-1699.
            Loco C. Haan.
    Concionator, 1699-1703.
        Dimissus (Heiligenstadii), 5 Maii 1703.

HEUPEL, Georgius Fridericus, Argent. (B. U.)
    Natus 22 Septemb. 1665.
    Denatus 24 Novemb. 1718.

Græcæ linguæ Præceptor in Gymnasio, 1696-1718.
Græcæ & Hebrææ Linguæ Professor, 1697.
Loco J. Kühn.

Superioris Gymnasii Græcæ linguæ Præceptor, 1699.
Superioris Gymnasii Græcus, 1700.

HEUPEL, Johannes Isaacus, Argent. (B. U.)
Natus 29 Julii 1697.
Denatus 21 Octob. 1740.
Præceptor vicarius in Gymnasio, 1726.
Præceptor in Gymnasio, 1731.
Hebrææ et Græcæ linguæ Professor, Decemb. 1737.
Portrait par J. A. Seupel.

HEUS, Matthias, Argent. (B. U.)
Natus 15 April 1723.
Denatus 24 Maii 1768.
Phil. Doct., 28 Septemb. 1748.
Logices & Metaphysices Professor, 5 Novemb. 1759.
Loco P. H. Bœcler.

HEÜSSE, Johannes (*S. J.*), Schachtebich.-Eichsfeld.
Natus 1 Maii 1652.
Denatus (Worms) 22 Martii 1716.
Litterarum humaniorum Professor in Collegio Aschaffenburgensi.
Litterarum humaniorum Professor in Collegio Fuldensi.
Litterarum humaniorum Professor in Collegio Würzburgensi.
Concionator Wormatiæ.
Logicæ Professor in Academia Molshemiana, 1689-1690.
Loco S. Vogt.
Physicæ Professor in Academia Molshemiana, 1690-1691.
Loco S. Vogt.
Philosophiæ Professor in Collegio Fuldensi.
Concionator in Ecclesia Cathedrali Argentoratensi.
Missionarius in Palatinatu ad Rhenum.
Minister in Collegio Aschaffenburgensi.
Minister in Collegio Bambergensi.
Minister in Collegio Wormatiensi.
Minister in Collegio Erfordiensi.
Minister in Collegio Moguntino.
Superior Residentiæ Otterswiranæ.
Vice-Rector Domus Probationis, Ettlingæ.
Rector Collegii Heiligenstadiensis, 1712-1715.
Vice-Rector Collegii Wormatiensis restaurandi, 1715-1716.

HEUSTER, Johannes, *vide* HEISTER.

HEYDENREICH, Auguste-Adolphe, de Wissembourg.
Né 12 Avril 1810.
Décédé 31 Décemb. 1885.
Pharmacien de 1re classe, 27 Mars 1835.
Directeur de l'Ecole libre de pharmacie, 11 Mai 1871-30 Septemb. 1872.

HEYDER, Balthasar (S. J.), Bambergens.
    Natus 11 August. 1724.
    Denatus post 1769 et ante 1772.
    Professor in Collegio Aschaffenburgensi.
    Missionarius in Sambach, 1757-1758.
    Logicæ Professor in Schola Molshemiana, 1758-1759.
                      Loco H. Weiler.
    Physicæ, Ethicæ & Metaphysicæ Professor in Schola Molshemiana, 1759-1760.
                      Loco H. Weiler.
    Minister & Concionator in Collegio Moguntino, 1765-1766.
    Socius Provincialis Rheni Superioris, 1770.

HEYDMANN, Franciscus (S. J.), Spirensis.
    Natus 15 August. 1681.
    Denatus (Neostadii) 27 April. 1719.
    Logicæ Professor in Schola Molshemiana, 1711-1712.
                      Loco C. Voss.
    Physicæ Professor in Schola Molshemiana, 1712-1713.
                      Loco C. Voss.
    Valetudinarius, post 1713.

HEYDT (HEID), Adamus (S. J.), Aschaffenburgens.
    Natus 5 Martii 1667.
    Denatus (Aschaffenburg.) 3 Septemb. 1733.
    Theol. Doct.
    Logicæ Professor in Academia Molshemiana, 1700-1701.
                      Loco I. Wolff.
    Physicæ Professor in Schola Molshemiana, 1701-1702.
                      Loco I. Wolff.
    Controversiæ & Scripturæ Sacræ Professor in Schola Molshemiana, 1702-1703.
                      Loco P. Fischer.
    Theologiæ Professor in Collegio Heidelbergensi, 1710-1711.
    Vice-Rector Collegii Heidelbergensi, 1711-1715.
    Rector Academiæ Bambergensis, 5 April. 1717-26 Martii 1721.
    Rector Academiæ Heiligenstadiensis, 7 April. 1721-Januar. 1724.
    Instructor in Domo probationis, Ettlingæ, 6 Januar. 1724-Martio 1728.
    In Collegio Aschaffenburgensi, 1728-Septemb. 1733.

HIPPEAU, Célestin, de Niort.
    Né 11 Mai 1803.
    Décédé (Paris) 31 Mai 1883.
    Docteur ès lettres (Caen), 12 Août 1833.
    Professeur suppléant de littérature latine à la Faculté des lettres, 28 Octob. 1844.
    Professeur suppléant de littérature française à la Faculté des lettres, 2 Décemb. 1845.
    Professeur de littérature française à la Faculté des lettres de Caen, 20 Mars 1849.
    Professeur honoraire, 1867.

Hirn, Andreas.
>   Natus 30 Novemb. 1729.
>   Denatus 10 Novemb. 1815.
>   Theol. Doct.
>   Vice-Director Seminarii episcopalis, 1781.
>   Theologiæ Moralis Professor in Universitate episcopali, 17..-1790.
>   Director Seminarii Episcopalis, 1790.
>   Loco A. Jeanjean.
>   Professor in Seminario episcopali Ettenheimensi.
>   Commissaire épiscopal, 1800.
>   Supérieur du Grand Séminaire catholique, 4 Février 1803-1806.
>   Chanoine titulaire de la Cathédrale, 1804-1815.
>   Premier Vicaire général capitulaire de l'Évêché, 1813-1815.
>
>   Theol. Doct., Eccles. collegiat. ad S. Petrum seniorem Canonic., 1782.

Hintz, Mathieu-Marc, de Wintzenheim (Haut-Rhin).
>   Né 1 Décemb. 1809.
>   Décédé (Paris) 27 Janvier 1878.
>   Docteur en médecine. 17 Août 1836.
>   Professeur agrégé à la Faculté de médecine, 6 Mai 1839.
>   Chargé du cours de pathologie médicale à la Faculté de médecine, 3 Avril 1861.
>   Loco C. P. Forget.
>   Professeur de pathologie médicale à la Faculté de médecine, 6 Juillet 1861.
>   Professeur de clinique interne à la Faculté de médecine de Nancy, 1 Octob. 1872.

Hitzelberger, Franciscus Josephus, Sancti-Leonhard.-Alsat.
>   Natus 26 Januar. 1729.
>   Denatus (Sultz., Alsat.-Infer.) 1806.
>   Theol. Doct.
>   Jur. can. Doct.
>   Professor in Universitate episcopali.
>   Parochus in Molsheim.
>   Parochus in Sultz., Alsat.-Infer., 1765.
>   Curé à Soultz-sous-Forêts.

Hobron, Thomas Hubertus, Argent.
>   Natus 26 Septemb. 1753.
>   Denatus 14 Martii 1812.
>   Theol. Doct. (12 Junii 1775).
>   Philosophiæ Professor in Universitate episcopali, 1789-1790.
>   Loco J. P. Sauthier.
>   Prédicateur à la Cathédrale, 4 Octob. 1801.
>   Curé de Saint-Louis à Strasbourg.
>   Curé de Sainte-Madeleine à Strasbourg, 1803.
>
>   Theol. Doct. & Philos. Prof. 1790.

Hochaus, Adam (*S. J.*), Breidenworbig.-Saxo.
> Natus 30 Januar. 1662.
> Denatus (Ettlingæ) 5 Februar. 1708.
> Physicæ Professor in Academia Molshemiana, 1696-1697.
>> *Loco* J. Heckmann.

Hochheimer, Josephus (*S. J.*), Flœrsheim.-Nassov.
> Natus 2 Julii 1720.
> Denatus 4 Junii 1812.
> Litterarum humaniorum Professor in Collegio Bambergensi, 1740-1743.
> Poëseos Professor in Collegio Bambergensi, 1743-1744.
> Rhetoricæ Professor in Collegio Bambergensi, 1744-1745.
> Professor in Collegio Aschaffenburgensi, 1752.
> Concionator in Collegio Neostadiensi, 1754-1755.
> Scripturæ Sacræ Professor in Schola Molshemiana, 1755-1757.
>> *Loco* Th. Holzclau.
> Professor in Collegio Neostadiensi, 1757-1761.
> Professor in Collegio Aschaffenburgensi, 1761-1763.
> Minister in Collegio Aschaffenburgensi, 1767-1771

Hoeffel, Christophorus (*S. J.*), ex Monte Sancti-Johannis Rhingav.
> Natus 10 August. 1713.
> Denatus (Mogunt.) 6 Maii 1760.
> Concionator in Collegio Hagenoënsi, 1748-1749.
> Physicæ, Ethicæ & Metaphysicæ Professor in Schola Molshemiana, 1749-1750.
>> *Loco* M. Bauer.
> Minister & Concionator in Collegio Badensi, 1752-1753.
> Missionarius in Ottersweyer, 1753-1754.

Hoeglein, Ambrosius (*S. J.*), Moguntin.
> Natus 14 (*vel* 4) Martii 1689.
> Denatus (Mogunt.) 15 Decemb. 1761.
> Theol. Doct. (Mogunt.).
> Polemicæ Professor in Schola Molshemiana, 1723-1726.
>> *Loco* H. Reeb.
> Theologiæ scholasticæ Professor in Schola Molshemiana, 1726-1730.
>> *Loco* F. Huben.
> Polemicæ Professor in Universitate Würzburgensi, 1732-1736.
> Scholasticæ Professor in Universitate Würzburgensi, 1736-1742.
> Scripturæ Sacræ Professor & Præfectus Spiritus in Schola Molshemiana, 1742-1743.
> Præfectus Spiritus in Collegio Moguntino, 1748-Decemb. 1761.

Hoehn, Nicolaus (*S. J.*), Amorbach.-Bavar.
> Natus 6 Decemb. 1681.
> Denatus (Mannheim) 1739.
> Logicæ Professor in Schola Molshemiana, 1715-1716.
>> *Loco* A. Cetti.

Physicæ Professor in Schola Molshemiana, 1716-1717.
> *Loco* A. Cetti.

Theologiæ dogmaticæ Professor in Academia Bambergensi, 1725-1726.

Hoffmann, Georgius (*S. J.*), Randersacker.-Bavar.
Natus 22 Julii 1670.
Denatus (Badenæ) 24 Martii 1721.
Logicæ Professor in Schola Molshemiana, 1703-1704.
> *Loco* J. Heister.

Physicæ Professor in Schola Molshemiana, 1704-1705.
> *Loco* J. Heister.

Houwiesner, Casparus (*S. J.*), Heidingsfeld.-Bavar.
Natus 20 Octob. 1727.
Denatus post 1772.
Logicæ Professor in Academia Bambergensi, 1762-1763.
Physicæ Professor in Academia Bambergensi, 1763-1764.
Theologiæ moralis Professor in Schola Molshemiana, 1764-1765.
> *Loco* J. Maciejowski.

Metaphysicæ Professor in Academia Bambergensi, 1766.
Scripturæ Sacræ Professor in Universitate Fuldensi, 1767-1770.
Theologiæ moralis Professor in Academia Bambergensi, 1770-1771.
Scripturæ Sacræ Professor in Academia Bambergensi, 1771-1773.

Hollandt, Johannes (*S. J.*), Coloniensis.
Natus 1593.
Denatus (Leodii) 16 Novemb. 1634.
Logicæ Professor in Academia Molshemiana, 1626-1627.
> *Loco* J. Linnius.

Physicæ Professor in Academia Molshemiana, 1627-1628.
> *Loco* J. Linnius.

Metaphysicæ Professor in Academia Molshemiana, 1628-1629.
> *Loco* J. Linnius.

Præfectus Studiorum & Concionator in Collegio Aschaffenburgensi, 1629-1630.
Logicæ Professor in Collegio Heidelbergensi, 1630-1631.
Missionarius castrensis, Dunkercæ, 1632.

Holzclau (*vel* **Holtzclau**), Thomas (*S. J.*), Hadamar.-Nassov.
Natus 28 Decemb. 1716.
Denatus (Würzburg.) 4 Junii 1783.
Theol. Doct.
Professor in Collegio Erfurtensi, 1748.
Philosophiæ Professor in Universitate Würzburgensi, 1752-1753.
Scripturæ Sacræ Professor in Schola Molshemiana, 1753-1755.
> *Loco* C. Beringer.

Theologiæ scholasticæ & Juris canon. Professor in Schola Molshemiana, 1755-1756.
> *Loco* M. Ræder.

Theologiæ Professor in Academia Moguntina, 1757-1759.
Theologiæ Professor in Universitate Würzburgensi, 1759-1783.

Homphæus, Johannes (*S. J.*), Cocheim.-Rhenan.
>Natus Martio 1594.
>Denatus (Spiræ) 1 April. 1666.
>Rector Academiæ Molshemianæ, 22 Junii 1653-25 Junii 1656.
>Minister Spiritus & Præfectus in Collegio Spirensi, 1657-1666.

Hopff, Casparus (*S. J.*), Fuldensis.
>Natus 1 August. 1612.
>Denatus (Erfurt) 12 Octob. 1679.
>Theol. Doct.
>Grammatices Professor in Collegio Würzburgensi, 1636.
>Theologiæ scholasticæ Professor in Collegio Moguntino, 1661-1665.
>Rector Collegii Moguntini, 3 Septemb. 1665-30 Octob. 1670.
>Rector Academiæ Molshemianæ, 13 Julii 1672-Septemb. 1676.
>Rector Collegii Erfordiensis, 27 Septemb. 1676-Octob. 1679.

Hornig (Hornigk), Josephus (*S. J.*), Sultfeldens.
>Natus 11 Junii (*vel* Januar.) 1698.
>Denatus post 1770..
>Theol. Doct. (Würzburg.), 12 Novemb. 1743.
>Litterarum humaniorum Professor in Collegio Bambergensi, 1719-1722.
>Poëseos Professor i Collegio Bambergensi, 1722-1723.
>Theologiæ moralis Professor in Schola Molshemiana, 1739-1741.
>>*Loco C. Mollior jun.*
>Theologiæ Professor in Universitate Fuldensi, 1743.
>Theologiæ scholasticæ Professor et Juris canonici, Domi, Professor in Schola Molshemiana, 1746-1752.
>>*Loco U. Munier.*
>Præfectus Spiritus in Collegio Badensi, 1752.
>Præfectus Spiritus in Collegio Würzburgensi, 1754.
>Præfectus Spiritus in Collegio Ettlingensi, 1757.
>Præfectus Spiritus in Collegio Spirensi, 1759-1761.
>Præfectus Spiritus in Collegio Heidelbergensi, 1761-1766.
>Præfectus Spiritus in Residentia Otterswirana, 1771.

Hotomannus, Franciscus, Parisiens.
>Natus 23 August. 1524.
>Denatus (Basileæ) 12 Februar. 1590.
>Jur. Doct. (Aureliani).
>Professor Litterarum humaniorum, Lausannæ.
>Juris Professor 1556.
>>Abiit Valentiam, 1561.
>Professor in Academia Bituricensi, 1567-1572.
>>Abiit Genevam.
>Juris Professor in Academia Genevensi, 1573-1579.
>Portrait non signé.

Huben, Franciscus (*S. J.*), Cassellan.-Hassus.
>Natus 2 Septemb. 1683.
>Denatus (Fuldæ) 3 Junii 1737.

Litterarum humaniorum Professor in Collegio Fuldensi, 1707.
Philosophiæ Professor in Academia Heidelbergensi, 1714-1716.
Philosophiæ Professor in Collegio Moguntino, 1717-1719.
Theologiæ moralis Professor in Schola Molshemiana, 1719-1720.
Loco N. Reeb.
Theologiæ scholasticæ Professor in Schola Molshemiana, 1721-1725.
Loco J. Schetzer.
Concionator Fuldæ, 1726.
Theologiæ Professor in Collegio Fuldensi.

Hüffel, Johannes Franciscus Josephus.
Natus
Denatus
Theologiæ Professor in Universitate episcopali, 1787-1790.
Chanoine honoraire de la Cathédrale, 1803.

Huck (Huck), Andreas (*S. J.*), Mulhusin.-Thuring.
Natus 25 Julii 1639.
Denatus (Mogunt.) 25 Junii 1724.
Theol. Doct.
Rector Academiæ Molshemianæ, 22 Septemb. 1700-Novemb. 1701.
Loco M. Chappuis.
Rector Scholæ Molshemianæ, Novemb. 1701-20 Januar. 1705.
Præfectus Domus Probationis Moguntinæ.
Minister in Collegio Würzburgensi.
Superior Residentiæ in Markbreida.
Superior in Collegio Heidelbergensi.
Superior in Collegio Selestadiensi.
Præfectus Spiritus in Collegio Moguntino, 1709-1724.

Hullin, Pierre, de Tonnerre.
Né 29 Juillet 1770.
Décédé 6 Septemb. 1851.
Docteur ès lettres (*Coll.*), 20 Juillet 1809.
Professeur des belles-lettres à l'Ecole centrale, 27 Juillet 1796 - 7 Septemb. 1802.
Professeur de littérature au Lycée, 5 Septemb. 1803.
Professeur de littérature française à la Faculté des lettres, 20 Juillet 1809.
Doyen de la Faculté des lettres, 29 Mai 1831-18 Septemb. 1838.
Loco Ch. P. B. de Saint-Venant.
Professeur émérite, 18 Septemb. 1838.

Hunelle, Georgius Andreas (*S. J.*), Diœces. Argent.
Natus 22 April. 1711.
Denatus (Argent.) 26 Martii 1781.
Pœnitentiarius in Domo Lauretana, in Italia, 1752-1753.
Theologiæ moralis Professor in Universitate episcopali, 1759-1760.
Loco F. C. Pigenot.

Scripturæ Sacræ Professor in Universitate episcopali, 1760-1761.
Loco M. F. J. Siffert.
Theologiæ moralis Professor in Universitate episcopali, 1761-1765.
Loco J. Keifflin.
In Alsatia, 1765.
Argentorati, 1767-1768.

INGOLD, Franciscus Rudolphus, Argentin. (B U.)
Natus 24 August. 1572.
Denatus 3 Januar. 1642.
XIII vir, 23 Maii 1610.
Scholarcha, 27 Novemb. 1620.
<small>Portrait par P. Aubry. 1640.
Portrait par P. Aubry (Variante).
Portrait non signé. 1640.</small>

INTZ, Nicolaus (*S. J.*), Ursel.-Nassov.
Natus August. 1613.
Denatus (Mogunt.) 3 April. 1676.
Theol. Doct. (Würzburg.), 31 August. 1665.
Logicæ Professor in Academia Würzburgensi, 1647.
Philosophiæ Professor in Academia Würzburgensi, 1649.
Philosophiæ Professor in Academia Moguntina, 1652.
Theologiæ scholasticæ Professor in Universitate Würzburgensi, 1662-1668.
Theologiæ scholasticæ Professor in Academia Molshemiana, 1668-1673.
Loco G. Harlass.
Cancellarius Academiæ Molshemianæ, 1672-1673.
Loco G. Harlass.

ISFORDING, Johannes, Monasteriens-Rhenan.
Natus 1556.
Denatus (Passau) 24 April. 1639.
Rector Academiæ Molshemianæ (? 1623-1625).
Rector Collegii Passaviani.

JACOB, Claude-Nicolas, de Metz.
Né 23 Mai 1771.
Décédé (Sainte-Marie-aux-Mines), 1841.
Maître en pharmacie.
Elève en pharmacie à l'Hôpital militaire de Metz, 2 Janvier 1793.
Pharmacien sous-aide, 16 Mai 1794.
Pharmacien de 1re classe, 28 Février 1796.
Professeur à l'Hôpital militaire d'instruction, 27 Novemb. 1800-12 Décemb. 1801.
Pharmacien principal, 4 Juillet 1806.
Pharmacien en chef, 15 Novemb. 1813.
Professeur à l'Hôpital militaire d'instruction, 8 Janvier 1815-11 Avril 1815, puis 19 Octob. 1815-22 Juillet 1825.
Admis à la retraite, 27 Septemb. 1826.

JACQUEMIN, Eugène-Théodore, de Schirmeck.
    Né 21 Janvier 1828.

    Pharmacien de 1re classe, 31 Août 1853.
    Agrégé de pharmacie, 20 Décemb. 1854.
    Docteur ès sciences physiques, 8 Août 1860.
    Professeur agrégé à l'École de pharmacie, 9 Janvier 1855.
    Chargé du cours de chimie à l'École de pharmacie, 29 Novemb. 1856.
                      Loco C. F. Gerhardt.
    Professeur adjoint de chimie générale à l'École de pharmacie, 15 Juillet 1861.
    Chargé du cours de chimie agricole à la Faculté des sciences, 24 Juillet 1869.
    Professeur de chimie générale à l'École de pharmacie, 11 Avril 1870.
    Professeur de chimie générale à l'École de pharmacie de Nancy, 1 Octob. 1872.
    Directeur honoraire, 15 Octob. 1886.

JACQUESSON, Ludovicus (S. J.), Châlons-sur-Marne.
    Natus 14 Decemb. 1659.
    Denatus (Mussiponti) 23 Januar. 1743.
    Theol. Doct.
    Rector Collegii Barroducensis, 1705-1708.
    Rector Collegii Colmariensis, 1709-1712.
    Rector Collegii Metensis, 1719-1722.
    Rector Collegii Ensishemiani, 1722-1724.
    Rector Collegii Rhemensis, 1725-1728.
    Præpositus Provinciæ Campaniæ, 1728-1731.
    Rector Universitatis episcopalis, 26 Julii 1731-23 April. 1735.
                      Loco J. Scheffmacher.
    Rector Universitatis Mussipontanæ, 1735-1738.

JANET, Paul-Alexandre-René, de Paris.
    Né 30 Avril 1823.

    Docteur ès lettres (Paris), 26 Août 1848.
    Professeur de philosophie au Lycée de Bourges, 1845-1848.
    Chargé du cours de philosophie à la Faculté des lettres, 16 Décemb. 1848.
                      Loco L. E. M. Bautain.
    Professeur de philosophie à la Faculté des lettres, 6 Janvier 1852.
    Professeur de philosophie au Lycée Louis-le-Grand, 29 Décemb. 1856.
    Professeur de l'histoire de la philosophie à la Faculté des lettres de Paris, 1864.
    Membre de l'Académie des sciences morales et politiques, 13 Février 1864.

JEANJEAN, Antonius, Selestad.
    Natus 2 (vel 10) Februar. 1727.
    Denatus 1 August. 1790.
    Theol. Doct., 1765.

Theologiæ Professor in Universitate episcopali.
Superior Seminarii episcopalis, 3 Octob. 1765-1790.
Rector Universitatis episcopalis, 1 Decemb. 1786-1790.

Canonicus ad Sanctum Petrum juniorem.
Portrait d'après M. Tanisch par Verhelst, Mannheim.

JEANNEL, Julien-François, de Paris.
Né 11 Février 1814.

Docteur en médecine (Paris), 21 Février 1838.
Pharmacien sous-aide-major, 12 Décemb. 1833.
Pharmacien aide-major, 13 Mars 1838.
Pharmacien aide-major de 1re classe, 23 Novemb. 1841.
Pharmacien-major de 2e classe, 3 Mai 1842.
Professeur intérimaire à l'Hôpital militaire d'instruction, 1845.
Professeur à l'Ecole de médecine et de pharmacie de Bordeaux, 1848-1869.
Pharmacien-major de 1re classe, 10 Décemb. 1848.
Pharmacien principal de 2e classe, 16 Mai 1852.
Pharmacien principal de 1re classe, 30 Décemb. 1858.
Pharmacien inspecteur, 26 Août 1876.
    Admis à la retraite, 1 Septemb. 1878.

JEANNOLLE, Dominicus (S. J.)
Natus 14 August. 1677.
Denatus (Oelenberg) 27 Januar. 1714.
Logicæ Professor in Universitate episcopali, 1708-1709.
    Loco G. Beaujour.
Physicæ Professor in Universitate episcopali, 1709-1710.
    Loco G. Beaujour.
Operarius in Prioratu Œlenbergensi, 1711-1712.

JENNI, Franciscus (S. J.), Kintzhem.-Alsat.
Natus 4 Octob. 1696.
Denatus (Selestadii) 6 Decemb. 1758.
Logicæ Professor in Schola Molshemiana, 1729-1730.
    Loco J. Weber.
Physicæ Professor in Schola Molshemiana, 1730-1731.
    Loco J. Weber.
Procurator Scholæ Molshemianæ, 1735-1737.
Superior Residentiæ Rubeacensis, 1748.
Professor in Residentia Badensi, 1752.
Missionarius in Neunkirchen, 1754.

JOANNIS, Joachimus (S. J.), Frisio-Lewardiens.
Natus 23 Decemb. 1583.
Denatus (Molshem.) 15 Junii 1657.
Theol. Doct. (Molsheim), 1623.
Metaphysicæ Professor in Academia Molshemiana, 1620-1621.
Theologiæ Professor in Collegio Bambergensi, 1621-1622.
Theologiæ Professor in Academia Molshemiana, 1623.
Vice-Cancellarius Academiæ Molshemianæ, 1654-1657.

JOBART, Dominicus (S. J.), Romarico-Montanus.
    Natus 23 Februar. 1632.
    Denatus (Würzburg.) 25 Octob. 1673.
    Theol. Bacc. (Würzburg.), 14 Decemb. 1671.
    Theol. Doct.
    Logicæ Professor in Academia Molshemiana, 1663-1664.
                  (?) *Loco* W. Düngen.
    Physicæ & Matheseos Professor in Academia Molshemiana, 1664-1665.
                  Loco W. Düngen.
    Metaphysicæ & Ethices Professor in Academia Molshemiana, 1665-1666.
                  Loco W. Düngen.
    Scripturæ Sacræ Professor in Academia Molshemiana, 1666-1667.
                  Loco C. Ulsch.
    Theologiæ scholasticæ Professor in Academia Molshemiana, 1667-1668.
                  Loco A. Wigandt.
    Theologiæ Professor in Universitate Würzburgensi, 1670.

JOCISCUS, Andreas, Siles.
    Natus
    Denatus
    Ethicæ Professor, 1568.

JODOCI, Tilmanus (S. J.), Casellanus-Hassus.
    Natus Martio 1590.
    Denatus (Molsheim) 17 Octob. 1656.
    Ethicæ & Matheseos Professor in Academia Molshemiana, 1627-1628.
    Matheseos Professor in Academia Molshemiana, 1628-1629.
    Matheseos Professor in Academia Molshemiana, 1632-1635.
    Logicæ Professor in Academia Molshemiana, 1644-1646.
    Ethices & Matheseos Professor in Academia Molshemiana, 1654-1656.

JŒSSEL, Jean-Georges, de Wolfisheim (Bas-Rhin).
    Né 27 Avril 1838.

    Docteur en médecine, 22 Décemb. 1865.
    Professeur agrégé à la Faculté de médecine, 27 Octob. 1869.
    Professeur d'anatomie descriptive à l'Ecole libre de médecine, Mai 1871-30 Septemb. 1872.
    Professeur à l'Institut anatomique de l'Université de Strasbourg.

JOHAM a MUNDOLTZHEIM, Johannes Philippus, Argent. (B. U.)
    Natus 16 Mart. 1644.
    Denatus 25 Junii 1707.
    Prætor, 8 Januar. 1680.
    Universitatis Cancellarius, 1679.

Jost, Franciscus (*S. J.*), Thannens.-Alsat.
>   Natus 25 Februar. 1687.
>   Denatus (Haslach) 28 Maii 1772.
>   Theol. Doct.
>   Logicæ Professor in Universitate episcopali, 1726-1727.
>   *Loco* J. A. Febvre.
>   Physicæ Professor in Universitate episcopali, 1727-1728.
>   *Loco* J. A. Febvre.
>   Logicæ Professor in Universitate episcopali, 1728-1729.
>   *Loco* P. A. Maderni.
>   Physicæ Professor in Universitate episcopali, 1729-1730.
>   *Loco* P. A. Maderni.
>   Juris canonici Professor in Universitate episcopali, 1730-1743.
>   *Loco* J. A. Febvre.
>   Juris canonici Professor in Universitate episcopali, 1745-1746.
>   *Loco* L. D. Breny.
>   Bibliothecarius Universitatis episcopalis, 1746-1753.
>   Sine officio (Argentorati), 1753-1765.
>   Inter dispersos (Haslachii), 1765-1772.

Joyeux, Jules-Antoine, de Metz.
>   Né 3 Février 1818.
>   Décédé (Andlau) Juin 1857.
>   Docteur en médecine, 11 Avril 1842.
>   Professeur agrégé à la Faculté de médecine, 24 Septemb. 1844.

Jung, André, de Strasbourg.
>   Né 20 Juin 1793.
>   Décédé 12 Octobre 1863.
>   Docteur en théologie (*Coll.*), 13 Août 1832.
>   Supérieur du Collège Saint-Guillaume, Novemb. 1821-1835.
>   Professeur suppléant au Séminaire protestant, 21 Novemb. 1826.
>   Professeur de dogmatique au Séminaire protestant, 5 Juin 1831-Octob. 1863.
>   Chargé du cours d'histoire ecclésiastique à la Faculté de théologie, 8 Février 1833.
>   Professeur d'histoire ecclésiastique à la Faculté de théologie, 28 Septemb. (1 Juillet) 1843-Octob. 1863.
>   Bibliothécaire de la Ville, 1843-1863.

Junius, Melchior, Wittembergens.
>   Natus 27 Octob. 1545.
>   Denatus 23 Januar. 1604.
>   Præceptor Tertiæ Classis in Gymnasio, 1565.
>   Eloquentiæ Professor, 1574.
>   *Loco* J. Sturm.
>
>   Portrait non signé.
>   Portrait par I. Brunn. 1604.

Junius, Melchior, Argent.
>   Natus 8 Novemb. 1572.
>   Denatus 4 April. 1613.
>   Jur. Doct. (Basil.), 1602.
>   Juris Professor, 1602.

JUNTHA (JUNTH vel JUNTA), Nicolaus, Argentin. (B. U.).
> Natus 27 Martii 1601.
> Denatus 22 Septemb. 1678.
> Consul, 1663 et 1669.
> Scholarcha, 1 Martii 1669.

KÆMMERER, Jean-Jacques, de Wolvisheim.
> Né 1755.
> Décédé 25 Septemb. 1798.
> Docteur en théologie.
> Professeur à Mannheim.
> Desservant à Bouxwiller, 1791.
> Vicaire de l'Evêque constitutionnel du Bas-Rhin, Supérieur et Professeur d'histoire ecclésiastique au Grand Séminaire constitutionnel, 1792.

KAGENECK, Bernhardus a, Ettenheimens.-Badens.
> Natus
> Denatus 1648.
> Prætor, 1621.
> Universitatis Cancellarius, 21 Februar. 1623-1626

KALWERUS, Paulus, Tübingensis.
> Natus
> Denatus
> Poëseos Professor, circa 1560,
> > Abiit Tubingam 1565.

KARG, Casparus (S. J.), Bamberg.
> Natus 12 Februar. 1650.
> Denatus (Fuldæ) 20 Decemb. 1716.
> Theol. Doct.
> Litterarum humaniorum Professor in Collegio Heiligenstadiensi, 1677.
> Litterarum hnmaniorum Professor in Collegio Badensi, 1681-1682.
> Physicæ Professor in Academia Molshemiana, 1682-1683.
> > Loco J. Willermin.
> Metaphysices Professor in Academia Molshemiana, 1683-1684.
> > Loco F. Straulin.
> Vice-Rector Academiæ Bambergensis, 11 April. 1685-4 Novemb. 1686.
> Vice-Rector Collegii Fuldensis, 1686.
> Rector Collegii Fuldensis.
> Minister in Seminario pontificali Fuldensi.

KAYSER, Philippe-Auguste, de Paris.
> Né 29 Novemb. 1781.
> Décédé (Alger) vers 1862.
> Docteur en médecine, 17 Janvier 1822.
> Chirurgien-major, 27 Mars 1813.
> Démonstrateur à l'Hôpital militaire d'instruction, 1820-1831.

Chirurgien-major breveté, 27 Octob. 1824.
Professeur agrégé à la Faculté de médecine, 14 Avril 1829.
Admis à la retraite, 1 Février 1861.
Professeur à l'Hôpital militaire d'instruction, 1831-1835.
Admis à la retraite, 1835.

Keipflin, Jacobus (*S. J.*), Bartenheim.-Alsat.
Natus 2 Martii 1719.
Denatus
Philosophiæ Professor in Universitate Mussipontana, 1751-1752.
Logicæ Professor in Universitate episcopali, 1753-1754.
Loco C. Baulny.
Physicæ Professor in Universitate episcopali, 1754-1756.
Loco C. Baulny.
Logicæ Professor in Universitate episcopali, 1756-1757.
Loco J. H. Lersé.
Physicæ Professor in Universitate episcopali, 1757-1759.
Loco J. H. Lersé.
Theologiæ moralis Professor in Universitate episcopali, 1760-1761.
Loco G. A. Hunelle.
Director in Seminario episcopali, 1761-1765.
Physicæ Professor in Universitate episcopali, 1764-1765.
Loco M. Zœpfel.
In Alsatia, 1765.
In Bartenheim (Alsatiæ Superioris), 1767-1768.

Kelsch, Louis-Félix-Achille, de Schiltigheim (Bas-Rhin).
Né 26 Janvier 1841.

Docteur en médecine, 6 Janvier 1866.
Médecin aide-major de 2ᵉ classe, 31 Décemb. 1866.
Répétiteur de physiologie à l'Ecole du service de santé militaire, 1868-1869.
Médecin aide-major de 1ʳᵉ classe, 31 Décemb. 1868.
Médecin-major de 2ᵉ classe, 31 Décemb. 1870.
Professeur agrégé à l'Ecole d'application de médecine et de pharmacie militaires au Val-de-Grâce, 1872-1874.
Médecin-major de 1ʳᵉ classe, 1 Octob. 1875.
Médecin principal de 2ᵉ classe, 12 Décemb. 1881.
Professeur des épidémies des armées à l'Ecole d'application de médecine et de pharmacie militaires au Val-de-Grâce.
Médecin principal de 1ʳᵉ classe, 29 Novemb. 1884.

Kerlinus, Christophorus.
Natus
Denatus 1549.
Græcæ linguæ Professor, 1541.
Loco J. Bedrottus.

Kern, Charles-Henry, de Bouxwiller.
  Né 15 Septemb. 1759.
  Décédé 16 Juillet 1847.
  Docteur en droit (12 Avril 1790).
  Professeur suppléant à la Faculté de droit, 13 Juillet 1818.
  Professeur de Code civil français à la Faculté de droit, 6 Septemb. 1819.
  Loco J. Frantz.
  Doyen de la Faculté de droit, 10 Mars 1829-9 Mai 1837.
  Loco J. G. D. Arnold.
  Doyen honoraire, 9 Mai 1837.
  Admis à la retraite, 4 Mai 1841.

Kettenheim, Johannes Philippus a, Kettenhem.-Hass.
  Natus 30 Novemb. 1544.
  Denatus 20 Februar. 1602.
  Prætor, 1579.
  Universitatis Cancellarius 25 April. 1580.

Keuffer, Johannes (*S. J.*), Selestadiens.
  Natus 17 Decemb. 1658.
  Denatus (Würzburg.) 7 Octob. 1718.
  Litterarum humaniorum Professor in Collegio Selestadiensi, 1679.
  Litterarum humaniorum Professor in Collegio Moguntino.
  Litterarum humaniorum Professor in Seminario pontificali Fuldensi, 1683-1684.
  Theologiæ Studiosus in Collegio Moguntino, 1684-1688.
  Præfectus Musæi in Seminario pontificali Fuldensi, 1688-1689.
  Matheseos Professor in Collegio Bambergensi, 1689-1690.
  Annus Tertiæ Probationis, 1690-1691.
  Logicæ Professor in Academia Molshemiana, 1691-1692.
  Loco M. Lucas.
  Physicæ Professor in Academia Molshemiana, 1692-1693.
  Loco M. Lucas.
  Philosophiæ Professor in Academia Fuldensi, 1693-1694.
  Grammatices Professor in Collegio Badensi.
  Superior in Collegio Heidelbergensi.
  Rector Collegii Badensis.
  Vice-Rector Collegii Heidelbergensis.
  Matheseos Professor in Collegio Würzburgensi.
  Præfectus Spiritus in Collegio Würzburgensi, 1715-Octob. 1718.

Khunius, Johannes Caspar, Sarapontanus. (B. U.)
  Natus 25 Julii 1655.
  Denatus 7 Octob. 1720.
  Phil. Doct., 1676.
  Præceptor in Gymnasio.
  Director Gymnasii, 1703-1720.
  Philosophiæ practicæ Professor, 28 Octob. 1695.
  Historiæ & Eloquentiæ Professor, 19 Maii 1702.
  Loco J. C. Artopœus.
  Portrait d'après Kirchberg par J. B. Lutherburg.

KIENLEN, Henri-Guillaume, de Berlin.
> Né 7 Octob. 1816.
> Décédé (Illenau, Grand-Duché de Bade) 14 Mai 1876.
> Docteur en théologie, 13 Juin 1842.
> Agrégé libre au Séminaire protestant (Cours de Théologie, d'Encyclopédie théologique, d'Epîtres pastorales, d'Apocalypse), 1862-1870.

KIPPENHEIM, Henricus Balthasar a, Mocen. (B. U.)
> Natus 16 April. 1608.
> Denatus 12 Februar. 1679.
> Prætor, 1659.
> Universitatis Cancellarius, 1662.

KIPS, Johannes Jacobus.
> Natus
> Denatus Julio 1607.
> Consul, 1594, 1600 et 1606.
> Scholarcha, 1 Octob. 1594.

KIPS, Johannes Philippus.
> Natus
> Denatus
> XIII vir.
> Scholarcha circa 1666.

KIRCHBERGER, Andreas (S. J.), Ehingensis.
> Natus 1576.
> Denatus (Heidelbergæ) 18 Maii 1628.
> Rector Collegii Würzburgensis, 1619-1622.
> Rector Academiæ Molshemianæ, 1626-Maio 1628.

KIRSCHLEGER, Frédéric, de Munster.
> Né 7 Janvier 1804.
> Décédé 15 Novemb. 1869.
> Docteur en médecine, 3 Février 1829.
> Docteur ès sciences (1re partie), 18 Novemb. 1846.
> Professeur d'histoire naturelle à l'Ecole de pharmacie, 28 Novemb. 1835-Novemb. 1869.
> Professeur d'histoire naturelle à la Faculté des sciences, 1835-Novemb. 1869.
> Professeur agrégé à la Faculté de médecine (Sciences physiques, pharmaceutiques et naturelles), 30 Août 1845.
>> Portrait par Legenisel.
>> Portrait lithographié par Ch. A. Schuler. Vers 1850.

KLEIN, Franciscus Antonius, Kirchheimensis-Alsat.
> Natus 1745.
> Denatus 22 August. 1810.
> Theol. Doct. (25 Novemb. 1771).
> Professor in Collegio Molshemiano.
> Logicæ Professor in Universitate episcopali, 1781-1782.
> Physicæ Professor in Universitate episcopali, 1782-1785.

Logicæ Professor in Universitate episcopali, 1785-1789.
Historiarum Professor in Universitate episcopali, 1789-1791.
Chanoine de la Cathédrale, 4 Février 1803.

Kniebs, Nicolaus.
>
> Natus
> Denatus 4 Octob. 1552.
> Consul, 1519, 1525, 1531 et 1537.
> Scholarcha, 1538.
>
>> Portrait par H. B. Grien.

Kniebs, Nicolaus Hugo.
>
> Natus
> Denatus 26 Octob. 1588.
> XIII vir, 1584.
> Scholarcha, 20 Februar. 1581.

Koch, Christophorus Wilhelmus, Buxovill.
>
> Natus 9 (? 19) Maii 1737.
> Denatus 29 Octobr. 1813.
> Jur. Doct., 26 Septemb. 1776. (7 August. 1759.)
> Phil. Doct., 23 Septemb. 1773.
> Historiar. Professor extraordinarius, 1785 (1771 ?).
> Juris Professor, 1787.
> Député à l'Assemblée législative, 29 Août 1791.
> Membre du Tribunat, Mars 1802-1807.
> Membre de l'Institut.
> Professeur d'histoire et de droit public à l'Académie protestante, 20 Mars 1803.
> Professeur d'histoire à la Faculté des lettres.
> Membre du Directoire, 25 Août 1810.
> Recteur de l'Académie de Strasbourg, 1808-Décemb. 1810.
> Recteur honoraire, 21 Décemb. 1810.
>
>> Portrait d'après R. Lefèvre par C. Guérin.
>> Portrait par Chrétien. 1807.

Koch, Josephus (S. J.), Fuldens.
>
> Natus 31 Octob. 1697.
> Denatus (Ettlingæ) 30 Julii 1757.
> Logicæ Professor in Schola Molshemiana, 1730-1731.
>> *Loco* F. Jenni.
>
> Physicæ Professor in Schola Molshemiana, 1731-1732.
>> *Loco* F. Jenni.
>
> Concionator Ettlingæ, 1748.
> Rector Collegii Fuldensis, 16 Martii 1752.

Kœberlé, Eugène, de Schlestadt.
>
> Né 18 Décemb. 1833.
>
> Docteur en médecine, 27 Août 1853.
> Professeur agrégé à la Faculté de médecine, 30 Janvier 1854.

Koenig, Cyriacus (*S. J.*), Molshemens.
    Natus 14 Februar. 1721.
    Denatus post 1769.
    Professor in Residentia Rubeacensi, 1752.
    Missionarius in Cassel, 1754.
    Logicæ Professor in Schola Molshemiana, 1756-1757.
                             Loco M. Zirck.
    Physicæ, Ethicæ & Metaphysicæ Professor in Schola Molshemiana, 1757-1758.
                             Loco M. Zirck.
    Concionator in Collegio Selestadiensi. 1759-1761.
    Missionarius in Neunkirchen, 1761-1763.
    In Alsatia, 1765-1770.
    Administrator Parochiæ Neunkirchensis, 1770.

Koenig, Daniel Andreas, Argentin. (B. U.)
    Natus 30 April. 1659.
    Denatus 13 Februar. 1726.
    Consul, 1718.
    Scholarcha, 1721.

Koenigsmann, Robertus, Argent. (B. U.)
    Natus 2 Octob. 1606.
    Denatus 25 Junii 1663.
    Phil. Doct., 20 April. 1650.
    Eloquentiæ latinæ Professor, 25 April. 1650.
                                 Loco J. S. Gambs.

Koepflein, Wolffgang Fabricius, *vide* Capito.

Kolakowski, Martianus (*S. J.*), Masovita-Polonus.
    Natus 9 Novemb. 1630.
    Denatus (Nieswiesz) 28 Februar. 1697.
    Logicæ Professor in Academia Molshemiana, 1659-1660.
                               Loco P. Cron.
    Physicæ Professor in Academia Molshemiana, 1660-1661.
                             Loco V. Walther.
    Metaphysicæ & Ethices Professor in Academia Molshemiana, 1661-1662.
                             Loco V. Walther.
                 Rediit Lithuaniam, 1662.
    Superior Domus probationis Nieswieszensis, 1697.

Kolb, Georgius (*S. J.*), Dinckelsbühl.
    Natus 4 Octob. 1627.
    Denatus (Fuldæ) 27 Octob. 1683.
    Scripturæ Sanctæ Professor in Academia Molshemiana, 1672-1675.
    Theologiæ moralis Professor in Academia Molshemiana, 1675-1678.
                               Loco H. Wallraaff.
    Controversiæ Professor in Collegio Fuldensi, 1683.

KOLLÖFFEL (COLLEFELLIUS), Christophorus, Argentin. (B. S.).
    Natus 21 Januar. 1540.
    Denatus 7 Octob. 1620.
    XIII vir, 9 Januar. 1608.
    Scholarcha, 20 Julii 1607.

KOPP, Charles-Émile, de Wasselonne (Bas-Rhin).
    Né 3 Mars 1817.
    Décédé (Zürich) 29 Novemb. 1875.
    Docteur ès sciences physiques, 14 Octob. 1842.
    Pharmacien de 1re classe, 13 Avril 1847.
    Professeur agrégé à l'Ecole de pharmacie, 3 Mai 1847.
    Professeur adjoint à l'Ecole de pharmacie, 27 Juillet 1847.
                   Loco C. F. Oppermann.
    Député à l'Assemblée nationale, 1849.
    Professeur de chimie à l'Académie de Lausanne.
    Professeur de chimie au Muséum de Turin.
    Professeur de chimie au Polytechnicum de Zürich, 1871.

KORUM
    Né
    Décédé
    Docteur
    Professeur de philosophie au Grand Séminaire catholique, 1866-1870.
    Professeur de théologie au Grand Séminaire catholique, 1870.
    Évêque de Trèves.

KRAMPP, Chrétien-Charles, de Strasbourg.
    Né 10 Juillet 1760.
    Décédé 13 Mai 1826.
    Docteur en médecine, 22 Décemb. 1785 (30 Novemb. 1785).
    Docteur ès sciences (? *Coll.*).
    Professeur de chimie et de physique expérimentale à l'École centrale d'Aix-la-Chapelle, 1796.
    Professeur de mathématiques appliquées à la Faculté des sciences, 25 Juillet 1809 - Mai 1826.
    Doyen de la Faculté des sciences, 25 Juillet 1809 - Mai 1826.

KRAUSHAAR, Adolphus (*S. J.*), Hagenoëns.
    Natus 23 Decemb. 1635.
    Denatus (Hagenoæ) 5 Septemb. 1675.
    Logicæ Professor in Academia Molshemiana, 1666-1667.
                   Loco G. Roth.
    Physicæ & Matheseos Professor in Academia Molshemiana, 1667-1668.
                   Loco G. Roth.
    Metaphysicæ Professor in Academia Molshemiana, 1668-1669.
                   Loco G. Roth.

KREBS, Henricus (*S. J.*), Hagenoëns.
    Natus 4 April. 1628.
    Denatus (Molsheim) 17 (*vel* 14) Octob. 1680.
    Philosophiæ Professor in Academia Würzburgensi, 1663-1664.

Theologiæ moralis Professor in Academia Würzburgensi, 1667.-1668.
Theologiæ Professor in Academia Bambergensi, 1673-1677.
Scripturæ Sacræ Professor in Academia Würzburgensi, 1677-1680.
(?) Theologiæ Professor in Academia Molshemiana, 1680.

KREISS, Théodore, de Bischheim (Bas-Rhin).
Né 13 Juin (? 18 Juillet) 1802.
Décédé 6 Février 1860.
Candidat en théologie, 31 Mars 1824.
Professeur agrégé au Gymnase protestant, 22 Mai 1828.
Professeur de littérature grecque et latine au Gymnase protestant, 19 Juillet 1830.
Professeur de littérature grecque au Séminaire protestant, 9 Mars 1843.
Loco G. F. **Lachenmeyer.**

KRETZ, Marquardus (*S. J.*), Spirens.
Natus 28 (*vel* 26) Martii 1716.
Denatus (Würzburg.) 7 Octob. 1762.
Logicæ Professor in Schola Molshemiana, 1745-1746.
Loco P. **Schommartz.**
Physicæ, Ethicæ & Metaphysicæ Professor in Schola Molshemiana, 1746-1747.
Loco P. **Schommartz.**
Logicæ Professor in Collegio Würzburgensi, 1748.
Concionator in Collegio Würzburgensi, 1753-1762.

KROPH, Adamus (*S. J.*), Untereisenheimens.-Francon.
Natus 15 Martii 1715.
Denatus (Molsheim) 8 Septemb. 1762.
Philosophiæ Professor in Academia Fuldensi, 1749-1751.
Philosophiæ Professor in Universitate Heidelbergensi, 1752-1754.
Philosophiæ Professor in Universitate Würzburgensi, 1754-1756.
Scripturæ Sacræ Professor in Academia Fuldensi, 1756-1757.
Theologiæ moralis & Linguæ hebrææ Professor in Schola Molshemiana, 1757-Septemb. 1762.
Loco J. **Maciejowski.**

KROUST, Michaël, *vide* CROUST.

KÜHNIUS, Joachim, Greifswald. (B. U.)
Natus 1647.
Denatus 11 Decembris 1697.
Conrector Scholæ Oettingensis, 1669-1676.
Græcæ linguæ Præceptor in Gymnasio, 1676-1686.
Græcæ & Hebrææ linguæ Professor, 14 Junii 1686.

KÜHORN, Johannes (*S. J.*), Egrensis.
Natus 12 Februar. 1651.
Denatus (Würzburg.) 27 Decemb. 1723.

Litterarum humaniorum Professor in Collegio Würzburgensi, 1672.
In cura animorum, Ettlingæ.
Minister in Collegio Hagenoënsi.
Logicæ Professor in Academia Bambergensi, 1684-1685.
Physicæ Professor in Academia Bambergensi, 1685-1686.
Metaphysicæ Professor in Academia Bambergensi, 1686-1687.
Theologiæ Professor in Academia Fuldensi, 1687-1689.
Theologiæ Professor in Collegio Moguntino, 1689-1692.
Minister in Collegio Fuldensi, 1692-1693.
Theologiæ moralis Professor in Academia Bambergensi, Martio 1693-1697.
Socius Magistri Novitiorum, Moguntiæ, 1698-1700.
Theologiæ polemicæ Professor in Academia Molshemiana, 1700-1701.
Loco S. Wüst.

Superior Collegii Fuldensis.
Superior Collegii Ettlingensis.
Superior Collegii Würzburgensis.
Superior Collegii Fuldensis.
? Socius Provincialis Rheni Superioris.

Kugler, Johannes Reinhardus, Argent. (B. U.)
Natus 22 Octob. 1723.
Denatus 1794.
Jur. Doct., 30 April. 1767 (22 Decemb. 1750.)
Juris Professor, 12 Decemb. 1755.
Loco J. F. Bœcler.

Institut. Imp. Prof. publ. ord., 1756.
Pandect. & Jur. Can. Prof. publ. ord., 1760.
Pandect. & Jur. publ. Prof. publ. ord., 1770.

Kuhn, Dominicus (*S. J.*), Hagenoënsis.
Natus 6 Martii 1723.
Denatus
Missionarius Nanceii, 1754-1760.
Prædicator in Ecclesia Argentoratensi, 1760-1763.
Controversista in Universitate episcopali, 1763-1764.
Sine officio, Sennhemii, 1764.
Sine officio, Hagenoæ, 1767-1768.

Kuhn, Johannes Caspar, *vide* **Khunius**.

Kulpis, Johannes Georgius, Alsfeld-Hassiac.
Natus 19 Decembr. 1652.
Denatus (Stuttgart.) 2 Septemb. 1698.
Jur. Licent., 15 August. 1678.
Juris Professor, 10 Mart. 1683.
Abiit Stuttgart. 1686.

Küss, Émile, de Strasbourg.
Né 1 Février 1815.
Décédé (Bordeaux) 1 Mars 1871.

Docteur en médecine, 31 Août 1841.
Professeur agrégé à la Faculté de médecine, 10 Janvier 1845.
Professeur de physiologie à la Faculté de médecine, 7 Décemb. 1846.
<small>Portrait lithographié par A. Rosé. 1860.
Portrait dessiné en 1846 par Schützenberger, photogravure.
Portrait typographié. 1871.</small>

Kyber, David, Argent.
   Natus 1525.
   Denatus 1553.
   Theol. Doct.
   Hebrææ linguæ Professor, 1549.

Kyber, Elias, Gengenbacens.-Badens.
   Natus
   Denatus 19 Novemb. 1569.
   Hebrææ linguæ Professor, 1564.
               Loco D. Flegel.
   Theologiæ Professor, 1568.

Laborie, Laurent-Pierre-Honoré. d'Opoul (Pyrénées-Orientales).
   Né 12 Avril 1767.
   Décédé
   Docteur ès lettres (*Coll.* ?).
   Recteur de l'Académie, 5 Juin 1821.
               Loco F. X. L. Levrault.
   Proviseur du Collège Louis-le-Grand, 30 Septemb. 1824 - 30 Juillet 1830.

Lacauchie, Adolphe-Euclide, de Paris.
   Né 28 Février 1806.
   Décédé (Paris) 3 Septemb. 1853.
   Docteur en médecine (Paris), 6 Novemb. 1834.
   Chirurgien sous-aide-major, 15 Décemb. 1831.
   Chirurgien aide-major, 9 Février 1834.
   Professeur à l'Hôpital militaire d'instruction de Metz, 1836-1842.
   Professeur agrégé à la Faculté de médecine, 20 Mai 1839.
   Chirurgien-major de 2ᵉ classe, 17 Octob. 1840.
   Professeur à l'Hôpital de perfectionnement de médecine et de pharmacie militaires au Val-de-Grâce, 19 Avril 1842.
   Chirurgien-major de 1ʳᵉ classe, 14 Mars 1844.
   Chirurgien principal de 2ᵉ classe, 3 Mars 1849.
   Médecin principal de 1ʳᵉ classe, 7 Avril 1852.

La Chapelle, Franciscus Bernardus de (*S. J.*), Bar-le-Duc.
   Natus 25 Martii 1650.
   Denatus (Langres) 8 April. 1725.
   Theol. Doct.
   Rhetoricæ Professor in Universitate Mussipontana, 1678-1679.
   Mathematum Professor in Universitate Mussipontana, 1680-1684.
   Philosophiæ Professor in Universitate Mussipontana, 1688-1689.
   Physicæ Professor in Universitate Mussipontana, 1689-1690.
   Philosophiæ Professor in Universitate Mussipontana, 1690-1691.

Physicæ Professor in Universitate Mussipontana, 1691-1692.
Theologiæ moralis Professor in Seminario episcopali, 1692-1693.
      Loco F. N. Claudot.
Theologiæ scholasticæ Professor in Seminario episcopali, 1693-1695.
      Loco J. Guillaume.
Theologiæ scholasticæ Professor in Collegio Divionensi, 1695-1696.
Superior Residentiæ Sammiellanæ, 1696-1700.
Rector Collegii Barroducensis, 1700-1705.
Superior Residentiæ Sammiellanæ, 1708-1711.
Superior Residentiæ Sancti Nicolai, 1714-1718.
Rector Universitatis Mussipontanæ, 1718-1722.
Rector Collegii Lingonensis, 1722-1725.

LACHAUSSE, Meinrade-Augustin, de Porentruy.
 Né 8 Septemb. 1729.
 Décédé
 Docteur en médecine, 27 Juillet 1758 (12 Avril 1755).
 Médecin suppléant à l'Hôpital militaire, 20 Décemb. 1767.
 Médecin en second à l'Hôpital militaire, 12 Mars 1777.
 Professeur à l'Hôpital militaire d'instruction, 1780-1784.
 Médecin en second à l'Hôpital militaire, 10 Août 1781.
   Admis à la retraite, 27 Octob. 1784.

LACHENMEYER, George-Frédéric, de Pirmasens (Mont-Tonnerre).
 Né 16 Janvier 1792.
 Décédé 26 Décembre 1842.
 Candidat en théologie, 1815.
 Supérieur du Collège Saint-Guillaume, 1816-1819.
 Professeur suppléant au Gymnase protestant, 1819.
 Professeur de littérature grecque au Gymnase protestant, 14 Juin 1821-Décemb. 1842.
 Professeur suppléant au Séminaire protestant, 1821.
 Professeur de littérature grecque et latine au Séminaire protestant, 3 Février 1830.
      Loco J. Schweighæuser.

LACISIUS, Paulus, Veronens.
 Natus
 Denatus Martio 1544.
 Latinæ linguæ Professor in Academia Luccana, 1541.
 Græcæ linguæ Professor, 1542.

LACOURNÈRE, Jean, de Riscle (Gers).
 Né 1756.
 Décédé (Paris) 27 Novemb. 1849.
 Docteur en chirurgie, 24 Août 1803.

 Chirurgien de 1re classe.
 Professeur d'anatomie à l'Hôpital militaire d'instruction, 1798-1801.
 Chirurgien par quartier de Napoléon Ier.
 Membre de l'Académie de médecine, 16 Avril 1823.

LAFITE, Jean-Abraham-Ulysse, de Bordeaux.
    Né 21 Mars 1799.
    Décédé
    Docteur ès lettres.
    Professeur de littérature française à la Faculté des lettres, 23 Février 1849.
        Admis à la retraite, vers 1869.

LAFON, Pierre, de Sarlat (Dordogne).
    Né
    Décédé
    Docteur en droit, 16 Février 1839.
    Professeur suppléant provisoire à la Faculté de droit, 6 Février 1841.
        Démissionnaire en 1846.

LA GARDE, Sieur DE FRANCHEVILLE, *vide* CUSTOSIUS.

LAGUILLE, Ludovicus (*S. J.*), Autun.
    Natus 1 Octob. 1658.
    Denatus (Mussiponti) 18 April. 1742.
    Theol. Doct.
    Rector Collegii Lingonensis, 1705-1708.
    Rector Collegii Metensis, 1708-1712.
    Rector Universitatis episcopalis, 12 Decemb. 1712-16 Februar. 1716.
        Loco F. Baltus.
    Provincialis Provinciæ Campaniæ, 16 Februar. 1716-1718.
    Rector Universitatis episcopalis, 23 Februar. 1719-15 Januar. 1725.
        Loco P. Robinet.
    Provincialis Provinciæ Campaniæ, 1725-1728.
    Rector Collegii Divionensis, 20 Septemb. 1729-1731.
    Provincialis Provinciæ Campaniæ, 30 April. 1731-24 Maii 1734.
    Rector Collegii Rhemensis, 1734-1737.
    Rector Collegii Nanceiani, 1737-1740.

LAMACHE, Paul, de Saint-Pierre-Église.
    Né 19 Juillet 1810.

    Docteur en droit (Paris), 26 Février 1844.
    Professeur de droit romain à la Faculté de droit, 22 Août 1854.
    Professeur de droit administratif à la Faculté de droit, 10 Mars 1859.
        Loco F. Schützenberger.
    Professeur de Code civil à la Faculté de droit de Bordeaux, 10 Février 1871.

LA MOTTE, Carolus de (*S. J.*), Rhemens.
    Natus 7 Februar. 1674.
    Denatus (Dijon) 17 Januar. 1742.
    Theol. Doct.
    Rector Collegii Senonensis, 1725-1729.
    Rector Collegii Calvomontani, 1729-1731.
    Rector Collegii Laudunensis, 1731-1735.

Rector Universitatis episcopalis, 24 April. 1735 - 11 April 1738.
          Loco L. Jacquesson.
Præpositus Provinciæ Campaniæ, 1738 - 1741.
Rector Collegii Divionensis, 1741 - 1742.

LANDONNET (LANDONET), Rudolphus (S. J.), Rubeac.
 Natus 19 Novemb. 1640.
 Denatus (Mogunt.) 5 Junii 1700.
 Litterarum humaniorum Professor in Collegio Bambergensi, 1662-1664.
 Poëseos Professor in Collegio Bambergensi, 1664 - 1665.
 Rhetoricæ Professor in Collegio Bambergensi, 1665 - 1667.
 Logicæ Professor in Academia Molshemiana, 1672 - 1673.
          Loco H. Wallraaff.
 Physicæ Professor in Academia Molshemiana, 1673 - 1674.
          Loco H. Wallraaff.
 Metaphysicæ Professor in Academia Molshemiana, 1674 - 1675.
          Loco H. Wallraaff.
 Concionator, Rubeaci.
 Concionator, Molshemii.
 Concionator, Bambergæ.
 Concionator, Moguntiæ, 1682 - 1700.

LANG, Josephus, Kaysersberg. - Alsat.
 Natus circa 1570.
 Denatus (Friburg. - Brisg.) Maio 1615.
 Præceptor Tertiæ classis in Gymnasio, 1589.
 Mathematum Professor, 1599.
          Loco J. Bentz.
      Abiit Friburgam-Brisg. 1604.
 Matheseos & Linguæ græcæ Professor in Academia Friburgensi-Brisg., 1604.

LANGLOIS, Charles, de Songeons (Oise).
 Né 23 Juin 1800.
 Décédé (Paris) 29 Novemb. 1880.
 Docteur en médecine (Paris), 22 Février 1830.
 Pharmacien-élève, 10 Mars 1823.
 Pharmacien sous-aide, 14 Juillet 1823.
 Pharmacien sous-aide-major breveté, 27 Octob. 1824.
 Pharmacien aide-major, 5 Août 1831.
 Démonstrateur à l'Hôpital militaire d'instruction, 13 Avril 1834.
 Professeur à l'Hôpital militaire d'instruction, 29 Juillet 1837 - Août 1845.
 Pharmacien-major, 29 Juillet 1837.
 Pharmacien-major de 1re classe, 23 Novemb. 1841.
 Professeur à l'Hôpital militaire d'instruction de Metz, 8 Août 1845 - 15 Avril 1852.
 Pharmacien principal de 2e classe, 14 Décemb. 1848.
 Pharmacien principal de 1re classe, 7 Avril 1852.
     Admis à la retraite, 10 Août 1860.

LANTZ, Johannes Jacobus, Selestadiens.
 Natus 29 Februar. 1720.
 Denatus (Ettenheim) 6 Januar. 1799.

Theol. Doct.
Rector Universitatis episcopalis, 17.. - 1787.
Canonicus et Decanus S. Petri junioris.
Episcopus Doræ, Episcopi Argentinensis Suffraganeus, 1786.

LANUSSE, Raymond-Camille-Joseph-Marie, de Nogaro (Gers).
Né 1 Mars 1842.
Décédé (Nogaro) 24 Mars 1879.
Docteur en droit (Paris), 13 Septemb. 1865.
Agrégé à la Faculté de droit, 21 Juillet 1868.
Chargé du cours de Code civil à la Faculté de droit, 9 Novemb. 1868.
Loco (?) A. A. Mugnier.
Agrégé à la Faculté de droit de Bordeaux, 11 Avril 1871.

LAPORTE, Jean-Baptiste DE, de Saint-Jean-le-Vieux.
Né 30 Juin 1753.
Décédé 10 Octob. 1828.
Docteur en droit (*Coll.*), 20 Novemb. 1809.
Professeur de législation criminelle et de procédure civile et criminelle à la Faculté de droit, 26 Mars 1806.
Admis à la retraite, 31 Octob. 1823.

LARES, Nicolaus (*S. J.*), Aschaffenburg.
Natus Martio 1624.
Denatus (Molsheim) 1 Februar. 1682.
Theol. Doct.
Grammaticæ Professor in Collegio Bambergensi, 1649-1651.
Poëseos Professor in Collegio Bambergensi, 1651-1652.
Logicæ Professor in Academia Bambergensi, 1655-1657.
Physicæ Professor in Academia Bambergensi, 1657-1658.
Metaphysicæ Professor in Academia Bambergensi, 1658-1659.
Logicæ Professor in Collegio Fuldensi, 1659-1660.
Physicæ Professor in Collegio Fuldensi, 1660-1661.
Logicæ Professor in Academia Molshemiana, 1661-1662.
Loco C. Ulsch.
(?) Physicæ Professor in Academia Molshemiana, 1662-1663.
Loco C. Ulsch.
Metaphysicæ Professor in Academia Molshemiana, 1663-1664.
Loco C. Ulsch.
Physicæ Professor in Collegio Moguntino, 1664-1665.
Metaphysicæ Professor in Collegio Moguntino, 1665-1666.
Theologiæ moralis Professor in Collegio Moguntino, 1666-1667.
Theologiæ scholasticæ Professor in Academia Molshemiana, 1667-1680.
Loco P. Richart.
Cancellarius Academiæ Molshemianæ, 1676-1680.
Loco C. Hauck.

LA RUELLE, Carolus de (*S. J.*), Pannensis *prope* Thiaucourt.
Natus 31 Septemb. 1655 (*vel* 27 Septemb. 1656).
Denatus (Nanceii) 10 Maii 1723.

Philosophiæ Professor in Universitate Mussipontana, 1691-1692.
Physicæ Professor in Collegio Rhemensi, 1692-1695.
Theologiæ moralis Professor in Seminario episcopali, 1695-1696.
Loco F. Colinet.

LAUBRUSSEL, Franciscus, de (*S. J.*), Virdunens.
Natus 28 Maii 1651.
Denatus (Rhemis) 18 Februar. 1725.
Præfectus Scholarum superiorum in Collegio regio, 1696.
Scripturæ Sacræ Professor in Seminario episcopali, 1696-1697.
Loco N. F. Claudot.
Rector Collegii Nanceiani, 1712-1715.
Rector Collegii Lingonensis, 1715-1718.
Rector Collegii Catalaunensis, 1718-1721.
Superior Residentiæ Sammiellanæ, 1721-1722.
Rector Collegii Rhemensis, 1722-1725.

LAUBRUSSEL, Ignatius de (*S. J.*), Virdunens.
Natus 27 Septemb. 1663.
Denatus (Puerto di S. Maria, Hispania) 9 Octob. 1730.
Theol. Doct. (Argent.), 20 Junii 1702.
Rhetoricæ Professor in Universitate Mussipontana, 1687-1688.
Philosophiæ Professor in Universitate Mussipontana, 1693-1694.
Theologiæ scholasticæ Professor in Seminario episcopali, 1698-1701.
Loco F. Colinet.
Theologiæ scholasticæ Professor in Universitate episcopali, 1701-1705.
Rector Universitatis episcopalis, 19 Maii 1708-10 Octob. 1711.
Loco J. Dez.
Præpositus Provinciæ Campaniæ, 1711-1715.
Præceptor Ludovici, Principis Asturiarum, 1715-17..
Confessarius Mariæ-Magdalenæ-Theresæ, Principissæ Asturiarum, 17..-1730.

LAULT, Petrus Hubertus (*S. J.*), Savigny (Nièvre).
Natus 26 Novemb. 1724.
Denatus
Mathematum Professor in Universitate episcopali, 1754-1755.
Loco L. Reiner.
Physicæ Professor in Collegio Divionensi, 1758-1759.
Logicæ Professor in Collegio Divionensi, 1759-1760.
Physicæ Professor in Collegio Divionensi, 1760-1761.
Logicæ Professor in Collegio Divionensi, 1761-1762.
Mathematum Professor in Universitate episcopali, 1763-1765.
Loco J. N. Henry.
Physicæ Professor in Collegio Regio, 1765-1767.
Missionarius in Legione Picardiæ, 1767-1768.

LAURANS, Jacobus (*S. J.*), ex Dioc. Leodiensi.
Natus 1 Decemb. 1673.
Denatus (Mussiponti) 26 April. 1741.

Phil. Doct.
Theol. Doct.
Physicæ Professor in Universitate episcopali, 1705-1706.
Loco G. Beaujour.
Logicæ Professor in Universitate episcopali, 1706-1707.
Loco G. Beaujour.
Physicæ Professor in Universitate episcopali, 1707-1708.
Loco G. Beaujour.
Matheseos Professor in Universitate episcopali, 1708-1712.
Loco C. Vaultrin.
Scripturæ Sacræ & Matheseos Professor in Universitate episcopali, 1712-1713.
Theologiæ positivæ Professor in Universitate episcopali, 1713-1714.
Loco J. Baltus.
Scripturæ Sacræ Professor in Universitate episcopali, 1714-1716.
Theologiæ positivæ Professor in Universitate episcopali, 1716-1717.
Scripturæ Sacræ Professor in Universitate episcopali, 1717-1718.
Theologiæ positivæ Professor in Universitate episcopali, 1718-1723.
Bibliothecarius in Universitate episcopali, 1723-1725.
Rector Collegii Colmariensis, 1725-1728.
Rector Collegii Ensishemensis, 1728-1731.
Rector Collegii Lingonensis, 1731-1735.
Rector Collegii Senonensis, 1735-1738.
Rector Universitatis Mussipontanæ, 1738-1741.

LAURENT, Aristide, de Versailles.
Né 19 Avril 1791.
Décédé (Paris) 1869.
Recteur de l'Académie, 13 Septemb. 1848.
Loco J. E. Michelle.
Recteur de l'Académie de Châteauroux, 9 Août 1850.

? LAURENT, Joseph-Adam.
Né 1734.
Décédé 22 Février 1801.
Docteur en médecine.
Médecin militaire.
Professeur d'hygiène curative à l'Hôpital militaire d'instruction, 1797-1801.

LAURENT
Né
Décédé
Docteur en médecine.
Médecin militaire.
Professeur à l'Hôpital militaire d'instruction.
Membre de la Convention nationale, 21 Septemb. 1792.
Membre du Conseil des Cinq Cents, 1795.

LAURUS, Valentinus (*S. J.*), Waldthurn.-Palatin.
Natus 24 Februar. 1593.
Denatus (Erfurti) 12 Septemb. 1674.

(?) Logicæ Professor in Academia Molshemiana, 1624-1625.
(?) Physicæ Professor in Academia Molshemiana, 1625-1626.
Metaphysicæ Professor in Academia Molshemiana, 1626-1627.
Logicæ Professor in Collegio Bambergensi, 1627-1628.
Theologiæ casuisticæ Professor in Collegio Bambergensi, 1628-1629.
Præfectus Spiritus in Collegio Bambergensi, 1629-1630.
Theologiæ Professor in Collegio Erfurtensi, 1630-1633.

LAUTH, Ernest-Alexandre, de Strasbourg.
Né 14 Mai 1803.
Décédé 24 Mars 1837.
Docteur en médecine, 15 Mars 1824.
Professeur agrégé à la Faculté de médecine, 14 Avril 1829.
Professeur de physiologie à la Faculté de médecine, 14 Juillet 1836.
Loco J. M. A. Goupil.

LAUTH, Thomas, Argent. (B. U.)
Natus 29 August. 1758.
Denatus (Bergzabern) 16 Septemb. 1826.
Med. Doct., 27 Septemb. 1781. (29 August. 1781.)
Medicinæ Professor extraord., 17 Januar. 1784.
Medicinæ Professor, 11 April. 1785.
Médecin en chef de l'Hôpital civil, 11 Décemb. 1794.
Professeur d'anatomie à l'Ecole, puis Faculté de médecine, 21 Décembre 1794-Septemb. 1826.
Professeur d'anatomie à l'Académie protestante, 20 Mars 1803-1809, puis au Séminaire protestant, 1809-1826.

Anatomiæ & Chirurgiæ Prof. publ., 1785.
Portrait par Ch. A. Schuler. 1804.
Portrait lithographié par J. D. Beyer. (Engelmann.)

LECOURTOIS, Jean-Baptiste-Joseph, de Thaon (Calvados).
Né 9 Juillet 1838.

Docteur en droit (Caen), 11 Janvier 1864.
Professeur agrégé à la Faculté de droit, 22 Juillet 1867.
Chargé du cours de droit commercial à la Faculté de droit, 23 Décemb. 1867.
Loco M. J. Ch. Thieriet.
Professeur de droit commercial à la Faculté de droit, 18 Juillet 1870.
Professeur de droit civil à la Faculté de droit de Poitiers, 15 Avril 1871.

LEDERGERW, Josephus (*S. J.*), Bambergens.
Natus 3 August. 1715.
Denatus (Baden?) post 1770.
Logicæ Professor in Schola Molshemiana, 1748-1749.
Loco M. Bauer.
Concionator in Collegio Fuldensi, 1752-1754.
Concionator in Residentia Bruchsaliensi, 1759-1760.
Concionator in Collegio Aschaffenburgensi, 1760-1762.

Concionator in Collegio Bambergensi, 1762-1766.
Concionator in Collegio Heidelbergensi, 1767.
Concionator, Wormatiæ, 1770.
Concionator in Collegio Badensi, 1771.

LEDERLIN, Eugène, de Strasbourg.
Né 9 Août 1831.

Docteur en droit, 20 Juillet 1854.
Professeur suppléant provisoire à la Faculté de droit, 9 Janvier 1857.
Professeur agrégé à la Faculté de droit, 12 Février 1859.
Chargé du cours de droit romain à la Faculté de droit, 10 Mars 1859.
Loco P. Lamache.
Professeur de droit romain à la Faculté de droit, 6 Juillet 1863.
Délégué à la Faculté de droit de Nancy, Juillet 1871.
Professeur de droit romain à la Faculté de droit de Nancy, 10 Décemb. 1871.
Doyen de la Faculté de droit de Nancy.

LEDERLIN, Johannes Henricus, Argent. (B. U.)
Natus 18 Julii 1672.
Denatus (Oberbrunn.) 3 Septemb. 1737.
Græcæ & Hebrææ linguæ Professor, 7 Martii 1703-Septemb. 1737.
Director Gymnasii, 1725-1737.

Ling. Oriental. Prof. publ. ord., 1709.

LEFEBVRE, Edme-Armand.
Né
Décédé
Pharmacien de .. classe.
Aide de chimie à l'Ecole de santé de Strasbourg, 1801.
Professeur adjoint à l'Ecole de pharmacie, 15 Janvier 1804-1824.

LEFÉBURE, Joseph-Toussaint, de Paris.
Né 28 Décemb. 1784.
Décédé (?) 23 Août 1859.
Pharmacien de 3° classe, 5 Octob. 1803.
Docteur en médecine (Paris), 27 Janvier 1825.
Pharmacien-major, 5 Août 1812.
Pharmacien-major breveté, 27 Octob. 1824.
Professeur à l'Hôpital militaire d'instruction, 1824-1825.
Professeur à l'Hôpital militaire d'instruction de Lille, 7 Février 1834-25 Février 1834.
Admis à la retraite, 25 Février 1834.

LEFRANC, Mathurin-Louis-Marie, de Ruffiac (Morbihan).
Né 26 Septemb. 1808.
Décédé (Bordeaux) 10 Mars 1872.
Docteur ès lettres (Paris), 17 Novemb. 1843.
Professeur de philosophie au Collège de Quimper, 1834-1838.
Professeur d'histoire au Collège d'Auch, 1841-1843.

Professeur de philosophie au Collège de Limoges, 1843.
Professeur de philosophie au Collège de Bordeaux, 1844.
Chargé du cours de philosophie à la Faculté des lettres, 29 Décemb. 1856.
Loco P. Janet.
Chargé du cours de philosophie à la Faculté des lettres de Bordeaux, 18 Novemb. 1858.
Professeur de philosophie à la Faculté des lettres de Bordeaux.

Leiss, Henricus (*S. J.*), Hallgarten.-Palat.
Natus 27 August. 1706.
Mortus (*prope* Messenheim) 18 Octob. 1744.
Logicæ Professor in Schola Molshemiana, 1740-1741.
Loco D. Breny.
Physicæ Professor in Schola Molshemiana, 1741-1742.
Loco J. Thorwesten.
Physicæ Professor in Collegio Moguntino, 1742-1743.

Leitersperger, Jeremias Adam, Argentin. (B. U.)
Natus 1 Septemb. 1667.
Denatus 26 Mart. 1721.
Consul, 1711 et 1717.
Scholarcha, 4 Novemb. 1715.

Leitersperger, Philippus Caspar, Argentin. (B. U.)
Natus 28 Julii 1670.
Denatus 12 April. 1735.
Consul, 1725 et 1731.
Scholarcha, 28 Julii 1727.

Lennep, Casparus (*S. J.*), Coloniensis.
Natus 5 Decemb. 1589.
Denatus (Fuldæ) 5 Septemb. 1634.
Logicæ Professor in Academia Molshemiana, 1627-1628.
Loco J. Hollandt.
Physicæ Professor in Academia Molshemiana, 1628-1629.
Loco J. Hollandt.
Rector Collegii Heiligenstadiensis.

Lennep, Theodorus (*S. J.*), Coloniensis.
Natus 1583.
Denatus (Moguntiæ) 15 Januar. 1639.
Theologiæ dogmaticæ Professor in Collegio Bambergensi, 1619.
Theologiæ dogmaticæ Professor in Collegio Bambergensi, 1625.
Scripturæ Sacræ Professor in Academia Molshemiana, 1626-1627.
Regens Seminarii Molshemiani, 1627-1628.
Theologiæ scholasticæ Professor in Collegio Moguntino, 1628-1631.

Lereboullet, Dominique-Auguste, d'Épinal.
>   Né 9 Septemb. 1804.
>   Décédé 6 Octob. 1865.
>   Docteur en médecine, 29 Août 1832.
>   Docteur ès sciences naturelles, 31 Août 1838.
>   Professeur de zoologie et de physiologie animale à la Faculté des sciences, 12 Octob. (29 Septemb.) 1838.
>   Doyen de la Faculté des sciences, 29 Juin 1861 - Octob. 1865.
>   *Loco* G. A. Daubrée.

Lereboullet, Léon-François-Camille, de Strasbourg.
>   Né 14 Décemb. 1842.
>
>   Docteur en médecine, 22 Décemb. 1866.
>   Médecin aide-major de 2ᵉ classe, 31 Décemb. 1866.
>   Répétiteur de Physiologie à l'Ecole de santé du service militaire, 1869-1870.
>   Médecin aide-major de 1ʳᵉ classe, 31 Décemb. 1869.
>   Médecin-major de 2ᵉ classe, 25 Janvier 1872.
>   Professeur agrégé à l'Ecole d'application de médecine et de pharmacie militaires au Val-de Grâce, 1873-1878.
>   Médecin-major de 1ʳᵉ classe (Territoriale), 1 Mai 1880.
>   Plus en 1883.

Le Riche, Nicolas, de Dammartin.
>   Né 20 Février 1702.
>   Décédé
>   Docteur en chirurgie.
>   Entré au service, 1717.
>   Chirurgien-major, 21 Janvier 1741.
>   Professeur à l'Hôpital militaire d'instruction, 1776-1780.
>   Admis à la retraite, 7 Octob. 1780.

Le Riche, Pierre-Nicolas (?), de Strasbourg.
>   Né
>   Décédé
>   Docteur en médecine, 10 Mai 1759 (6 Décemb. 1758).
>
>   Chirurgien aide-major.
>   Chirurgien-major, 20 Janvier 1766 (Adjoint en survivance à N. Le Riche).
>   Démonstrateur à l'Hôpital militaire d'instruction, 26 Décemb. 1774-23 Mars 1780.

Lersé, Johannes Henricus (*S. J.*), Diœces. Argent.
>   Natus 10 Octob. 1724.
>   Denatus (Erstein) 11 Octob. 1773.
>   Logicæ Professor in Universitate episcopali, 1755-1756.
>   *Loco* F. J. Baccara.
>   Physicæ Professor in Universitate episcopali, 1756-1757.
>   *Loco* J. Keifflin.

LEVEAU, Gabriel, de Lude.
>Né 8 Août 1747.
>Décédé
>Docteur ès sciences.
>Professeur adjoint à la Faculté des sciences, 9 Novemb. 1810.
>>Admis à la retraite, 28 Novemb. 1814.

LEVRAULT, François-Laurent-Xavier, de Strasbourg.
>Né 10 Août 1762.
>Décédé 17 Mai 1821.
>Licencié en droit, 16 Février 1782.
>Docteur en philosophie, 18 Août 1790.
>Inspecteur de l'Académie, 15 Décemb. 1809 - Novemb. 1818.
>Membre du Conseil de Préfecture du Bas-Rhin, 23 Août 1812 - Novemb. 1818.
>Recteur de l'Académie, 6 Novemb. 1818 - Mai 1821.
>>*Loco* L. S. J. B. de Montbrison.

LICHTENBERGER, Frédéric-Auguste, de Strasbourg.
>Né 31 Mars 1832.

>Docteur en théologie, 6 Août 1860.
>Professeur au Séminaire protestant, 26 Avril 1864.
>Professeur de morale évangélique à la Faculté de théologie, 13 Août 1864.
>>*Loco* E. G. E. Reuss.
>Démissionnaire, 30 Avril 1872.
>Professeur à la Faculté de théologie de Paris, 27 Mars 1877.

LIEBERMANN, Franciscus Leopold Bruno, Molsheim.
>Natus 12 Octob. 1759.
>Denatus (Argent.) 17 Novemb. 1844.
>Phil. Doct. 1777.
>Theol. Doct. (17 Maii 1782).
>Rhetoricæ Professor in Collegio Molshemiano, 1780-1783.
>Vicarius in Hohengöft, 1783-1784.
>Concionator dominicalis in Ecclesia cathedrali, Director et Professor in Seminario episcopali, 1784-1787.
>Parochus in Ernolsheim, August. 1787-28 Maii 1792.
>Superior Seminarii episcopalis Omnium Sanctorum (Allerheiligen) in Silva nigra, 1792-1795.
>Curé d'Ernolsheim (Détaché comme Prédicateur à la Cathédrale, Janvier 1801-8 Mai 1803.), 19 Juillet 1795-6 Février 1805.
>Supérieur et Professeur de droit canon au Grand Séminaire catholique de Mayence, 14 Mars 1805-1824.
>Chanoine de la Cathédrale de Mayence, 1807.
>Vicaire général de l'Évêché de Srasbourg, 31 Janvier 1824.
>Chanoine de la Cathédrale.
>>Portrait lithographié.

LIEBRECHT, Christianus (*S. J.*), Lindaviens.
>Natus 28 Januar. 1703.
>Denatus post 1771.

Theol. Doct.
Philosophiæ Professor in Universitate Würzburgensi, 1740-1741.
Juris Canonici Professor in Schola Molshemiana, 1748-1749.
Scripturæ Sacræ Professor in Academia Moguntina, 1749-1750.
Theologiæ dogmaticæ Professor in Academia Bambergensi, 1750-1755.
Theologiæ moralis Professor in Academia Heiligenstadiensi, 1755-1761.
Præfectus Spiritus in Collegio Heiligenstadiensi, 1762-1764.
Præfectus Spiritus in Collegio Erfurtensi, 1765-1868.
Præfectus Spiritus in Collegio Fuldensi, 1771.

LIENHART, Thiébaut *dit* Benoît, Truchtersheim (Bas-Rhin).
Né 31 Août 1765.
Décédé 22 Mars 1831.
Docteur en théologie (Fribourg-en-Br.).
Religieux de l'Ordre de Saint-Benoît à Marmoutier, 17..-1790.
Professeur de dogmatique à Schutter et à Kremsmünster.
Chanoine de la Cathédrale, 1806.
Supérieur du Grand Séminaire catholique, 1807-1830.
Professeur de théologie au Grand Séminaire catholique, 1807-1816.
Professeur de dogme et d'Écriture sainte au Grand Séminaire catholique, 1820-1822.
Professeur d'Ecriture sainte au Grand Séminaire catholique, 1822-1827.
Professeur de dogme et d'Écriture sainte au Grand Séminaire catholique, 1827-1828.
Professeur d'Ecriture sainte au Grand Séminaire catholique, 1828-1830.
Vicaire capitulaire et Vicaire général de l'Évêché, 1813-1827.

Portrait par Ch. Guérin. (Simon. 1819.)
Portrait lithographié par C. Guérin. 1831.
Portrait lithographié non signé.

LIER, Joachim (*S. J.*), Moguntinus.
Natus 9 Decemb. 1612.
Denatus (Würzburg.) 4 Junii 1690.
Minister in Collegio Bambergensi, 1644.
Logicæ Professor in Collegio Bambergensi, 1647-1648.
Metaphysicæ Professor in Academia Bambergensi, 1648-1649.
Procurator in Collegio Molshemiano, 1659-1660.
Scripturæ Sacræ Professor in Academia Molshemiana, 1660-1665.
Loco G. Mentzius.
Magister Novitiorum in Collegio Moguntino, 1668-1669.
Rector Academiæ Molshemianæ, 1669-Julio 1672.
Loco M. Störr.

LIÈS-BODARD, Jean-Pierre, d'Uckange.
Né 27 Février 1811.

Docteur ès sciences (1re partie), 6 Janvier 1847.

Chargé du cours de chimie à la Faculté des sciences, 22 Octob. 1856.
Loco Ch. F. Gerhardt.
Professeur de chimie à la Faculté des sciences, 22 Novemb. 1858.
Inspecteur de l'Académie de Bordeaux, 20 Mai 1871.
Inspecteur général de l'instruction publique (Enseignement primaire), 10 Février 1877.
Inspecteur général honoraire, 21 Novemb. 1880.

LILIER, Josephus (*S. J.*), Nicrosulmens.
Natus 30 Januar. 1720.
Denatus post 1766.
Missionarius in Schelbronn, 1752-1753.
Logicæ Professor in Schola Molshemiana, 1753-1754.
Loco P. Pichelmayer.
Physicæ, Ethicæ & Metaphysicæ Professor in Schola Molshemiana, 1754-1755.
Loco P. Pichelmayer.
Matheseos Professor in Academia Bambergensi, 1757-1760.
Minister Collegii Neostadiensis, 1760-1761.
Minister Seminarii Carolini Heidelbergensis, 1761-1764.
Minister in Collegio Ettlingensi, 1767.
Operarius in Collegio Neostadiensi, 1771.

LINCK, Jeremias Eberhard, Argent. (B. U.)
Natus 4 Mart. 1685.
Denatus 7 Januar. 1743.
Jur. Doct. 1711. (12 Martii 1708.)
Poëseos Professor, 14 Novemb. 1710.
Moralium Professor, 1719.
Loco E. Silberrad.
Juris Professor, 26 Septemb. 1720.

Philos. Doct. & J. U. Ddus, 1709.
J. U. D., Inst. imp. Prof. publ. ord., 1722.
J. U. D., Jur. publ. & Pand. Prof. publ. ord., 1732.

LINXIUS, Johannes (*S. J.*), Berencastellanus, Diœc. Trevirens.
Natus 1593.
Denatus (Wormatiæ) Octob. 1635.
(?) Logicæ Professor in Academia Molshemiana, 1625-1626.
Loco V. Laurus.
Physicæ Professor in Academia Molshemiana, 1626-1627.
Loco V. Laurus.
Metaphysicæ Professor in Academia Molshemiana, 1627-1628.
Loco V. Laurus.
Spiræ, 1632-1633.
Concionator, Wormatiæ, 1635.

LIPPIUS, Johannes, Argent.
Natus 25 Junii 1585.
Denatus (Spiræ) 24 Septemb. 1612.

Theol. Doct. (Giessæ), 1612.
Theologiæ Professor, 28 Septemb. 1614.
Loco Ph. Marbach.
? Portrait par J. ab Heyden.
Portrait non signé.

LISTENMANN, Georgius Henricus.
Natus
Denatus 16 Septemb. 1768.
Phil. Doct.
Philosophiæ moralis Professor, 4 Junii 1733.

LITHONIUS, Simon, Valesianus.
Natus
Denatus
Præceptor Secundæ Classis in Gymnasio, 1533.
Philosophiæ Professor, Julio 1545.

LOBSTEIN, Jean-Chrétien-Frédéric-Martin, de Giessen.
Né 8 Mai 1777.
Décédé 7 Février 1835.
Docteur en médecine, 15 Septemb. 1803.
Professeur de clinique interne et d'anatomie pathologique à la Faculté de médecine, 1819.
Portrait par Chrétien.

LOBSTEIN, Johannes Fridericus, Lampertheim. (B. U.)
Natus 30 Maii 1736.
Denatus 11 Octob. 1784.
Med. Doct., 14 August. 1760. (16 Julii 1760.)
Medicinæ Professor extraord., 8 Junii 1768.
Medicinæ Professor, 3 Novemb. 1768.
Loco G. H. Eisenmann.

Anatom. & Chirurg. Prof. publ. ord., 1760.
Portrait gravé d'après Fournier par Chrétien.
Portrait lithographié par C. Guérin. (Engelmann et Cie.)

LOBSTEIN, Johannes Michael, Argent.
Natus
Denatus 1794.
Theol. Doct. (Giessæ), 1775.
Pastor gallicus Ecclesiæ Sancti Nicolai, 1768.
Præceptor vicarius Superioris Gymnasii, 1774.
Adjunctus Facultati philosophicæ, 1774.
Theologiæ Professor in Universitate Giessensi, 1775.
Inspector ecclesiast. in Butzbach-Hass, 1778.
Pastor Templi Novi, 178..

LOCAMERUS, Georgius David, Landav. (B. U.)
Natus 1588.
Denatus 28 April. 1637.
Jur. Doct. (Heidelberg.), 1618.
Juris Professor, 10 April. 1619.

J. U. D., Pandect. Prof. ord., 1626.

LODER, Georgius (*S. J.*), Spirens.
    Natus 1 Octob. 1659.
    Denatus (Rubeac.) 25 Novemb. 1727.
    Theol. Doct. (Bamberg.).
    Litterarum humaniorum Professor in Collegio Erfurtensi.
    Theologiæ moralis Professor in Schola Molshemiana, 1693-1696.
                                  Loco S. Vogt.
    Concionator, Argentinæ, 1697.
    Theologiæ dogmaticæ Professor in Academia Bambergensi, 1701-1704.
    Concionator, Heidelbergæ, 1704-1705.
    Theologiæ Professor in Universitate Heidelbergensi, 1705-1707.
    Præfectus Spiritus Scholæ Molshemianæ, 1707-Februar. 1708.
    Concionator, Argentinæ, 1708-1711.
    Rector Collegii Selestadiensis, 1 Januar. 1711-28 Novemb. 1714.
    Juris canonici Professor in Collegio Heidelbergensi.
    Superior Residentiæ Bockenheimensis, 1714.
    Præfectus Spiritus Scholæ Molshemianæ, 1718-1720.

LOIR, Adrien-Joseph-Jean, de Paris.
    Né 18 Juillet 1816.
    Décédé
    Docteur ès sciences physiques, 7 Août 1851.
    Professeur adjoint à l'École de pharmacie, 28 Novemb. 1849.
    Professeur de chimie à l'Ecole de pharmacie, 7 Novemb. 1852.
                                Loco J. F. Persoz.
    Professeur de chimie à la Faculté des sciences de Besançon, 25 Janvier 1855.
    Professeur de chimie à la Faculté des sciences de Lyon.
    Doyen de la Faculté des sciences de Lyon.
    Doyen honoraire.

LOMBARD, Claude-Antoine, de Dôle (Jura).
    Né 17 Août 1741.
    Décédé (Montmagny, près Paris) 15 Avril 1811.
    Maître en chirurgie (Besançon).
    Chirurgien aide-major, Juin 1765.
    Chirurgien-major, 1 Juillet 1771.
    Démonstrateur à l'Hôpital militaire d'instruction de Metz, 26 Mars 1778-15 Mai 1778.
    Chirurgien-major adjoint à l'Hôpital militaire, 2 Mars 1780.
    Chirurgien-major en chef, 20 Octob. 1780.
    Chirurgien-major en chef de l'Hôpital militaire et de l'Hospice civil de Dôle.
    Professeur du cours des plaies d'armes à feu à l'Hôpital militaire d'instruction, 1781-15 Avril 1792.
    Chirurgien-major consultant à l'armée du Rhin, 15 Avril 1792.
    Chirurgien en chef de l'armée de Normandie.
    Chirurgien en chef et Professeur à l'Hôpital militaire d'instruction, 24 Juin 1795-Août 1804.
    Chirurgien-major honoraire de l'Hôpital militaire, 29 Août 1804.
    Associé de l'Académie des sciences, 5 Mars 1796.
    Correspondant de l'Académie des sciences, 1803.

Loose, Gerardus (S. J.), Francsulanus (?-Zwollensis).
    Natus 4 Novemb. 1594.
    Denatus (Aschaffenburg.) 17 Septemb. 1648.
    Logicæ Professor in Academia Molshemiana, 1630-1631.
    Professor in Academia Molshemiana, 1633-1635.
    Præfectus Spiritus in Collegio Aschaffenburgensi, 1648.

Lorcher, Johannes Carolus
    Natus
    Denatus 8 Junii 1588.
    Consul, 1567, 1573, 1579 et 1585.
    Scholarcha, 20 Octob. 1572.

Lorentz, Joseph-Adam, de Ribeauvillé (Haut-Rhin).
    Né 19 Janvier 1734.
    Décédé (Salzbourg) 22 Janvier 1801.
    Docteur en médecine (Montpellier), 1755.
    Médecin ordinaire, 1757.
    Chirurgien à l'armée de Westphalie, 1757-1763.
    Médecin à l'Hôpital militaire de Neufbrisach.
    Médecin à l'Hôpital militaire de Schlestadt.
    Médecin à l'Hôpital militaire de Strasbourg.
    Premier médecin de l'Hôpital militaire de Strasbourg, 19 Avril 1789.
    Médecin en chef de l'armée du Rhin, 15 Avril 1792.
    Professeur à l'École de médecine, 21 Décemb. 1794-Février 1801.
    Médecin en chef et Professeur d'hygiène curative à l'Hôpital militaire d'instruction, 24 Octob. 1795-Février 1801.
    Détaché comme Médecin en chef de l'armée du Rhin (remplacé à Strasbourg par S. J. Gouvion).

Lorentz, Johannes Michael, Argent. (B. U.).
    Natus 16 Junii 1692.
    Denatus 13 August. 1752.
    Theol. Doct., 4 Novemb. 1723. (6 Octob. 1723.)
    Theologiæ Professor, 16 Martii 1722.
                      Loco J. R. Brecht.

    SS. Theol. Prof. publ. ord. & Ecclesiastes liber, 1723.
    SS. Theol. Doct., Prof. publ. ord., Sen. Canon. & Pastor Thomanus, 1742.

Lorentz, Johannes Michael, Argent. (B. U.)
    Natus 31 Maii 1723.
    Denatus 2 April. 1801.
    Jur. Licent. (30 Octob. 1748.)
    Phil. Doct., 25 April. 1754.
    Historiarum Professor extraord., 19 Maii 1753.
    Eloquentiæ latinæ Professor, 1756.
    Professeur d'histoire et d'éloquence à l'Académie protestante, 20 Mars 1803.

    Eloquentiæ & Poëseos Prof. publ. ord., Historiarum extraord., 1762.

Lorentz, Sigismundus Fridericus, Argent. (B. U.)
    Natus 20 Martii 1727.
    Denatus 12 Octob. 1783.
    Theol. Doct., 13 Junii 1771. (24 April. 1771.)
    Præceptor in Gymnasio, 1761-1768.
    Theologiæ Professor extraordin., 8 Julii 1768.
    Theologiæ Professor, 19 Novemb. 1768.

    SS. Theol. Prof publ. ord. & Ecclesiast. Neopetrinus, 1770.
        Portrait d'après M. C. Gerhaed par J. E. Haid, Augsbourg. 1779.

Lossmann, Georgius (*S. J.*), Dachstein.-Alsat.
    Natus 14 Februar. 1664.
    Denatus (Selestadii) 9 Julii 1727.
    Physicæ Professor in Academia Bambergensi, 1703-1704.
    Methaphysicæ Professor in Academia Bambergensi, 1704-1705.
    Socius Provincialis Rheni Superioris.
    Rector Scholæ Molshemianæ, 11 Junii 1718-1722.
                     Loco P. Edmund.
    Rector Scholæ Molshemianæ, 18 August. 1723-1726.
                     Loco C. Haan.
    Rector Collegii Selestadiensis, Octob. 1726-1727.

Louis, Franciscus Philippus, d'Avolsheim (Bas-Rhin).
    Natus 1730.
    Denatus 19 Maii 1789.
    Theol. Doct.
    Theologiæ scholasticæ Professor in Universitate episcopali, 1770-1790.
    Professor in Seminario episcopali, 1782-1790.
    Cancellarius Universitatis episcopalis, 1786-1789.
                     Loco A. A. Meuret.

    Theol. Doct. ac Prof., Regiæ Colleg. Ecclesiæ ad S. Florent. in Haslach Canon. capitul., 1769.
    Theologiæ Doct. ac Prof., Summi Chori Eccl. Cathed. Argent. Præbend., 1775.
    Theologiæ Doct. ac Prof., Arch. Elect. Moguntini Consiliar. Eccles., Summi Chori Eccl. Cathed. Argent. Præbendar., 1782.

Loyson, Christianus, Hagenoëns.-Alsat.
    Natus 28 Februar. 1743.
    Denatus (Sultz.-Alsat. Infer.) 6 Martii 1818.
    Vicarius in Haguenau (11 annos).
    Parochus in Kaltenhausen (17 annos).
    Director in Seminario episcopali (5 annos).
    Curé de Soultz-sous-Forêts, 1802.

Loyson, Nicolaus (*S. J.*), Wingersheim.-Alsat.
    Natus 5 Februar. 1676.
    Denatus (Viennæ-Austr.) 22 Januar. 1720.
    Logicæ Professor in Schola Molshemiana, 1705-1706.
                     Loco P. Stephani.

>   Physicæ Professor in Schola Molshemiana, 1706-1707.
>   *Loco* P. Stephani.
>   Logicæ Professor in Academia Bambergensi, 1707-1708.
>   Physicæ Professor in Academia Bambergensi, 1708-1709.
>   Metaphysicæ Professor in Academia Bambergensi, 1709-1710.

LUCAS, Martinus (*S. J.*), Steinbacens.-Luxemb.
>   Natus 3 (*vel* 31) Martii 1656.
>   Denatus (Selestad.) 11 April. 1699.
>   Litterarum humaniorum Professor in Collegio Molshemiano, 1684.
>   Litterarum humaniorum Professor in Collegio Selestadiensi.
>   Litterarum humaniorum Professor in Collegio Badensi.
>   Logicæ Professor in Academia Molshemiana, 1690-1691.
>   *Loco* J. Heüsse.
>   Physicæ Professor in Academia Molshemiana, 1691-1692.
>   *Loco* J. Heüsse.
>   Missionarius, Bockenheimii, 1692-1694.
>   Concionator, Selestadii, 1694-1699.

LUFFT, Johannes Petrus, Schillersdorff-Hanov. (B. U.)
>   Natus 24 Junii 1698.
>   Denatus 11 Februar. 1777.
>   Theol. Doct., 26 Septemb. 1743. (28 August. 1743.)
>   Latinæ linguæ Præceptor in Gymnasio.
>   Theologiæ Professor, 9 Septemb. 1741.

LUPIUS, Desiderius (*S. J.*), Lumar (?).
>   Natus 20 Martii 1601.
>   Denatus (Molsheim.) 17 Novemb. 1677.
>   Rector Academiæ Molshemianæ, 29 Julii 1646-1651.
>   *Loco* J. Scharfbillich.
>   Procurator, Minister & Præfectus Spiritus in Academia Molshemiana, 1669-1677.

LUQUIAU, Jean-Baptiste, de Champagne-Saint-Hilaire (Vienne).
>   Né 28 Septemb. 1823.
>   Décédé (Champagne-Saint-Hilaire) 23 Février 1853.
>   Docteur en droit (Poitiers), 31 Août 1849.
>   Professeur suppléant à la Faculté de droit, 14 Octob. 1850.

LUSCINIUS (NACHTIGALL), Othmarus, Argent.
>   Natus circa 1478-1480.
>   Denatus (Friburg.-Brisg.) 1537.
>   Jur. can. Doct.
>   Eloquentiæ Professor.
>   Capellanus Ecclesiæ parochialis Friburgens.-Brisg.

LUSTREMAN, Urbain-Achille-Louis, de Lille.
>   Né 2 Octob. 1808.
>   Décédé
>   Docteur en médecine (Paris), 21 Septemb. 1832.
>   Chirurgien sous-aide-major commissionné, 3 Mars 1830.

Chirurgien aide-major, 23 Septemb. 1832.
Professeur à l'Hôpital militaire d'instruction, 1836-1841.
Chirurgien-major de 2ᵉ classe, 3 Avril 1840.
Professeur à l'Ecole d'application de médecine et de pharmacie militaires au Val-de-Grâce, 1841-1868.
Chirurgien-major de 1ʳᵉ classe, 28 Novemb. 1843.
Chirurgien principal de 2ᵉ classe, 21 Avril 1852.
Chirurgien principal de 1ʳᵒ classe, 27 Décemb. 1856.
Médecin inspecteur, 20 Mai 1868.
  Admis à la retraite, 28 Janvier 1873.

LUTTIG, Henricus (*S. J.*), Donaueschingens.
  Natus 1588.
  Denatus (Molshemii) 28 Octob. 1631.
  Metaphysicæ Professor in Academia Molshemiana, 1630-1631.

LUTZ, Lotharius (*S. J.*), Coblenz.
  Natus 19 Decemb. (*vel* Februar.) 1643.
  Denatus (Fuldæ) 14 April. 1707.
  Litterarum humaniorum Professor in Collegio Moguntino.
  Litterarum humaniorum Professor in Collegio Heiligenstadiensi.
  Philosophiæ Professor in Collegio Heiligenstadiensi.
  Concionator, Spiræ.
  Concionator, Heiligenstadii.
  Concionator, Hagenoæ.
  Theologiæ moralis Professor in Academia Molshemiana, 1686-1687.
              Loco D. Mandt.
  Concionator, Fuldæ, 1687-1707.

LYCOSTHENES, Bonifacius, *vide* WOLFHARD.

LYSECK, Stephanus (*S. J.*), Magdeburgens.
  Natus 11 Decemb. 1629.
  Denatus (Würzburg.) 17 Octob. 1705.
  Theol. Doct.
  Logicæ Professor in Academia Bambergensi, 1664-1665.
  Physicæ Professor in Academia Bambergensi, 1665-1666.
  Metaphysicæ Professor in Academia Bambergensi, 1666-1667.
  Rector Academiæ Molshemianæ, 1 Septemb. 1676-5 Februar. 1681.
              Loco G. Hopff.
  Rector Collegii Fuldensis.
  Præfectus Spiritus in Collegio Würzburgensi, 1705.

MAAS, Leonhardus (*S. J.*), Mergentheim.-Württ. (Mariævallensis).
  Natus 14 Martii 1641.
  Denatus (Hagenoæ) 20 Septemb. 1683.
  Theol. Doct.
  (?) Logicæ Professor in Academia Molshemiana, 1673-1674.
              Loco R. Landonnet.
  Physicæ Professor in Academia Molshemiana, 1674-1675.
              Loco R. Landonnet.

Metaphysicæ Professor in Academia Molshemiana, 1675-1676.
Loco R. Landonnet.
Confessarius Legati Cæsarei in Castris.
Rector Academiæ Molshemianæ, 5 Februar. 1681-1683.
Loco S. Lyseck.

MACIEJOWSKY, Jacobus (*S. J.*), Fuldens.
Natus 10 Martii 1713.
Denatus post 1773.
Theol. Doct.
Juris Doct.
Professor in Seminario Carolino Heidelbergensi, 1748-1752.
Theologiæ moralis & Linguæ hebrææ Professor in Schola Molshemiana, 1753-1757.
Loco A. Winter.
Theologiæ scholasticæ Professor in Collegio Heidelbergensi, 1757-1758.
Regens Seminarii Heidelbergensis, 1758-1759.
Minister in Collegio Moguntino, 1759-1760.
Scripturæ Sacræ Professor in Universitate Würzburgensi, 1761-1763.
Theologiæ moralis & Linguæ hebrææ Professor in Schola Molshemiana, 1763-1765.
Loco A. Kroph.
Missionarius in Waldstæg, 1765-1766.
Rector Collegii Fuldensis, 4 Februar. 1766.
Rector Collegii Heiligenstadiensis, 8 Junii 1769.

MACQUART, Louis-Charles-René, de Reims.
Né 3 Décemb. 1745.
Décédé (Paris) 12 Juillet 1808.
Docteur en médecine (Paris), 4 Novemb. 1772.
Professeur d'histoire naturelle à l'Ecole centrale de Melun, 1796.
Professeur de matière médicale et de botanique à l'Ecole de médecine, 23 Avril 1803.
Loco J. Hermann.
Directeur de l'École de pharmacie, 15 Janvier 1804.
Conservateur du Cabinet d'histoire naturelle de Fontainebleau, 1804.

MADERNI, Petrus Antonius (*S. J.*), Lugano-Helvet.
Natus 16 April. 1701.
Denatus (Argent.) 11 Maii 1752.
Theol. Doct.
Logicæ Professor in Universitate episcopali, 1727-1728.
Loco F. J. Jost.
Physicæ Professor in Universitate episcopali, 1728-1729.
Loco F. J. Jost.
Logicæ Professor in Universitate episcopali, 1729-1730.
Loco F. J. Jost.
Physicæ Professor in Universitate episcopali, 1730-1731.
Loco F. J. Jost.

Logicæ Professor in Universitate episcopali, 1731-1732.
>Loco J. B. Clevy.
Physicæ Professor in Universitate episcopali, 1732-1733.
>Loco J. B. Clevy.
Logicæ Professor in Universitate episcopali, 1733-1734.
>Loco F. A. Marlois.
Physicæ Professor in Universitate episcopali, 1734-1735.
>Loco F. A. Marlois.
Theologiæ scholasticæ Professor in Universitate episcopali, 1735-1743.
>Loco H. Schiltz.
Director Seminarii episcopalis, 1743-1752.

Maffioli, Jean-Pierre.
>Né 1753.
>Décédé (Passy) Juillet 1833.
>Docteur en droit.
>Professeur suppléant à l'École de droit, 26 Mars 1806.
>>N'a pas accepté.
>Juge de paix à Nancy.
>Conseiller à la Cour royale de Nancy.

Mais, Georgius (*S. J.*), Sesslach.-Bavar.
>Natus 18 April. 1677.
>Denatus (Fuldæ) 28 Decemb. 1735.
>Litterarum humaniorum Professor in Collegio Bambergensi, 1699-1701.
>Poëseos Professor in Collegio Bambergensi, 1701-1702.
>Rhetoricæ Professor in Collegio Bambergensi, 1702-1703.
>Logicæ Professor in Schola Molshemiana, 1712-1713.
>>Loco F. Heydmann.
>Physicæ Professor in Schola Molshemiana, 1713-1714.
>>Loco F. Heydmann.
>Logicæ Professor in Academia Bambergensi, 1714-1715.
>Physicæ Professor in Academia Bambergensi, 1715-1716.
>Metaphysicæ Professor in Academia Bambergensi, 1716-1717.
>Concionator, Badenæ.
>Præfectus Spiritus in Collegio Fuldensi.

Malapert, Jean, de Charroux (Vienne).
>Né 27 Juin 1765.
>Décédé
>Maître en pharmacie.
>Pharmacien sous-aide-major, Mai 1787.
>Pharmacien en chef, 31 Décemb. 1792.
>Professeur à l'Hôpital militaire d'instruction, 25 Janvier 1802-3 Décemb. 1811.
>>Admis à la retraite, 4 Février 1813.

Malle, Pierre-Nicolas-François, de Calais.
>Né 12 Février 1805.
>Décédé (Paris) 16 Août 1852.

Docteur en médecine, 13 Août 1829.
Chirurgien sous-aide-major breveté, 27 Octob. 1824.
Professeur agrégé à la Faculté de médecine, 22 Février 1830.
Chirurgien aide-major, 8 Février 1831.
Professeur à l'Hôpital militaire d'instruction, 1837-1842.
Chirurgien-major, 3 Avril (19 Juillet) 1840.
Chirurgien-major de 1ʳᵉ classe, 14 Mars 1844.

MALLEOLUS (HEMMERLEIN), Isaac, Argent. (B. U.)
Natus 31 Januar. 1564.
Denatus 13 August. 1645.
Philosophiæ Doct. 1584.
Præceptor in Gymnasio, 1590-1604.
Mathematum Professor, 1604.

MANDT, Damianus (S. J.), Hochheim.-Nassov. (vel Horckheimensis).
Natus 18 Februar. 1642.
Denatus (Romæ) 9 August. 1697.
Theol. Doct. (Bamberg.), 21 Februar. 1696.
Theologiæ moralis Professor in Academia Molshemiana, 1683-1686.
                    Loco J. Hartmann.
Theologiæ scholasticæ Professor in Academia Molshemiana, 1686-1690.
                    Loco L. Lutz.
Theologiæ moralis Professor in Academia Molshemiana, 1690-1691.
                    Loco J. Bernard.
Missionarius, Moguntiæ, 1691-1692.
Theologiæ moralis Professor in Collegio Moguntino, 1692-1694.
Theologiæ scholasticæ Professor in Collegio Moguntino, 1694-1695.
Theologiæ dogmaticæ Professor in Academia Bambergensi, 1695-1696.
            Romæ, 1696-1697.

MAPPUS, Marcus, Argent. (B. U.)
Natus 28 Octob. 1632.
Denatus 9 August. 1701.
Med. Doct., 28 Maii 1664. (24 Martii 1650.)
Botanices Professor.
Medicinæ Professor, 17 Octob. 1670.

Medic. Adjunctus, 1670.
Doct. ac Prof. Medicus, 1674.
Portrait par J. A. Seupel.
Portrait non signé.

MARBACH, Erasmus, Argent.
Natus 23 August. 1548.
Denatus 22 Februar. 1593.
Phil. Doct. (Rostock.).
Theolog. Doct. (Basileæ).
Theologiæ Professor, 11 Maii 1574.

Marbach, Johannes, Lindav.
>Natus 24 August. 1521.
>Denatus 17 Martii 1581.
>Theol. Doct. (Wittemberg.), 1543.
>Theologiæ Professor, 1545-1578.
>Theol. Prof. et Convent. eccles. Præses, 1552.
>>Portrait par de Bry.
>>Portrait gravé sur bois non signé. 1581.

Marbach, Philippus, Argent.
>Natus 19 (vel 29) April. 1550.
>Denatus 28 Septemb. 1611.
>Theol. Doct. (Basil.), 1579.
>Conrector & Rector Collegii in Grätz.
>Theologiæ Professor, Basileæ.
>Inspector Collegii Sapientiæ Heidelbergensis.
>Rector Collegii Clagenfurtensis.
>Theologiæ Professor in Academia Heidelbergensi.
>Theologiæ Professor, 1593.
>>Portrait non signé (? I. Brann).
>>Portrait non signé.

Marbach, Ulricus, Argent.
>Natus 10 August. 1651.
>Denatus 1720.
>Juris Doctorand., 1677. (22 April. 1675.)
>Jur. Doct.
>Juris Professor, 29 Mart. 1687.

>U. J. D., Pand. & Jur. Can. Prof. ord., 1699.
>U. J. D., Codic. & Feudal. Consuet. Prof. publ. ord., 1703.
>>Portrait à la manière noire, par Houston.
>>Portrait gravé sur bois par F. Stimmer.

Marcellius, Henricus (*S. J.*), Sommeren. (Diœc. Bois-le-Duc).
>Natus 8 August. 1593.
>Denatus (Bamberg.) 25 April. 1664.
>Theol. Doct. (Bamberg.), 2 Septemb. 1648.
>Matheseos & Philosophiæ Professor in Collegio Moguntino.
>Matheseos & Philosophiæ Professor in Collegio Würzburgensi.
>Theologiæ moralis Professor in Seminario Rhemensi, 1633-1636.
>Minister Academiæ Molshemianæ, 1639.
>Theologiæ Professor in Academia Moguntina, Novemb. 1642.
>Theologiæ Professor in Academia Bambergensi, 1644-1648.
>Theologiæ Professor in Academia Bambergensi, 1649-1664.

Marchal, Anselme-Laurent-Joseph.
>Né
>Décédé 1854.
>Docteur en médecine, 6 Juillet 1803.
>Chirurgien en chef de l'Hospice civil, 23 Novemb. 1814.
>Professeur agrégé à la Faculté de médecine, 14 Avril 1829.
>>N'a pas accepté.

MARCHAL, Laurent-Joseph-Anselme, de Strasbourg.
>Né 6 Février 1806.
>Décédé 2 Mai 1855.
>Docteur en médecine, 31 Août 1829.
>Professeur de médecine opératoire à la Faculté de médecine, 25 Septemb. 1844.

MARIE, Jean-François, d'Alleaume (Manche).
>Né 4 Novemb. 1841.
>
>>Docteur en droit (Caen), 9 Mars 1866.
>>Professeur agrégé à la Faculté de droit, 19 Mai 1866.
>>Chargé du cours de droit commercial à la Faculté de droit, 11 Décemb. 1866.
>>><i>Loco</i> M. J. Ch. de Thieriet.
>>Chargé de cours à la Faculté de droit de Rennes, 20 Juillet 1867.
>>Professeur de droit administratif à la Faculté de Rennes.

MARINIER, Louis-Ange, de Brest.
>Né 13 Novemb. 1832.
>Décédé
>Docteur en droit (Paris), 27 Juillet 1855.
>Professeur suppléant provisoire à la Faculté de droit, 10 Février 1857.
>Professeur suppléant à la Faculté de droit de Rennes, 4 Novemb. 1859.
>>En congé pour raison de santé, 30 Décemb. 1861.

MARLOIS, Franciscus Antonius (S. J.), Sulzens. - Alsat.
>Natus 25 April. 1697.
>Denatus (Argent.) 12 Junii 1749.
>Theol. Doct.
>Logicæ Professor in Universitate episcopali, 1732-1733.
>>*Loco* P. A. Maderni.
>Physicæ Professor in Universitate episcopali, 1733-1734.
>>*Loco* P. A. Maderni.
>Logicæ Professor in Universitate episcopali, 1734-1735.
>>*Loco* P. A. Maderni.
>Physicæ Professor in Universitate episcopali, 1735-1736.
>>*Loco* P. A. Maderni.
>Logicæ Professor in Universitate episcopali, 1736-1737.
>>*Loco* J. Cocquey.
>Theologiæ positivæ Professor in Universitate episcopali, 1737-1739.
>>*Loco* J. A. Febvre.
>Scripturæ Sacræ Professor in Universitate episcopali, 1739-1746.
>Concionator in Universitate episcopali, 1746-1749.

MARTIN, Jean-Jacques, de Sarreguemines (Moselle).
>Né 24 Octob. 1753.
>Décédé

Docteur en médecine, 5 Octob. 1775 (26 Mai 1775).
Médecin adjoint, 20 Janvier 1779.
Médecin militaire, 25 Avril 1781.
Professeur de physique médicale et de physiologie à l'Hôpital militaire d'instruction, 17 Juin 1795 - 6 Octob. 1801.

Martinet, Louis, de Paris.
Né 11 Avril 1795.
Décédé (Vannes) 1 Mars 1875.
Docteur en médecine (Paris), 7 Mai 1818.
Chef de clinique à l'Hôtel-Dieu de Paris, 1820.
Professeur agrégé à la Faculté de médecine, 27 Juin 1829.
Agrégé libre, 6 Mai 1834.
Médecin pratiquant à Paris.

Martyr, Petrus, *vide* Vermigli.

Marula, François-Xavier, d'Oppenheim (Hesse).
Né 4 Juillet 1810.

Professeur de seconde au Petit Séminaire de Lachapelle-sous-Rougemont, 22 Octob. 1834-1835.
Professeur de rhétorique au Petit Séminaire de Lachapelle-sous-Rougemont, Octob. 1835-1845.
Supérieur du Petit Séminaire de Lachapelle-sous-Rougemont, nomination épiscopale du 29 Août 1845 et Décret du 28 Décemb. 1845-Septemb. 1852.
Supérieur du Grand Séminaire catholique, 13 Septemb. 1852 - 27 Juillet 1864.
Loco J. B. Specht.
Professeur d'éloquence sacrée et d'archéologie au Grand Séminaire catholique, 1853-1864.
Chanoine de la Cathédrale, Décret du 14 Janvier 1858 et nomination épiscopale du 22 Janvier 1858.
Vicaire général de l'Évêché, 12 Mars 1863-1883.
Chanoine de la Cathédrale, 8 Mars 1883.
Vicaire général honoraire, 27 Mars 1883.

Massarius, Hieronymus, Vicentin.
Natus
Denatus 1 August. 1564.
Med. Doct. (Basil.), 1556.
Physices Professor.
Medicinæ Professor.

Massenet, Pierre-Jean, de Gravelotte (Moselle).
Né 26 Février 1743.
Décédé 28 Octob. 1824.
Docteur en philosophie.
Professeur d'histoire à l'École centrale, 27 Juillet 1796 - 7 Septemb. 1802.
Membre du Tribunat.
Professeur suppléant d'histoire à la Faculté des lettres, 19 Octob. 1812.
Professeur d'histoire à la Faculté des lettres, 20 Septemb. 1819.

Masset, Nicolaus (*S. J.*), Worms.
    Natus 10 Decemb. 1685.
    Denatus (Spiræ) 27 Novemb. 1740.
    Logicæ Professor in Schola Molshemiana, 1720-1721.
              Loco D. Hess.
    Physicæ Professor in Schola Molshemiana, 1721-1722.
              Loco D. Hess.
    Concionator in Neunkirch & in Collegio Molshemiano.
    Socius Provincialis Rheni Superioris, 1734-22 Octob. 1738.
    Rector Collegii Spirensis, 22 Octob. 1738-1740.

Masuyer, Gabriel, de Bellevesvre (Saône-et-Loire).
    Né 11 Février 1761.
    Décédé (L'Étoile, Jura) Mars 1849.
    Docteur en médecine (Montpellier), 10 Juin 1783.
    Docteur en médecine (*Coll.*), 24 Septemb. 1810.
    Professeur de chimie médicale à l'Ecole, puis Faculté de médecine, 13 Septemb. 1798.
    Professeur honoraire, 9 Mars 1838.

Matter, Jacques, d'Alt-Eckendorf (Bas-Rhin.)
    Né 31 Mai 1791.
    Décédé 22 Juin 1864.
    Docteur ès lettres, 6 Septembre 1817.
    Docteur en théologie, Février 1821.
    Professeur d'histoire au Lycée de Strasbourg, 1818.
    Professeur de philosophie au Séminaire protestant, 11 Octobre 1820 au 1 Février 1843.
    Professeur d'histoire ecclésiastique à la Faculté de théologie, 15 Juin 1820-20 Octob. 1832.
              Loco F. Ch. T. Emmerich.
    Directeur du Gymnase protestant, 1822-1828.
    Pasteur à l'église de Saint-Thomas, 1825.
    Inspecteur de l'Académie, 28 Octob. 1828.
    Inspecteur général des études, 20 Octobre 1832.
    Inspecteur général des bibliothèques publiques, 12 Février 1845.
    Professeur de philosophie au Séminaire protestant, 10 Juin (29 Mai) 1846.
        Portrait lithographié par J. D. Beyer. (Engelmann).

Maucervel, Nicolaus (*S. J.*), Bar-le-Duc.
    Natus 18 Septemb. 1651.
    Denatus (Nanceii) 21 Maii 1736.
    Theol. Doct.
    Logicæ Professor in Seminario episcopali, 1686-1687.
              Loco L. Fauchier.
    Physicæ Professor in Seminario episcopali, 1687-1688.
              Loco L. Fauchier.
    (?) Logicæ Professor in Seminario episcopali, 1688-1689.
              Loco F. Braconnier.
    Physicæ Professor in Seminario episcopali, 1689-1690.
              (?) *Loco* F. Braconnier.
    Theologiæ scholasticæ Professor in Universitate Mussipontana, 1692-1699.

Theologiæ moralis Professor in Universitate Mussipontana, 1699-1700.
Minister in Residentia Spinalensi, 1700-1705.
Rector Collegii Spinalensis, 1708-1711.
Rector Collegii Barroducensis, 1711-1714.
Superior Residentiæ Sannicolaitanæ, 1718-1723.
Rector Collegii Nanceiani, 1723-1727.
Superior Residentiæ Sannicolaitanæ, 1727-1731.

MAURIAL, Jean-Émile, de Monpazier (Dordogne).
Né 23 Septemb. 1814.
Décédé (Toulouse) 15 Août 1874.
Docteur ès lettres (Paris), 28 Décemb. 1856.
Chargé du cours de philosophie à la Faculté des lettres, 25 Novemb. 1858.
Loco C. Lefranc.
Professeur de philosophie à la Faculté des lettres, 28 Juin 1859.
Professeur de philosophie à la Faculté des lettres de Toulouse, 15 Avril 1871.

MECHLER, François-Joseph, de Wuenheim (Haut-Rhin).
Né 21 Novembre 1805.
Décédé 28 Mai 1866.
Vicaire de l'eglise Sainte-Foy à Schlestadt, 21 Octob. 1831.
Directeur et Professeur de liturgie et de droit canon au Grand Séminaire catholique, 1832-1836.
Directeur, Économe et Professeur de liturgie et de droit canon au Grand Séminaire catholique, 1836-1841.
Directeur et Professeur de liturgie au Grand Séminaire catholique, 1841-1842.
Directeur et Professeur de liturgie et de droit canon au Grand Séminaire catholique, 1842-1849.
Directeur et Professeur de liturgie au Grand Séminaire catholique, 1849-1853.
Directeur et Professeur de liturgie et de droit canon au Grand Séminaire catholique, 1853-1867.
Chanoine honoraire de la Cathédrale, 14 Août 1857.

MEIER, Johannes Jacobus, Argent. (B. U.)
Natus 23 Januar. 1573.
Denatus 13 Mart. 1659.
Consul, 1635, 1641, 1647 et 1653.
Scholarcha, 1635.

MEIER, Justus, Nimwegens.-Geldr.
Natus 1 August. 1566.
Denatus 7 August. 1622.
Jur. Doct. (Basil.), 2 Januar. 1605.
Juris Professor, Novemb. 1604.
Loco D. Gothofredus.
Portrait par J. ab Heyden. 1622.

MEMMINGER, Frédéric-Guillaume, de Strasbourg.
Né 29 Septemb. 1826.

Pharmacien de 1re classe (Paris), 10 Mai 1854.
Professeur de chimie minérale à l'École libre de pharmacie, 11 Mai 1871-30 Septemb. 1872.

MENSHENGEN, Mathias (*S. J.*), Moguntin.
    Natus 12 Martii 1678.
    Denatus (Bamberg.) 18 Maii 1725.
    Poëseos Professor in Collegio Bambergensi, 1696-1697.
    Litterarum humaniorum Professor in Schola Molshemiana, 1697-1699.
    Theologiæ Studiosus, Würzburgi, 1699-1703.
    In Domo probationis, Ettlingæ, 1703-1704.
    Philosophiæ Professor in Collegio Heiligenstadiensi, 1704-1706.
    Philosophiæ Professor in Collegio Badensi, 1706-1707.
    Logicæ Professor in Schola Molshemiana, 1707-1708.
                        Loco M. Niedt.
    Physicæ Professor in Schola Molshemiana, 1708-1709.
                        Loco M. Niedt.
    Matheseos Professor in Academia Bambergensi, 1709-1711.
    Theologiæ polemicæ Professor in Schola Molshemiana, 1711-1714.
                        Loco J. Oettweiller.

MENTZIUS, Georgius (*S. J.*), Amœnoburg.-Hassus.
    Natus 27 Septemb. 1602.
    Denatus (Bamberg.) 30 Octob. 1672.
    Theol. Doct.
    Physicæ Professor in Universitate Würzburgensi, 1637.
    Rector Collegii Aschaffenburgensis.
    Rector Collegii Moguntini.
    Rector Academiæ Molshemianæ, 25 Junii 1656-31 Julii 1659.
                        Loco J. Homphæus.
    Scripturæ Sacræ Professor in Academia Molshemiana, 1659-1661.
                        Loco V. Heldt.
    Scripturæ Sacræ Professor in Academia Bambergensi, 1661-1668.
    Juris Canonici Professor & Cancellarius Academiæ Bambergensis 1669-1672.

MERCATOR, Nicolaus (*S. J.*), Saarburg.-Lotharing.
    Natus 23 Junii 1662.
    Denatus (Bockenheim.) 11 Februar. 1717.
    Logicæ Professor in Academia Molshemiana, 1692-1693.
                        Loco J. Keuffer.
    Physicæ Professor in Academia Molshemiana, 1693-1694.
                        Loco J. Keuffer.
    Theologiæ moralis Professor in Collegio Heidelbergensi.

MERCURIANUS, Johannes (*S. J.*), Marcour.-Luxemb.
    Natus 1584.
    Denatus
    Theol. Doct.
    Rector Collegii Moguntini.
    Rector Academiæ Molshemianæ, 1619-1622.
                        Abiit Spiram.

MESSER, Valentinus (S. J.), Ursell.-Nassov.
    Natus 29 Septemb. 1690.
    Denatus (Mogunt.) 29 Decemb. 1751.
    Theol. Doct. (Würzburg.), 15 Junii 1733.
    Logicæ Professor in Schola Molshemiana, 1723-1724.
                    Loco J. Bægert.
    Physicæ Professor in Schola Molshemiana, 1724-1725.
                    Loco J. Bægert.
    Logicæ Professor in Academia Bambergensi, 1726-1727.
    Physicæ Professor in Academia Bambergensi, 1727-1728.
    Metaphysicæ Professor in Academia Bambergensi, 1728-1729.
    Theologiæ Professor in Academia Fuldensi, 1729-1730.
    Theologiæ Professor in Universitate Würzburgensi, 1730-1739.
    Rector Academiæ Fuldensis, 15 Octob. 1739-28 Octob. 1742.
    Rector Academiæ Heidelbergensis, 30 Octob. 1742-Octob. 1745.
    Rector Collegii Badensis, 21 Novemb. 1745-15 Februar. 1748.
    Rector Domus Probationis Moguntinæ, 18 Novemb. 1751.

METZINGER (MENTZINGER), Johannes Lucas (S. J.), Thionville.
    Natus 5 Octob. 1688.
    Denatus 1770.
    Theol. Doct.
    Theologiæ moralis Professor in Universitate episcopali, 1737-1742.
                    Loco A. L. Noiron.
    Rector Collegii Augustodunensis, 24 Novemb. 1742-1746.
    Præfectus Spiritus in Collegio Virdunensi, 1746-1749.
    Præfectus Spiritus in Novitiatu Nanceiano, 1749-1752.
    Præfectus Spiritus in Academia Mussipontana, 1752-1768.

MEUNIER, François, de Laye (? Hautes-Alpes).
    Né 8 Juin 1779.
    Décédé 2 Avril 1838.
    Docteur en médecine (Besançon), 11 Novemb. 1791.
    Chirurgien-major, 2 Avril 1790.
    Professeur adjoint à l'Ecole de médecine, 1 Février 1799.
    Professeur d'hygiène à l'Ecole, puis Faculté de médecine, 17 Février 1799.

MEURER, Johannes Christophorus, Husum.-Slesvic.
    Natus 22 August. 1598.
    Denatus 27 August. 1652.
    Jur. Doct. (Ienæ), 1621.
    Juris Professor, circa 1621.

MEURET, Anna Armandus.
    Natus
    Denatus
    Theol. Doct.
    Examinator Synodalis.
    Cancellarius Universitatis episcopalis.

    Examinator Synodalis, Deputatus Cleri Diœcesis Argentinensis, Archipresbyter et Rector Benfeldensis, nec non Universitatis episcopalis Cancellarius. 1782.

Meyer, Jacobus Argentin.
> Natus
> Denatus 2 April. 1567.
> Consul, 1549, 1555, 1561 et 1567.
> Scholarcha, 1538.

Michaux-Bellaire, Louis-Léon, de Strasbourg.
> Né 12 Mai 1827.
> Décédé (Paris) 22 Août 1890.
> Docteur en droit, 18 Janvier 1851.
> Professèur suppléant provisoire à la Faculté de droit, 13 Décemb. 1852.
> Avocat au Conseil d'État et à la Cour de cassation, 15 Mai 1857.

Micheau
> Né
> Décédé 12 Février 1792.
> Maître en pharmacie.
>
> Professeur à l'Hôpital militaire d'instruction, 1780 - Février 1792.
> Apothicaire-major, 18 Août 1781.

Michel, Ignatius (S. J.), Molsheim.
> Natus 9 Octob. (vel 10 Junii) 1685.
> Denatus (Selestadii) 30 April. 1761.
> Rector Scholæ Molshemianæ, 19 Octob. 1729 - 30 Decemb. 1732.
>> *Loco N. Reeb.*
>
> Rector Collegii Selestadiensis, 30 Decemb. 1732 - 9 Januar. 1736.
> Rector Collegii Hagenoënensis, 1736 - 1739.
> Rector Scholæ Molshemianæ, 9 August. 1739 - 18 Junii 1743.
>> *Loco N. Reeb.*
>
> Superior Residentiæ Rubeacensis. 1743 - 1745.
> Rector Collegii Selestadiensis, 17 Octob. 1745 - Octob. 1748.
> Minister in Collegio Hagenoënsi, 1748 - Julio 1754.
> Rector Collegii Hagenoënsis, 9 Julii 1754 - Octob. 1758.
> Superior Residentiæ Rubeacensis, Octob. & Novemb. 1758.
> Rector Collegii Selestadiensis, Novemb. 1758 - 1761.

Michel, Jean-Simon-Eugène, de Saulx (Haute-Saône).
> Né 28 Octob. 1819.
> Décédé (Saulx) 30 Avril 1883.
> Docteur en médecine (Paris), 14 Juillet 1841.
> Professeur agrégé à la Faculté de médecine, 23 Février 1850.
> Professeur de médecine opératoire à la Faculté de médecine, 29 Novemb. 1856.
>> *Loco L. J. A. Marchal.*
>
> Professeur de médecine opératoire à la Faculté de Nancy, 1 Octob. 1872.
> Professeur de clinique externe à la Faculté de médecine de Nancy, 22 Mai 1879.
>> Portrait lithographié par A. Rosé. 1860.
>> Portrait lithographié. (Simon.)

Michelle, Jean Étienne, de Paris.
>Né 25 Août 1799.
>Décédé (Paris) 28 Janvier 1858.
>
>Recteur de l'Académie de Strasbourg, 8 Mars 1842.
>>Loco L. M. Cottard.
>
>Recteur de l'Académie de Besançon, 13 Septemb. 1848.
>Directeur de l'Ecole normale supérieure de Besançon, 29 Juillet 1850.
>>Admis à la retraite, 17 Octob. 1857.

Millien
>Né
>Décédé
>Docteur en médecine.
>
>Chirurgien-major.
>Professeur à l'Hôpital militaire d'instruction, 1792.

Molitor, Casparus (S. J.), Würzburg.
>Natus 1 Decemb. 1676.
>Denatus (Spiræ) 12 Februar. 1744.
>Polemicæ Professor in Schola Molshemiana, 1736-1737.
>>Loco U. Munier.
>
>Præfectus spiritualis Scholæ Molshemianæ, 25 Julii 1738-1739.
>Concionator, Bockenheimii, 1737-1738.

Molitor, Johannes Casparus (S. J.), Arnstein.-Francon.
>Natus 10 Martii 1697.
>Denatus (Spiræ) 17 (vel 16) April. 1750.
>Theol. Doct.
>Philosophiæ Professor in Academia Fuldensi.
>Logicæ Professor in Academia Bambergensi, 1733-1734.
>Physicæ Professor in Academia Bambergensi, 1734-1735.
>Metaphysicæ Professor in Academia Bambergensi, 1735-1736.
>Scripturæ Sacræ Professor in Schola Molshemiana, 1736-1737.
>Theologiæ moralis Professor in Schola Molshemiana, 1737-1739.
>>Loco U. Munier.
>
>Theologiæ scholasticæ Professor in Academia Fuldensi, 1739-1744.
>Theologiæ scholasticæ Professor in Academia Moguntina, 1744-1747.
>Theologiæ moralis Professor in Universitate Würzburgensi, 1747-1748.
>Rector Collegii Spirensis, 19 Novemb. 1748.

Monoyer, Charles-Édouard-Ferdinand, de Lyon.
>Né 9 Mai 1836.
>
>Docteur en médecine, 18 Août 1862.
>Professeur agrégé à la Faculté de médecine, 18 Juin 1863.

Professeur agrégé à la Faculté de médecine de Nancy, 1 Octob. 1872.
Chargé du cours d'ophthalmologie et de clinique ophtalmologique à la Faculté de médecine de Nancy, 13 Décemb. 1872.
Professeur de physique médicale à la Faculté de médecine et de pharmacie de Lyon, 1877.

Montbrison, Louis-Simon-Joseph Bernard de, de Pont-Saint-Esprit (Gard).
Né 31 Juillet 1768.
Décédé (Oberkirch) 29 Mai 1841.

Professeur d'histoire à la Faculté des lettres, 18 Décemb. 1810.
Loco J. G. D. Arnold.
Recteur de l'Académie de Strasbourg, 21 Décemb. 1810.
Loco Ch. G. Koch.
Recteur honoraire, 6 Novemb. 1818.

Moreau, Gasparus Xaverius (*S. J.*), Château-Chinon.
Natus 6 Januar. 1730.
Denatus
Mathematum Professor in Collegio Rhemensi, 1754-1760.
Mathematum Professor in Universitate episcopali, 1760-1762.
Loco J. F. Georgel.
Dimissus Augustoduni, 1763.

Morel, Charles-Basile, de Betoncourt (Haute-Saône).
Né 15 Décemb. 1822.
Décédé (Nancy) 18 Décemb. 1884.
Docteur en médecine (Paris), 12 Janvier 1855.
Professeur agrégé à la Faculté de médecine, 9 Janvier 1857.
Professeur suppléant à la Faculté de médecine, 26 Avril 1866.
Chargé du cours d'anatomie pathologique à la Faculté de médecine, 19 Novemb. 1867.
Loco C. H. Ehrmann.
Professeur d'anatomie pathologique à la Faculté de médecine, 12 Décemb. 1867.
Professeur d'anatomie générale à la Faculté de médecine de Nancy, 1 Octob. 1872.
Professeur d'histologie à la Faculté de médecine de Nancy, 1 Janvier 1880.

Morellus, Firmianus, Claramontanus.
Natus
Denatus
Gallicæ linguæ Professor, 1 Maii 1592.

Morlock, Ignatius (*S. J.*), Selestadiens.
Natus 21 Junii 1706.
Denatus (Selestadii) 5 Novemb. 1768.
Litterarum humaniorum Professor in Collegio Bambergensi, 1728-1729.
Poëseos Professor in Collegio Bambergensi, 1729-1730.
Rhetoricæ Professor in Collegio Bambergensi, 1730-1731.

Logicæ Professor in Schola Molshemiana, 1735-1736.
Loco J. Rupp.
Physicæ Professor in Schola Molshemiana, 1736-1737.
Loco J. Rupp.
Logicæ Professor in Academia Bambergensi, 1739-1740.
Physicæ Professor in Academia Bambergensi, 1740-1741.
Metaphysicæ Professor in Academia Bambergensi, 1741-1742.
Theologiæ polemicæ Professor & Minister in Schola Molshemiana, 1743-1744.
Theologiæ moralis & Linguæ hebrææ Professor in Schola Molshemiana, 1744-1747.
Loco C. Bruch.
Theologiæ polemicæ & Linguæ hebrææ Professor in Schola Molshemiana, 1747-1748.
Loco C. Helling.
Theologiæ polemicæ, Linguæ hebrææ & Scripturæ Sacræ Professor in Schola Molshemiana, 1748-1752.
Director Seminarii Molshemiani, 1752-1753.
Minister Scholæ Molshemianæ, 1753-1754.
Theologiæ scholasticæ & Juris canonici Professor in Schola Molshemiana, 1754-1758.
Loco P. Gallade.
Rector Collegii Hagenoënsis, 1 Octob. 1758.
Rector Collegii Selestadiensis.
Superior Residentiæ Rubeacensis, 1761.
In Alsatia, 1765-1768.

Morot, Hugo (*S. J.*), Autun.
Natus 16 Maii 1658.
Denatus (Mussiponti) 9 Octob. 1738.
Phil. Doct.
Rhetoricæ Professor in Universitate Mussipontana, 1684-1685.
Logicæ Professor in Seminario episcopali, 1690-1691.
Loco F. E. de Blamont.
Physicæ Professor in Seminario episcopali, 1691-1692.
Loco M. Gillet.
Concionator Dominicus in Universitate Mussipontana, 1695-1696.
Concionator Dominicus in Universitate Mussipontana, 1700-1701.
Concionator Gallicus in Collegio Ensishemensi, 1702-1705.
Præfectus Scholarum in Collegio Ensishemensi, 1711-1712.
Sine officio, Mussiponti, 1722-1723.

Moser, Franciscus Josephus, Tabernensis.
Natus 24 Julii 1751.
Denatus 6 Martii 1780.
Phil. Doct., 1768.
Theol. Doct. (4 August. 1773).
Concionator in Ecclesia Cathedrali Argentoratensi, 1777.
Theologiæ moralis Professor in Universitate episcopali, Octob. 1779-1780.
Loco C. Sættler.
Portrait lithographié par Vogel, Francfort.

MOULETO (MOULETHO), Franciscus (S. J.), Straubingensis.
: Natus 11 Julii 1651.
: Denatus (Münich) 3 August. 1718.
: Juris canonici Professor in Seminario episcopali, 1693-1694.

MUEG, Carolus, Argent.
: Natus
: Denatus 14 Martii 1572.
: Consul, 1558, 1564 et 1570.
: Scholarcha, 1562.
: : Portrait sur bois par F. Stimmer.

MÜHE, Simon-Ferdinand, de Strasbourg.
: Né 18 Juillet 1788.
: Décédé 3 Février 1865.
: Professeur de liturgie au Grand Séminaire catholique et Professeur d'Humanités et de réthorique au Petit Séminaire, 1811.
: Prédicateur de la Cathédrale, 1812-1865.
: Vicaire à la Cathédrale, 2 Janvier 1814.
: Professeur de pastorale au Grand Séminaire catholique, 30 Novemb. 1830-1865.
: Chanoine honoraire de la Cathédrale, 9 Novemb. 1821.
: Chanoine de la Cathédrale, 1842.
: : Portrait en chaire lithographié par F. Voulot.
: : Idem: Réduction.
: : Portrait en pied, non signé, lithographié. (A. Jung.)
: : Portrait en pied, non signé, typographié.

MÜLLENHEIM, Henricus a, dictus Hildebrand.
: Natus
: Denatus 20 April. 1570.
: Prætor, 1554-1555; 1558-1577.
: Universitatis Cancellarius, 1563-1570.

MÜLLER, Jean, de Minversheim (Bas-Rhin).
: Né 27 Décemb. 1797.
: Décédé 5 Août 1839.
: Professeur de dogme et d'Écriture sainte au Grand Séminaire catholique, 1828-1829.
: Professeur de morale et de langues orientales au Grand Séminaire catholique, 1829-1839.
: Chanoine honoraire.

MÜLLER, Jean-Jacques, d'Ernolsheim (Bas-Rhin).
: Né 25 Juillet 1786.
: Décédé 10 Novemb. 1850.
: Professeur de morale et de pastorale et Économe au Grand Séminaire catholique, 1818-1828.
: Curé cantonal à Holzwihr, Décret du 16 Novemb. 1828 et nomination épiscopale du 28 Novemb. 1828-2 Décemb. 1846.
: Curé à Ste-Union, Décret du 4 Novemb. 1846-4 Novemb. 1850.

MÜLLER, Josephus.
: Natus
: Denatus
: Phil. Doct.
: Theol. Doct.
: Philosophiæ Professor in Universitate episcopali.
: Theologiæ Professor in Universitate episcopali, 1770.

MÜLLER, Philippus Jacobus, Argent. (B. U.)
    Natus 23 Martii 1732.
    Denatus 5 Martii 1795.
    Phil. Doct., 29 April. 1751.
    Theol. Doct., 2 Septemb. 1784.
    Theologiæ Professor extraordin., 1768.
    Quintæ Curiæ Professor in Gymnasio, 1769-1770.
    Logices & Metaphysices Professor, 20 Julii 1770.
                   Loco L. H. de Nicolay.
    Theologiæ Professor, 14 Septemb. 1778.
    Theol. Doct. & Prof. ac Convent. eccles. Præses, 1778.

MUGNIER, Antoine-Alexis, de Gray (Haute-Saône).
    Né 3 Juillet 1830.
    Décédé 1871.
    Docteur en droit (Dijon), 2 Août 1851.
    Professeur agrégé à la Faculté de droit, 27 Mars 1860.
    Professeur de droit civil à la Faculté de droit, 26 Novemb. 1860.
                   Loco L. P. A. Eschbach.

MUNIER, Uldaricus (*S. J.*), Aschaffenburg.
    Natus 13 August. 1698.
    Denatus (Würzburg.) 7 (*vel* 6) April. 1759.
    Theol. Doct. (Würzburg.), 18 Novemb. 1738.
    Philosophiæ Professor in Academia Aschaffenburgensi, 1730-1732.
    Philosophiæ Professor in Universitate Würzburgensi, 1732-1735.
    Polemicæ & Linguæ hebrææ Professor in Schola Molshemiana, 1735-1736.
                   Loco J. Randerath.
    Theologiæ moralis & Linguæ hebrææ Professor in Schola Molshemiana, 1736-1737.
                   Loco P. Harrings.
    Theologiæ scholasticæ & Linguæ hebrææ Professor in Schola Molshemiana, 1737-1738.
                   Loco M. Gertner.
    Theologiæ Professor in Academia Fuldensi, 1738-1743.
    Linguarum orientalium Professor in Seminario Heidelbergensi, 1743-1744.
    Theologiæ dogmaticæ Professor in Universitate Würzburgensi, 1744-1759.

NACHTIGALL, Othmarus, *vide* LUSCINIUS.

NASSER, Bartholomæus, Argent.
    Natus Octob. 1560.
    Denatus 21 April. 1614.
    Theol. Doct.
    Pastor Ecclesiæ Thomanæ.
    Theologiæ Professor, 1594.
        Portrait par J. ab Heyden, 1614.

NEEF, Franciscus Valentinus (*S. J.*), Colmariensis.
 Natus 14 Septemb. 1703.
 Denatus (in Alsatia) 24 (*vel* 25) Decemb. 1782.
 Theol. Doct.
 Philosophiæ Professor in Collegio Metensi, 1738-1740.
 Logicæ Professor in Universitate episcopali, 1740-1741.
     Loco L. R. Dugué.
 Physicæ Professor in Universitate episcopali, 1741-1742.
     Loco L. R. Dugué.
 Logicæ Professor in Universitate episcopali, 1742-1743.
     Loco A. Tourny.
 Physicæ Professor in Universitate episcopali, 1743-1744.
     Loco A. Tourny.
 Logicæ Professor in Universitate episcopali, 1744-1745.
     Loco F. A. Simon.
 Physicæ Professor in Universitate episcopali, 1745-1746.
     Loco F. A. Simon.
 Scripturæ Sacræ Professor in Universitate episcopali, 1746-1750.
     Loco F. A. Marlois.
 Juris canonici Professor in Universitate episcopali, 1750-1765.
     Loco L. Breny.
  In Alsatia, 1765-1767.
  Bennviri in Alsatia superiori, 1767-1768.
  In Alsatia, 1768-1782.

NENTER, Georgius Philippus, Gelnhausen.-Hassus.
 Natus
 Denatus
 Med. Doct., 20 Novemb. 1704. (16 Octob. 1704.)
 Medicinæ Doctor ac Practicus, 1709.

NESSEL, Georgius, Argent.
 Natus
 Denatus 23 Maii 1563.
 Juris Professor, 1555.

NESTLER, Chrétien-Geoffroy, de Gotha.
 Né 1746.
 Décédé 14 Mars 1824.
 Maître en pharmacie.
 Professeur à l'École de pharmacie, 15 Janvier 1804.
 Directeur de l'École de pharmacie, 1813.
 Pharmacien en chef des Hospices civils, 1814.

NESTLER, Chrétien-Geoffroy, de Strasbourg.
 Né 1 Mars 1778.
 Décédé 2 Octob. 1832.
 Pharmacien de 1re classe, 5 Avril 1808.
 Docteur en médecine (Paris), 6 Juin 1816.
 Pharmacien sous-aide, 1805.

Pharmacien aide-major.
>Démissionnaire, 1810.
Professeur adjoint de chimie à l'École de pharmacie, 16 Mai 1811.
Pharmacien en chef des Hospices civils, 22 Février 1815.
Directeur du Jardin botanique.
Professeur de botanique à la Faculté de médecine, 20 Mars 1817.
>*Loco* D. Villars.

NESTLER, **Ernest-Auguste**, de Strasbourg.
Né 10 Décemb. 1787.
Décédé (Genève).
Pharmacien de 1re classe, 25 Avril 1821.
Professeur adjoint à l'École de pharmacie, 1815.
Professeur de pharmacie à l'École de pharmacie, 28 Novemb. 1835.
Pharmacien en chef des Hospices civils, 29 Juillet 1839.
>Révoqué, 31 Janvier 1845.
>Parti pour la Suisse, 1845.

NICKEL, **Petrus Josephus** (*S. J.*), La Grandville-Mosellan.
Natus 29 Junii 1723.
Denatus
Philos. Doct.
Philosophiæ Professor in Collegio Rhemensi, 1758-1759.
Physicæ Professor in Universitate episcopali, 1759-1760.
>*Loco* P. Tassin.
>Rhemis, 1760-1761.
Procurator in Domo probationis, Nanceii, 1761-1762.

NICOLAI, **Henricus Albertus**, Argent. (B. U.)
Natus 6 Martii 1701.
Denatus 16 Februar. 1733.
Med. Doct., 10 Junii 1728. (16 Julii 1725.)
Medicinæ Professor, 6 Junii 1731.

NICOLAS, **Johannes** (*S. J.*), Sedan.
Natus 28 Februar. 1681.
Denatus (Mussipont.) 14 Novemb. 1756.
Theol. Doct.
Philosophiæ Professor in Universitate Mussipontana, 1714-1715.
Philosophiæ Professor in Universitate Mussipontana, 1720-1721.
Theologiæ scholasticæ Professor in Universitate episcopali, 1722-1727.
>*Loco* J. Adam.
Cancellarius Universitatis episcopalis, 1727-1739.
>*Loco* L. Dumesnil.
Rector Universitatis Mussipontanæ, 1745-1748.
Rector Collegii Sedanensis.

NICOLAS, **Pierre-François**, de Saint-Mihiel (Meuse).
Né 26 Décemb. 1743.
Décédé (Caen) 18 Avril 1816.

Docteur en médecine (Grenoble).
Professeur de philosophie à Grenoble.
Professeur de chimie à l'Ecole de médecine de Nancy.
Professeur de chimie à l'Ecole de médecine, 21 Décemb. 1794.
Professeur de chimie à l'Ecole centrale de Caen.

NICOLAY, Ludovicus Henricus de, Argent.
Natus 27 Decemb. 1737.
Denatus (Château de Monrepos en Finlande) 28 Novemb. 1820.
Juris Doct. (22 Septemb. 1760).
Aggregatus liber, 1768-1769.
Précepteur de Paul, Grand-Duc héritier de Russie, 1769.
Président de l'Académie des sciences de Saint-Pétersbourg.

NIEDT, Michael (S. J.), Mariævallens. (Marienthal sive Mergentheim).
Natus 11 Februar. 1669.
Denatus (Rubeaci) 16 Februar. 1732.
Logicæ Professor in Schola Molshemiana, 1706-1707.
        Loco N. Loyson.
Physicæ Professor in Schola Molshemiana, 1707-1708.
        Loco N. Loyson.
Procurator Scholæ Molshemianæ, 1714-Mart. 1715.
Physicæ Professor in Schola Molshemiana, April. ad finem 1715.
        Loco G. Rippel.
Theologiæ polemicæ Professor in Collegio Fuldensi, 1715-1716.

NOEL, Joseph, de Bayon (Meurthe).
Né 6 Janvier 1753.
Décédé 23 Juin 1808.
Docteur en médecine.
Professeur de médecine légale à l'École de médecine, 1 Août 1796.

NOIROX, Augustinus Ludovicus (S. J.), Martigny (Aisne).
Natus 24 Januar. 1680.
Denatus (Mussiponti), 26 Januar. 1747.
Theologiæ moralis & positivæ Professor in Collegio Rhemensi, 1722-1723.
Theologiæ positivæ Professor in Universitate episcopali, 1723-1724.
        Loco J. Laurans.
Theologiæ moralis Professor in Universitate episcopali, 1724-1737.
        Loco H. Schiltz.
Catechista & Confessarius in Universitate Mussipontana, 1746-1747.

NOTTER, Johannes Georgius, Argent.
Natus Maio 1601.
Denatus 21 Martii 1639.
Theol. Doct. (28 August. 1623.)
Theologiæ Professor, 23 Decemb. 1630.
        Loco Th. Wegelin.
Abiit Spiram, 3 Mart. 1633.

NOUSEILLES, Auguste-Louis-Ange, de Châtelaudrin (Côtes-du-Nord).
    Né 11 Décemb. 1798.
    Décédé

    Recteur de l'Académie, 9 Août 1850.
                          Loco A. Laurent.
    Proviseur du Lycée Charlemagne, 19 Avril 1853.
    Admis à la retraite, Août 1872.

OBERLÉ, Bruno Ignatius, Selestadiens.
    Natus 11 Junii 1760.
    Denatus (Obernai) 29 Novemb. 1842.
    Phil. Doct.
    Juris can. Doct., 18 Julii 1783.
    Vicarius in Ecclesia Selestadiensi, 1784-1787.
    Professor in Schola Molshemiana, 1787-1791.
    Conseiller ecclésiastique de l'Electeur de Bavière.
    Prédicateur de la Cour électorale à Mannheim, 1791-1801.
    Prédicateur allemand à la Cathédrale de Strasbourg, 1801-1803.
    Curé de Wissembourg, 10 Mai 1803.
    Curé d'Obernai, 10 Septemb. 1814-Novemb. 1842.
    Principal du Collège d'Obernai.
    Chanoine honoraire de la Cathédrale, 27 Novemb. 1814.
        Portrait lithographié d'après Guérin, par Leborne.

OBERLÉ, Franciscus Antonius *dictus* Pater Clemens, Selestadiens.
    Natus 5 Julii 1732.
    Denatus
    Theol. Doct. (Argent.).
    Professus Ordinis Eremitorum S. Augustini.
    Provincialis Ordinis Eremitorum S. Augustini in Alsatia.
    Grammatices & Philosophiæ Professor (25 annos).
    Chapelain de l'Electeur de Bavière, 1791.
    Primissaire à Wissembourg, 1803.

OBERLIN, Antoine, de Strasbourg.
    Né
    Décédé
    Pharmacien de .. classe.
    Professeur adjoint à l'Ecole de pharmacie, 16 Décemb. 1803.

OBERLIN, Ignace-Léon, de Strasbourg.
    Né 30 Juillet 1810.
    Décédé (Nancy) 7 Décemb. 1884.
    Pharmacien de 1re classe (Paris), 1834.
    Docteur en médecine. 21 Juillet 1857.
    Professeur adjoint à l'Ecole de pharmacie, 28 Novemb. 1835.
    Professeur de matière médicale à l'Ecole de pharmacie, 12 Novemb. 1857.
    Professeur de matière médicale à l'École de pharmacie de Nancy, 1 Octob. 1872.
    Directeur de l'Ecole de pharmacie de Nancy.
    Directeur honoraire, 13 Octob. 1876.
        Admis à la retraite, 1 Janvier 1882 (24 Décemb. 1881).

OBERLIN, Jeremias Jacobus, Argent.
> Natus 7 August. 1735.
> Denatus 10 Octob. 1806.
> Phil. Doct., 6 April. 1758.
> Eloquentiæ latinæ Professor adjunctus, 21 Julii 1770.
> Logices & Metaphysices Professor extraordin., 1778.
> Logices & Metaphysices Professor, 30 Martii 1782.
> Gymnasiarchus, 1787 - Novemb. 1793.
> Directeur du Gymnase protestant, 7 Octob. 1794.
> Professeur d'histoire littéraire, d'antiquités et de diplomatique à l'Académie protestante, 20 Mars 1803.
>> Portrait par Ch. A. Schuler, 1801.
>> Portrait lithographié par J. D. Beyer.
>> Portrait lithographié par Flaxland.

OBRECHT, Georgius, Argentin. (B. U.)
> Natus 25 Martii 1547.
> Denatus 7 Junii 1612.
> Jur. Doct. (Basil.), 14 Maii 1574.
> Juris Professor, August. 1575.
> Comes palatinus Cæsareus, 1607.
>> Portrait non signé.
>> Portrait par I. Brunn, 1613.

OBRECHT, Fridericus Ulricus, Argent.
> Natus 23 Julii 1646.
> Denatus 6 August. 1701.
> Jur. Doct. (30 Decemb. 1667.)
> Historiarum Professor, 15 Februar. 1673.
> Oratoriæ Professor, 1677.
> Juris Professor, 17 April. 1682.
> Prætor Regius, 1685.
>> Portrait gravé par J. A. Seupel d'après P. M. Merian.

OCHINO, Bernardinus, Siennensis.
> Natus 1487.
> Denatus (Schlackau in Morawia) 1565.
> Definitor Ordinis Capucinorum.
> Superior generalis Ordinis Capucinorum, 1538 - 1542.
>> Abiit Genevam, 22 Octob. 1542.
>> Abiit Basileam, 1545.
> Concionator italius, Augsburgi, 20 Octob. 1545.
>> Abiit Basileam, 1547.
>> Abiit Londinum, 1547.
> Theologiæ Professor, circa 1550.
>> Abiit Genevam, 1553.
> Pastor Turici, 13 Junii 1555.
>> Abiit Basileam, 1564.
>> Abiit Poloniam & Moraviam, 1565.

OESINGER, Johannes Fridericus, Argentin. (B. U.)
> Natus 27 Junii 1658.
> Denatus 14 Decemb. 1737.
> Consul, 1734.
> Scholarcha, 23 April. 1736.

OETTWEILER, Johannes (S. J.), Argentin.
> Natus 23 April. 1666.
> Denatus (Molshem.) 24 Martii 1717.

Philosophiæ Professor in Collegio Aschaffenburgensi, 1700-1702.
Logicæ Professor in Academia Bambergensi, 1702-1703.
Polemicæ Professor in Schola Molshemiana, 1706-1707.
Scripturæ Sacræ Professor in Schola Molshemiana, 1707-1708.
Polemicæ Professor in Schola Molshemiana, 1708-1709.
Scripturæ Sacræ Professor in Schola Molshemiana, 1709-1710.
Polemicæ Professor in Schola Molshemiana, 1710-1711.
Concionator, Molshemii, 1711-1712.
Concionator, Hagenoæ, 1712-1713.
Theologiæ moralis Professor in Schola Molshemiana, 1713-1714.
Loco G. Schwab.
Polemicæ Professor in Schola Molshemiana, 1714-1717.
Loco M. Menshengen.

OLDENDORPIUS, Henning Johannes, Hamb.
Natus
Denatus 5 Septemb. 1589.
Hebrææ linguæ Professor in Academia Rostochiensi, 1566.
Hebrææ linguæ Professor, 1575.
Physices Professor, 1588.

OLRY, Nicolas, d'Épinal.
Né 31 Janvier 1804.
Décédé 21 Février 1844.
Docteur ès lettres, 17 Janvier 1831.
Professeur suppléant à la Faculté des lettres, 27 Octob. 1840-Février 1844.

OMMEREN, Godefridus (*S. J.*), Neomagiensis.
Natus 1583.
Denatus (Embricæ) 19 April. 1641.
Ethices Professor in Academia Molshemiana, 1618-1619.
Mathematum & Physices Professor in Academia Molshemiana, 1619-1620.
Logicæ Professor in Academia Molshemiana, 1621-1622.
Loco J. Biegeisen.
Physicæ Professor in Academia Molshemiana, 1622-1623.
Loco J. Biegeisen.
(?) Metaphysicæ Professor in Academia Molshemiana, 1623-1624.
Loco J. Biegeisen.
Abiit in Provinciam Rheni inferioris, 1625.

OPPERMANN, Charles-Frédéric, de Strasbourg.
Né 10 Novemb. 1805.
Décédé 12 Septemb. 1872.
Pharmacien de 1re classe (Paris), 1 Juin 1833.
Docteur ès sciences physiques, 26 Septemb. 1845.
Professeur adjoint à l'École de pharmacie, 28 Novemb. 1835.
Professeur de pharmacie à l'École de pharmacie, 25 Mars 1846.
Loco E. A. Nestler.
Directeur de l'École de pharmacie, 15 Janvier 1852-1871.
Loco J. F. Persoz.
Directeur honoraire, 7 Mars 1872.

ORDINAIRE, Jean-François-Désiré, de Besançon.
Né 26 Avril 1773.
Décédé (Maizières) 7 Avril 1847.

Docteur en médecine, 6 Mai 1808.
Docteur ès sciences. (*Coll.*)
Professeur à la Faculté des sciences de Besançon, 1809.
Inspecteur de l'Académie de Besançon.
Recteur de l'Académie, 30 Septemb. 1824.
      Loco L. P. H. Laborie.
Inspecteur général de l'Université.
Directeur de l'Institution royale des Sourds-muets à Paris, 12 Mars 1831.

O'SHEE, Thomas (*S. J.*), Hibernus.
Natus 29 Septemb. 1673.
Denatus (Poitiers) 1 Januar. 1735.
Theologiæ moralis Professor in Universitate episcopali, 1714-1722.
      Loco J. Adam.
Concionator in Collegio Barroducensi, 1722-1723.

OSTERRIED, Johannes Daniel, Argent. (B. U.)
Natus 28 Decemb. 1703.
Denatus 17 Decemb. 1742.
Phil. Doct., 24 April. 1732.
Jur. Doct., 5 Maii 1734. (3 Maii 1734.)
Poëseos Professor, 31 Aug. 1731.
Philosophiæ practicæ Professor, 23 Decemb. 1734.
  Portrait par D. Custodis.
  Portrait non signé. 1592.
  Portrait non signé. 1610.

OUDINET, Guilielmus (*S. J.*), Rhemus.
Natus 17 Novemb. 1668.
Denatus (Rhemis) 25 Octob. 1716.
Philosophiæ Professor in Collegio Calvomontano, 1702-1703.
Logicæ Professor in Collegio Calvomontano, 1703-1704.
Philosophiæ Professor in Collegio Calvomontano, 1704-1705.
Theologiæ moralis Professor in Universitate episcopali, 1709-1711.
Procurator Collegii Catalaunensis, 1711-1712.

PAPILLON, Eugène-Ernest, de Cruzy (Yonne).
Né 11 Novemb. 1839.
Décédé
Docteur en médecine, 26 Août 1862.
Médecin aide-major de 2e classe, 31 Décemb. 1863.
Médecin aide-major de 1re classe, 31 Décemb. 1865.
Répétiteur de pathologie médicale et générale à l'École de santé du service militaire, 1867-1869.
Médecin-major de 2e classe, 18 Octob. 1870.
      Plus en 1877.

PAPPUS, Johannes, Lindav.
Natus 16 Januar. 1549.
Denatus 13 Julii 1610.
Theol. Doct. (Tubingæ), 23 Novemb. 1573.
Linguæ hebrææ Professor, 1570.
Historiarum Professor, 1576.

Ecclesiastes Ecclesiæ Cathedralis, 1578.
Theologiæ Professor, 24 April. 1578.
Theol. Doct. & Prof. et Conv. eccles. Præses, 1581.
> Portrait par I. Brunn.
> Portrait par D. Custodis. 1610.
> Portrait par Dominicus Custodis, Antwerp. 1591.
> Portrait non signé.
> 3 Portraits non signés.

Pappus, Johannes, Argent.
   Natus
   Denatus
   Philosophiæ Magister, 1595.
   Theol. Baccalaureus (Ienæ).
   Theologiæ Professor extraordinarius in Universitate Ienensi.
   Theologiæ Professor extraordin., 1600.
   Pastor in Reichenbach.

Paraquin, Petrus (S. J.), Neustad.-ad-Haardam.
   Natus 24 Maii 1730.
   Denatus (Etlingæ) 30 Martii 1763.
   Philosophiæ Professor in Collegio Badenensi, 1758-1760.
   Logicæ Professor in Schola Molshemiana, 1760-1761.
         Loco L. Engelbrecht.
   Physicæ, Ethicæ & Metaphysicæ Professor in Schola Molshemiana, 1761-1762.
         Loco L. Engelbrecht.

Pascal, Jean-Joseph, de Callian (Var).
   Né 2 Février 1781.
   Décédé (Bordeaux) 21 Mars 1872.
   Docteur en médecine (Paris), 24 Août 1821.
   Chirurgien sous-aide-major, 16 Novemb. 1818.
   Médecin adjoint, 31 Décemb. 1822.
   Médecin ordinaire, 30 Juin 1823.
   Médecin ordinaire breveté, 27 Octob. 1824.
   Professeur adjoint à l'Hôpital militaire d'instruction de Metz, 15 Février 1825-Août 1836.
   Professeur à l'Hôpital militaire d'instruction de Metz, 12 Août 1836-Mars 1839.
   Professeur à l'Hôpital militaire d'instruction, 16 Mars 1839-19 Octob. 1843.
   Médecin ordinaire de 1re classe, 23 Novemb. 1841.
   Médecin principal de 2e classe, 30 Septemb. 1844.
   Médecin principal de 1re classe, 1 Avril 1848.
         Admis à la retraite, 10 Août 1861.

Pasteur, Louis, de Dôle.
   Né 27 Décemb. 1822.

   Docteur ès sciences physiques (Paris), 23 Août 1847.
   Professeur de physique au Lycée de Dijon.
   Chargé du cours de chimie à la Faculté des sciences, 29 Décemb. 1848.
         Loco J. F. Persoz.

Professeur de chimie à la Faculté des sciences, 5 Novemb. 1852.
Professeur de chimie à la Faculté des sciences de Lille, 2 Décemb. 1854.
Professeur de chimie à la Faculté des sciences de Paris.
Membre de l'Académie des sciences, 7 Décemb. 1862.
Membre de l'Académie française, 8 Décemb. 1881.
Professeur honoraire.

Pélissié, Guillaume-Marie-Rosellys, de Sainte-Livrade (Lot-et-Garonne).
Né 29 Mai 1829.

Pharmacien de 1re classe (Paris), 29 Août 1854.
Pharmacien aide-major de 2e classe, 20 Septemb. 1855.
Pharmacien aide-major de 1re classe, 28 Mai 1859.
Pharmacien-major de 2e classe, 12 Août 1864.
Répétiteur de pharmacie et matière médicale à l'École de santé du service militaire, 1864-1869.
Pharmacien-major de 1re classe, 3 Août 1869.
Pharmacien principal de 2e classe, 26 Avril 1879.
Pharmacien principal de 1re classe, 5 Octob. 1882.
Plus en 1890.

Perrin, Franciscus (S. J.). Rodez.
Natus ? Februar. 1638.
Denatus (Tholosæ) 24 Decemb. 1716.
Theologiæ Professor in Academia Tholosana, 16..-1681.
Minister & Procurator Collegii Senonensis, 1681-1682.
Theologiæ scholasticæ Professor in Seminario episcopali, 1684-1686.
Procurator Provinciæ Campaniæ (Degens Parisiis., 1697-1714.
Rector Collegii Calvomontani, 5 Decemb. 1714.

Persoz, Jean-François, de Gex (ou Neuchâtel).
Né 9 Juin 1805.
Décédé (Paris) 12 Septemb. 1868.
Docteur ès sciences physiques (Paris), 20 Mars 1833.
Professeur de chimie à la Faculté des sciences, 4 Mai 1833 - Septemb. 1852.
Directeur et professeur de chimie à l'École de pharmacie, 28 Novemb. 1835 - 13 Janvier 1852.
Professeur du cours de teinture, impression et apprêt des tissus au Conservatoire des Arts et métiers à Paris, 13 Septemb. 1852.

Petit-Didier, Johannes Josephus (S. J.), St-Nicolas-du-Port.
Natus 23 Octob. 1664.
Denatus (Mussiponti) 10 August. 1756.
Theol. Doct.
Logicæ Professor in Seminario episcopali, 1694-1695.
Loco F. Colinet.
Physicæ Professor in Seminario episcopali, 1695-1696.
Loco M. Gillet.
Logicæ Professor in Seminario episcopali. 1696-1697.
Loco M. Gillet.

Physicæ Professor in Seminario episcopali, 1697-1698.
: *Loco* M. Gillet.
Juris Canonici Professor in Seminario episcopali, 1698-1700.
Juris canonici Professor in Universitate episcopali, 1700-1701.
: *Loco* P. Geoffroy.
Theologiæ scholasticæ Professor in Universitate Mussipontana, 1701-1704.
Rector Universitatis Mussipontanæ, 1704-1708.

PETTMESSER, Ignatius (*S. J.*), Hagenoëns.
: Natus 20 Januar. 1711.
: Denatus (Bartenstein) 2 Novemb. 1772.
: Logicæ Professor in Schola Molshemiana, 1743-1744.
:: *Loco* P. Wolff.
: Physicæ Professor in Schola Molshemiana. 1744-1745.
:: *Loco* P. Wolff.
: Concionator & Missionarius, Badenæ, 1745-1746.
: Instructor Principum de Hohenlohe, 1748-1767.
: In Officio spirituali Principum de Hohenlohe in Bartenstein, 1767-1772.

PFANZERT, Georgius (*S. J.*), Würzburgens.
: Natus 14 Februar. 1685.
: Denatus (Molshem.) 16 Maii 1736.
: Philosophiæ Professor in Collegio Würzburgensi, 1724-1725.
: Theologiæ moralis Professor in Collegio Fuldensi, 1726-1727.
: Theologiæ moralis Professor in Collegio Heiligenstadiensi, 1727-1728.
: Concionator, Erfurti, 1728-1730.
: Concionator, Ettlingæ, 1730-1731.
: Theologiæ polemicæ Professor in Schola Molshemiana, 1731-1733.
: Theologiæ scholasticæ Professor in Schola Molshemiana, 1733-1736.
:: *Loco* G. Hermann.

PFEFFINGER, Johannes, Argent. (B. U.)
: Natus 2 Januar. 1728.
: Denatus 15 Januar. 1782.
: Med. Doct., 30 Maii 1754. (13 Maii 1754.)
: Medicinæ Professor, 24 August. 1759.
: Med. Doct., Pathol. & Clin. Prof., 20 Septemb. 1768.
:: *Loco* G. H. Eisenmann.

Anatomiæ & Chirurgiæ Prof., 1759.

PFEFFINGER, Johannes Daniel, Argent. (B. U.)
: Natus 15 Novemb. 1661.
: Denatus 24 Novemb. 1724.
: Theol. Doct., 29 Julii 1706. (25 Junii 1706.)
: Logicæ & rhetoricæ Professor in Gymnasio, 1592-1705.
: Theologiæ Professor, 22 Mai 1705-1724.

Gymnasii Director, 1721-1724.

Super. Gymnas. Poëta & ad. D. Guil. Ecclesiast., 1701.
Super. Gymnas. Latin. linguæ ac Mathemat. Præcept. & ad D. Guil. Ecclesiast., 1702.
Theol. Prof. publ. ord. & Ecclesiastes, 1706.

PFERSDORFF, Louis-Frédéric-Gustave, de Bouxwiller (Bas-Rhin).
Né 9 Mars 1833.

Pharmacien de 1re classe, 29 Juillet 1857.
Professeur de botanique à l'École libre de pharmacie, 11 Mai 1871-30 Septemb. 1872.

PFLÜGER, Johannes Baptista, Argent.
Natus 13 Februar. 1742.
Denatus (Rosheim) 29 Novemb. 1820.
Phil. Doct.
Philosophiæ Professor in Collegio Molshemiano (27 annos).
Parochus in Rosheim.
Philosophiæ Professor in Universitate episcopali, 1782.
Curé de Dahlenheim, 18...
Curé de Saint-Etienne à Rosheim, Mai 1803.
Curé cantonal de Rosheim, 1805.

PHILIPSON, Johannes, *vide* SLEIDANUS.

PICHELMAYER, Paulus (*S. J.*), Bensheim.-Hassus.
Natus 2 Julii 1719.
Denatus (Fuldæ) 15 Decemb. 1766.
Logicæ Professor in Schola Molshemiana, 1752-1753.
      Loco B. Soherr.
Physicæ, Ethicæ & Metaphysicæ Professor in Schola Molshemiana, 1753-1754.
      Loco B. Soherr.
Logicæ Professor in Academia Bambergensi, 1754-1755.
Physicæ Professor in Academia Bambergensi, 1755-1756.
Polemicæ Professor in Schola Molshemiana, 1757-1759.
Polemicæ & Scripturæ Sacræ Professor in Schola Molshemiana, 1759-1761.
Director Seminarii Molshemiani, 1761-1762.
Regens Seminarii Pontificii Fuldensis, 1762-1764.

PIERTZ, Leonardus (*S. J.*), Wolffsberg.-Carinth.
Natus 4 Novemb. 1662.
Denatus (Molshem.) 4 Decemb. 1741.
Theol. Doct.
Mathematum & Ethices Professor in Academia Bambergensi, 24 Februar. ad finem 1696.
Rhetoricæ Professor in Collegio Bambergensi, 1687-1688.
Philosophiæ Professor in Collegio Würzburgensi, 1696-1698.
Theologiæ moralis Professor in Collegio Moguntino, 1698-1699.
Theologiæ scholasticæ Professor in Academia Molshemiana, 1699-1701.

Theologiæ scholasticæ Professor in Collegio Würzburgensi, 1701-1710.
Socius Provincialis Rheni Superioris, 1710-1711.
Rector Collegii Erfordensis, 8 Januar. 1711-19 Martii 1714.
Missionarius Hagenoæ, 1714-1715.
Theologiæ scholasticæ Professor in Schola Molshemiana, 1715-1726.
Loco J. Bilonius.
Præfectus Convictus Molshemiani, 1727-1728.
Præfectus Spiritus in Schola Molshemiana, 1728-1741.

PIGENOT, Franciscus Conrad (*S. J.*), Belfortens.
Natus 28 Maii 1711.
Denatus (in Alsatia) 1780.
Theol. Doct.
Theologiæ moralis Professor in Universitate episcopali, 1756-1759.
Loco C. Collot.

PIMBEL, Benoit-Balthasar, d'Obernai (Bas-Rhin).
Né 16 Janvier 1787.
Décédé (Châtenois) 25 Août 1850.
Vicaire et Prédicateur français à la Cathédrale, 1 Mai 1811.
Directeur et Professeur de rhétorique au Petit-Séminaire de Lachapelle-sous-Rougemont.
Professeur de dogme au Grand Séminaire catholique, 1822-1823.
Professeur de dogme et d'histoire ecclésiastique au Grand Séminaire catholique, 1823-1824.
Professeur d'histoire ecclésiastique au Grand Séminaire catholique, 1824-1831.
Curé à Châtenois, 1 Décemb. 1831.

PISCATOR (FISCHER), Johannes, Argent.
Natus 27 Mart. 1546.
Denatus (Herbornæ) 26 Julii 1625.
Theol. Doct.
Theologiæ Professor, 1571.
Dimissus 27 Junii 1571.
Sacrarum Litterarum Professor in Schola Nassovica Herbonensi.
Portrait non signé.

PLANER, Andreas, Botzen-Tyrol.
Natus 1546.
Denatus (Tubingæ) 1607.
Med. Doct. (Tubingæ), 19 Decemb. 1569.
Physices Professor, 1573.
Medicinæ Professor, 1574.
Abiit Tubingam Maio 1578.

POMPERNETZ, Johannes (*S. J.*), Ruppertsberg.-Palat.
Natus 24 Julii 1653.
Denatus (Selestad.) 15 Martii 1734.

Logicæ Professor in Academia Molshemiana, 1687-1688.
Loco S. Gœhausen.
Physicæ Professor in Academia Molshemiana, 1688-1689.
Loco S. Gœhausen.

PONCET, François, de Cluny (Saône-et-Loire).
Né 14 Juin 1837.
Docteur en médecine, 28 Décemb. 1859.
Médecin aide-major de 2° classe, 31 Décemb. 1860.
Médecin aide-major de 1re classe, 31 Décemb. 1862.
Médecin-major de 2° classe, 18 Août 1868.
Répétiteur de pathologie chirurgicale et de médecine opératoire à l'Ecole de santé du service militaire, 1869-1870.
Médecin-major de 1re classe, 13 Mars 1873.
Professeur agrégé à l'Hôpital de perfectionnement de médecine et de pharmacie militaires au Val-de-Grâce, 1873-1876.
Médecin principal de 2° classe, 21 Février 1880.
Médecin principal de 1re classe, 6 Juillet 1883.
Médecin principal de 1re classe (Territoriale), 1889.

PRECHTER, Johannes Carolus, Argentin. (B. U.)
Natus 16 Januar. 1587.
Denatus 3 Junii 1635.
Prætor, 1626.
Universitatis Cancellarius, 21 Octob. 1633.

PREVOST, Ludovicus (*S. J.*), Autun.
Natus 14 Januar. 1677.
Denatus (Dijon) 26 Julii 1739.
Phil. Doct.
Logicæ Professor in Universitate episcopali, 1709-1710.
Loco D. Jeannolle.
Physicæ Professor in Universitate episcopali, 1710-1711.
Loco D. Jeannolle.
Logicæ Professor in Collegio Augustodunensi, 1711-1712.
Præfectus Scholarum in Collegio Divionensi, 1722-1723.

PROBST, Henricus (*S. J.*), Heiligenstad.
Natus 20 Junii 1634.
Denatus (Erfurt.) 15 August. 1683.
Logicæ Professor in Academia Bambergensi, 1665-1666.
Physicæ Professor in Academia Bambergensi, 1666-1667.
Metaphysicæ Professor in Academia Bambergensi, 1667-1668.
Theologiæ Professor in Academia Fuldensi, 1669-1672.
Concionator, Fuldæ, 1672-1673.
Theologiæ moralis Professor in Academia Bambergensi, 1673-1675.
Theologiæ scholasticæ Professor in Academia Molshemiana, 1675-1676.
Loco H. Gerard.
Concionator, Spiræ, 1676-1677.
Rector Collegii Heiligenstadiensis, 19 Octob. 1678-26 Januar. 1683.
Rector Collegii Erfordensis, 26 Januar. 1683.

PRUDHOMME, Jacobus (*S. J.*), Mézières.
>   Natus 22 Octob. 1642.
>   Denatus (Argent.) 16 Januar. 1689.
>   Philosophiæ Professor in Universitate Mussipontana, 1679-1680.
>   Physicæ Professor in Universitate Mussipontana, 1681-1682.
>   Logicæ Professor in Universitate Mussipontana, 1682-1683.
>   Theologiæ moralis Professor in Universitate Mussipontana, 1683-1684.
>   Physicæ Professor in Collegio Altissiodorensi, 1684-1685.
>   Theologiæ scholasticæ Professor in Seminario episcopali, 1685-1688.

PRUGNON, Franciscus Henricus (*S. J.*), Nancy.
>   Natus 12 Septemb. 1710.
>   Denatus (Nancy) 4 Novemb. 1782.
>   Theologiæ moralis Professor in Universitate episcopali, 1750-1755.
>   *Loco* F. Schmaltz.
>   Scripturæ Sacræ Professor in Universitate Mussipontana, 1755-1765.

RABUS (RABE), Ludovicus, Memmingens.
>   Natus 1524.
>   Denatus (Ulm.) 22 Julii 1592.
>   Theol. Doct., 19 April. 1552.
>   Ecclesiastes, 1544.
>   Theologiæ Professor in Gymnasio.
>   Theologiæ Professor, 1555.
>   Superintendens ecclesiasticus, Ulmæ, 1556.
>   Portrait non signé.

RÆDER, Michael (*S. J.*), Wegfurth.-Bavar.
>   Natus 17 Octob. 1715.
>   Denatus (Otterswiræ) 30 Januar. 1766.
>   Theol. Doct.
>   Logicæ Professor in Collegio Badenensi, 1748.
>   Theologiæ scholasticæ Professor in Schola Molshemiana, 1752-1754.
>   *Loco* J. Hornigk.
>   Theologiæ scholasticæ & Juris canon. Professor in Schola Molshemiana, 1754-1755.
>   Theologiæ Professor in Universitate Heidelbergensi, 1755-1757.
>   Theologiæ scholasticæ Professor in Collegio Bambergensi, 1757-1758.
>   Theologiæ scholasticæ Professor in Collegio Fuldensi, 1758-1759.
>   Theologiæ scholasticæ & Linguæ hebrææ Professor in Schola Molshemiana, 1760-1762.
>   *Loco* C. Vogel.
>   Præfectus Spiritus in Collegio Moguntino, 1762-1763.
>   Præfectus Spiritus in Residentia Otterswirensi, 1763.
>   Professor & Missionarius in Residentia Otterswirensi, 1765-1766.

Räss, André, de Sigolsheim.
> Né 6 Avril 1794.
> Décédé 17 Novemb. 1887.
> Docteur en théologie (Würzbourg), 5 Janvier 1822.
> Professeur des Humanités et Directeur au Petit Séminaire de Mayence, 1816-1818.
> Professeur de rhétorique et Directeur au Petit Séminaire de Mayence, 1818-1823.
> Supérieur du Grand Séminaire de Mayence, 1823-1829.
> Directeur de la Sorbonne à Molsheim, 1829-1830.
> Professeur de dogme et d'Ecriture sainte au Grand Séminaire catholique, 1830-1831.
> Supérieur du Grand Séminaire catholique, 1830-1836.
> > *Loco* Th. Lienhart.
> Professeur d'éloquence sacrée et de catéchétique au Grand Séminaire catholique, 1831-1836.
> Chanoine de la Cathédrale, Décret du 23 Décemb. 1829 et nomination épiscopale du 25 Mars 1831.
> Vicaire général honoraire, 1 Septemb. 1840.
> Évêque *in partibus* de Rhodiopolis, Coadjuteur de l'Évêque de Strasbourg, nommé 5 Août 1840, préconisé 14 Décemb. 1840 et consacré 14 Février 1841.
> Évêque de Strasbourg, 27 Août 1842.
>> Portrait lithographié par Ch. A. Schuler. 1841.
>> Portrait lithographié par Bœhm.
>> Portrait lithographié par Th. Mainberger.
>> Portrait lithographié par L. C. Morhain.
>> Portrait lithographié d'après Flaxland par Perrin.

Rameaux, Jean-François, d'Annoire (Jura).
> Né 22 Septemb. 1805.
> Décédé (Nancy) 5 Mai 1878.
> Docteur ès sciences mathématiques, 19 Décemb. 1833.
> Docteur en médecine (Paris), 31 Décemb. 1834.
> Professeur agrégé à la Faculté de médecine, 27 Juin 1839.
> Professeur de physique médicale à la Faculté de médecine, 24 Décemb. 1839.
>> *Loco* F. Meunier.
> Professeur de physique et d'hygiène à la Faculté de médecine de Nancy, 1 Octob. 1872.
>> Portrait lithographié par A. Rosé. 1860.

Randerath, Jacobus (*S. J.*), Coblenz.
> Natus 15 Februar. 1683.
> Denatus (Aschaffenburg.) 28 Martii 1746.
> Philosophiæ Professor in Collegio Badenensi, 1720-1722.
> Physicæ Professor in Collegio Heiligenstadiensi, 1722-1723.
> Logicæ Professor in Academia Bambergensi, 1723-1724.
> Physicæ Professor in Academia Bambergensi, 1724-1725.
> Metaphysicæ Professor in Academia Bambergensi, 1725-1726.
> Theologiæ moralis Professor in Schola Molshemiana, 1726-1727.
>> *Loco* H. Reeb.
> Theologiæ polemicæ Professor in Schola Molshemiana, 1733-1735.
>> *Loco* G. Pfanzert.
> Minister in Collegio Aschaffenburgensi, 1746.

RANDORFF, Nicolaus (S. J.), Wegfurth.-Bavar.
    Natus 24 Martii 1639.
    Denatus (Molsheim) 11 Martii 1674.
    Logicæ Professor in Collegio Fuldensi, 1670-1671.
    Physicæ Professor in Collegio Fuldensi, 1671-1672.
    Metaphysicæ Professor in Academia Molshemiana, 1672-1673.

RANG, Philippus Christianus, Argent. (B. U.)
    Natus 18 April. 1709.
    Denatus 12 Decemb. 1755.
    Phil. Doct., 4 Maii 1747.
    Jur. Doct., 1 August. 1754. (26 Januar. 1743.)
    Logices & Metaphysices Professor, 3 Novemb. 1747.
                        Loco J. J. Witter.

RAU, Charles-Frédéric, de Bouxwiller (Bas-Rhin).
    Né 3 Août 1803.
    Décédé (Paris) 10 Avril 1877.
    Docteur en droit, 9 Décemb. 1826.
    Professeur suppléant provisoire à la Faculté de droit, 6 Mars 1833.
    Professeur suppléant à la Faculté de droit, 24 Juin 1834.
    Professeur de droit civil français à la Faculté de droit, 14 Juillet 1841.
                        Loco Ch. H. Kern.
    Conseiller à la Cour de cassation, 4 Août 1870.

RAUCHFUSS. Petrus, *vide* DASYPODIUS.

RAUSCHER junior.
    Natus
    Denatus
    Professor in Seminario episcopali, 17..-1785.

RAUSSIN. Johannes Ludovicus (S. J.), Stenay.
    Natus 16 Maii 1695.
    Denatus
    Theol. Doct.
    Philosophiæ Professor in Universitate Mussipontana, 1713-1714.
    Matheseos Professor in Universitate episcopali, 1722-1724.
    Logicæ & Matheseos Professor in Universitate episcopali, 1724-1725.
    Physicæ Professor in Universitate episcopali, 1725-1726.
                        Loco J. A. Febvre.
    Rector Universitatis Mussipontanæ, 1752-1756.
    Rector Universitatis episcopalis, 19 Novemb. 1759-2 Junii 1764.
                        Loco D. Bernard.
    Argentorati, 1765-1766.

RAUTER, Jacques-Frédéric, de Strasbourg.
    Né 27 Juin 1784.
    Décédé 27 Février 1854.

Docteur en droit, 16 Juillet 1812.
Professeur suppléant à la Faculté de droit, 8 Décemb. 1819.
Professeur de procédure civile et de législation criminelle à la Faculté de droit, 5 Avril 1825.
Loco J. B. de Laporte.
Doyen de la Faculté de droit, 9 Mai 1837-21 Novemb. 1851.
Loco Ch. H. Kern.
Doyen honoraire, 21 Novemb. 1851.

REBHAN, Johannes, Rœmhild-Coburgens. (B. U.)
Natus 14 Februar. 1604.
Denatus 30 Septemb. 1689.
Jur. Doct., 15 Martii 1638 (1637).
Juris Professor, 17 Novemb. 1637.
Loco G. D. Locamer.
Comes palatinus Cæsareus, 1662.

JCtus, Com. Palat. Cæs., Cod. & Feudal. Consuet. Prof. publ., 1667.
JCtus, Com. Palat. Cæs., Divers. Statuum Imper. Consil., Antecessor senior, 1672.
Univ. & Colleg. Jurid. Senior, Cap. Coll. ad D. Thom. Præpos., S. Cæs. Palat. Consil., Cod. & Feud. Prof. publ. ord., 1686.
<small>Portrait par P. Aubry. 1664.
Portrait par J. A. Seupel. 1689.</small>

RECHBURGER, Arbogast.
Natus
Denatus 2 April. 1580.
Prætor, 1576.
Universitatis Cancellarius, 1574.

REDSLOB, François-Henri, de Strasbourg.
Né 25 Mars 1770.
Décédé 23 Novembre 1834.
Docteur en théologie.
Professeur de mathématiques au Gymnase protestant, Avril 1796-1800.
Maître de pension, 1801.
Professeur suppléant de mathématiques au Gymnase protestant, 1809-1812.
Professeur agrégé de philosophie au Séminaire protestant, 3 Novemb. 1812 (10 Décemb. 1811).
Pasteur au Temple-Neuf, 1816-1834.
Professeur de philosophie au Séminaire protestant, 27 Février 1817.
Professeur suppléant à la Faculté de théologie, 26 Avril 1819.
Chargé du cours d'éloquence sacrée à la Faculté de théologie, 6 Novemb. 1819.
Professeur d'éloquence sacrée à la Faculté de théologie, 1822.
Doyen de la Faculté de théologie, 1 Janvier 1832-Novemb. 1834.
Loco I. Haffner.
Professeur de dogme à la Faculté de théologie, 8 février 1833.
Loco J. G. Dahler.
<small>Portrait lithographié par Ch. A. Schuler, 1834.
Portrait lithographié par Ch. A. Schuler. 1841.
Portrait par J. D. Beyer. (Engelmann et Cie).</small>

REDSLOB, Henri-Théophile, de Strasbourg.
>Né 10 Août 1807.
>Décédé 22 Septemb. 1852.
>Docteur en théologie, 31 Juillet 1839.
>Professeur de littérature latine au Gymnase protestant, 22 Septemb. 1842.
>Agrégé libre au Séminaire protestant (Cours de psychologie, de morale, &), Novemb. 1839-1852.
>Chargé du cours de langue allemande au Séminaire protestant, 6 Novemb. 1848.

REES, Émile, de Saverne.
>Né 10 Avril 1843.
>
>Pharmacien de 1re classe, 4 Septemb. 1868.
>Professeur de chimie organique à l'Ecole libre de pharmacie, 11 Mai 1871-30 Septemb. 1872.

REEB, Henricus (S. J.), Hagenoëns.
>Natus 18 Novemb. 1695.
>Denatus (Hagenoæ) 10 Decemb. 1737.
>Minister Scholæ Molshemianæ, 1718.
>Logicæ Professor in Schola Molshemiana, 1718-1719.
>>*Loco* G. Herman.
>
>Physicæ Professor in Schola Molshemiana, 1719-1720.
>>*Loco* G. Herman.
>
>Matheseos Professor in Academia Bambergensi, 1720-1721.
>Theologiæ moralis Professor in Schola Molshemiana, 1722-1726.
>>*Loco* A. Cetti.
>
>Minister in Schola Molshemiana, 1725-1726.
>Rector Collegii Hagenoënsis, 24 Octob. 1726-April. 1732.
>Minister in Collegio Hagenoënsi, 1737.

REEB, Nicolaus (S. J.), Hagenoëns.
>Natus 18 Octob. 1680.
>Denatus (Hagenoæ) 6 (*vel* 7) Martii 1754.
>Philosophiæ Professor in Academia Fuldensi, 1712-1714.
>Philosophiæ Professor in Universitate Würzburgensi, 1714-1717.
>Theologiæ moralis Professor in Schola Molshemiana, 1718-1719.
>>*Loco* A. Gruber.
>
>Superior Missionariorum in Oehlenberg, 1719-1721.
>Rector Scholæ Molshemianæ, 15 Octob. 1721-1722.
>>*Loco* G. Lossmann.
>
>Missionarius, Hagenoæ, 1722-1723.
>Minister in Collegio Hagenoënsi, 1723-1724.
>Rector Collegii Selestadiensis, 10 Martii 1724-Octob. 1726.
>Rector Scholæ Molshemianæ, 10 Octob. 1726-15 Octob. 1729.
>>*Loco* G. Lossmann.
>
>Rector Collegii Selestadiensis, 15 Octob. 1729-Octob. 1732.
>Concionator, Selestadii.
>Concionator, Hagenoæ.

Rector Scholæ Molshemianæ, 23 April. 1736 - 9 August. 1739.
Loco I. Flory.
Rector Collegii Hagenoënsis, 19 August. 1742 - Septemb. 1742.
Superior Residentiæ Bockenheimensis, 1742.
Minister in Collegio Mannheimensi, 1748.
Præfectus Spiritus in Collegio Hagenoënsi, 1752.
Rector Collegii Hagenoënsis, 11 Januar. 1753 - 1754.

Rees, Theodorus (*S. J.*), Embricensis.
  Natus 27 Septemb. 1577.
  Denatus (Molshemii) 26 Julii 1629.
  Litterarum humaniorum Professor in Collegio Fuldensi.
  Rhetoricæ Professor in Collegio Fuldensi.
  Rhetoricæ Professor in Collegio Moguntino.
  Regens Convictus, Moguntiæ, 1611.
  Rector Collegii Molshemiani, 1614 - 1619.

Reffay, Henricus (*S. J.*), Robécourt - Vosges.
  Natus Novemb. 1575.
  Denatus (Spiræ) 11 August. 1632.
  Theol. Doct.
  Theologiæ scholasticæ Professor in Academia Molshemiana, 1619 - 1623.
  Præfectus Spiritus in Academia Molshemiana, 1623 - 1625.
  Instructor Tertiæ Probationis, Spiræ, 1625.
  Rector Academiæ Spirensis.

Refflingshausen, Wendelin (*S. J.*), Moguntin.
  Natus 5 Junii 1684.
  Denatus (Neostadii) 7 Novemb. 1740.
  Logicæ Professor in Academia Bambergensi, 1719 - 1720.
  Physicæ Professor in Academia Bambergensi, 1720 - 1721.
  Metaphysicæ Professor in Academia Bambergensi, 1721 - 1722.
  Procurator in Collegio Bambergensi, 1722 - 1727.
  Theologiæ moralis Professor in Schola Molshemiana, 1727 - 1730.
      Loco U. Fimberger.
  Procurator in Residentia Neostadiensi, 1740.

Regius, Ernestus, Lunæburg.
  Natus 1526.
  Denatus post 1568.
  Ethices Professor, 1566.
  Græcæ linguæ Professor, 1567.

Reich
  Né
  Décédé
  Professeur de philosophie au Grand Séminaire catholique, 1834 - 1858.
      Loco A. G. M. Carl.
  Trésorier du Grand Séminaire catholique, 1866 - 1868.

REICHARD, Johannes Christophorus, Argentin. (B. W.)
> Natus 1 Junii 1667.
> Denatus 5 Julii 1743.
> XIII vir, 1726.
> Scholarcha, 22 April. 1730.

REICHELT, Julius, Argent. (B. U.)
> Natus 5 Januar. 1637.
> Denatus 19 Februar. 1717.
> Phil. Doct. 26 April. 1660.
> Geographiæ & Historiarum Professor, 16 August. 1667.
> Mathematum Professor, 1673.

REINER, Ludovicus (*S. J.*), Argent.
> Natus 16 August. 1721.
> Denatus (Argent.) 8 Januar. 1758.
> Physices experimentalis Professor in Universitate Wratislawia, Provincia Bohemiæ, 1749-1753.
> Mathematum Professor in Universitate episcopali, 1753-1754.
> *Loco* J. D. Barlet.
> Præfectus Scholarum in Universitate episcopali, 1754-1756.

REINHARD, Johannes, Alzensis-Hassus.
> Natus
> Denatus
> Logices & Metaphysices Professor, Junio 1568.

REISSEISSEN, Franciscus, Argentin.
> Natus 26 Octob. 1631.
> Denatus 23 Decemb. 1710.
> Consul, 1677, 1683, 1689, 1695, 1701 et 1707.
> Scholarcha, 1686.
>> Portrait dessiné et gravé par J. A. Seupel.

REISSEISSEN, Johannes Daniel, Argent. (B. U.)
> Natus 18 Januar. 1735.
> Denatus 23 Februar. 1817.
> Jur. Doct. 26 Septemb. 1776. (19 Decemb. 1761.)
> Juris Professor extraordin., 9 Junii 1768.
> Juris Professor, 4 Maii 1770.
> Professeur de jurisprudence, de droit naturel et des gens et de droit public d'Allemagne à l'Académie protestante, 20 Mars 1803.

J. U. D., Pand. & Jur. canon. Prof. publ. ord., 1777.

RENAUDIN, François-Antoine, de Fort-Louis-du-Rhin.
> Né 1729.
> Décédé (Paris) 20 Mars 1784.
> Docteur en médecine (Montpellier).
> Médecin de l'Hôpital militaire de Phalsbourg, 1755.
> Médecin ordinaire de l'armée du Rhin, 1757.
> Médecin en second de l'Hôpital militaire de Strasbourg, 1763.

Survivance du Protomédicat pour les Hôpitaux d'Alsace, 5 Mai 1765.
Professeur à l'Hôpital militaire d'instruction, 1776-1777.
Titulaire du Protomédicat d'Alsace, 12 Mars 1777.
Inspecteur des Hôpitaux militaires du Nord, 1778.
Premier médecin de l'armée aux ordres du Maréchal de Broglie, 1779.
Premier médecin consultant des camps et armées, 19 Mai 1780.

RENNES, Jean-Mondésir-Arcole, de Bergerac (Dordogne).
Né 1 Février 1798.
Décédé vers 1830.
Docteur en médecine (Paris), 15 Mai 1822.
Médecin ordinaire, 28 Juillet 1823.
Médecin ordinaire breveté, 27 Octob. 1824.
Professeur adjoint à l'Hôpital militaire d'instruction, 1824-1830.
Professeur agrégé à la Faculté de médecine, 14 Avril 1829.

RÉON, Franciscus (S. J.), Mont-Saint-Martin, Mosell.
Natus 1 Novemb. 1714.
Denatus
Logicæ Professor in Universitate episcopali, 1748-1749.
   Loco G. Schoffit.
Physicæ Professor in Universitate episcopali, 1749-1750.
   Loco G. Schoffit.
  Dimissus (Mussiponti), 15 Octob. 1750.

REUCHLIN, Antonius, *vide* CAPNIO.

REUCHLIN, Fridericus Jacob, Gerstheim.-Alsat. (B. U.)
Natus 21 Maii 1695.
Denatus 3 Junii 1788.
Theol. Doct., 1 Octob. 1733. (3 Julii 1733.)
Quintæ Curiæ Præceptor in Gymnasio, 1727-1731.
Theologiæ Professor, 31 August. 1731.
   Loco E. Silberrad.
Theol. Doct. & Prof. ac Convent. eccles. Præses, 24 Januar. 1761.

Theologiæ Professor publ. ord. & Ecclesiastes liber, 1733.
 Portrait par Hegy.
 Portrait par C. Guérin. 1791.
 Portrait par C. Guérin. Copie non signée.
 Silhouette gravée, non signée.

REUCHLIN, Johannes Caspar, Argent. (B. U.)
Natus 8 Octob. 1714.
Denatus 29 Martii 1767.
Theol. Doct., 1 Julii 1751. (15 Junii 1751.)
Poëseos Professor, 28 Januar. 1746.
Ecclesiarum Ducatus Altemburgici Superintendens generalis, 1751.

Poëseos Prof. publ. ord. & Ecclesiastes, 1750.
 Portrait par J. C. G. Fritsch.
 Portrait d'après Ph. J. Kugler, par C. Guérin. 1785.
 Portrait non signé.

Reusner, Nicolaus, Lemberg-Siles.
    Natus 2 Februar 1545.
    Denatus (Ienæ) 12 April. 1602.
    Jur. Doct. (Basil.), 1583.
    Professor in Academia Augsburgensi.
    Rector & Professor in Collegio Lauingensi.
    Juris Professor, 1 Novemb. 1585.
                            Abiit Ienam 1588.
    Professor in Universitate Ienensi, 1589.
    Comes palatinus Cæsareus.
    <small>Portrait par de Bry.</small>

Reuss, Édouard-Guillaume-Eugène, de Strasbourg.
    Né 18 Juillet 1804.
    Décédé 15 Avril 1891.
    Docteur en théologie (Iéna), 26 Mai 1843.
    Docteur honoraire en philosophie (Halle), 25 Février 1873.
    Professeur agrégé au Gymnase protestant, 3 Janvier 1829.
    Professeur agrégé au Séminaire protestant, 3 Décembre 1834.
    Professeur au Séminaire protestant, 27 Juillet 1836.
    Chargé du cours de morale à la Faculté de théologie, 26 Octobre 1838-1864.
    Directeur du Gymnase protestant, Avril 1859-Octob. 1865.
    Chargé du cours d'exégèse à la Faculté de théologie, 17 Juin 1864.
                             Loco Th. Fritz.
    Professeur d'exégèse à la Faculté de théologie, 25 Janvier 1865.
    Professeur à l'Université de Strasbourg, 1 Mai 1872.
    Professeur émérite, 1 Septembre 1888.
    <small>Photogravure. Goupil & Cie à Paris.</small>

Reuss, Ernest-Rodolphe, de Strasbourg.
    Né 13 Octob. 1841.

    Licencié ès lettres (Strasbourg), 25 Juillet 1861.
    Docteur en théologie (Gœttingue), 24 Novemb. 1864.
    Professeur agrégé au Gymnase protestant, 8 Octob. 1866-1870.
    Agrégé libre au Séminaire protestant (Cours d'histoire), 8 Octob. 1869-1872.
    Professeur de littérature allemande au Gymnase protestant, 17 Octob. 1870.
    Professeur d'histoire au Gymnase protestant, 19 Février 1872.
    Bibliothécaire de la Ville, 7 Mars 1873.

Reussner, Jean-Frédéric, de Strasbourg.
    Né 3 Juillet 1823.

    Licencié ès lettres, 1848.
    Chargé du cours d'hébreu au Séminaire protestant, 1857.
    Professeur des langues grecque et latine au Séminaire protestant, 19 Avril 1864.
    Bibliothécaire à la Bibliothèque de l'Université, 1 Mai 1872.

RHENAGIUS, Nicolaus.
>Natus
>Denatus 1604.
>Oratoriæ Professor, circa 1554.

RICHARD, Mathias, de Mulhouse.
>Né 25 Mars 1795.
>Décédé 14 Janvier 1869.
>Professeur de dogmatique réformée à la Faculté de théologie, 28 Novembre 1820.
>Professeur honoraire, 1 Décembre 1867.

RICHART, Petrus (*S. J.*), Utrecht.
>Natus 18 April. 1600.
>Denatus (Bamberg.) 28 Januar. 1679.
>Theol. Doct.
>Philosophiæ Professor in Collegio Würzburgensi, 1641-1644.
>Theologiæ moralis Professor in Universitate Würzburgensi.
>Theologiæ dogmaticæ Professor in Collegio Moguntino.
>Missionarius Castrensis, 1648-1656.
>Controversiæ Professor in Academia Molshemiana, 1656-1657.
>Theologiæ moralis Professor in Academia Molshemiana, 1657-1658.
>>*Loco* G. Harlass.
>Theologiæ moralis Professor in Academia Bambergensi, 1658-1662.
>Vice-Cancellarius & Theologiæ scholasticæ Professor in Academia Molshemiana, 1663-1666.
>>*Loco* E. Sartorius.
>Cancellarius & Theologiæ scholasticæ Professor in Academia Molshemiana, 1666-1667.
>Theologiæ Professor in Academia Bambergensi, 1668-1672.
>Juris canonici Professor & Cancellarius Academiæ Bambergensis, 1672-1679.

RIGAUD, Philippe, de Montpellier.
>Né 27 Septemb. 1805.
>Décédé (Nancy) 22 Janvier 1881.
>Docteur en médecine (Paris), 22 Octob. 1836.
>Professeur de clinique chirurgicale et de pathologie externe à la Faculté de médecine, 9 Août 1841.
>Professeur de clinique externe à la Faculté de médecine de Nancy, 1 Octob. 1872.
>>Portrait lithographié par A. Rosé. 1860.

RIHEL, Josias, Hagenoëns. (B. W.)
>Natus 16 April. 1525.
>Denatus 5 Martii 1597.
>XIII vir, 21 Januar. 1590.
>Scholarcha, 11 Novemb. 1588.

RIHEL, Philippus.
>Natus Martio 1564.
>Denatus Septemb. 1608.

Quartæ curiæ Præceptor in Gymnasio, ante 1600.
Historiarum Professor, 1606.

RINN, Jacques, d'Auxerre.
Né 7 Août 1797.
Décédé 12 Septemb. 1855.
Docteur ès lettres (Paris), 10 Juillet 1854.
Recteur de l'Académie de Strasbourg, 22 Août 1854.
Loco A. Donné.

RIPPEL, Antonius Gregorius (*S. J.*), Selestadiens.
Natus 10 Junii 1681.
Denatus (Fessenheim) 6 Januar. 1729.
Logicæ Professor in Schola Molshemiana, 1713-1714.
Loco C. Mais.
Physicæ Professor in Schola Molshemiana, Januar.-Mart. 1715.
Loco C. Mais.
Dimissus Molshemii, 5 April. 1715.
Beneficiarius Capituli Omnium Sanctorum Argentinensis, 1719.
Parochus in Fessenheim & Nordheim, 21 Decemb. 1719.

RIPPERBERGER, Laurentius (*S. J.*), Haipach, Diœc. Mogunt.
Natus 1584.
Denatus (Treviris) 21 April. 1636.
Logicæ Professor in Academia Molshemiana, 1619-1620.
Physicæ Professor in Academia Molshemiana, 1620-1621.
Loco G. Ommeren.
Metaphysicæ Professor in Academia Molshemiana, 1621-1622.
Loco J. Joannes.
Scripturæ Sacræ & Theologiæ moralis Professor in Collegio Trevirensi, 1622-1624.
Præfectus Spiritus in Collegio Trevirensi, 1624-1629.
Theologiæ scholasticæ Professor in Collegio Trevirensi, 1629-1634.

RISSE, Johannes (*S. J.*), Neheim.-Westphal.
Natus 24 Novemb. 1635.
Denatus (Fuldæ) 20 Octob. 1696.
Theol. Doct. (Würzburg.).
Litterarum humaniorum Professor in Collegio Moguntino.
Rhetoricæ Professor in Collegio Bambergensi, 1661-1662.
Theologiæ moralis Professor in Collegio Würzburgensi, 1672-1673.
Theologiæ scholasticæ Professor in Collegio Würzburgensi, 1673-1681.
Rector Academiæ Molshemianæ, 25 Octob. 1683-1686.
Rector et Theologiæ positivæ Lector in Academia Molshemiana, 1686-1687.
Rector Academiæ Molshemianæ, 1687-16 Julii 1691.
Rector Collegii Hagenoensis, 22 April. 1692-1693.
Rector Collegii Bambergensis, 27 Januar. 1693-17 Maii 1696.
Rector Collegii Fuldensis, 25 Maii 1696-20 Octob. 1696.

Ristelhuber, Marie-Antoine-Joseph, de Saverne.
   Né 1786.
   Décédé 3 Février 1865.
   Docteur en mécecine, 18 Mai 1810.
   Médecin en chef de l'Hospice civil, 9 Décemb. 1819.
   Professeur agrégé à la Faculté de médecine, 14 Avril 1829.
             N'a pas accepté.
      Portrait lithographié par C. Guérin. (Engelmann, 1825.)

Ritter, Charles-Émile-Eugène, de Strasbourg.
   Né 16 Février 1837.
   Décédé (Nancy) 7 Juillet 1884.
   Docteur en médecine, 24 Février 1863.
   Professeur agrégé à la Faculté de médecine, 1 Mai 1866.
   Professeur adjoint de chimie médicale et de toxicologie à la Faculté de médecine de Nancy, 1 Octob. 1872.
   Professeur de chimie médicale et de toxicologie à la Faculté de médecine de Nancy, 15 Mai 1877.

Rixinger, Daniel, Argent. (B. U.)
   Natus 1561.
   Denatus 6 Julii 1633.
   Med. Doct. (Basil.), 1602.
   Quartæ curiæ Præceptor in Gymnasio, 1597.
   Logices & Metaphysices Professor, 1 Maii 1600.

   Ex Facultate philosophica Facultatis medicæ Assistens, 1600.
      Portrait par I. Brunn. 1618.

Robert, Antoine-Charles-Marie, de Paris.
   Né 1 Avril 1777.
   Décédé (?) 12 Décemb. 1840.
   Pharmacien de 3ᵉ classe (?), 2 Avril 1799.

   Pharmacien-major, 3 Août 1808.
   Professeur à l'Hôpital militaire d'instruction, 5 Mai 1816-Février 1820.
   Démonstrateur à l'Hôpital de perfectionnement du Val-de-Grâce, 29 Février 1820.
   Pharmacien-major breveté, 27 Octob. 1824.
       Admis au traitement de réforme, 13 Septemb. 1833.
   Conservateur à la Bibliothèque Sainte-Geneviève à Paris, 1825-1840.

Robinet, Ludovicus Germanus (S. J.), Auxerre.
   Natus 13 April. 1686.
   Denatus (Nanceii) 25 Novemb. 1737.
   Phil. Doct., 1723.
   Matheseos Professor in Universitate episcopali, 1703-1705.
             Loco J. Laurans.
   Logicæ Professor in Collegio Divionensi, 1722-1723.
   Scripturæ Sacræ Professor in Universitate episcopali, 1724-1727.
   Rector Collegii Senonensis, 1732.

Robinet (de Cléry), Petrus (S. J.), Stenay.
 Natus 22 Martii 1652.
 Denatus (Argent.) 7 Novemb. 1738.
 Theol. Doct.
 Theologiæ scholasticæ Professor in Universitate Mussipontana, 1691-1692.
 Theologiæ scholasticæ Professor in Seminario episcopali, 1692-1698.
     Loco N. Maucervel.
 In Dania, cum Legato Galliæ apud Regem Daniæ, 1698-1701.
 Rector Universitatis episcopalis, 14 Maii 1701-2 Novemb. 1704.
 Rector Collegii Rhemensis, 1704-1705.
 Confessarius Philippi V, Regis Hispaniæ, 1705-1715.
 Vice-Rector Universitatis episcopalis, 1715-1716.
 Rector Universitatis episcopalis, 1716-22 Februar. 1719.
     Loco L. Laguille.
 Præpositus Provinciæ Campaniæ, 1721-1724.
 Rector Universitatis episcopalis, 16 Januar. 1725-2 Maii 1728.
     Loco L. Laguille.

Robiou, Félix-Marie-Louis-Jean, de Rennes.
 Né 10 Octob. 1818.
 Décédé
 Docteur ès lettres (Paris), 28 Octob. 1852.
 Professeur suppléant d'histoire à la Faculté des lettres, 1 Mars 1870.
 Directeur à l'École pratique des Hautes-Études, 1 Août 1871.
 Professeur suppléant d'histoire à la Faculté des lettres de Nancy, 24 Avril 1874.
 Professeur d'histoire à la Faculté des lettres de Rennes.

Rochard, Claude-Toussaint-Guillaume-Benoit, de Meaux (Seine-et-Marne).
 Né 7 Décemb 1746.
 Décédé (Paris) 4 Février 1835.
 Docteur en médecine (*Coll.*), 24 Septemb. 1810.
 Chirurgien sous-aide, 1766.
 Chirurgien en chef des armées de terre et de mer aux Indes Orientales, 1768-1785.
 Professeur adjoint à l'École, puis Faculté de médecine, 17 Février 1799.
 Professeur des maladies épidémiques à la Faculté de médecine, 7 Février 1809.
 Professeur honoraire, 25 Juillet 1821.

Rodenbach, Lucas (S. J.), Luxemburgens.
 Natus 2 Februar. 1624.
 Denatus (Molsheim.) 27 Januar. 1659.
 Logicæ Professor in Academia Molshemiana, 1656-1657.
     Loco P. Cron.
 Physicæ & Matheseos Professor in Academia Molshemiana, 1657-1658.
     Loco P. Cron.
 Metaphysicæ Professor in Academia Molshemiana, 1658-1659.
     Loco P. Cron.

Roederer, Johannes Michael, Argent. (B. U.)
    Natus 30 August. 1740.
    Denatus 14 Junii 1798.
    Med. Doct., 18 August. 1768. (23 Junii 1768.)
    Medicinæ Professor extraord., 1779.
    Medicinæ Professor 27 Januar. 1784.

    Anatomiæ & Chirurgiæ Professor, 1784.
    Pathologiæ Professor, 1785.

Roest, Petrus (S. J.), Noviomagens.-Geldr.
    Natus 1 Novemb. 1562.
    Denatus (Colon.-Agripp.) 17 April. 1642.
    Theol. Doct. (Würzburg.), 25 Septemb. 1602.
    Philosophiæ Professor in Universitate Würzburgensi, 1591-1598.
    Scholasticæ Professor in Universitate Würzburgensi, 1602-1611.
    Concionator & Præfectus Scholarum in Collegio Monasteriensi, 1611-1614.
    Theologiæ Professor in Academia Molshemiana, 1614-1618.
    Theologiæ Professor in Academia Trevirensi, 1619-1625.
    Scripturæ Sacræ Professor in Collegio Trevirensi, 1625-1629.
    Theologiæ Professor in Academia Coloniensi, 1629-1634.
    Emeritus, 1634-1642.

Rorive, Mathias (S. J.), Lotharingus.
    Natus 1569.
    Denatus (Mussiponti) 9 Januar. 1636.
    Theol. Doct.
    Theologiæ scholasticæ Professor in Academia Molshemiana, 1619-1630.

Roselli, Jacobus (S. J.), Friburg.-Helvet.
    Natus 1597.
    Denatus (Badenæ) 6 Decemb. 1636.
    Logicæ Professor in Academia Molshemiana, 1631-1632.
    Professor in Collegio Friburgensi, 1632.

Rossé, Joseph, de Dannemarie (Haut-Rhin).
    Né 1 Février 1836.

    Professeur au Gymnase catholique de Colmar, 1860.
    Vicaire à l'église Saint-Étienne a Mulhouse, 23 Octob. 1863.
    Professeur de morale au Grand Séminaire catholique, 1866-1869.
    Professeur de morale et de pastorale au Grand Séminaire catholique, 1869-1889.
    Chanoine honoraire de la Cathédrale, 23 Novemb. 1882.

Rossi, Valentinus, vide Erythræus.

Roth, Georgius (S. J.), Stettensis.-Bavar.
    Natus 10 Novemb. 1630.
    Denatus (Würzburg.) 17 Octob. 1673.
    Theol. Doct.

Logicæ Professor in Academia Molshemiana, 1665-1666.
Loco A. Borler.
Physicæ Professor in Academia Molshemiana, 1666-1667.
Loco A. Borler.
Metaphysicæ Professor in Schola Molshemiana, 1667-1668.
Loco A. Borler.
Matheseos Professor in Collegio Würzburgensi, 1668-1669.
Theologiæ moralis Professor in Collegio Würzburgensi, 1669-1673.

Roucher, **Charles**, de Lille.
Né 28 Octob. 1821.
Décédé
Docteur en médecine (Paris), 5 Mars 1846.
Pharmacien sous-aide-major, 4 Septemb. 1842.
Pharmacien aide-major commissionné de 2e classe, 22 Septemb. 1844.
Pharmacien aide-major de 2e classe, 15 Mars 1846.
Professeur à l'Hôpital militaire d'instruction, 1847-1849.
Pharmacien aide-major de 1ʳᵉ classe, 31 Mai 1852.
Pharmacien-major de 2e classe, 7 Février 1855.
Pharmacien-major de 1ʳᵉ classe, 2 Août 1858.
Pharmacien principal de 2e classe, 12 Août 1864.
Pharmacien principal de 1ʳᵉ classe, 8 Février 1871.
Plus en 1876.

Rouis, **Jean-Louis**, de Tulle.
Né 22 Octob. 1822.

Docteur en médecine (Paris), 1 Avril 1845.
Chirurgien aide-major commissionné, 2 Octob. 1842.
Chirurgien aide-major de 2e classe, 13 Avril 1845.
Médecin adjoint, 7 Août 1848.
Médecin-major de 2e classe, 11 Juin 1853.
Médecin-major de 1ʳᵉ classe, 27 Décemb. 1856.
Sous-Directeur de l'École du service de santé militaire, 1860-1870.
Médecin principal de 2e classe, 15 Mai 1861.
Médecin principal de 1ʳᵉ classe, 11 Août 1867.
Admis à la retraite.
Médecin principal de 1ʳᵉ classe (Territoriale), 1880-1883.
Plus en 1884.

Roussel, **Alexandre-Victor**, de Melun.
Né 28 Juillet 1795.
Décédé
Pharmacien de .. classe.
Pharmacien sous-aide, 15 Avril 1813.
Pharmacien aide-major commissionné, 15 Septemb. 1823.
Démonstrateur à l'Hôpital militaire d'instruction de Metz, 6 Novemb. 1826 - Février 1833.
Pharmacien aide-major breveté, 1 Septemb. 1827.
Pharmacien-major, 22 Décemb. 1828.

Professeur à l'Hôpital militaire d'instruction de Metz, 19 Février-20 Mars 1833.
Professeur à l'Hôpital militaire d'instruction, 20 Mars-7 Août 1833.
Professeur à l'Hôpital de perfectionnement du Val-de-Grâce, 7 Août 1833-28 Août 1835.
Professeur à l'Hôpital militaire d'instruction d'Alger, 28 Août 1835-3 Février 1838.
Pharmacien principal, 2 Février 1836.
Professeur à l'Hôpital de perfectionnement du Val-de-Grâce, 3 Février 1838-Septemb. 1845.
Pharmacien principal de 1re classe, 23 Novemb. 1841.
Admis à la retraite, 9 Septemb. 1845.

Roux, Guillaume-Gaspard, de Moulins (Allier).
Né 25 Août 1780.
Décédé 22 Juin 1839.
Docteur en médecine (Paris), 18 Juin 1802.

Chirurgien-major, 14 Janvier 1794.
Médecin ordinaire, 13 Mars 1807.
Professeur adjoint à l'Hôpital militaire d'instruction de Lille, 8 Janvier 1815-Juillet 1816.
Professeur à l'Hôpital militaire d'instruction de Lille, 21 Juillet 1816-24 Février 1823.
Médecin principal, 24 Novemb. 1823.
Médecin principal breveté, 13 Octob. 1824.
Professeur à l'Hôpital militaire d'instruction de Lille, 13 Octob. 1824-Janvier 1825.
Professeur à l'Hôpital militaire d'instruction, 10 Janvier 1825-4 Août 1828, puis 4 Mai 1829-3 Mars 1830, enfin 25 Janvier 1831-Février 1839.
Admis à la retraite, 11 Février 1839.

Rumpler, Andreas, Oberehenheimens - Alsat.
Natus 27 Novemb. 1752.
Denatus (Krautergersheim) 14 Januar. 1829.
Vicarius in Hipsheim.
Vicarius in Lautenbach.
Vicarius Ecclesiæ S. Petri Senioris (9 annos).
Theologiæ Professor in Seminario episcopali (6 annos).
Consiliarius ecclesiasticus & Assessor consistorialis.
Parochus in Ostwald, 1789-1791.
Curé d'Ostwald, 1795.
Curé de Krautergersheim, 10 Mai 1812.

Rupp, Johannes (S. J.), Niederglein-Hassus.
Natus 2 Septemb. 1700.
Denatus (Heidelbergæ) 15 Junii 1776.
Theol. Doct.
Minister Scholæ Molshemianæ, 1735.
Logicæ Professor in Schola Molshemiana, 1734-1735.
Loco J. Geiger.
Physicæ Professor in Schola Molshemiana, 1735-1736.
Loco J. Geiger.

Minister Scholæ Molshemianæ, 1736-1737.
Regens Seminarii Molshemiani, 1737-1738.
Minister & Scripturæ Sacræ Professor in Schola Molshemiana, 1738-1740.
Loco J. Eimer.
Theologiæ scholasticæ Professor in Schola Molshemiana, 10 April. 1741-1744.
Loco M. Gertner.
Theologiæ scholasticæ Professor & Juris canonici, Domi, Professor in Schola Molshemiana, 1744-1746.
Theologiæ Professor in Universitate Heidelbergensi, 1747-1769.
Præfectus Spiritus in Collegio Heidelbergensi, 1769-1772.
Theologiæ Professor in Universitate Heidelbergensi, 1772-1776.

RUPPEN, Johannes Petrus (*S. J.*), Wespiensis, Diœc. Sedunensis.
Natus 18 Junii 1683.
Denatus (Argent.) 17 Junii 1730.
Logicæ Professor in Universitate episcopali, 1722-1723.
Loco J. A. Febvre.
Physicæ Professor in Universitate episcopali, 1723-1724.
Loco J. A. Febvre.
Philosophiæ Professor in Collegio Virdunensi, 1724-1727.
Theologiæ positivæ Professor in Universitate episcopali, 1727-1730.
Loco A. L. Noiron.

SABATIER, Louis-Auguste, de Vallon (Ardèche).
Né 22 Octobre 1839.

Docteur en théologie 9 Avril 1870.
Chargé du cours de dogme réformé à la Faculté de théologie, 13 Janvier 1868.
Loco M. Richard.
Professeur de dogme réformé à la Faculté de théologie, 21 Décembre 1868.
Parti pour Paris 30 Mars 1872.
Professeur à la Faculté de théologie de Paris, 15 Mai 1877.

SACHS, Johannes Jacob, Argent. (B. U.)
Natus 9 Decemb. 1686.
Denatus 18 Junii 1762.
Med. Doct., 26 Martii 1711.
Physices Professor, 1721.
Medicinæ Professor, 6 Martii 1733.

SACUS, Johannes Melchior, Norimbergens. (B. U.)
Natus 16 Julii 1626.
Denatus 9 Februar. 1666.
Jur. Doct. (17 Octob. 1649.)
Juris Professor, 2 Mart. 1658.

U. J. D., Inst. Imp. Prof. ord., 1659.

SÆTTLER, Caspar.
> Natus
> Denatus 24 Octob. 1779.
> Theol. Doct.
> Parochus in Weyersheim.
> Theologiæ moralis Professor in Universitate episcopali.
> Director Seminarii episcopalis.
>
> ---
>
> Theol. Doct. & Prof., Parochus in Weyersheim & Capitul. Hagenoëns. infer. Definitor, 1772.
> Theologiæ Doct. & Prof., ad D. Petrum seniorem Canon. capitul., 1778.

SAGLIO
> Natus 1767.
> Denatus (Hagenoæ) Decemb. 1793.
> Professor in Seminario episcopali.

SAINT-LOUP, Jean-François-Louis, de Vuillafans (Doubs).
> Né 30 Novemb. 1831.
>
> Docteur ès sciences mathématiques (Paris), 17 Août 1857.
> Professeur de mathématiques spéciales au Lycée.
> Chargé du cours de mathématiques appliquées à la Faculté des sciences, 12 Décemb. 1866.
> Loco P. J. E. Finck.
> Professeur de mathématiques appliquées à la Faculté des sciences, 20 Juin 1869.
> Professeur de mathématiques pures à la Faculté des sciences de Poitiers, 15 Novemb. 1871.
> Professeur de mathématiques pures à la Faculté des sciences de Clermont-Ferrand.
> Professeur de mécanique à l'École des sciences d'Alger.

SAINT-QUENTIN (de).
> Natus
> Denatus (Ettenheim) 1794.
> Professor in Seminario episcopali, 1788-1791.
> Professor in Seminario episcopali Ettenheimensi, 1791-1794.

SAINT-RENÉ-TAILLANDIER (alias TAILLANDIER), René-Gaspard-Ernest, de Paris.
> Né 16 Décemb. 1817.
> Décédé (Paris) 23 Février 1879.
> Docteur ès lettres (Paris), 19 Avril 1843.
> Professeur suppléant de littérature française à la Faculté des lettres, 13 Novemb. 1841.
> Professeur à la Faculté des lettres de Montpellier, 15 Avril 1846.
> Professeur suppléant de poésie française à la Faculté des lettres de Paris, 1863.
> Professeur d'éloquence française à la Faculté des lettres de Paris, 1868.
> Membre de l'Académie française, 16 Janvier 1873.

Saint-Venant, Charles-Pierry Boucry de, du Havre.
    Né 8 Décemb. 1759.
    Dédédé 22 Septemb. 1839.
    Docteur ès lettres (*Coll.*), 25 Décemb. 1809.
    Professeur de littérature latine à la Faculté des lettres, 20 Juillet 1809.
    Doyen de la Faculté des lettres, 23 Avril 1824-29 Mai 1831.
            Loco J. Schweighæuser.
        Admis à la retraite, 29 Mai 1831.
    Professeur honoraire, 20 Octob. 1835.

Saltzmann, Johannes, Argent. (B. U.)
    Natus 29 Junii 1679.
    Denatus 4 Februar. 1738.
    Med. Doct., 1706. (27 Julii 1703.)
    Medicinæ Professor, 8 Maii 1708.

    Med. Doct., Pathol. Prof. publ. ord.
    Med. Doct., Anatom. Prof. publ.
    Med. Doct., Anatom. & Chirurg. Prof. publ. ord.

Saltzmann, Johannes Rudolphus, Argent. (B. U.)
    Natus 9 April. 1574.
    Denatus 13 (*vel* 11) Decemb. 1656.
    Med. Doct. (Basil.), 26 Januar. 1598.
    Medicinæ Professor, Novemb. 1611.

Saltzmann, Johannes Rudolphus, Argent. (B. U.)
    Natus 13 Octob. 1611.
    Denatus 1 Junii 1678.
    Med. Doct., 16 Octob. 1637. (Octobre 1637.)
    Physices Professor, 15 Septemb. 1643.

    Ex Facultate Philos. Facultatis medicæ Assistens, 1668.
        Portrait par P. Aubry. 1637.
        Portrait par P. Aubry. (Variante.)

Sapidus (Witz), Johannes, Selestadiens.
    Natus 1490.
    Denatus 8 Junii 1561.
    Poëseos Professor, 1540.

Sarazin, Charles-Auguste-Marie, de Calais.
    Né 10 Août 1833.
    Décédé (Versailles) 7 Mars 1887.
    Docteur en médecine, 21 Juin 1858.
    Médecin sous-aide-major, 10 Octob. 1855.
    Médecin aide-major de 2e classe, 21 Novemb. 1858.
    Médecin aide-major de 1re classe, 21 Novemb. 1860.
    Répétiteur de pathologie chirurgicale et médecine opératoire à l'École de santé du service militaire, 1862-1869.
    Professeur agrégé à la Faculté de médecine, 30 Mars 1863.
    Médecin-major de 2e classe, 23 Décemb. 1865.
    Médecin-major de 1re classe, 29 Août 1870.

Professeur agrégé à la Faculté de médecine de Nancy, 1 Octob. 1872.
      Retenu au service militaire.
Médecin principal de 2° classe, 29 Décemb, 1877.
Médecin principal de 2° classe (Réserve), 1 Juillet 1879.

SARRUS, Pierre-Frédéric, de Saint-Affrique (Aveyron).
Né 11 Mars 1798.
Décédé (?) 20 Novemb. 1861.
Docteur ès sciences (Montpellier), 1 Février 1821.
Professeur de mathématiques pures à la Faculté des sciences, 21 Décemb. 1829.
      Loco J. J. Bedel.
Doyen provisoire de la Faculté des sciences, 8 Décemb. 1837.
      Loco G. L. Duvernoy.
Doyen de la Faculté des sciences, 18 Septemb. 1838-16 Août 1852.
Doyen honoraire, 9 Novemb. 1852.
      Admis à la retraite, 27 Octob. 1858.

SARTORIUS, Eucharius (*S. J.*), Kissingen.
Natus 8 Decemb. 1610.
Denatus (San-Remo) 18 Martii 1673.
Theol. Doct.
Logicæ Professor in Universitate Würzburgensi, 1644.
Theologiæ Professor in Academia Moguntina.
Theologiæ moralis Professor in Collegio Fuldensi, 1655-1657.
Cancellarius Academiæ Molshemianæ, 1657-1663.
      Loco J. Joannis.
Theologiæ scholasticæ Professor in Academia Molshemiana, 1657-1661.
In Collegio Mediolanensi, 1669.

SARTORIUS, Petrus (*S. J.*), Castellanus-Mogunt.
Natus 6 April. 1665.
Denatus (Neostadii) 3 August. 1735.
Logicæ Professor in Academia Bambergensi, 1701-1702.
Physicæ Professor in Academia Bambergensi, 1702-1703.
Theologiæ moralis Professor in Schola Molshemiana, 1705-1709.
      Loco L. Stein.
Superior in Marckebreidt, 1709-1712.
Superior in Residentia Otterswirensi, 1712-1713.
Theologiæ moralis Professor in Academia Bambergensi, 1716-1717.
Missionarius in Neunkirch, 1717.
Theologiæ moralis Professor in Schola Molshemiana, 1722-1723.
      Loco A. Cetti.

SATTLER, François-Joseph, d'Eguisheim, (Haut-Rhin).
Né 5 Février 1821.

Président d'études au Collège Stanislas à Paris, 1841-1842.

Directeur de l'École supérieure d'Ensisheim, 1842-1843.
Directeur d'une École libre à Saint-Louis, 1843-Avril 1846.
Professeur de langue française et Aumônier au Pensionnat de jeunes gens à Lautrach, 21 Avril 1846-1 Septemb. 1847.
Répétiteur au Pensionnat de la Toussaint, 1847-1848.
Vicaire à Mutzig, 30 Septemb. 1848-25 Septemb. 1852.
Professeur au Petit Séminaire de Lachapelle-sous-Rougemont, 25 Septemb. 1852-17 Octob. 1856.
Vicaire à Wattviller, 17 Octob. 1856-1 Octob. 1857.
Professeur d'histoire ecclésiastique, de patrologie et de langues orientales au Grand Séminaire catholique, 1 Octob. 1857-15 Septemb. 1866.
Loco S. Schirlin.
Directeur et Chargé du cours de liturgie au Grand Séminaire catholique, 15 Septemb. 1866-23 Décemb. 1867.
Supérieur de la Congrégation des Sœurs du Très-Saint-Sauveur à Niederbronn, 23 Décemb. 1867-16 Février 1872.
Supérieur de la Maison de retraite des Prêtres et du Pèlerinage à Marienthal, 16 Février 1867-13 Février 1884.
Chanoine honoraire de la Cathédrale, 7 Septemb. 1883.
Chanoine de la Cathédrale. Décret du 13 Février 1884, et nomination épiscopale du 16 Février 1884.

SAUTHIER, Josephus Philippus, Argent.
Natus 11 Julii 1751.
Denatus (Paris), 1830.
Phil. Doct., 1769.
Theol. Doct. (4 August. 1775.)
Logicæ Professor in Universitate episcopali, 17..-1785.
Physicæ Professor in Universitate episcopali, 1785-1789.
Professor in Seminario episcopali, 1789-1790.
Theologiæ Professor in Seminario episcopali Ettenheimensi.
Professeur au Grand Séminaire catholique, 1802.
Chanoine honoraire de la Cathédrale de Strasbourg (1803) et du Chapitre royal de Saint Denis.
Professeur de philosophie à la Faculté des lettres, 20 Juillet 1809.
Admis à la retraite, 1817.
Supérieur des Sœurs de la Charité, 1813.
Chapelain de G. M. J. Prince de Croy, Évêque de Strasbourg, 1820-1823.
Vicaire général honoraire (1823) et Chanoine de Saint-Denis.

Theol. Licent., Philos. Doct. & Professor, 1778.
Theol. Doct., Philos. Prof., 1788.

SCHAAL, Josephus (*S. J.*), Molsheim.
Natus 8 August. 1731.
Denatus post 1766.
Grammatices Professor in Collegio Neostadiensi, 1752-1753.
Grammatices Professor in Collegio Hagenoënsi, 1753-1754.
Præses Sodalitatis Molshemianæ, 1761-1766.

SCHAAL, Franciscus Josephus (*S. J.*), Molsheim.
Natus 8 August. 1731.
Denatus

Phil. Doct.
Philosophiæ Professor in Collegio Molshemiano.
Philosophiæ Professor in Universitate episcopali, 1773.
Missionarius in Altbronn.

SCHADÆUS, Elias, Liebenwerdens. - Boruss.
Natus
Denatus 3 Decemb. 1593.
Theòl. Doct.
Diaconus ad Ecclesiam D. Aurelianæ.
Pastor ad S. Petrum Seniorem.
Ecclesiastes Templi Cathedralis.
Hebrææ linguæ Professor, 1586.
Theologiæ Professor, 1589.
Portrait par J. Buss.

SCHÆDELIN, George.
Né
Décédé
Docteur
Pharmacien aide-major, 14 Octob. 1813.
Démonstrateur à l'Hôpital militaire d'instruction, 1816-1821.
Plus en 1826.

SCHÆFFER, Balthasar (*S. J.*), Hoffbiber. - Bavar.
Natus 6 Januar. 1691.
Denatus post 1753 et ante 1765.
Theol. Doct.
Philosophiæ Professor in Universitate Würzburgensi, 1725-1728.
Missionarius in Ottersweier, 1728-1730.
Theologiæ moralis Professor in Schola Molshemiana, 1730-1732.
Loco W. Refflingshausen.
Moguntiæ, 1732-1734.
Concionator, Molshemii, 1734.
Theologiæ moralis Professor in Collegio Fuldensi, 1738-1741.
Præfectus Spiritus in Collegio Heidelbergensi, 1748-1754.

SCH.EUFFELÉ, Jean-Martial-Désiré, de Bruges.
Né 31 Mai 1802.
Décédé (Paris) 26 Avril 1882.
Pharmacien (Paris), 29 Janvier 1828.
Docteur ès sciences (Besançon), 23 Novemb. 1849.
Professeur agrégé à l'École de pharmacie, 18 Juin 1844.

SCHAHL, François-Antoine, de Rosheim (Bas-Rhin).
Né 1771.
Décédé 19 Août 1839.
Docteur en médecine, 15 Avril 1804.
Médecin en chef de l'Hospice civil, 1820.
Professeur agrégé à la Faculté de médecine, 14 Avril 1829.
N'a pas accepté.

SCHALLER, Jacobus, Heiligensteinens.-Alsat. (B. U.)
    Natus 26 Februar. 1604.
    Denatus 24 Junii 1676.
    Theol. Doct., 27 Februar. 1634. (12 Decemb. 1633.)
    Philosophiæ practicæ Professor, 14 August. 1633.
                      Loco L. F. Walliser.
    Portrait par P. Aubry.

SCHALLESIUS, Samuel, Argent. (B. U.)
    Natus 9 Maii 1617.
    Denatus 1 Octob. 1676.
    Præceptor in Gymnasio, 1643-1660.
    Eloquentiæ latinæ Professor, 7 Aug. 1660.
                      Loco R. Kœnigsmann.
    Director Gymnasii, 1666-1676.
    Portrait non signé.

SCHANTÉ, Jean-Adam, de Saverne (Bas-Rhin).
    Né 16 Avril 1827.
    Décédé 24 Novemb. 1888.
    Pharmacien de 1re classe, 1 Août 1856.
    Professeur de matière médicale à l'École libre de pharmacie, 11 Mai 1871-30 Septemb. 1872.

SCHARFFBILLICH, Johannes (*S. J.*), Treviran.
    Natus 17 April. 1593.
    Denatus (Molshemii) 2 Februar. 1663.
    Rector Academiæ Molshemianæ, 1639-1646.

SCHEFFER, Johannes.
    Natus
    Denatus
    Eloquentiæ Professor, 16...
    Professor in Universitate Upsalensi.

SCHEFFMACHER, Jacobus (*S. J.*), Kienzheim.-Alsat.
    Natus 27 April. 1668.
    Denatus (Argent.) 18 August. 1733.
    Theol. Doct. (Argent.), 8 Julii 1704.
    Physicæ Professor in Collegio Metensi, 1695-1696.
    Socius Directoris Seminarii episcopalis, 1696-1697.
    Controversiarum Prædicator in Ecclesia Cathedrali, 1704-1728.
    Rector Universitatis episcopalis, 3 Maii 1728-25 Julii 1731.
                      Loco P. Robinet.

SCHEID, Baltasar. (B. U.)
    Natus 21 Decemb. 1614.
    Denatus 26 Novemb. 1670.
    Theol. Doct., 7 Decemb. 1652. (10 Maii 1644.)
    Logicæ Præceptor in Gymnasio.
    Linguarum SS. Professor, 2 Junii 1649.
                      Loco B. Gros.
    Græcæ linguæ Professor, 29 Octob. 1649.
    Hebrææ linguæ Professor, 16 April. 1651.
                      Loco N. Ferber.

Scheid, Johannes Valentinus, Argent. (B. U.)
    Natus 22 April. 1651.
    Denatus 21 Maii 1731.
    Med. Doct., 7 Octob. 1680. (27 Februar. 1676.)
    Physices Professor, 9 Decemb. 1679.
                            Loco J. R. Saltzmann.
    Medicinæ Professor extraordinarius, 22 Novemb. 1680.
    Medicinæ Professor, 17 Mart. 1685.

    Medic. Facult. Assistens, 1681.
    Anatomiæ Prof., 1685.
    Pathologiæ Prof., 1701.
        Portrait à la manière noire, non signé.

Scherdlin, Daniel-Eugène, de Strasbourg.
    Né 24 Juillet 1831.

    Licencié en théologie, 4 Mars 1864.
    Professeur suppléant au Gymnase protestant, 15 Octob. 1859.
    Professeur au Gymnase protestant, 1 Février 1862.
    Chargé du cours élémentaire d'hébreu au Séminaire protestant,
        29 Novemb. 1864 à 1872.
                      Démissionnaire, 1 Octob. 1872.
    Professeur de Lycée à Paris.

Scherer, Johannes Fridericus, Argent. (B. U.)
    Natus 18 Octob. 1702.
    Denatus 30 August. 1777.
    Phil. Doct., 1723.
    Græcæ & Hebrææ linguæ Professor, 1740.
                            Loco J. I. Heupel.
    Linguarum Orientalium Professor, 16 Martii 1745.

Scherer, Michael (S. J.), Lengfurt.-Bavar.
    Natus 6 Februar. 1632.
    Denatus (Fuldæ) 6 (vel 7) Novemb. 1701.
    Litterarum humaniorum Professor in Collegio Fuldensi, 1655.
    Logicæ Professor in Academia Würzburgensi, 1668-1670.
    Theologiæ Professor in Academia Molshemiana, 1682-1683.
    Superior Collegii Ettlingensis.

Schertz (Scherzius), Johannes Georgius, Argent. (B. U.)
    Natus 27 Martii 1678.
    Denatus 1 April. 1754.
    Juris Doctor, 16 Martii 1702. (28 Maii 1701.)
    Philosophiæ practicæ Professor, 4 Julii 1702.
    Juris Professor, 14 Novemb. 1710.

    J. U. & Phil. Doct., Moral. Prof. publ. ord., 1703.
    J. U. Doct., ejusdemque Prof. publ. ord., 1710.
    J. U. Doct., Pandect. ac Juris publ. Prof. publ. ord., 1722.
    J. U. Doct., Pandect. ac Juris canon. Prof. publ. ord., 1730.
    J. U. Doct., Institut. Imperial. Prof. ord., 1730.
    J. U. Doct., Cod. & Consuet. feud. Prof. publ. ord., 1733.
    J. U. Doct., Juris publ. ac feudal. Prof. publ. ord., 1746.

SCHERTZ, Johannes Georgius, Argent. (B. U.)
    Natus 18 Februar. 1712.
    Denatus 1 Martii 1746.
    Phil. Doct., 21 Decemb. 1741.
    Physices Professor, 9 Maii 1738.
    Mathematum Professor, 19 Maii 1741.
                Loco J. H. Hertenstein.

    Mathematum Professor in Schola Regia Pyrotechnica, 9 April. 1741.
    Universit. & Regiæ Scholæ pyrotechn. Mathemat. Prof. publ. ord., 1743.

SCHERTZ, Johannes Jacobus, Argent.
    Natus 21 Octob. 1690.
    Denatus 27 Septemb. 1734.
    Jur. Doct., 5 Maii 1734. (14 Novemb. 1712.)
    Juris Professor, 30 Octob. 1727.

    J. U. Doctorandus, ejusdemque Prof. publ. ord., 1728.
    Institut. Imperial. Prof. publ. ord., 1729.
    Pandect. & Jur. can. Prof. publ. ord., 1732.

SCHETZER, Johannes (*S. J.*), Unkel, Diœc. Coloniens.
    Natus 24 Januar. 1677.
    Denatus (Fulda), 30 Novemb. 1747.
    Logicæ Professor in Schola Molshemiana, 1708-1709.
                Loco M. Menshengen.
    Physicæ Professor in Schola Molshemiana, 1709-1710.
                Loco M. Menshengen.
    Logicæ Professor in Academia Bambergensi, 1710-1711.
    Physicæ Professor in Academia Bambergensi, 1711-1712.
    Metaphysicæ Professor in Academia Bambergensi, 1712-1713.
    Philosophiæ Professor in Academia Fuldensi, 1716.
    Theologiæ scholasticæ Professor in Schola Molshemiana, 1719-1721.
                Loco Th. Wann.
    Theologiæ Professor in Academia Fuldensi, 1722.

SCHEYDECK, Benedictus (*O. S. Ben.*), Selestadiens.
    Natus
    Denatus post 1791.
    Theol. Doct.
    Theologiæ Professor in Aprimonasterio. (Ebersmünster.)
    Theologiæ Aggregatus in Universitate episcopali, 1767.

SCHILLING, Andreas, Argent.
    Natus 2 Novemb. 1593.
    Denatus 8 Novemb. 1638.
    Med. Doct., 23 August. 1621. (10 Julii 1621.)
    Physices Professor, 12 August. 1634.
                Loco N. Agerius.
    Facultatis medicinæ Professor Assistens.

SCHULTER, Johannes, Pegaviens.-Saxon (B. U.)
: Natus 29 August. 1632.
: Denatus 14 Maii 1705.
: Phil. Doct. (Lipsiæ), 1654.
: Juris Doct. (Halæ), 1671.
: Juris Professor, 1686.

JCtus, Reipubl. Argent. Consil. primarius, Profess. honorar., 1690.
: Portrait par J. A. Soupel. In-folio.
: Portrait par J. A. Seupel. In-4°.
: Portrait signé M. F.
: Portrait par Joh. Dürr.
: Portrait par I. I. Haid, Augsbourg. 1705.
: Portrait par E. C. Dürr. 1705.
: Portrait par Bernigeroth. 1703.
: Portrait non signé.

SCHULTZ, Henricus (S. J.), Luxemburgens.
: Natus 18 Maii 1682.
: Denatus (Argent.) 17 August. 1735.
: Logicæ Professor in Universitate episcopali, 1711-1712.
:: *Loco* A. Grangier.
: Physicæ Professor in Universitate episcopali, 1712-1713.
:: *Loco* A. Grangier.
: Logicæ Professor in Universitate episcopali, 1713-1714.
:: *Loco* A. Grangier.
: Physicæ Professor in Universitate episcopali, 1714-1715.
:: *Loco* A. Grangier.
: Concionator festivus in Universitate episcopali, 1715-1722.
: Theologiæ moralis Professor in Universitate episcopali, 1722-1724.
:: *Loco* Th. O'Shee.
: Theologiæ scholasticæ Professor in Universitate episcopali, 1724-1735.
:: *Loco* S. Clerget.

SCHIMPER, Guillaume-Philippe, de Dossenheim (Bas-Rhin).
: Né 3 Janvier 1808.
: Décédé 20 Mars 1880.
: Docteur ès sciences naturelles, 12 Août 1848.
: Chargé de cours à l'École de pharmacie, 9 Mai 1859.
: Chargé du cours de minéralogie et de géologie à la Faculté des sciences, 2 Juillet 1861.
:: *Loco* G. A. Daubrée.
: Professeur de minéralogie et de géologie à la Faculté des sciences, 22 Janvier 1862.
: Chargé du cours de paléontologie au Muséum d'histoire naturelle de Paris, 31 Mars 1871.
:: Non acceptant.
: Professeur à l'Université de Strasbourg, Mai 1872.
:: Portrait par J. Massard.
:: Portrait lithographié par J. Bürck. 1847.

SCHIR
 Né
 Décédé
 Docteur
 Professeur d'éloquence sacrée au Grand Séminaire de Strasbourg, 1823-1824.

SCHIRBER, Simon (*S. J.*), Oberstregens, Diœc. Würzburg.
 Natus 26 Februar. 1717.
 Denatus post 1770.
 Missionarius in Stupfferich, 1752.
 Logicæ Professor in Seminario Molshemiano & Missionarius in Oberehenheim, 1754-1755.
Loco J. Lilier.

 Physicæ, Ethicæ & Metaphysicæ Professor in Schola Molshemiana, 1755-1756.
Loco J. Lilier.

 Theologiæ moralis Professor in Collegio Erfurtensi, 1756-1759.
 Missionarius per Franconiam, 1759-1761.
 Præfectus Spiritus in Residentia Bruchsaliensi, 1761-1762.
 Minister Scholæ Molshemianæ, 1762-1764.
 Minister in Collegio Würzburgensi, 1765-1766.
 Minister in Collegio Badenensi, 1767.
 Minister in Collegio Ettlingensi, 1771.

SCHIRLIN, Sébastien, de Niederspechbach (Haut-Rhin).
 Né 15 Juin 1801.
 Décédé 30 Décemb. 1868.
 Curé à Roppe, 20 Octob. 1825.
 Curé à Vauthiermont, 10 Novemb. 1826-Novemb. 1831.
 Professeur d'histoire et d'Écriture sainte au Grand Séminaire catholique, 4 Novemb. 1831-1838.
Loco B. B. Pimbel.

 Professeur d'histoire au Grand Séminaire catholique, 1838-1839.
 Professeur d'histoire et de langues orientales au Grand Séminaire catholique, 1839-19 Septemb. 1857.
 Curé à Sierentz, 19 Septemb. 1857-7 Octob. 1867.
  Démissionnaire, 1867.

SCHLAGDENHAUFFEN, Frédéric, de Strasbourg.
 Né 7 Janvier 1830.

 Pharmacien de 1re classe, 1 Décemb. 1855.
 Docteur ès sciences physiques (Nancy), 30 Décemb. 1857.
 Docteur en médecine, 3 Février 1863.
 Professeur agrégé à l'École de pharmacie, 9 Janvier 1855.
 Chargé du cours de toxicologie et de physique à l'École de pharmacie, 14 Janvier 1857.
Loco P. J. A. Béchamp.

 Professeur adjoint de toxicologie et de physique à l'École de pharmacie, 15 Juillet 1861.
 Professeur agrégé à la Faculté de médecine, 3 Juin 1869.

Professeur de toxicologie à l'École libre de pharmacie, 11 Mai 1871-30 Septemb. 1872.
Professeur de chimie médicale à l'École libre de médecine, Mai 1871-30 Septemb. 1872.
Professeur de physique et de toxicologie à l'École de pharmacie de Nancy, et Professeur agrégé à la Faculté de médecine de Nancy, 1 Octob. 1872.
Directeur de l'École supérieure de pharmacie de Nancy.

SCHLINCK, Hubertus (*S. J.*), Coblenz.
Natus 15 Junii 1678.
Denatus (Molshem.) 4 Martii 1717.
Litterarum humaniorum Professor in Collegio Heiligenstadiensi, 1698-1701.
Litterarum humaniorum Professor in Collegio Moguntino, 1701-1703.
Theologiæ Studiosus in Collegio Würzburgensi, 1703-1707.
In Domo probationis Ettlingensi, 1707-1708.
Logicæ Professor in Schola Molshemiana, 1709-1710.
        Loco J. Schetzer.
Physicæ Professor in Schola Molshemiana, 1710-1711.
        Loco J. Schetzer.
Præfectus Spiritus in Collegio Selestadiensi, 1712-1713.
Minister in Collegio Molshemiano, 1713-1715.
Theologiæ moralis Professor in Schola Molshemiana, 1714-1716.
        Loco J. Oettweiller.
Valetudinarius in Collegio Molshemiano, 1716-1717.

SCHMALTZ, Franciscus (*S. J.*), Scheid.-Spirens.
Natus 30 Septemb. 1705.
Denatus (Weissenburg.) 8 Novemb. 1773.
Matheseos Professor in Universitate episcopali, 1745-1746.
        Loco J. A. Croust.
Physicæ Professor in Universitate episcopali, 1737-1738.
        Loco J. Cocquey.
Logicæ Professor in Universitate episcopali, 1738-1739.
        Loco J. Cocquey.
Physicæ Professor in Universitate episcopali, 1739-1740.
        Loco J. Cocquey.
Theologiæ moralis Professor in Universitate episcopali, 1745-1750.
        Loco I. Daucourt.
Director Seminarii episcopalis, 1750.
Juris canonici Professor in Universitate episcopali.
Principalis Collegii Regii, 1765.
        Landavii, 1767-1768.

SCHMIDT, Charles-Guillaume-Adolphe, de Strasbourg.
Né 20 Juin 1812.

Docteur en théologie, 8 Août 1836.
Professeur de théologie pratique au Séminaire protestant, 30 Octob. 1839.

Professeur d'éloquence sacrée à la Faculté de théologie, 21 Avril 1843-Décemb. 1863.
Directeur du Gymnase protestant, Août 1849-Avril 1859.
Professeur d'histoire ecclésiastique à la Faculté de théologie, 6 Décemb. (8 Novemb.) 1863-1872.
Loco A. Jung.
Directeur du Gymnase protestant, Octob. 1865-Décemb. 1868.
Professeur à l'Université de Strasbourg, 1 Mai 1872.
Professeur honoraire, 1 Septembre 1877.

SCHMIDT, Johannes, Bautzen-Lusat. (B. U.)
Natus 20 Junii 1594.
Denatus 27 August. 1658.
Theol. Doct., 24 Junii 1623. (24 Junii 1623.)
Theologiæ Professor, 17 Decemb. 1622.
Theol. Doct. & Prof., Convent. ecclesiast. Præses atque Ecclesiast. ord., 1633.
- Portrait par S. Stosskoff. 1641.
- Portrait par J. ab Heyden.
- Portrait par P. Aubry. 1658.
- Portrait par P. Aubry. 1653.
- Portrait par C. Romstedt.
- Portrait par I. Brunn.
- Portrait par M. Haffner.
- Portrait par M. Haffner (Variante).
- Portrait non signé. 1628.
- Portrait non signé. 1648.

SCHMIDT, Johannes Fridericus, Argentin.
Natus 1577.
Denatus 8 Julii 1637.
Jurisconsultus, 1590.
Advocatus Civitatis, 1613.
- Portrait par J. ab Heyden. 1631.
- Portrait par I. Brunn.

SCHMIDT, Sebastianus, Lampertheimens.-Alsat. (B. U.)
Natus 6 Januar. 1617.
Denatus 9 Januar. 1696.
Theol. Doct., 12 April. 1654. (25 Maii 1654.)
Theologiæ Professor, Decemb. 1653.
Loco J. G. Dorsch.
Theol. Doct. & Prof., et Convent. eccles. Præses, 27 Decemb. 1666.
- Portrait par I. Friedlein.
- Portrait par J. Ch. Boecklin.
- Portrait par J. A. Seupel.
- Portrait par J. P. Thelott. Vers 1670.
- Portrait par J. P. Thelott (Variante).
- Portrait par P. Aubry. Vers 1680.
- Portrait signé L. M. Q. 1693.
- Portrait non signé. 1694.
- Portrait par J. A. Montalegre.
- Portrait par P. Aubry (Variante).

SCHMITT, Charles-Ernest, de Strasbourg.
Né 2 Mars 1841.

Pharmacien de 1re classe, 22 Juillet 1865.

Docteur ès sciences (Nancy), 25 Janvier 1875.
Professeur agrégé à l'École de pharmacie, 9 Novemb. 1867.
Chargé du cours d'histoire naturelle à la Faculté des sciences, 9 Décemb. 1869.
      Loco F. Kirschleger.
Professeur à la Faculté catholique de médecine et de pharmacie de Lille.

SCHNEIDER, Johannes Georgius *dictus* Eulogius, Wipfeld.-Francon.
 Natus 20 Octob. 1756.
 Mortuus (Paris) 1 April. 1794.
 Linguæ hebrææ Professor in Collegio Franciscanorum, Augsburgi.
 Concionator, Stuttgarti.
 Philosophiæ et Græcæ linguæ Professor in Universitate Bonnensi, 1789.
 Parochus in Oberbronn, Februar. 1791.
 Eloquentiæ & Historarium Professor in Seminario episcopali, 26 Junii 1791-19 Februar. 1793.
 Accusateur public près le Tribunal criminel du Bas-Rhin, 19 Février 1793.
 Accusateur public près le Tribunal révolutionnaire du Bas-Rhin, 5 Mai 1793.
 Membre du Comité de Sûreté générale, 8 Octob. 1793.
 Accusateur public près le Tribunal criminel de Strasbourg, 1793-1794.

SCHNEIDER, Theodorus (*S. J.*), Geinsheim.-Palat.
 Natus 7 April. 1703.
 Denatus post 1763 et ante 1768.
 Logicæ Professor in Schola Molshemiana, 1736-1737.
      Loco I. Morlock.
 Physicæ Professor in Schola Molshemiana, 1737-1738.
      Loco I. Morlock.
 Logicæ Professor in Universitate Heidelbergensi, 1738-1739.
 Physicæ Professor in Universitate Heidelbergensi, 1739-1740.
   Leodii, 1740-1741.
  Abiit ad Missiones Pensylvaniæ, 1748-1763.

SCHNEIDLER, Johannes (*S. J.*), Neustadiens.-ad-Salam.
 Natus 8 Maii 1644.
 Denatus (Bambergæ) 21 April. 1705.
 Theol. Doct. (Bamberg.).
 Professor in Collegio Badenensi.
 Concionator, Aschaffenburgi.
 Philosophiæ Professor in Collegio Fuldensi.
 Logicæ Professor in Academia Bambergensi, 1680-1681.
 Physicæ Professor in Academia Bambergensi, 1681-1682.
 Metaphysicæ et Ethices Professor in Academia Bambergensi, 1682-1683.
 Theologiæ moralis Professor in Academia Fuldensi, 1683-1685.
 Theologiæ Professor in Academia Bambergensi, 1685-1687.
 Concionator in Academia Aschaffenburgensi, 1687-1692.

Scripturæ Sacræ Professor in Academia Molshemiana, 1692-1694.
       Loco S. Wüst.
Theologiæ scholasticæ Professor in Academia Molshemiana, 1694-1701.
       Loco J. Willemin.
Cancellarius Academiæ Molshemianæ, 1699-1701.
Theologiæ dogmaticæ Professor in Academia Bambergensi, 1701-1705.

SCHNECBER, Johannes Matthias, Mülheim.-Brisg. (B. U.)
Natus 2 Febuar. 1614.
Denatus 28 Decemb. 1665.
Poëseos Professor in Gymnasio, 1637.
Director Gymnasii, 1649-1665.
Poëseos Professor, 16 August. 1665.

SCHNITZLER, Jean-Henri, de Strasbourg.
Né 1 Juin 1802.
Décédé 19 Novemb. 1871.
Sous-inspecteur des écoles primaires de Strasbourg, 1847.
Chef de la division de l'instruction publique à la Mairie.
Chargé du cours de littérature française et allemande au Séminaire protestant, 1857-1860.

SCHÖNMANN, Marcus (*S. J.*), Heiligenstad.
Natus 10 Junii 1614.
Denatus (Erfurt.) 19 Junii 1683.
Theol. Doct. (Bamberg), 19 Septemb. 1667.
Theologiæ moralis Professor in Academia Molshemiana, 1659-1661.
       Loco J. Schutz.
Theologiæ moralis Professor in Collegio Würzburgensi, 1661-1663.
Theologiæ Professor in Collegio Moguntino, 1663-1665.
Juris canonici Professor in Academia Bambergensi, 1665-1666.
Theologiæ dogmaticæ Professor in Academia Bambergensi, 1666-1667.
Theologiæ moralis Professor in Collegio Moguntino, 1667-1668.
Theologiæ moralis Professor in Collegio Erfurtensi, 1673-1683.

SCHŒPFLIN, Johannes Daniel, Sultzburg-Bad. (B. U.)
Natus 6 Septemb. 1694.
Denatus 7 August. 1771.
Historiarum & Eloquentiæ Professor, 22 Novemb. 1720.
       Loco J. C. Khun.

Histor. & Eloquent. Prof. publ., Eleg. Literar. atque Inscript. Academiæ alterique item Regiæ Anglor. Societat. Adscriptus, 1729.
Consiliarius regius et Franciæ Historiographus, 1739.
  Portrait par E. Verhelst, Mannheim.
  Portrait d'après Heilmann par J. R. Metzger, 1762.
  Portrait par I. I. Haid, Augsbourg.
  Portrait par J. Weis.
  Portrait lithographié par J. D. Beyer.
  Portrait signé J. R. H. 1802.
  Portrait lithographié par J. Bürck. (Simon.)
  Portrait par Haldenwanger.

SCHŒTTEL, Franciscus Josephus, Ottrott.-Alsat.
    Natus 12 Martii 1741.
    Denatus (Baden-Baden) 8 Julii 1809.
    Phil. Doct.
    Philosophiæ Professor in Universitate episcopali.
    Professor, postea Director, dein Rector Collegii Molshemiani, (24 annos).
    Parochus in Molsheim.
    Curé de Marlenheim, Juin 1803 - Juillet 1809.

    Phil. Doct. & Prof., 1773.

SCHOFFIT, Johannes Georgius (*S. J.*), Colmariens.
    Natus 10 Octob. 1706.
    Denatus
    Philosophiæ Professor in Collegio Rhemensi, 1740.
    Philosophiæ Professor in Collegio Ensisheimensi.
    Logicæ Professor in Universitate episcopali, 1747 - 1748.
                Loco N. Cordier.
    Physicæ Professor in Universitate episcopali, 1748 - 1749.
                Loco N. Cordier.
    Theologiæ scholasticæ Professor in Universitate episcopali, 1749 - 1757.
                Loco J. Cocquey.
    In Domo probationis, Nancii, 1765.

SCHOMMARTZ, Petrus (*S. J.*), Spirens.
    Natus 1 Martii 1716.
    Denatus (? Uttersweyer) post 1773.
    Logicæ Professor in Schola Molshemiana, 1744 - 1745.
                Loco J. Pettmesser.
    Physicæ, Ethicæ & Metaphysicæ Professor in Schola Molshemiana, 1745 - 1746.
                Loco J. Pettmesser.
    Procurator & Missionarius in Collegio Aschaffenburgensi, 1752 - 1766.
    Missionarius ad Tiliam, 1771.

SCHOTT, Antoine.
    Né
    Décédé
    Docteur
    Professeur de philosophie au Grand Séminaire catholique, 1870.
    Aumônier des Prisons civiles.

SCHOTT, Séraphin, de Bennwihr (Haut-Rhin).
    Né 15 Février 1834.

    Professeur au Petit Séminaire, Novemb. 1857 - 1859.
    Vicaire de l'Église de Saint-Louis à Strasbourg, 29 Décemb. 1859 - 1865.
    Aumônier de la Congrégation des Filles du Saint-Sauveur à Niederbronn, 29 Novemb. 1865 - 1868.

Professeur de liturgie et Directeur au Grand Séminaire catholique, 9 Janvier 1868 - Décemb. 1873.
Supérieur du Petit Séminaire de Zillisheim, 29 Décemb. 1873 - 1874.
Professeur de liturgie et Directeur au Grand Séminaire catholique, 18 Juillet 1874 - 15 Août 1875.
Curé de Saint-Pierre-le-Jeune à Strasbourg. Décret du 18 Août 1875 et nomination épiscopale du 30 Août 1875 - Novemb. 1888.
Chanoine honoraire de la Cathédrale, 28 Juin 1884.
Vicaire général de l'Évêché. Décret du 8 Novemb. 1888 et nomination épiscopale du 12 Novemb. 1888.
Chanoine de la Cathédrale. Décret du 19 Juillet 1891 et nomination épiscopale du 20 Juillet 1891.

SCHRAG, Fridericus, Argent.
Natus 10 Decemb. 1647.
Denatus 11 Maii 1718.
Jur. Doct., 6 Maii 1675. (9 Septemb. 1669.)
Juris Professor, 15 Junii 1673.
Abiit, 1698.
Cameræ Imperialis Assessor, 20 Maii 1699.

U. J. D., Instit. Imp. Prof. ord., 1676.
U. J. D., Pandect. & Juris canon. Prof. ord., 1682.

SCHRAMM, Jacobus (S. J.), Fuldens.
Natus 25 Julii 1733.
Denatus post 1773.
Logicæ Professor in Schola Molshemiana, 1763 - 1764.
Loco I. Weisrock.
Physicæ, Ethicæ & Metaphysicæ Professor in Schola Molshemiana, 1764 - 1765.
Loco I. Weisrock.
Philosophiæ Professor in Collegio Fuldensi, 1765 - 1767.
Logicæ Professor in Collegio Bambergensi, 1768 - 1769.
Physicæ Professor in Collegio Bambergensi, 1769 - 1770.

SCHÜBLER, Johannes Paulus, Argentin. (B. U.)
Natus 27 Julii 1643.
Denatus 24 Decemb. 1729.
XIII vir, 31 Januar. 1712.
Scholarcha, 16 Mart. 1726.

SCHÜTZ, Johannes (S. J.), Geissenheim. - Nassov.
Natus 24 Februar. 1614.
Denatus (Confluentiæ) 6 Julii 1661.
Theologiæ moralis Professor in Academia Molshemiana, 1658 - 1659.
Loco P. Richart.
Theologiæ moralis Professor in Collegio Spirensi, 1659 - 1660.

SCHÜTZENBERGER, Charles, de Strasbourg.
Né 1 Février 1809.
Décédé 22 Septemb. 1881.

Docteur en médecine, 30 Juillet 1832.
Professeur agrégé à la Faculté de médecine, 20 Février 1835.
Professeur de clinique interne à la Faculté de médecine, 25 Septemb. 1844.
Professeur de clinique et de pathologie internes à la Faculté de médecine, 3 Avril 1845.
Professeur de clinique médicale à l'École libre de médecine, Mai 1871 - 30 Septemb. 1872.
<small>Portrait lithographié par A. Rosé. 1860.</small>
<small>Portrait lithographié. (Simon.)</small>

SCHÜTZENBERGER, Georges-Frédéric, de Strasbourg.
Né 8 Avril 1799.
Décédé 24 Janvier 1859.
Docteur en droit, 31 Juillet 1832.
Professeur de droit administratif à la Faculté de droit, 12 Décemb. 1837.
<small>Portrait dessiné et lithographié par G. Guérin. 183.. (Müller.)</small>

SCHÜTZENBERGER, Paul, de Strasbourg.
Né 23 Décemb. 1827.

Docteur en médecine, 23 Avril 1855.
Docteur ès sciences (Paris), 20 Mai 1863.
Professeur agrégé à la Faculté de médecine, 30 Juin 1860.
Préparateur de chimie au Collège de France, 10 Mai 1865.
Professeur de chimie minérale au Collège de France.
Membre de l'Académie de médecine de Paris, 23 Décemb. 1884.
Membre de l'Académie des sciences, 17 Décemb. 1888.

SCHURER, Fridericus Ludovicus, Argent.
Natus 24 Octob. 1764.
Denatus 23 Februar. 1794.
Phil. Doct. 6 Octob. 1789.
Physices Professor adjunctus, 10 Septemb. 1789
Physices Professor, 9 Octob. 1792.

SCHURER, Jacobus Ludovicus, Argent.
Natus 23 Januar. 1734.
Denatus 22 August. 1792.
Med. Doct., 14 August. 1760. (1 August. 1760.)
Physices Professor, 23 Decemb. 1761.

SCHUSTER, Fridericus (*S. J.*), Germersheim.
Natus 12 Junii 1710.
Denatus (Fuldæ) 3 Novemb. 1770.
Physicæ Professor in Collegio Fuldensi, 1748-1749.
Logicæ Professor in Academia Bambergensi, 1749-1750.
Physicæ Professor in Academia Bambergensi, 1750-1751.
Theologiæ moralis Professor in Collegio Heiligenstadiensi, 1751-1752.
Theologiæ moralis Professor & Minister in Collegio Erfurtensi, 1752-1754.
Theologiæ scholasticæ Professor in Collegio Fuldensi, 1754-1756.
Theologiæ scholasticæ Professor & Juris canonici, Domi, Professor in Schola Molshemiana, 1756-1757.
Loco Th. Holzclau.

Socius Magistri in Domo Probationis Moguntinæ, 1757-1758.
Theologiæ moralis & Juris canonici Professor in Collegio Moguntino, 1758-1759.
Theologiæ moralis Professor in Collegio Moguntino, 1759-1760.
Præfectus Spiritus in Collegio Bambergensi, 1760-1763.
Professor in Domo Probationis Moguntinæ, 1763.
Præfectus Spiritus in Domo Probationis Moguntinæ, 1767.

SCHWAB, Casparus (*S. J.*), Luxemburg.
Natus 12 Junii (*vel* 10 Julii) 1659.
Denatus (Heiligenstad.) 15 Novemb. 1732.
Theologiæ moralis Professor in Schola Molshemiana, Julio 1712-1713.
Loco L. Herissem.

SCHWEBEL-MIEG, Frédéric-Louis, de Barr (Bas-Rhin).
Né 13 Août 1809.
Décédé (Bischwiller) 17 Juillet 1886.
Licencié en théologie, 3 Août 1835.
Agrégé libre au Séminaire protestant, Novemb. 1836-1853.
Chargé du cours d'allemand au Gymnase protestant, 9 Octob. 1843.
Professeur suppléant de littérature grecque au Séminaire protestant, 7 Avril 1845.

SCHWEIGHÆUSER, Jacques-Frédéric, de Strasbourg.
Né 13 Janvier 1766.
Décédé 7 Mai 1842.
Docteur en médecine, 16 Septemb. 1790 (6 Août 1790).
Chirurgien en chef de l'Hospice civil, 1820.
Professeur agrégé à la Faculté de médecine, 14 Avril 1829.
N'a pas accepté.

SCHWEIGHÆUSER, Jean-Godefroy, de Strasbourg.
Né 2 Janvier 1776.
Décédé 14 Mars 1844.
Professeur suppléant à la Faculté des lettres, 19 Juillet 1810.
Professeur suppléant au Séminaire protestant, 3 Novembre 1812.
Professeur de littérature grecque au Séminaire protestant, 17 Février 1816.
Professeur de littérature grecque à la Faculté des lettres, 27 Septembre 1823.
Loco J. Schweighæuser.

Portrait lithographié par Schuster.
Portrait lithographié par J. D. Beyer.

SCHWEIGHÆUSER, Johannes, Argent. (B. U.)
Natus 26 Junii 1742.
Denatus 19 Januar. 1830.
Logices & Metaphysices Professor adjunctus, 1770.
Græcæ & Hebrææ linguæ Professor, 12 Septemb. 1778.
Loco J. F. Scherer.
Professeur des langues anciennes à l'École centrale, 27 Juillet 1796-7 Septemb. 1802.

Professeur de littérature grecque et latine à l'Académie protestante, puis Séminaire protestant, 1803-1816.
Professeur de littérature grecque et Doyen à la Faculté des lettres, 20 Juillet 1809.
Doyen honoraire, 13 Mars 1824.
Professeur de littérature latine au Séminaire protestant, 17 Février 1816 - Janvier 1830.

A. L. M., in Ord. philos. Logic. & Metaph. Adjunctus, 1770.
Græc. & Oriental. Literar. Prof., 1781.
> Portrait par Thomson.
> Portrait lithographié par J. D. Beyer.
> Portrait lithographié par Flaxland. (É. Simon.)

SCHWEIGHEUSER (SCHWEIGHÆUSER), Josephus (S. J.), Hagenoëns.
Natus 17 Julii 1689.
Denatus (Rubeaci) 24 Martii 1756.
Logicæ Professor in Schola Molshemiana, 1726-1727.
>> Loco M. Gertner.
Physicæ Professor in Schola Molshemiana, 1727-1728.
>> Loco M. Gertner.
Rector Collegii Hagenoënsis, 30 Septemb. 1742 - Octob. 1745.
Rector Scholæ Molshemianæ, 31 Octob. 1746 - 9 Novemb. 1749.
>> Loco M. Gertner.
Superior Residentiæ Rubeacensis, 1752-1756.

SCHWIND, Charles-François.
Né 1764.
Décédé
Docteur en théologie.
Vicaire général de l'Évêque constitutionnel du Bas-Rhin, Directeur et Professeur de théologie au Grand Séminaire constitutionnel, 1792.

SCOUTETTEN, Henri-Joseph, de Lille.
Né 24 Juillet 1799.
Décédé (Metz) 25 Mars 1871.
Docteur en médecine (Paris), 5 Août 1822.
Chirurgien sous-aide-major, 1 Juin 1818.
Chirurgien aide-major, 22 Octob. 1822.
Chirurgien aide-major breveté, 27 Octob. 1824.
Professeur à l'Hôpital militaire d'instruction de Metz, 1833-1840.
Chirurgien-major, 2 Août 1836.
Professeur à l'Hôpital militaire d'instruction, 1840-1844.
Chirurgien principal de 2e classe, 5 Avril 1841.
Médecin principal de 1re classe, 14 Mars 1844.
>> Admis à la retraite, 19 Octob. 1859.

SEBIZ, Johannes Albertus, Argent. (B. U.)
Natus 22 Octob. 1614.
Denatus 8 Februar. 1685.
Med. Doct., 9 April. 1640. (19 Martii 1640.)
Medicinæ Professor, 21 Martii 1652.

Med. Doct., Anatom. & Botan. Prof. ord., 1652.

SEBIZ, Melchior, Falkenberg-Siles.
    Natus 1539.
    Denatus 19 Junii 1625.
    Med. Doct. (Valentiæ), 25 August. 1571.
    Medicinæ Professor, 23 Julii 1586.

    Med. Prof. emeritus., 1612.
        Portrait par J. ab Heyden.
        Portrait par J. ab Heyden (Variante).
        Portrait par J. ab Heyden (Variante).
        Portrait par P. Aubry.

SEBIZ, Melchior, Argent. (B. U.)
    Natus 19 Julii 1578.
    Denatus 24 Januar. 1674.
    Med. Doct. (Basil.), 26 Junii 1610.
    Medicinæ Professor, 20 April. 1612.
                         Loco M. Sebiz.
    Comes palatinus Cæsareus, 7 Octob. 1630.
    Med. Prof. emeritus, 1668.
        Portrait par F. Summer.
        Portrait par P. Aubry.
        Portrait par J. ab Heyden. 1613.
        Portrait non signé. 1651.

SEBIZ, Melchior, Argent. (B. U.)
    Natus 8 (18) Januar. 1664.
    Denatus 10 Novemb. 1704.
    Med. Doct., Maio 1691. (30 Septemb. 1688.)
    Physices Professor, 3 Decemb. 1695.
    Medicinæ Professor, 1702.

    Rerum natural. Prof., 1695.
    Anatom. & Botan. Prof., 1700.
        Portrait J. ab Heyden. 1630.
        Portrait par P. Aubry.

SÉDILLOT, Charles-Emmanuel, de Paris.
    Né 14 Septembre 1804.
    Décédé (Paris) 24 Janvier 1883.
    Docteur en médecine (Paris), 29 Décemb. 1829.
    Chirurgien sous-aide-major breveté, 29 Novemb. 1826.
    Chirurgien aide-major, 3 Février 1832.
    Chirurgien-major, 31 Décemb. 1836.
    Chirurgien-major de 1re classe, 16 Novemb. 1841.
    Professeur à l'Hôpital militaire d'instruction, 1841-1849.
    Professeur de pathologie et de clinique externes à la Faculté de médecine, 9 Août 1841-1870.
    Chirurgien principal de 2e classe, 19 Juillet 1845.
    Chirurgien principal de 1re classe, 1 Décemb. 1850.
    Médecin inspecteur, 10 Décemb. 1860.
    Directeur de l'École de santé du service militaire, 17 Novemb. 1864.
        Admis à la retraite, 22 Décemb. 1868.
    Membre de l'Académie des sciences, 4 Juillet 1872.
        Portrait par A. Rosé. 1860.
        Portrait lithographié. (Simon.)

SENDELBACH, Johannes (S. J.), Carbach-Francon.
    Natus 2 Februar. 1703.
    Denatus (Molshem.) 28 Maii 1752.
    Logicæ Professor in Schola Molshemiana, 1737-1738.
                            Loco Th. Schneider.
    Physicæ Professor in Schola Molshemiana, 1738-1739.
                            Loco Th. Schneider.
    Philosophiæ Professor in Universitate Heidelbergensi, 1739-1741.
    Theologiæ scholasticæ Professor in Schola Molshemiana, 1741-1749.
                            Loco F. Hardy.
    Juris canonici, Domi, Professor in Schola Molshemiana, 1749-1752.
                            Loco Ch. Liebrecht.

SERMONET, Franciscus Josephus (S. J.), Oberehnheim.-Alsat.
    Natus 19 Septemb. 1716.
    Denatus (Befortiæ) 1794.
    Litterarum humaniorum Professor in Collegio Colmariensi, 1740-1741.
    Rhetoricæ Professor in Universitate Mussipontana, 1741-1742.
    Logicæ Professor in Universitate episcopali, 1749-1750.
                            Loco F. Réon.
    Physicæ Professor in Universitate episcopali, 1750-1751.
                            Loco F. Réon.
    Theologiæ scholasticæ Professor in Universitate Mussipontana, 1755-1762.
    Theologiæ scholasticæ Professor in Universitate episcopali, 1762-1765.
                            Loco J. A. X. Geiger.
        In Alsatia, 1765.
        Colmariæ, 1767-1768.

SEVENUS, Gerhardus, Saxo.
    Natus
    Denatus 1 Februar. 1561.
    Græcæ linguæ Præceptor in Gymnasio, circa 1541.
    Græcæ linguæ Professor, 1559.

SIDEL, Meinradus, Mutzingens.
    Natus circa 1751.
    Denatus (Ile de Ré) circa 1793.
    Professor in Collegio Molshemiano.

SIFFERT, Franciscus Michael Josephus (S. J.), Colmariens.
    Natus 29 Septemb. 1709.
    Denatus (in Alsatia) 1779.
    Theol. Doct.
    Philosophiæ Professor in Universitate Mussipontana, 1744-1745.
    Philosophiæ Professor in Universitate Mussipontana, 1746-1747.
    Theologiæ moralis Professor in Collegio Rhemensi.

Theologiæ scholasticæ Professor in Universitate Mussipontana, 1750-1755.
Scripturæ Sacræ Professor in Universitate episcopali, 1755-1760
Loco C. Collot.
Theologiæ Professor in Universitate Viennensi-Austr., 1760-1761.
Scripturæ Sacræ Professor in Universitate episcopali, 1761-1765.
Loco G. A. Hunelle.
In Alsatia, 1765.

SIGEL, Philippus, Avolsheim.-Alsat.
Natus
Denatus
Logicæ Professor in Universitate episcopali, 1790-1790.
Loco F. A. Klein.

SILBERRAD, Elias, Lampertheim.-Alsat.
Natus 29 August. 1687.
Denatus 5 Julii 1731.
Theol. Doct., 6 Novemb. 1721. (26 Septemb. 1721.)
Philosophiæ practicæ Professor, 25 Octob. 1710.
Theologiæ Professor, 10 Novemb. 1719.
Loco J. C. Barth.
Theol. Doct. & Prof. ac Convent. Eccles. Præses, 26 Junii 1728.

Philos. practic. Prof. publ. ord. atque Ecclesiastes, 1712.
Mor., Civ. & Juris nat. phil. Prof. publ. & Ecclesiastes, 1715.

SILBERRAD, Johannes Martinus, Argent. (B. U.)
Natus 16 Octob. 1707.
Denatus 10 Junii 1760.
Phil. Doct., 8 Novemb. 1736.
Jur. Doct., 1 August. 1754 (29 Maii 1731.)
Poëseos Professor, 9 Decemb. 1735.
Juris Professor, 26 Februar. 1743.

Instit. Imper. Prof. ord., 1746.
J. U. D. & Jur. publ. Prof. publ. ord., 1756.

SIMON, Franciscus (*S. J.*), Ensishemiens.-Alsat.
Natus 3 Septemb. 1662.
Denatus (Argent.) 18 Februar. 1705.
Philosophiæ Professor in Collegio Ensisheimensi, 1703-1704.
Logicæ Professor in Universitate episcopali, 1704-1705.
Loco G. Beaujour.

SIMON, Franciscus Antonius (*S. J.*), Bernwiller.-Alsat.
Natus 20 Februar. 1713.
Denatus (Argent.) 15 Januar. 1762.
Logicæ Professor in Universitate episcopali, 1743-1744.
Loco F. V. Neef.
Physicæ Professor in Universitate episcopali, 1744-1745.
Loco F. V. Neef.

Logicæ Professor in Universitate episcopali, 1745-1746.
Loco F. V. Neef.
Physicæ Professor in Universitate episcopali, 1746-1747.
Loco F. V. Neef.
Controversiæ Concionator in Ecclesia Cathedrali, 1749-1754.
Controversiæ Concionator in Ecclesia Cathedrali, 1757-1761.

SIMONIS, Jacques-Ignace, d'Ammerschwihr (Haut-Rhin).
Né 12 Mars 1831.

Professeur de sixième au Collège libre de Colmar, 18 Octob. 1852-Octob. 1855.
Professeur de mathématiques au Collège libre de Colmar, Octob. 1855-18 Août 1864.
Professeur d'Écriture sainte et Trésorier au Grand Séminaire catholique, 18 Août 1864-15 Octobre 1866.
Curé à Rixheim, 21 Octob. 1866-15 Février 1872.
Supérieur de la Congrégation des Sœurs du Saint-Sauveur à Niederbronn, 15 Février 1872.
Chanoine honoraire de la Cathédrale, 8 Juillet 1876.

SINNITZIUS, Martinus, Argent. (B. U.)
Natus 21 Octob. 1582.
Denatus 9 Septemb. 1634.
Præceptor in Gymnasio, 1606-1633.
Oratoriæ Professor adjunctus, 1628.
Eloquentiæ Professor, 18 Septemb. 1633.
Loco J. C. Dannhawer.
Director Gymnasii, 1627-1634.

SIPHANUS, Laurentius, Prunsfeld.
Natus
Denatus
Græcæ linguæ Professor, circa 1560.
Ethices & Polit. Professor, circa 1568.

SLEIDANUS (PHILIPPSON), Johannes, Schleiden.-Rhenan.
Natus 1506 *vel* 1508.
Denatus 31 Octobr. 1556.
Historiarum Professor, 1542.
Portrait par J. ab Heyden. (? 1625.)
Portrait signé Hr. (Hond).
Portrait par Rulmann.
Portrait non signé.
Portrait non signé.
Portrait non signé.

SOHERR, Balthasar (S. J.), Mannheim.
Natus 29 Junii 1718.
Denatus post 1770.
Missionarius in Ottersweier, 1748.
Logicæ Professor in Schola Molshemiana, 1751-1752.
Loco I. Vœgelin.

Physicæ, Ethicæ & Metaphysicæ Professor in Schola Molshemiana, 1752-1753.
         Loco C. Vogel.
Missionarius in Provincia Campaniæ, 1754.
Præfectus Spiritus in Residentia Bockenheimensi, 1757.
Concionator in Collegio Mannheimensi, 1759-1760.
Professor in Collegio Mannheimensi, 1760-1764.
Præfectus Sodalitatis in Collegio Mannheimensi, 1765-1766.
Professor in Collegio Mannheimensi, 1767-1771.

SOLL, Conradus (*S. J.*), Mergentheim.-Württ.
 Natus 2 Februar. 1606.
 Denatus (Worms) 30 Januar. 1683.
 Concionator & Operarius in Academia Molshemiana, 1646-1648.
 Physicæ Professor in Academia Molshemiana, 1654-1655.
 Litterarum humaniorum Professor in Academia Molshemiana, 1656-1657.
 Missionarius, 1657-1683.

SORLIN, Ambroise-Nicolas, de Paris.
 Né 1 Février 1773.
 Décédé (Paris).
 Docteur ès sciences mathématiques, 18 Mai 1822.
 Professeur de mathématiques appliquées à la Faculté des sciences, 27 Novemb. 1826.
   Admis à la retraite, 1 Janvier 1847.

SPACH, Israel, Argent.
 Natus 1560.
 Denatus 20 April. 1610.
 Med. Doct. (Tubingæ), 1581.
 Medicinæ & Hebrææ linguæ Professor, Novemb. 1589.

SPECCER, Melchior, Isniens.-Suevus.
 Natus
 Denatus 12 Decemb. 1569.
 Theol. Doct.
 Ecclesiastes Rupertsauwensis, 1553.
 Logices & Metaphysices Professor.
 Theologiæ Professor, 29 Junii 1557.

SPECCER, Tobias, Argent. (B. U.)
 Natus 18 Julii 1563.
 Denatus 5 August. 1622.
 Theol. Doct., 15 Aug. 1621.
 Hebrææ linguæ Professor, 1594.
        Loco E. Schadæus.

 Theologiæ Professor, 1614.
        Loco B. Nasser.

SPECHT, Jean-Baptiste, de Kientzheim (Haut-Rhin).
 Né 17 Mai 1795.
 Décédé 9 Février 1862.

Professeur au Grand Séminaire catholique, 1818.
Professeur de dogme et d'histoire ecclésiastique au Grand Séminaire catholique, 1820-1823.
Professeur de dogme et de droit canon au Grand Séminaire catholique, 1823-1824.
Professeur de dogme au Grand Séminaire catholique, 1824-1827.
Directeur de la Sorbonne de Molsheim, 1827-1828.
Professeur de dogme au Grand Séminaire catholique, 1828-1842.
Chanoine honoraire de la Cathédrale, 18 Octob. 1830.
Supérieur en second du Grand Séminaire catholique, 5 Novemb. 1836.
Supérieur du Grand Séminaire catholique, 22 Août 1842-13 Septemb. 1852.

Loco J. Stromeyer.

Chanoine de la Cathédrale, 1850.
Vicaire général honoraire de l'Évêché, 13 Septemb. 1852.

SPIELMANN, Charles-Auguste, de Strasbourg.
Né 15 Février 1834.
Décédé (Alger) 5 Février 1863.
Docteur en médecine, 12 Août 1856.
Professeur agrégé à la Faculté de médecine, 19 Janvier 1860.

SPIELMANN, Jacobus Reinboldus, Argent. (B. U.)
Natus 31 Martii 1722.
Denatus 9 Septemb. 1783.
Med. Doct., 6 Juin 1748. (22 April. 1748.)
Phil. Doct., 25 April 1754.
Medicinæ Professor extraordin., 8 Maii 1749.
Poëseos Professor, 30 Januar. 1756.
Medicinæ Professor, 25 Maii 1759.

Loco J. Bœcler.

Eloquent. Prof. publ., 1756.
Phil. & Med. Doct., Chem., Bot. reliquæque Mater. med. Prof. publ. ord., 1759.

Portrait par C. Guérin. 1781.
Portrait lithographié par J. D. Beyer. (É. Simon.)
Silhouette en pied, non signé.

SPIELMANN, Johannes Jacobus, Argent. (B. U.)
Natus 4 Octob. 1745.
Denatus 7 Decemb. 1810.
Med. Doct., 19 Julii 1770. (26 Maii 1770.)
Medicinæ Professor, 23 April. 1785.
Professeur de pathologie générale et pratique médicale à l'Académie protestante, 20 Mars 1803.

Med. Doct., Pathol. & Praxeos clin. Prof. publ. ord., 1785.

SPIELMANN, Louis, de Strasbourg.
Né 13 Février 1747.
Décédé 17 Avril 1817.
Docteur en droit (21 Juillet 1773).

Procureur impérial près le Tribunal de 1re instance de Strasbourg.
Professeur suppléant à l'École, puis Faculté de droit, 15 Juin 1807.
Loco J. B. Maffioli.

Spitz, Aloïse, d'Epfig (Bas-Rhin).
Né 24 Juin 1837.

Vicaire à Lapoutroye, 23 Août 1864 - Février 1866.
Vicaire à l'église de Saint-Jean à Strasbourg, 23 Février 1866 - Septemb. 1866.
Professeur d'histoire, de patrologie et d'archéologie au Grand Séminaire catholique, Septemb. 1866 - 1868.
Loco F. J. Sattler.
Professeur d'histoire et de patrologie au Grand Séminaire catholique, 1868 - Août 1875.
Curé à Ingwiller, 10 Août 1875 - 1880.
Fondateur et Rédacteur en chef de l'*Union d'Alsace-Lorraine*, 1 Février 1880 - 1882.
Curé à Düppigheim, 27 Janvier 1882.

Stahl, Charles-Auguste, de Strasbourg.
Né 30 Novembre 1799.
Décédé 18 Décembre 1874.
Professeur suppléant d'histoire au Séminaire protestant, 1 Décemb. 1839.
Professeur d'histoire au Séminaire protestant, 29 Mars (22 Mars) 1843.
Professeur d'histoire à l'Université de Strasbourg, 1 Mai 1872.

Stang, Franciscus (*S. J.*), Würzburg.
Natus 6 Januar. 1693.
Denatus (Spiræ) 20 Februar. 1744.
Logicæ Professor in Schola Molshemiana, 1724 - 1725.
Loco V. Messer.
Physicæ Professor in Schola Molshemiana, 1725 - 1726.
Loco V. Messer.
Rector Collegii Erfurtensis, 1 Maii 1738 - Septemb. 1741.
Præfectus Spiritus in Collegio Spirensi.

Stein, Aloysius (*S. J.*), Fuldens.
Natus 24 Februar. 1659.
Denatus (Fuldæ) 25 August. 1728.
Theologiæ moralis Professor in Collegio Fuldensi, 1702 - 1704.
Theologiæ moralis Professor in Schola Molshemiana, 1704 - 1705.
Loco S. Wüst.
Theologiæ scholasticæ Professor in Schola Molshemiana, 1705 - 1714.
Loco L. Wedekind.
Theologiæ scholasticæ Professor in Collegio Fuldensi, 1714 - 1715.
Operarius in Collegio Fuldensi, 1715 - 1716.
Theologiæ polemicæ Professor in Collegio Fuldensi, 1716 - 1717.

STEINMETZ, Jean-Adam, de Wittersheim (Bas-Rhin).
    Né 1 Juin 1824.
    Décédé 4 Août 1858.
    Professeur de dogme au Grand Séminaire catholique, 1849-1856.
                       Loco A. Dietrich.
    Professeur de dogme, de langues orientales et d'exégèse de l'Ancien Testament au Grand Séminaire catholique, 1856-1858.

STEMLER, Johannes Michael, Argent. (B. U.)!
    Natus 29 August. 1595.
    Denatus 12 Mart. 1661.
    Consul, 1639, 1645, 1651 et 1657.
    Scholarcha, 1659.

STEPHANI, Philippus (*S. J.*), Badens.
    Natus 13 April. 1671.
    Denatus (Ettlingæ *vel* Badenæ) 22 (*vel* 27) Novemb. 1729.
    Logicæ Professor in Schola Molshemiana, 1704-1705.
                       Loco G. Hoffmann.
    Physicæ Professor in Schola Molshemiana, 1705-1706.
                       Loco G. Hoffmann.
    Logicæ Professor in Academia Bambergensi, 1706-1707.
    Physicæ Professor in Academia Bambergensi, 1707-1708.
    Metaphysicæ Professor in Academia Bambergensi, 1708-1709.
    Theologiæ moralis Professor in Schola Molshemiana, 1709-1710.
                       Loco P. Sartorius.
    Theologiæ scholasticæ Professor in Schola Molshemiana, 1714-1716.
                       Loco L. Herissem.
    Præfectus Spiritus Scholæ Molshemianæ, 1716.
    Præfectus Spiritus Scholæ Molshemianæ, 1725-1726.

STIEVENARD, Jean-Francois, de Commercy (Meuse).
    Né 24 Novemb. 1794.
    Décédé (Paris) 19 Mai 1860.
    Docteur ès lettres (Paris), 18 Août 1827.
    Professeur de rhétorique au Lycée de Strasbourg.
    Professeur suppléant de littérature grecque à la Faculté des lettres, 10 Novemb. 1828.
    Professeur de littérature grecque à la Faculté des lettres de Dijon, 21 Juin 1831.
    Doyen de la Faculté des lettres de Dijon.
    Doyen honoraire, 31 Janvier 1860.

STOEBER, Elias.
    Natus 19 Septemb. 1719.
    Denatus 9 Maii 1778.
    Theol. Doct.
    Quintæ curiæ Præceptor in Gymnasio, 1763-1766.
    Græcæ & Hebrææ linguæ Professor.
    Theologiæ Professor extraordin., 9 Julii 1768.

    Sanct. Doctrin. Doct., Prof. publ. extraord. ac Minist. eccles. Vicar. primar., 1771.
    Sacrar. Liter. Prof. publ. ac Minist. eccles. Vicar. primar., 1774.
        Portrait lithographié par J. D. Beyer.

STŒBER, Victor, de Strasbourg.
: Né 16 Février 1803.
: Décédé 5 Juin 1871.
: Docteur en médecine, 15 Novemb. 1824.
: Professeur agrégé à la Faculté de médecine, 2 Février 1830.
: Professeur de pathologie générale à la Faculté de médecine, 30 Septemb. 1845.
: <small>Portrait lithographié par Ch. A. Schuler. 1841.</small>

STÖKKEN, Gerhardus von, Copenhag. (B. U.)
: Natus 28 Novemb. (Decemb.) 1629.
: Denatus 6 Octob. 1681.
: Juris Doct.
: Juris Professor, 24 April. 1665.

J. U. D., Instit. Imper. Prof. publ., 1667.

STÖSSER, Gothofredus (Nobilis de LILIENFELD), Argent.
: Natus 8 Novemb. 1635.
: Denatus (Halle) 4 Septemb. 1703.
: Jur. Doct. (30 Junii 1659.)
: Juris Professor, 15 April. 1666.
: Abiit 1686.
: Borussiæ Regis Consiliarius intimus et Ducatus Magdeburgensis Pro-Cancellarius, Dominus hæreditarius in Dölckau.

J. U. Doct. & Pandect. Prof. publ., 1666.
<small>Portrait par Bernigeroth.
Portrait par P. Aubry.</small>

STOLTZ, Joseph-Alexis, d'Andlau.
: Né 14 Décemb. 1803.

Docteur en médecine, 27 Juin 1820.
Professeur agrégé à la Faculté de médecine, 27 Avril 1829.
Professeur d'accouchement à la Faculté de médecine, 22 Septemb. 1834.
Loco P. R. Flamant.
Doyen de la Faculté de médecine, 11 Juillet 1867-1871.
Loco Ch. H. Ehrmann.
Professeur de clinique obstétricale à la Faculté de médecine de Nancy, 1 Octob. 1872.
Doyen de la Faculté de médecine de Nancy, 1 Octob. 1872.
Doyen honoraire, 1 Janvier 1879 (26 Décemb. 1878).
<small>Portrait lithographié par A. Rosé. 1860.</small>

STORCK, Johannes Petrus, Argentin. (B. U.)
: Natus 16 Octob. 1587.
: Denatus 18 Februar. 1635.
: Consul, 1633.
: Scholarcha, 15 Junii 1633.

STORCK, Petrus, Argentin. (B. S.)
: Natus 4 Novemb. 1554.
: Denatus 22 Maii 1627.

Consul, 1608, 1614 et 1620.
Scholarcha, 31 Octob. 1614.
Portrait par J. ab Heyden, 1627.

Storr, Matthæus (*S. J.*), Nicrosulmensis.
Natus 8 Maii 1611.
Denatus (Aschaffenburg) 13 April. 1678.
Theol. Doct.
Rector Collegii Aschaffenburgensis, 21 Julii 1654-1657.
Rector Collegii Bambergensis, 2 Octob. 1657-1661.
Rector Collegii Aschaffenburgensis, 6 Novemb. 1661-1664.
Provincialis Rheni Superioris, 1664-1666.
Rector Academiæ Molshemianæ, 14 Februar. 1666-1668.
Loco R. Göltgens.
Socius Provincialis Rheni Superioris.
Præpositus Provinciæ Rheni Superioris, 1676-1678.

Straub, Joseph-Alexandre, de Strasbourg.
Né 19 Mars 1825.
Décédé 27 Novemb. 1891.
Docteur honoraire en théologie (Fribourg-en-Br.), 1891.
Professeur au Petit Séminaire, 1850.
Directeur du Collège épiscopal de Saint-Arbogast, 1867.
Professeur d'archéologie et Trésorier au Grand Séminaire catholique, 1868-1870.
Secrétaire général de l'Évêché, 8 Novemb. 1870.
Chanoine honoraire de la Cathédrale, 26 Décemb. 1870.
Chanoine de la Cathédrale, 1 Septemb. 1876.
Vicaire capitulaire de l'Évêché, 12 Août 1890.
Vicaire général de l'Évêché, 20 Juillet 1891.

Strauck,
Né
Décédé
Professeur et Trésorier au Grand Séminaire catholique.

Straulini, Franciscus (*S. J.*), Forum Julii, Venetæ ditionis.
Natus 20 Martii 1647.
Denatus (Ettlingæ) 5 Martii 1711.
Litterarum humaniorum Professor in Collegio Fuldensi, 1677-1682.
Logicæ Professor in Academia Molshemiana, 1682-1683.
Loco A. Bischweiler.
Physicæ Professor in Academia Molshemiana, 1683-1684.
Loco C. Karg.
Metaphysicæ Professor in Academia Molshemiana, 1684-1685.
Loco C. Karg.
Philosophiæ Professor in Collegio Fuldensi, 1686.
Concionator, Fuldæ.
Concionator, Erfurti.
Concionator, Hagenoæ.
Concionator, Neostadii ad Haardam.
Concionator, Ettlingæ.

Missionarius, Ettlingæ.
Missionarius, Bockenhemii.
Minister in Collegio Spirensi.
Minister in Collegio Fuldensi.
Concionator in Academia Molshemiana, 1695-1696.

STREITT, Thomas (S. J.), Worms.
Natus 8 Februar. 1596.
Denatus (Selestad.) 7 Junii 1668.
Ethices & Matheseos Professor in Collegio Würzburgensi, 1627-1628.
Logicæ Professor in Academia Molshemiana, 1628-1629.
Loco C. Lennep.
Concionator, Bockenhemii, 1630-1634.

STROHL, Chrétien-Édouard-Émile, de Strasbourg.
Né 14 Février 1814.

Docteur en médecine, 27 Novemb. 1838.
Chirurgien sous-aide, 30 Novemb. 1836-1839.
Professeur agrégé à la Faculté de médecine, 27 Juin 1839.
Professeur de matière médicale à l'École libre de médecine, Mai 1871-30 Septemb. 1872.
Professeur à l'Université de Strasbourg, Mai 1872.

STROHL, Georges-Émile, de Bouxwiller (Bas-Rhin).
Né 9 Mai 1827.
Décédé (Alger) 23 Avril 1882.
Pharmacien de 1re classe, 16 Août 1854.
Docteur ès sciences physiques, 3 Mai 1865.
Pharmacien aide-major de 2e classe, 10 Septemb. 1856.
Pharmacien aide-major de 1re classe, 28 Mai 1859.
Pharmacien-major de 2e classe, 9 Mars 1864.
Professeur agrégé à l'École de pharmacie, 31 Décemb. 1866.
Pharmacien-major de 1re classe, 8 Octob. 1870.
Professeur agrégé à l'École de pharmacie de Nancy, 30 Avril 1873.
Retenu au service militaire.
Pharmacien principal de 2e classe, 10 Avril 1879.
Pharmacien principal de 1re classe, 18 Mai 1881.

STROBEL, Petrus (S. J.), Seeligenstad.-Hassus.
Natus 3 April. 1722.
Denatus post 1770.
Professor in Seminario Molshemiano, 1748.
Logicæ Professor in Collegio Heiligenstadiano, 1752-1754.
Logicæ Professor in Collegio Moguntino, 1754-1756.
Physicæ Professor in Collegio Würzburgensi, 1756-1758.
Socius Magistri Novitiorum in Domo Probationis Moguntinæ, 1758-1760.
Minister in Collegio Moguntino, 1760-1762.
Theologiæ scholasticæ & Juris canonic. Professor in Schola Molshemiana, 1762-1765.
Loco M. Ræder.
Rector Collegii Spirensis, 23 Octob. 1765.
Superior Residentiæ Bruchsaliensis, 1771.

STROMEYER, Joseph, de Heimsbrunn (Haut-Rhin).
   Né 10 Avril 1771.
   Décédé (Heimsbrunn) 6 Décemb. 1866.
   Curé de Heimsbrunn, 1802.
   Supérieur du Grand Séminaire catholique, Août 1836-1842.
                           Loco A. Ræss.
   Chanoine de la Cathédrale, 22 Août 1842-1865.
           Démissionnaire, 1865.

STUMPFF, Pierre-Paul, d'Eguisheim (Haut-Rhin).
   Né 21 Septemb. 1822.
   Décédé 10 Août 1890.
   Docteur en théologie (Rome), 30 Mars 1855.
   Vicaire à Molsheim, 8 Novemb. 1843.
   Vicaire à la Cathédrale, 1 Janvier 1849 - Septemb. 1853.
   Membre de la Congrégation du Saint-Esprit, 27 Août 1854.
   Professeur au Séminaire français à Rome, Août 1854-1859.
   Supérieur du Séminaire français à Rome, Octob. 1859-Août 1863.
   Professeur de théologie au Séminaire du Saint-Esprit à Paris,
       Octob. 1863-Décemb. 1863.
   Supérieur du Grand Séminaire catholique, Juillet 1864-1881.
                           Loco F. X. Marula.
   Professeur d'archéologie au Grand Séminaire catholique, 1864-
       1866.
   Chanoine de la Cathédrale, Décret du 7 Juillet 1866 et nomina-
       tion épiscopale du 21 Juillet 1866.
   Vicaire général de l'Évêché, 4 Décemb. 1876-24 Octob. 1880.
   Évêque *in partibus* de Cesaropolis, Coadjuteur de l'Évêque de
       Strasbourg, préconisé le 13 Mai 1881, sacré le 24 Août 1881.
   Évêque de Strasbourg, 17 Novembre 1887.

STURATH, Johannes (*S. J.*), Würzburg.
   Natus 5 Februar. 1646.
   Denatus (Molshem.) 7 Junii 1688.
   Litterarum humaniorum Professor in Collegio Heiligenstadiensi.
   Litterarum humaniorum Professor in Collegio Erfordiensi.
   Philosophiæ Professor in Collegio Heiligenstadiensi, 1678-1680.
   Philosophiæ Professor in Collegio Moguntino.
   Theologiæ moralis Professor in Collegio Würzburgensi, 1683-
       1687.
   Theologiæ scholasticæ Professor in Academia Molshemiana, 1687-
       1688.
                           Loco P. Faber.

STURM, Jacobus, Argentin.
   Natus 10 August. 1489.
   Denatus 30 Octob. 1553.
   Phil. Doct. (Friburg.-Brisg.), 1505.
   Prætor, 1527-1537 et 1549-1553.
   Cancellarius Gymnasii, 1538.
       Portrait en pied, sur bois, 1553.
       Portrait publié par B. Jobin.
       Portrait par Schuler. 1817.
       Portrait par J. De Beyer.
       Portrait par J. R. H.
       Portrait par J. D. Beyer.
       Portrait d'après A. Friederich par E. Haberer.

Sturm, Johannes, Schleiden.-Rhenan.
> Natus 1 Octob. 1507.
> Denatus (Nordheim.) 3 Martii 1589.
> Eloquentiæ Professor, 14 Januar. 1538.
> Rector Scholæ Argentoratensis, 1541-29 Maii 1566.
> Rector Academiæ, 30 Maii 1566-1581.
>> Portrait par I. I. Haid. Augsbourg.
>> Portrait signé H. I.
>> Portrait non signé.
>> Portrait sur bois, par Tobias Stimmer.
>> Portrait non signé. (P. Aubry.)
>> Portrait par H. U. (Rond).
>> Portrait par J. R. H.
>> Portrait lithographié par Ch. A. Schuler. (Simon.)
>> Portrait par J. ab Hayden.
>> Portrait non signé. Vers 1590.

Sturm, Petrus, Argentin.
> Natus
> Denatus 5 Julii 1563.
> Prætor, 1539.
> Cancellarius Academiæ, 1553.

Sturm a Sturmeck, Jacobus, Argentin.
> Natus
> Denatus 1634.
> Prætor, 1624.
> Universitatis Cancellarius 14 Januar. 1626.

Sultzer, Charles, de Strasbourg.
> Né 1769.
> Décédé (Barr) 30 Juillet 1854.
> Docteur en médecine, 4 Juilllet 1801.
> Médecin cantonal à Barr, ...-1854.
> Professeur agrégé à la Faculté de médecine de Strasbourg, 14 Avril 1829.

Sybold
> Né
> Décédé
> Docteur en médecine.

Tabor, Johannes Otto, Bautzen-Lusat.
> Natus 3 Septemb. 1604.
> Denatus (Francofurt:) 12 Decemb. 1674.
> Jur. Doct., 10 Novemb. 1631. (Octob. 1631.)
> Juris Professor, 30 Julii 1634.
>> *Loco* S. Flach.
> Abiit 1656 Lunæburgam.
> Cancellarius Ducis Mecklemburgensis.
> Juris Professor in Universitate Giessensi, 1660-1667.
>
> J. U. D., Cod. & Feud. placitor. Prof., 1642.
> J. U. D., Cod. & Feud. consuet. Prof., 1643.
>> Portrait par I. Bronn. 1645.
>> Portrait par P. Aubry.

        Portrait par A. M. Wolffgang.
        Portrait non signé.
        Portrait par Huber.
        Portrait sur bois par F. Stimmer.
        Portrait en pied, lithographié par Haberer.
        Portrait non signé.
        Portrait non signé.

TASSIN, Petrus (*S. J.*), Noviant.-Lotharing.
    Natus 8 Januar. 1725.
    Denatus (Nancy) 4 Februar. 1803.
    Theol. Doct.
    Logicæ Professor in Universitate episcopali, 1757-1759.
                        Loco J. Keifflin.

TAUFRER, Johannes, Laybacens.-Carniol. (B. C.).
    Natus 23 Februar. 1584.
    Denatus 8 Octob. 1617.
    Theol. Doct. (Tubingæ), 13 Februar. 1614.
    Theologiæ Professor, 31 Martii 1614.
        Portrait par J. ab. Heyden.
        Portrait non signé. 1617.

TAVERNIER, Claudius Stephanus (*S. J.*), Marnay (Haute-Saône).
    Natus 23 Januar. (*vel* 23 Junii) 1694.
    Denatus (Argent.) 31 Martii 1757.
    Theol. Doct.
    Theologiæ scholasticæ Professor in Universitate episcopali, 1732-1739.
                        Loco J. Adam.
    Cancellarius Universitatis episcopalis, 1739-1757.
                        Loco J. Nicolas.

TERQUEM, Alfred, de Metz.
    Né 31 Janvier 1831.
    Décédé (Lille) 16 Juillet 1887.
    Docteur ès sciences physiques (Paris), 22 Août 1859.
    Chargé du cours de physique à la Faculté des sciences, 29 Septemb. 1866.
                      Loco P. A. Bertin-Mourot.
    Professeur de physique à la Faculté des sciences, 20 Juin 1869.
    Professeur de physique à la Faculté des sciences de Marseille, 27 Mars 1871.
    Professeur de physique à la Faculté des sciences de Lille.

TESSIER, Joseph-Henri, de Bordeaux.
    Né 18 Septemb. 1828.
    Décédé (?) 27 Septemb. 1873.
    Docteur en médecine (Paris), 22 Août 1856.
    Médecin aide-major de 2º classe, 30 Décemb. 1857.
    Médecin aide-major de 1re classe, 30 Décemb. 1859.
    Médecin-major de 2º classe, 12 Août 1863.
    Répétiteur de pathologie générale et médicale à l'École de santé du service militaire, 1864-1868.
    Médecin-major de 1re classe, 24 Décemb. 1869.

Thannberger, Franciscus Xaverius Johannes Josephus, Blotzheim.-Alsat.
Natus 19 Julii 1751.
Denatus (Sufflenheim) 12 Maii 1837.
Phil. Doct.
Theol. Doct., 2 Julii 1782. (2 Junii 1775.)
Beneficiarius ad S. Margaritam, oppidi S. Hippolyti, Diœc. Bisunt.
Vicarius in Diœcesi Argentinensi (4 annos).
Director Seminarii episcopalis, 1772-1788.
Theologiæ Professor in Universitate episcopali.
Parochus in Freland, 1788-1791.
Curé de Freland, 1795-1813.
Curé de Hilsenheim, 20 Juillet 1813-Octob. 1817.
Curé de Sufflenheim, 10 Octob. 1817-Mai 1837.
Chanoine honoraire de la Cathédrale, 22 Novemb. 1820.

Thibaut
Né
Décédé
Docteur en médecine.
Professeur à l'École de médecine, 3 Janvier 1801.

Thieriet, Marie-Jean-Charles de, de Nancy.
Né 1 Mars 1790.
Décédé 12 Octob. 1870.
Docteur en droit, 17 Janvier 1811.
Professeur de droit commercial à la Faculté de droit, 20 Juin 1832, institué 4 Janvier 1842.
Professeur honoraire, 23 Décemb. 1867.

Thieriet de Luyton, Charles-François-Xavier, de Nancy.
Né 19 Février 1756.
Décédé 11 Mars 1832.
Docteur en droit (*Coll.*), 20 Novemb. 1809.
Professeur de Code civil français ainsi que du droit public français et germanique à l'École, puis Faculté de droit, 26 Mars 1806.

Thiroux, Gabriel (*S. J.*), Autun.
Natus 28 April. 1667.
Denatus (Dijon) 13 Junii 1737.
Logicæ Professor in Seminario episcopali, 1700-1701.
Theologiæ moralis Professor in Collegio Ensisheimensi, 1701-1702.
Theologiæ moralis Professor in Collegio Divionensi, 1702-1709.
Theologiæ scholasticæ Professor in Collegio Divionensi, 1709-1717.
Theologiæ scholasticæ Professor in Collegio Lingonensi, 1735-1736.
Theologiæ scholasticæ Professor in Collegio Cabillonensi, 1736-1737.

Thomas, Jacobus (*S. J.*), Stenay.
Natus 28 Septemb. (*vel* 28 Decemb.) 1720.
Denatus (Stenay) 1782.

Theol. Doct.
Matheseos Professor in Universitate episcopali, 1747-1749.
Theologiæ scholasticæ Professor in Universitate episcopali, 1760-1765.
Loco J. Georgia.
In Alsatia, 1765.
Argentorati, 1767-1768.

Thorwesten, Josephus (*S. J.*), Fuldens.
Natus 30 Septemb. 1709.
Denatus (Bamberg.) 17 (*vel* 13) Junii 1750.
Litterarum humaniorum Professor in Collegio Heidelbergensi, 1728-1733.
Theologiæ Studiosus, Moguntiæ, 1733-1737.
In Domo Probationis, Ettlingæ, 1737-1738.
Logicæ Professor in Schola Molshemiana, 1738-1739.
Loco J. Sendelbach.
Physicæ Professor in Schola Molshemiana, 1739-1740.
Loco J. Sendelbach.
Philosophiæ Professor in Collegio Würzburgensi, 1740-1741.
Physicæ Professor in Schola Molshemiana, August. ad finem 1741.
Loco D. Breny.
Philosophiæ Professor in Collegio Würzburgensi, 1742-1743.
Theologiæ polemicæ Professor in Schola Molshemiana, 1743-1744.
Theologiæ Professor in Academia Moguntina, 1744-1748.
Theologiæ dogmaticæ Professor in Academia Bambergensi, 1748-1750.

Tinchant, Jean-Louis-Michel, de Joinville (Haute-Marne).
Né 21 Octob. 1741.
Décédé 23 Janvier 1818.
Docteur en médecine (*Coll.*), 24 Septemb. 1810.
Chirurgien-major, 1780.
(?) Admis à la retraite, 1814.
Démonstrateur à l'Hôpital militaire d'instruction, 1781-1790.
Professeur d'instrumens chirurgicaux et de drogues usuelles à l'École de médecine, 20 Avril 1795.
Professeur de médecine légale à l'École, puis Faculté de médecine, 1808.

Tourdes, Gabriel-Alexandre-Hippolyte-Joseph, de Strasbourg.
Né 21 Janvier 1810.

Docteur en médecine, 31 Août 1832.
Chirurgien sous-aide-major, 10 Novemb. 1829.
Chirurgien sous-aide-major commissionné, 16 Novemb. 1829.
Chirurgien sous-aide-major breveté, 17 Décemb. 1832.
Chirurgien aide-major, 29 Mars 1834.
Professeur agrégé à la Faculté de médecine, 20 Février 1835.
Médecin militaire adjoint, 7 Octob. 1835.
Professeur à l'Hôpital militaire d'instruction, 14 Octob. 1836 - 6 Octob. 1841.

Professeur de médecine légale à la Faculté de médecine, 29 Mai 1840.
> *Loco* J. M. A. Goupil.

Professeur de médecine légale à la Faculté de médecine de Nancy, 1 Octob. 1872.
Doyen de la Faculté de médecine de Nancy, 10 Janvier 1879.
Doyen honoraire, 1 Novemb. (26 Juillet) 1888.
<small>Portrait lithographié par A. Rosé. 1860.</small>

Tourdes, Joseph, de Carlat (Cantal).
Né 19 Août 1770.
Décédé 6 Janvier 1851.
Docteur en médecine (Montpellier), 11 Juillet 1792.
Médecin ordinaire, 20 Juin 1793.
Médecin à l'Hôpital militaire de Metz, puis à l'armée du Rhin, 1793-1796.
Médecin à l'Hôpital militaire de Pavie, 1796-1799.
Médecin à l'armée des Grisons, 1799-1800.
Médecin en chef, par intérim, à l'armée d'Italie, 1800.
Professeur de pathologie et de nosologie internes à l'École, puis Faculté de médecine, 28 Juin 1801-Octob. 1844.
Médecin militaire ordinaire, 8 Janvier 1815.
Professeur de pathologie interne à l'Hôpital militaire d'instruction, 8 Janvier 1815-Mars 1836.
Médecin militaire ordinaire breveté, 27 Octob. 1824.
> Admis à la retraite, 17 Mars 1836.

Professeur honoraire de la Faculté de médecine, 31 Octob. 1844.
<small>Portrait lithographié par Ch. A. Schuler. 1842.</small>

Tourny, Augustinus (*S. J.*), Pfalzburgens.-Lotharing.
Natus 19 August. 1705.
Denatus (Rhemis) 25 Junii 1746.
Logicæ Professor in Universitate episcopali, 1741-1742.
> *Loco* V. Neef.

Physicæ Professor in Universitate episcopali, 1742-1743.
> *Loco* V. Neef.

Theologiæ scholasticæ Professor in Collegio Rhemensi, 1743-1746.

Tourtelle, Étienne, de Besançon.
Né 17 Février 1756.
Décédé (Besançon) 16 Mai 1801.
Docteur en médecine (Paris), 1783.
Professeur de pathologie interne et d'hygiène à l'École de médecine, 20 Avril 1795.

Trachez, François-Joseph, de Lille.
Né 8 Août 1776.
Décédé
Docteur en médecine (Montpellier), 2 Août 1814.
Chirurgien de 3° classe, 4 Mai 1795.
Chirurgien-major, 21 Avril 1809.
Démonstrateur à l'Hôpital militaire d'instruction de Lille, 11 Mai 1818-Janvier 1825.

Chirurgien-major breveté, 27 Octob. 1824.
Professeur à l'Hôpital militaire d'instruction, 31 Janvier 1825-Mars 1832.
Professeur à l'Hôpital militaire d'instruction de Lille, 4 Mars 1832-Janvier 1838.
Chirurgien principal, 2 Février 1836.
 Admis à la retraite, 15 Janvier 1838.

TRAXDORFF, Johannes Christophorus, Wantzenawens.-Alsat. (B. U.)
Natus 1 April. 1594.
Denatus 12 Septemb. 1662.
Prætor, 1635.
Universitatis Cancellarius, 15 Junii 1635.

TREITLINGER, Johannes Christianus, Argent. (B. U.)
Natus 11 Septemb. 1717.
Denatus 19 August. 1792.
Jur. Doct., 1 Aug. 1754. (30 April. 1737.)
Juris Professor extraord., 15 Januar. 1748.
Juris Professor, 26 April. 1754.

J. U. D., Institut. Imp. Prof. publ. ord., 1754
J. U. Doct., Pandect. & Jur. canon. Prof. publ. ord., 1755.
J. U. Doct., Pandect. & Jur. publ. Prof., 1760.
J. U. Doct., Cod. & Jur. publ. Prof., 1775.

TREMELLIUS, Emmanuel, Ferrariensis.
Natus 1510.
Denatus (Sedan) 9 Octobr 1580.
Hebrææ linguæ Professor, Luccæ, 1541.
Hebrææ linguæ Professor, 1542-1547.
Hebrææ linguæ Professor, Cambridge, 1549-1553.
Hebrææ linguæ Professor in Universitate Heidelbergensi.
Hebrææ linguæ Professor in Academia Sedanensi.

TRENCHING, Johannes (*S. J.*), Horstmar *prope* Monasterium.
Natus 1587.
Denatus (Paderbornæ) 17 Junii 1640.
Logicæ Professor in Academia Molshemiana, 1622-1623.
      Loco G. Ommeren.
Physicæ Professor in Academia Molshemiana, 1623-1624.
      Loco G. Ommeren.
Metaphysicæ Professor in Academia Molshemiana, 1624-1625.
      Loco G. Ommeren.
Vice-Rector Collegii Paderbornensis, 1636.
Superior Residentiæ Hildesiensis.

TUPPIUS, Laurentius, Greifswald.
Natus 10 August. 1528.
Denatus 30 Martii 1614.
Juris Doct. (Biturig.).
Juris Professor, 1563.
      Loco G. Nessel.
Pandect. Professor.
      Loco Ph. Custosius.

ULTSCH, Carolus (S. J.), Teuschnitzensi-Bavar., Diœc. Bamberg.
   Natus 1622.
   Denatus (Erfurt) 14 Decemb. 1688.
   Theol Doct.
   Logicæ Professor in Academia Molshemiana, 1660-1661.
                       Loco M. Kolakowski.
   (?) Physicæ Professor in Academia Molshemiana, 1661-1662.
                       Loco M. Kolakowski.
   (?) Metaphysicæ Professor in Academia Molshemiana, 1662-1663.
                       Loco M. Kolakowski.
   Scripturæ Sacræ Professor in Academia Molshemiana, 1665-1666.
                       Loco J. Lier.
   Rector Collegii Badensis, 8 August. 1666-18 August. 1669.
   Theologiæ polemicæ Professor in Collegio Fuldensi, 1672-1673.
   Regens Seminarii Fuldensis, 1674-1675.
   Rector Collegio Fuldensis, 6 August. 1675.
   Rector Academiæ Bambergensis, 24 Januar. 1679-8 Novemb. 1682
   Rector Collegii Würzburgensis, 26 Novemb. 1684-Decemb. 1687.
   Rector Collegii Erfurtensis, 14 Decemb. 1687.

VAILLANT, Antoine-Paul, de Rambervillers (Vosges).
   Né 26 Avril 1800.
   Décédé
   Docteur en médecine (Paris), 25 Juillet 1827.
   Chirurgien sous-aide-major provisoire, 11 Août 1823.
   Chirurgien sous-aide-major commissionné, 15 Novemb. 1824.
   Chirurgien aide-major breveté, 1 Septemb. 1827.
   Médecin adjoint commissionné, 3 Mai 1830.
   Professeur à l'Hôpital militaire d'instruction de Lille, 1830-1839.
   Médecin adjoint breveté, 27 Décemb. 1832.
   Médecin ordinaire, 31 Décemb. 1836.
   Professeur à l'Hôpital de perfectionnement de médecine et de pharmacie militaires au Val-de Grâce, 1840-1843.
   Médecin ordinaire de 1re classe, 23 Novemb. 1841.
   Professeur à l'Hôpital militaire d'instruction, 1844-1848.
   Médecin principal de 2e classe, 30 Septemb. 1844.
   Médecin principal de 1re classe, 25 Novemb. 1847.
   Médecin inspecteur, 12 Septemb. 1848.
      Admis à la retraite, 11 Août 1864.

VALLIN, Émile-Arthur, de Nantes.
   Né 27 Novemb. 1833.

   Docteur en médecine (Paris), 11 Février 1858.
   Médecin aide-major de 2e classe, 31 Décemb. 1859.
   Médecin aide-major de 1re classe, 31 Décemb. 1861.
   Répétiteur de pathologie générale et médicale à l'École du service de santé militaire, 1864-1865.
   Professeur agrégé à l'Hôpital de perfectionnement de médecine et de pharmacie militaires au Val-de-Grâce, 1866-1870.
   Médecin-major de 2e classe, 27 Décemb. 1866.
   Médecin-major de 1re classe, 8 Février 1871.

Professeur d'hygiène et de médecine légale à l'Hôpital de perfectionnement de médecine et de pharmacie militaires au Val-de-Grâce, 1875-1884.
Médecin principal de 1re classe, 12 Décemb. 1881.
Membre de l'Académie de médecine de Paris, 7 Juillet 1885.
Médecin inspecteur, 6 Juin 1888.
Directeur de l'École du service de santé militaire à Lyon, 1888.

VANDERVECKEN, Jean-Baptiste, de Frescati (Moselle).
Né 30 Avril 1762.
Décédé 1817.
Maître en pharmacie.
Pharmacien de 3e classe, 1 Mars 1793.
Pharmacien de 2e classe, 23 Juin 1801.
Professeur à l'Hôpital militaire d'instruction, 1806-1812.
Pharmacien-major provisoire, 12 Mars 1814.
Pharmacien aide-major titulaire, 18 Novemb. 1814.

VAULTRIN, Christophorus (S. J.), Aucourt.
Natus 10 Novemb. 1677.
Denatus (Ensisheim) 20 Martii 1749.
Matheseos Professor in Universitate episcopali, 1707-1708.
Physicæ Professor in Collegio Metensi, 1711-1712.
Theologiæ positivæ Professor in Universitate Mussipontana, 1722-1723.
Præfectus Spiritus in Collegio Ensishemiano, 1746-1749.

VELSIUS, Justus, Hagæ-Comit.
Natus
Denatus
Med. Doct. (Lovanii), 1542.
Ethices Professor, 1543.
       Abiit 1557 Coloniam.

VERMIGLI (VERMILIUS), Petrus Martyr, Florentin.
Natus 8 Septemb. 1500.
Denatus (Turici) 12 Novemb. 1562.
Theol. Doct.
Abbas Spoletanus.
Prior Monasterii S. Petri ad aram, Neapoli.
Prior Monasterii San Frediani, Lucensis, Junio 1541.
Ethices Professor, 1542.
Theologiæ Professor, 1542-1547.
Theologiæ Professor (Oxoniæ), Novemb. 1547-1553.
Theologiæ & Ethices Professor, 29 Decemb. 1553-Julio 1556.
Theologiæ Professor (Turici), Julio 1556-1562.
  Portrait d'après A. van der Werff par Pitaat.
  Portrait signé H.
  Portrait par Th. Trotter.
  Portrait d'après H. Verbruggen par Bouttels.
  Portrait non signé.

VERRY, Petrus (S. J.), Sainte-Menehould.
Natus 1 Junii 1645.
Denatus (Auxerre) 5 Julii 1713.
Rector Collegii regii et Seminarii episcopalis, 25 Martii 1695-August. 1698.
       Loco G. Daubenton.

Rector Collegii Catalaunensis, 8 August. 1698-Maio 1702.
Rector Collegii Augustodunensis, 28 Maii 1702-Julio 1705.
Socius Provincialis Campaniæ, 1705-1708.
Rector Collegii Virodunensis, 1 August. 1708-1712.
Rector Collegii Altissiodorensis, 25 Junii 1712-1713.

Villars, Dominique, de Villar (Alpes-Maritimes).
Né 14 Novemb. 1745.
Décédé 27 Juin 1814.
Docteur en médecine (Valence), 9 Décemb. 1778.
Médecin de l'Hôpital militaire de Grenoble, 3 Juillet 1782.
Professeur d'histoire naturelle à l'École centrale de Grenoble, 1796.
Professeur de botanique à l'École, puis Faculté de médecine, 24 Janvier 1805.
      Loco J. Herrmann.
Doyen de la Faculté de médecine, 7 Février 1809-Juin 1814.
  Portrait lithographié par Lagrenée.

Villain, Claudius Henricus (*S. J.*), Altissiodorensis.
Natus 20 Martii 1671.
Denatus
Physicæ Professor in Universitate episcopali, 1701-1702.
      Loco J. Gouflier.
Logicæ Professor in Collegio Metensi, 1702-1703.
Physicæ Professor in Collegio Metensi, 1703-1705.
Philosophiæ Professor in Collegio Catalaunensi, 1705-1709.
      Dimissus, 10 Maii 1709.
Canonicus Ordinis S. Augustini.

Vincke, Fridericus (*S. J.*), Kilveri-Westphal.
Natus 18 Octob. 1648 (*vel* 28 Octob. 1646).
Denatus (Würzburg.) 22 Maii 1714.
Theol. Doct. (Molshemii).
Litterarum humaniorum Professor in Collegio Molshemiano.
Litterarum humaniorum Professor in Collegio Badenensi.
Philosophiæ Professor in Collegio Heiligenstadiensi.
Philosophiæ Professor in Collegio Würzburgensi.
Theologiæ moralis Professor in Collegio Würzburgensi.
Theologiæ moralis & Linguæ Hebrææ Professor in Academia Molshemiana, 1697-1698.
      Loco S. Vogt.
Theologiæ scholasticæ Professor in Academia Molshemiana, 1698-1699.
Theologiæ Professor in Collegio Moguntino, 1699-1702.
Theologiæ Professor in Collegio Fuldensi, 1702-1704.
Theologiæ polemicæ & Linguæ Hebrææ Professor in Collegio Würzburgensi, 1704-1714.

Virot, Petrus Stephanus (*S. J.*), Divionensis.
Natus 10 Januarii 1732.
Denatus

Logicæ Professor in Universitate episcopali, 1762-1763.
Loco M. Zœpfel.
Philosophiæ Professor in Universitate Mussipontana, 1764-1766.

VOEGELIN (VOEGELEIN), Ignatius (*S. J.*), Molsheim.
Natus 1 Februar. 1717.
Denatus (Neunkirch.) 20 Octob. 1766.
Logicæ Professor in Schola Molshemiana, 1750-1751.
Loco I. Wolff.
Missionarius in Neunkirchen, 1752.
In Alsatia, 1765.
Missionarius in Neunkirchen, 1766.

VOGEL, Christophorus (*S. J.*), Würzburg.
Natus 18 Januar. 1719.
Denatus post 1773.
Theol. Doct.
Professor in Residentia Wetzlariensi, 1748.
Præses Musæi majoris in Seminario Molshemiano, 1750-1751.
Physicæ, Ethicæ & Metaphysicæ Professor in Schola Molshemiana, 1751-1752.
Loco I. Wolff.
Logicæ Professor in Academia Bambergensi, 1752-1753.
Physicæ Professor in Academia Bambergensi, 1753-1754.
Theologiæ moralis Professor in Collegio Erfurtensi, 1754-1755.
Concionator, Fuldæ, 1755-1756.
Minister in Collegio Aschaffenburgensi, 1756-1757.
Theologiæ scholasticæ & Juris canonici Professor in Schola Molshemiana, 1757-1760.
Loco F. Schuster.
Theologiæ scholasticæ Professor in Collegio Fuldensi, 1760-1765.
Theologiæ moralis Professor in Collegio Würzburgensi, 1765-1768.
Theologiæ moralis Professor in Collegio Fuldensi, 1768-1773.

VOGLER, Kilian, Cannstad.-Württ.
Natus 1515.
Denatus 16 Martii 1585.
Juris Doct. (Tubingæ), 25 Januar. 1546.
Juris Professor, 1545.
Abiit 1552 Tubingam.
Portrait non signé.

VOGT, Sebaldus (*S. J.*), Coblenz.
Natus 1653.
Denatus (Fuldæ) 30 Maii 1703.
Litterarum humaniorum Professor in Collegio Fuldensi, 1680-1685.
Philosophiæ Professor in Collegio Heiligenstadiano, 1685.
Missus Erfordiæ, epidemiæ causa.
Philosophiæ Professor in Collegio Badensi, 1687-1688.
Logicæ Professor in Academia Molshemiana, 1688-1689.
Loco J. Pompernetz.

Physicæ Professor in Academia Molshemiana, 1689-1690.
Loco J. Pompernetz.
Minister in Collegio Molshemiano, 1690-1691.
Theologiæ moralis Professor in Academia Molshemiana, 1691-1693.
Loco D. Mandt.
Missionarius in Marienthal, 1693-1694.
Scripturæ Sacre Professor in Academia Molshemiana, 1694-1696.
Theologiæ moralis Professor in Academia Molshemiana, 1696-1697.
Loco G. Loder.
Missionarius, Rubeaci, 1697-1701.
Theologiæ polemicæ Professor in Collegio Fuldensi, 1702-1703.

Voss, Christophorus (*S. J.*), Moguntin.
Natus 20 Septemb. 1676.
Denatus (Mogunt.) 31 Decemb. 1757.
Logicæ Professor in Schola Molshemiana, 1710-1711.
Loco H. Schlinck.
Physicæ Professor in Schola Molshemiana, 1711-1712.
Loco H. Schlinck.
Logicæ Professor in Academia Bambergensi, 1712-1713.
Physicæ Professor in Academia Bambergensi, 1713-1714.
Metaphysicæ Professor in Academia Bambergensi, 1714-1715.
Præfectus Spiritus in Collegio Wormatiensi, 1748-1754.

Waddington (Waddington-Kastus), Charles Tzaunt, de Milan.
Né 19 Janvier 1819.

Docteur ès lettres (Paris), 11 Novembre 1848.
Professeur de philosophie au Séminaire protestant, 25 Novemb. 1856-Septemb. 1864.
Loco C. J. G. Bartholmess.
Professeur de philosophie au Lycée Saint-Louis à Paris, 9 Septemb. 1864.
Chargé du cours de philosophie à la Faculté des lettres de Paris.
Professeur de philosophie ancienne à la Faculté des lettres de Paris, 10 Septemb. 1879.
Correspondant de l'Académie des sciences morales et politiques (section de philosophie), 20 Juin 1863.
Membre de l'Académie des sciences morales et politiques (section de morale), 11 Février 1888.

Wagner, Bernhardus, Argent. (B. U.)
Natus 1 Decemb. 1657.
Denatus 17 Junii 1728.
Theol. Doct., 20 Septemb. 1696.
Logices & Metaphysices Professor, 27 Februar. 1687.
Theologiæ Professor, Octob. 1695.
Theol. Doct. & Prof. et Convent. Eccles. Præses, 29 Decemb. 1707.

Logic. ac Metaphys. Prof. publ. & Ecclesiast., 1688.
Theol. Prof. publ. & Ecclesiast., 1696.

WALLE, Jacobus (*S. J.*), Heiligenstad.
    Natus Novemb. 1647.
    Denatus (Heiligenstad.) 31 Octob. 1692.
    Litterarum humaniorum Professor in Collegio Würzburgensi.
    Logicæ Professor in Academia Molshemiana, 1683-1684.
                             Loco F. Straulin.
    Casuum Conscientiæ Professor in Collegio Heiligenstadiensi, 1684-1685.
    Minister in Collegio Wormatiensi, 1685-1686.
    Minister in Collegio Spirensi, 1686-1687.
    Rector Sodalitatis Marianæ, Fuldæ, 1688.
    Rector Sodalitatis Marianæ, Heiligenstadii.
    Philosophiæ Professor in Collegio Heiligenstadiensi, 1689-1691.
    Theologiæ moralis Professor in Collegio Heiligenstadiensi, 1691-1692.

WALLISER, Laurentius Thomas, Argent. (B. U.)
    Natus 12 Novemb. 1569.
    Denatus 22 Septemb. 1631.
    Quartæ classis Præceptor in Gymnasio, 1599.
    Ethices Professor 27 Februar. 1604.

    Metaphysices Professor, 1595.
    Philosophiæ practicæ Professor, 1617.

WALLRAAFF (WALLRAFF), Henricus (*S. J.*), Spirens.
    Natus 9 Julii 1636.
    Denatus (Molshemii) 30 Decemb. 1674.
    Logicæ Professor in Academia Molshemiana, 1671-1672.
                              Loco N. Randorff.
    Physicæ Professor in Academia Molshemiana, 1672-1673.
                              Loco N. Randorff.
    Metaphysicæ Professor in Academia Molshemiana, 1673-1674.
                              Loco N. Randorff.
    Theologiæ moralis Professor in Academia Molshemiana, 1674.
                              Loco H. Gerard.

WALTHER, Valentinus (*S. J.*), Cronach.-Bavar.
    Natus 21 Martii 1627.
    Denatus (Moguntiæ) 9 Julii 1666.
    Physicæ et Matheseos Professor in Academia Molshemiana, 1659-1660.
                              Loco N. Fischer.
    Metaphysicæ Professor in Academia Molshemiana, 1660-1661.
                              Loco P. Cron.

WANN, Theodorus (*S. J.*), Cassellan.
    Natus 17 Januar. 1675.
    Denatus (Würzburg.) 23 Julii 1741.
    Theol. Doct. (Bamberg.), 5 Maii 1722.
    Matheseos Professor in Universitate Würzburgensi, 1713-1714.

Theologiæ polemicæ Professor in Collegio Fuldensi, 1714-1715.
Theologiæ scholasticæ Professor in Collegio Fuldensi, 1715-1716.
Theologiæ scholasticæ Professor in Schola Molshemiana, 1716-1719.
Loco P. Stephani.
Theologiæ scholasticæ Professor in Collegio Heidelbergensi, 1719-1720.
Theologiæ Professor in Academia Bambergensi, 1720-1722.
Theologiæ scholasticæ Professor in Universitate Heidelbergensi, 1722-1725.
Theologiæ moralis Professor in Collegio Würzburgensi, 1725-1727.
Theologiæ moralis Professor in Collegio Fuldensi, 1727-1731.
Theologiæ polemicæ Professor in Collegio Fuldensi, 1731-1733.
Theologiæ polemicæ Professor in Collegio Würzburgensi, 1733-1739.
Theologiæ moralis Professor in Collegio Würzburgensi, 1739-1741.

WEBER, Émile-Alfred, de Strasbourg.
Né 1 Juillet 1835.

Docteur en théologie, 28 Novembre 1863.
Agrégé libre au Séminaire protestant, 1860.
Professeur extraordinaire au Séminaire protestant, 19 Juillet 1864.
Professeur de philosophie au Séminaire protestant, 20 Février 1872.
Professeur de philosophie à l'Université de Strasbourg, 1 Mai 1872.
Professeur honoraire.

WEBER, Georgius Fridericus, Argent. (B. U.)
Natus 5 Januar. 1736.
Denatus 3 Septemb. 1820.
Phil. Doct., 21 Septemb. 1770.
Theol. Doct., 27 Martii 1788. (20 Septemb. 1785.)
Gymnasii Præceptor.
Theologiæ Professor adjunctus, 1770.
Theologiæ Professor extraordinarius, 1778.
Theologiæ Professor, 27 Januar. 1784.
Loco S. F. Lorentz.
Directeur du Gymnase protestant, 20 Novemb. 1793-7 Octob. 1794.
Professeur d'histoire de l'Église et de dogmes à l'Académie protestante, 20 Mars 1803-Septemb. 1820.
Directeur du Gymnase protestant, 1807.

WEBER, Johannes (*S. J.*), Selestadiens.
Natus 12 Septemb. 1691.
Denatus (Molshem.) 20 Maii 1733.
Logicæ Professor in Schola Molshemiana, 1728-1729.
Loco I. Flory.
Concionator, Hagenoæ, 1729-1730.
Concionator, Molshemii, 1730-1732.
Concionator & Vice-Minister Scholæ Molshemianæ, 1732-Maio 1733.

WEDEKIND, Liborius (*S. J.*), Northensis.-Brunsvic.
    Natus 16 April. 1653.
    Denatus (Aschaffenburg.) 14 Januar. 1717.
    Theol. Doct.
    Litterarum humaniorum Professor in Collegio Erfordensi, 1674-1676.
    Litterarum humaniorum Professor in Collegio Heiligenstadiensi, 1676-1679.
    Theologiæ Studiosus in Collegio Moguntino, 1679-1683.
    Litterarum humaniorum Professor in Collegio Selestadiensi, 1683-1685.
    Theologiæ moralis Professor in Collegio Heiligenstadiensi, 1685-1686.
    Philosophiæ Professor in Collegio Heiligenstadiensi, 1686-1688.
    Philosophiæ Professor in Collegio Moguntino, 1688-1690.
    Minister in Collegio Moguntino, 1690-1691.
    Minister in Collegio Würzburgensi, 1692.
    Metaphysicæ Professor in Universitate Würzburgensi, 1693.
    Theologiæ polemicæ Professor in Collegio Fuldensi.
    Theologiæ polemicæ Professor in Collegio Bambergensi.
    Theologiæ moralis Professor in Schola Molshemiana, 1701-1702.
        Loco J. Heckmann.
    Theologiæ scholasticæ Professor in Schola Molshemiana, 1702-19 Januar. 1705.
        Loco S. Donung.
    Rector Scholæ Molshemianæ, 22 Januar. 1705-21 Martii 1708.
        Loco A. Hugk.
    Scripturæ Sacræ Professor in Academia Bambergensi, 19 Maii 1708-1712.
    Cancellarius Academiæ Bambergensis, 1710-1712.
    Præfectus Spiritus in Collegio Bambergensi, 1712-1715.
    Minister in Collegio Aschaffenburgensi, 1715-1717.

WEGELIN, Thomas, Augsburgens. (B. U.)
    Natus 21 Decemb. 1577.
    Denatus 16 Martii 1629.
    Theol. Doct. (Tubingæ), 22 Junii 1608.
    Ecclesiastes Phortzensis-Badens.
    Theologiæ Professor 21 April. 1623.
        Loco J. Bechtold.
    Theol. Doct. & Prof. et Convent. eccles. Præses, 1623.
        Portrait non signé. 1629.
        Portrait par M. Haffner.
        Portrait par J. ab Heyden.

WEIL, Henri, de Francfort-sur-Main.
    Né 26 Août 1818.

    Docteur ès lettres (Paris), 18 Janvier 1845.
    Professeur suppléant de littérature latine à la Faculté des lettres, 2 Décemb. 1845.
    Professeur suppléant de littérature ancienne à la Faculté des lettres de Besançon, 13 Juin 1848.
    Professeur de littérature ancienne à la Faculté des lettres de Besançon.

Maître de conférences de littérature grecque à l'École normale supérieure.
Correspondant de l'Académie des inscriptions et belles lettres, 28 Décemb. 1866.
Membre de l'Académie des inscriptions et belles-lettres, 17 Février 1882.

Weiler, Henricus (*S. J.*), Hallenberg.-Westphal.
Natus 30 Martis 1725.
Denatus (Moguntiæ) 2 Februar. 1767.
Professor in Seminario Carolino Heidelbergensi, 1748.
Logicæ Professor in Schola Molshemiana, 1757-1758.
Loco C. Kœnig.
Physicæ, Ethicæ & Metaphysicæ Professor in Schola Molshemiana, 1758-1759.
Loco C. Kœnig.
Logicæ Professor in Collegio Heidelbergensi, 1759-1760.
Physicæ Professor in Collegio Heidelbergensi, 1760-1761.
Logicæ Professor in Collegio Würzburgensi, 1761-1762.
Physicæ Professor in Universitate Würzburgensi, 1762-1763.
Scripturæ Sacræ & Linguæ hebrææ Professor in Schola Molshemiana, 1763-1764.
Loco C. Cron.

Weis, Joseph.
Né
Décédé 1815.
Professeur et Directeur du Grand Séminaire catholique, 31 Janvier 1807-1812.

Weisrock, Ignatius (*S. J.*), Selestadiens.
Natus 17 August. 1728.
Denatus (Mayence) 1813.
Theol. Doct. (Aug. 1764).
Professor in Collegio Molshemiano, 1752.
Rhetoricæ Professor in Collegio Molshemiano, 1754.
Professor in Residentia Bockenheimensi, 1760-1761.
Operarius in Collegio Ettlingensi, 1761-1762.
Logicæ Professor in Schola Molshemiana, 1762-1763.
Loco F. Dabutz.
Physicæ, Ethicæ & Metaphysicæ Professor in Schola Molshemiana & Missionarius in Oberehenheim, 1763-1764.
Loco F. Dabutz.
Scripturæ Sacræ Professor in Schola Molshemiana, 1764-1765.
Loco H. Weiler.
Rhetoricæ Professor in Collegio Regio, 1765.
In Alsatia, ...-1771.

Weissenburger
Natus
Denatus (Obernai) 1789.
Philosophiæ Professor in Collegio Molshemiano.
Logicæ & Physicæ Professor in Seminario episcopali.

WENCKER, Jacobus, Argentin. (B. U.)
    Natus 22 Octob. 1633.
    Denatus 22 Octob. 1715.
    Consul, 1682, 1688, 1694, 1700, 1706 et 1712.
    Scholarcha 19 Januar. 1711.
        Portrait par J. A. Seupel.

WENCKER, Jacobus, Argent. (B. U.)
    Natus 8 Julii 1668.
    Denatus 1 Januar. 1743.
    Consul, 1736 et 1742.
    Scholarcha, 1738.

WENCKER, Johannes, Argent. (B. U.)
    Natus 14 Julii 1590.
    Denatus 17 Octobris 1659.
    Consul, 1644, 1650 et 1656.
    Scholarcha, 31 Mart. 1642.

WENGER, Louis-Philippe, de Grendelbruch (Bas-Rhin).
    Né 2 Janvier 1831.
    Décédé 19 Juin 1881.
    Vicaire à Colmar, 25 Août 1855.
    Professeur de dogme, d'exégèse de l'Ancien Testament et d'hébreu au Grand Séminaire catholique, 1858-1865.
        Loco J. A. Steinmetz.
    Professeur de dogmatique générale, d'exégèse de l'Ancien Testament et de langues orientales, 1865-1870.
    Professeur de dogmatique générale, d'exégèse de l'Ancien Testament, d'hébreu et Trésorier au Grand Séminaire catholique, 26 Décemb. 1870.
    Chanoine honoraire de la Cathédrale, 30 Octob. 1880.

WERNER, Franciscus (*S. J.*), Herbipolens.
    Natus 2 Julii 1660.
    Denatus (Ettlingæ) 5 Junii 1707.
    Philosophiæ Professor in Collegio Moguntino, 1684-1687.
    Theologiæ moralis Professor in Collegio Fuldensi, 1687-1689.
    Logicæ Professor in Academia Molshemiana, 1693-1694.
        Loco N. Mercator.
    Physicæ Professor in Academia Molshemiana, 1694-1695.
        Loco N. Mercator.
    Logicæ Professor in Academia Molshemiana, 1695-1696.
        Loco J. Heckmann.
    Theologiæ dogmaticæ Professor in Collegio Moguntino, 1696-1698.
    Theologiæ moralis Professor in Collegio Moguntino, 1698-1702.
    Rector Collegii Aschaffenburgensis, 25 Novemb. 1703-Januar. 1707.
    Socius Magistri Novitiorum, Moguntiæ, 1707-1710.

WERNERT, Jacques-Joseph-Étienne, de Saverne.
    Né 26 Décembre 1802.
    Décédé (Ribeauvillé) 5 Mai 1866.

Professeur au Petit Séminaire, 1824-1829.
Professeur de philosophie au Grand Séminaire catholique, 1829-1830.
Curé à Bindernheim, 12 Novemb. 1830.
Curé à Münster, 22 Mars 1834-Janvier 1835.
Curé à Ribeauvillé, Décret du 10 Janvier 1835 et nomination épiscopale du 10 Janvier 1835-Mai 1866.
Chanoine honoraire de la Cathédrale, 19 Septemb. 1849.

WESTENBERGER, Henricus (S. J.), Hochheim.-Nassov.
Natus 1 Martii 1646.
Denatus (Mogunt.) 2 Maii 1710.
Theol. Doct. (Bamberg.), 15 April. 1692.
Logicæ Professor in Academia Molshemiana, 1679-1680.
Loco J. Willermin.
Logicæ Professor in Academia Bambergensi, 1681-1682.
Physicæ Professor in Academia Bambergensi, 1682-1683.
Metaphysicæ Professor in Academia Bambergensi, 1683-1684.
Theologiæ dogmaticæ Professor in Academia Bambergensi, 1689-1695.

WICKERSHEIM, Philippus Heinricus a.
Natus 12 Decemb. 1650.
Denatus 31 Julii 1720.
Prætor, 6 Januar. 1684.
Universitatis Cancellarius, 22 Februar. 1717.

WIEGER, Frédéric, de Strasbourg.
Né 25 Février 1821.
Décédé 26 Décembre 1890.
Docteur en médecine, 31 Août 1846.
Professeur agrégé à la Faculté de Médecine, 23 Février 1850.
Chargé du cours de pathologie interne à la Faculté de médecine, 11 Avril 1854.
Professeur de pathologie interne à la Faculté de médecine, 1 Septembre 1865.
Professeur de pathologie médicale à l'École libre de médecine, Mai 1871-30 Septembre 1872.
Professeur de pathologie générale et Directeur de la clinique syphilitique et des maladies de peau à l'Université de Strasbourg, 1872.

WIEGER, Johannes, Argent. (B. U.)
Natus 5 Septemb. 1690.
Denatus 3 Martii 1769.
Jur. Doct., 5 Novemb. 1723. (11 Octob. 1714.)
Mathematum Professor, 16 Novemb. 1719.
Philosophiæ practicæ Professor, 26 Septemb. 1720.
Juris Professor, 23 Decemb. 1734.

J. U. Doct., Instit. Imper. Prof. publ. ord., 1738.
J. U. Doct., Pandect. & Jur. canon. Prof. publ. ord., 1744.
J. U. Doct., Cod. & Consuet. feud. Prof. publ. ord., 1756.

WIGANDT, Andreas (S. J.), Hünfeld.-Hassus.
Natus 11 Novemb. 1606.
Denatus (Ienæ) 13 Junii 1674.

Theologiæ scholasticæ Professor in Academia Molshemiana, 1663-1667.
Loco N. Hansler.
Theologiæ moralis Professor in Collegio Erfurtensi, 1667-1669.

WIGANDT, Oswaldus (*S. J.*), Würzburgens.
Natus 9 Junii 1682.
Denatus (Selestadii) 19 Septemb. 1734.
Logicæ Professor in Academia Bambergensi, 1716-1717.
Physicæ Professor in Academia Bambergensi, 1717-1718.
Metaphysicæ Professor in Academia Bambergensi, 1718-1719.
Operarius in Otterswèyer, 1719-1720.
Theologiæ moralis Professor in Schola Molshemiana, 1720-1721.
Loco F. Huben.

Concionator, 1721-1734.

WILLEMANN, Philippus (*S. J.*), Selestadiensis (*vel* Türckheim. - Alsat.).
Natus 18 Octob. 1643.
Denatus (Rubeaci *vel* Selestad.) 15 April. 1716.
Phil. Doct. (Würzburg).
Litterarum humaniorum Professor in Collegio Würzburgensi, 1662-1667.
Theologiæ Studiosus in Collegio Würzburgensi, 1667-1671.
In Domo probationis, Ettlingæ, 1671-1672.
Philosophiæ Professor in Collegio Fuldensi, 1673-1674.
Præfectus Scholarum in Collegio Moguntino, 1674-1676.
Concionator in Ecclesia cathedrali Moguntina, 1676-1680.
Concionator, Badenæ, 1680-1682.
Rector Collegii Badenensis.
Rector Collegii Selestadiensis.
Rector Academiæ Molshemianæ, 19 Julii 1691-6 Decemb. 1693.
Rector Collegii Aschaffenburgensis.
Vice-Rector Collegii Wormatiensis.
Superior Residentiæ Wetzlariensis.
Superior Residentiæ Rubeacensis.

WILLERMIN, Johannes (*S. J.*), Dieuzensis-Lotharing.
Natus 24 Martii 1644.
Denatus (Molshem.) 20 Julii 1718.
Theol. Doct. (Molsheim).
Philosophiæ Studiosus in Collegio Molshemiano, 1665-1668.
Litterarum humaniorum Professor in Collegio Molshemiano, 1668-1672.
Rhetoricæ Professor in Collegio Bambergensi, 1672-1673.
Theologiæ Studiosus, Molshemii, 1673-1677.
Rhetoricæ Professor in Collegio Molshemiano, 1677-1678.
Logicæ Professor in Academia Molshemiana, 1678-1679.
Loco
Physicæ Professor in Academia Molshemiana, 1679-1680.
Loco
(?) Metaphysicæ Professor in Academia Molshemiana, 1680-1681.
Loco
Philosophiæ Professor in Collegio Würzburgensi, 1681-1684.

Theologiæ moralis Professor in Seminario episcopali, 1684-1686.
Concionator, Argentorati, 1686-1688.
Theologiæ scholasticæ Professor in Academia Molshemiana, 1688-1694.
> *Loco* J. Sturath.

Cancellarius Academiæ Molshemianæ, 1692-1694.
Rector Academiæ Molshemianæ, 3 Julii 1694-7 Decemb. 1698.
> *Loco* P. Willemann.

Superior Collegii Heidelbergensis.
Superior Collegii Bockenheimensis, 1699.
Rector Collegii Selestadiensis.
Minister in Collegio Molshemiano.

WILLESME, Johannes Ludovicus (*S. J.*), Sedan.

Natus 20 Januar. 1705.
Denatus (in Monasterio Sancti Spiritus, Stephansfeld.), 12 Octob. 1770.
Theol. Doct.
Rector Collegii Sedanensis, 1756-1759.
Rector Collegii Lingonensis, 1759-1761.
Rector Universitatis episcopalis, 2 Junii 1764-1765.
> *Loco* L. Raussin.

In Collegio Mussipontano, 1765-1766.
Argentorati, 1767-1768.

WILLM, Joseph, de Heiligenstein (Bas-Rhin).

Né 10 Octobre 1792.
Décédé 7 Février 1853.
Docteur en théologie (*Coll.*), 11 Juillet 1832.
Professeur de rhétorique au Gymnase protestant, 1 Novemb. 1821.
Professeur agrégé de philosophie au Séminaire protestant, 21 Novembre 1826.
Professeur de philosophie au Séminaire protestant, 28 Novemb. (11 Juillet) 1832 au 7 Février 1853.
Chargé du cours de morale évangélique à la Faculté de théologie, 8 Février 1833-20 Octob. 1834.
Inspecteur de l'Académie, 20 Octobre 1834 au 7 Février 1853.

<small>Portrait lithographié par Schuster, 1843.
Portrait lithographié par Schwalb, 1850.</small>

WILLM, Jules-Edmond, de Strasbourg.

Né 2 Décemb. 1833.

Docteur ès sciences physiques (Paris), 8 Mai 1865.
Professeur suppléant de chimie à la Faculté des sciences, 31 Janvier 1867.
> *Loco* J. P. Liès-Bodard, en congé.

Chef des travaux chimiques à la Faculté de médecine de Paris, 1 Novemb. 1867.
Professeur de chimie générale et appliquée à la Faculté des sciences de Lille.

Wilwisheim, Johannes, Hagenoëns.
    Natus 1 Septemb. 1529.
    Denatus Novemb. 1593.
    Græcæ linguæ Professor, circa 1560.

Winter, Antonius (S. J.), Bamberg.
    Natus 26 Maii 1712.
    Denatus (? Bamberg.) post 1792.
    Rhetoricæ Professor in Collegio Fuldensi.
    Philosophiæ Professor in Collegio Aschaffenburgensi, 1745-1747.
    Theologiæ moralis, Juris canonici & Linguæ hebrææ Professor in Schola Molshemiana, 1752-1753.
                                 Loco P. Harrings.
    Minister in Schola Molshemiana, 1752-1753.
    Concionator in Schola Molshemiana, 1753-1754.
    Concionator, Würzburgi, 1765-1770.

Witter, Johannes Jacobus. (B. U.)
    Natus 6 Junii 1694.
    Denatus 16 Septemb. 1747.
    Phil. Doct., 9 April. 1711.
    Quintæ curiæ Præceptor in Gymnasio.
    Logices & Metaphysices Professor, 9 Novemb. 1726.
                                Loco J. P. Bartenstein.

    Philos. rational. ac primar. Prof., 1744.

Wolckenstein, David, Breslauens.
    Natus 10 Novemb. 1534.
    Denatus 12 Septemb. 1592.
    Mathematum Professor, 1586.

Wolff, Adamus (S. J.), Ober-Ursel-Nassov.
    Natus 4 Novemb. 1721.
    Denatus
    Litterarum humaniorum Professor in Collegio Bambergensi, 1747-1750.
    Poëseos Professor in Collegio Bambergensi, 1750-1751.
    Rhetoricæ Professor in Collegio Bambergensi, 1751-1752.
    Præfectus Philosophorum in Seminario Carolino Heidelbergensi, 1752-1754.
    Missionarius in Dreisen, 1757.
    Theologiæ moralis Professor in Collegio Heidelbergensi, 1759-1762.
    Theologiæ scholasticæ Professor in Schola Molshemiana, 1763-1765.
                                Loco M. Raeder.
    Minister Scholæ Wormatiensis, 1766.
    Regens Seminarii Pontificii Fuldensis, 1765-1771.

Wolff, Ignatius (S. J.), Ober-Ursel-Nassov.
    Natus 25 Martii 1668.
    Denatus (Molshem.) 25 Julii 1737.

Logicæ Professor in Academia Molshemiana, 1699-1700.
Loco C. Blesinger.
Physicæ Professor in Academia Molshemiana, 1700-1701.
Loco C. Blesinger.
Polemicæ Professor in Schola Molshemiana, 1720-1721.
Loco J. Bilonius.
Præfectus Spiritus Scholæ Molshemianæ, 1734-1737.

WOLFF, Ignatius (S. J.), Badens.
Natus 18 Julii 1718.
Denatus post 1771.
Missionarius in Buhlach, 1748.
Logicæ Professor in Schola Molshemiana, 1749-1750.
Loco J. Ledergerw.
Physicæ, Ethicæ & Metaphysicæ Professor in Schola Molshemiana, 1750-1751.
Loco C. Hoeffel.
Minister in Collegio Selestadiensi, 1752.
Procurator in Collegio Selestadiensi, 1754.
Rector Collegii Selestadiensis, Novemb. 1759.
Procurator in Collegio Selestadiensi, 1760-1761.
Professor in Collegio Selestadiensi, 1761-1763.
Procurator in Collegio Selestadiensi, 1763-1765.
Procurator in Collegio Badensi, 1767-1771.

WOLFF, Petrus (S. J.), Molsheim.
Natus 8 Julii 1709.
Denatus
Theol. Doct.
Logicæ Professor in Schola Molshemiana, 1742-1743.
Loco F. Chomas.
Physicæ Professor in Schola Molshemiana, 1743-1744.
Loco F. Chomas.
Polemicæ Professor in Schola Molshemiana, 1744-1746.
Loco I. Morlock.
Director Seminarii Molshemiani, 1746-1749.
Rector Collegii Hagenoënsis, 5 Novemb. 1749-Januar. 1753.
Rector Scholæ Molshemianæ, 16 Januar. 1753-14 Decemb. 1756.
Loco I. Flory.
Rector Collegii Selestadiensis, 16 Decemb. 1756-Novemb. 1759.
Rector Scholæ Molshemianæ, 13 Decemb. 1759-1765.
Loco M. Gertner.
In Alsatia, 1765-1771.

WOLFHARD (LYCOSTHENES), Bonifacius, Buchen.-Diœc. Würzburg.
Natus
Denatus
Hebrææ linguæ Professor, 1528-1531.
Loco G. Caselius.

WUCHER, Joseph, de Mutzig.
Né 2 Février 1795.
Décédé (Dinsheim) 16 Décemb. 1847.

Directeur de l'École latine secondaire de Mutzig, Juillet 1816-1820.
Vicaire à Mutzig, 1 Avril 1817 - Novemb. 1820.
Curé de Lützelhausen, 1 Novemb. 1820-24 Octob. 1828.
Directeur de la Sorbonne à Molsheim, Octob. 1828-1829.
Curé de Dinsheim, Janvier 1830-1847.

Wüst, Sebastianus (S. J.), Episcopius (Bischofsheim ad Rhenum).
Natus 20 Januar. 1641.
Denatus (Fuldæ) 14 Decemb. 1714.
Logicæ Professor in Academia Molshemiana, 1674-1675.
Loco L. Maas.
Physicæ Professor in Academia Molshemiana, 1675-1677.
Loco L. Maas.
Procurator in Collegio Selestadiensi, 1678-1680.
Superior in Residentia Rubeacensi, 1680-1687.
Scripturæ Sacræ Professor in Academia Molshemiana, 1687-1692.
Scripturæ Sacræ Professor in Academia Bambergensi, 1693-1696.
Theologiæ positivæ Professor in Academia Molshemiana, 1696-1700.
Præfectus Spiritus in Academia Molshemiana, 1700-1701.
Præfectus Spiritus in Schola Molshemiana, 1701-1702.
Theologiæ moralis Professor in Schola Molshemiana, 1702-1704.
Scripturæ Sacræ Professor in Collegio Moguntino, 1704-1705.
Præfectus Spiritus in Collegio Fuldensi, 1708-1714.

Wurmser, Wolffgangus Sigismundus.
Natus
Denatus 8 Februar. 1574.
Prætor, 1554.
Universitatis Cancellarius, 1570.

Wurmser a Vendenheim, Fridericus Ludovicus Reinhardus.
Natus 1 Julii 1735.
Denatus 23 Novemb. 1826.
Prætor, 19 April. 1786.
Universitatis Pro-Cancellarius, 28 April. 1787.
Universitatis Cancellarius, 17 Novemb. 1787.

Wurmser a Vendenheim, Johannes Jacobus.
Natus 1657.
Denatus 9 Februar. 1717.
Prætor, 2 Januar. 1687.
Universitatis Cancellarius, 26 Septemb. 1707.

Wurmser a Vendenheim, Johannes Ludovicus, Argentin.
Natus 1 Maii 1684.
Denatus 17 Decemb. 1746.
Prætor, 2 Januar. 1721.
Universitatis Cancellarius, 15 Maii 1730.

ZANCHIUS, Hieronymus, Alzano-Bergam.
    Natus 2 Februar. 1516.
    Denatus (Heidelberg) 19 Novemb. 1590.
    Theol. Doct.
    Physices Professor.
    Theologiæ Professor, 25 Februar. 1553.
                        Abiit Clavennam 1563.
    Theologiæ Professor in Universitate Heiligenstadiensi, 1568.
    Rector Scholæ Neustadiensis, 1576.
        Portrait par Desrochers. Paris.
        Portrait par Hond.

ZEDLITZ, Johannes Georgius a, de Hartmannsdorff-Siles. (B. U.)
    Natus 19 Decemb. 1632.
    Denatus 18 April. 1686.
    Prætor, 2 Januar. 1679.
    Universitatis Cancellarius, 3 Februar. 1677.

ZELLER, Jules-Sylvain, de Paris.
    Né 23 Avril 1819.

    Docteur ès lettres (Paris), 30 Octob. 1849.
    Maître de conférences d'histoire à l'École normale supérieure.
    Professeur d'histoire à l'École polytechnique.
    Recteur de l'Académie, 20 Août 1870.
                      Loco P. A. Chéruel.
    Recteur honoraire, 1 Mars 1871.
    Inspecteur général de l'enseignement primaire supérieur, 1876.
    Membre de l'Académie des sciences morales et politiques (section d'histoire générale et philosophique), 30 Mai 1874.
    Inspecteur général honoraire.

ZENTGRAFF, Johannes Joachim, Argent. (B. U.)
    Natus 21 Mart. 1643.
    Denatus 28 Novemb. 1707.
    Theol. Doct., 5 Decemb. 1686. (2 Maii 1677.)
    Philosophiæ practicæ Professor, 11 August. 1676.
                      Loco J. Schaller.
    Theologiæ Professor, 4 August. 1695.
    Theol. Doct. & Prof. et Convent. eccles. Præses 7 Decemb. 1705.

    Theol. Doct. ejusdemque Prof. publ. & Ecclesiastes, 1696.
        Portrait par J. A. Seupel.
        Portrait non signé.

ZIMBERLIN, Antoine-Georges, de Ferrette (Haut-Rhin).
    Né 19 Octob. 1799.
    Décédé (Saint-Morand, près d'Altkirch), 21 Juin 1882.
    Vicaire de Sainte-Madeleine à Sainte-Marie-aux-Mines, 1 Novemb. 1824-Octob. 1825.
    Curé à Chavannes-sur-l'Étang, Octob. 1825-Décemb. 1827.
    Curé à Wahlheim, 10 Décemb. 1827-Mars 1829.
    Curé à Traubach-Haut, 10 Mars 1829-Mars 1834.
    Curé à Eschentzwiller, 3 Mars 1834-Octob. 1835.

Directeur en second et Bibliothécaire au Grand Séminaire catholique, 22 Octob. (28 Août) 1835 - Février 1837.
Loco J. Achon.
Curé à Murbach, 2 Février à Juin 1837.
Curé à Rûlisheim, 22 Juin 1837 - Novemb. 1841.
Aumônier de la Maison centrale à Ensisheim, 13 Novemb. 1841 - Mai 1847.
Curé à Orschwihr, 1 Juin 1847 - Février 1860.
Curé à Biederthal, 19 Février 1860 - Octob. 1873.
Démissionnaire, 30 Septemb. 1873.

ZINCK, François-Joseph, de Dommartin-le-Saint-Pètre (Haute-Marne).
Né
Décédé
Docteur en médecine (Paris), 20 Mai 1805.

Chirurgien-major, 11 Avril 1809.
Chirurgien-major breveté, 27 Octob. 1824.
Chirurgien principal, 5 Août 1831.
Professeur à l'Hôpital militaire d'instruction, 1832 - 1833.
Chirurgien principal breveté, 17 Décemb. 1832.
Plus en 1833.

ZIRCK, Michael (*S. J.*), Mellrichstad., Diœc. Würzb.
Natus 11 April. 1721.
Denatus (Bamberg.) 4 Septemb. 1770.
Professor in Collegio Moguntino, 1748.
Logicæ Professor in Schola Molshemiana, 1755 - 1756.
Loco S. Schirber.
Physicæ, Ethicæ & Metaphysicæ Professor in Schola Molshemiana, 1756 - 1757.
Loco S. Schirber.
Minister in Collegio Ettlingensi, 1757.
Concionator in Collegio Bambergensi, 1759 - 1768.

ZŒPFEL, Franciscus Mathias (*S. J.*), Dambach - Alsat.
Natus 29 Maii 1727.
Denatus (Dambach) 1803.
Theol. Doct.
Logicæ Professor in Universitate episcopali, 1759 - 1760.
Loco P. Tassin.
Physicæ Professor in Universitate episcopali, 1760 - 1761.
Loco P. J. Nickel.
Physicæ Professor in Universitate episcopali, 1762 - 1764.
Loco J. B. Durosoy.
Controversiæ Professor in Universitate episcopali, 1764 - 1765.
Loco D. Kuhn.
Subregens Collegii Regii, 1765.
Parochus in Dambach.
Curé de Dambach.

ZORN a PLOBSHEIM, Adam, Plobsheimens. - Alsat.
    Natus 1559.
    Denatus 3 Februar. 1623.
    Prætor, 1612.
    Universitatis Cancellarius, 2 Novemb. 1618 - Februar. 1623.

UNIVERSITÉ DE STRASBOURG

FACULTAS PHILOSOPHICA

Thèses in-quarto.

DATE.	LIEU DE NAISSANCE.			MAGISTER.		TOTAL.	RÉIMPRESSION.
	Alsace.	Autre.	Inconnu.	Præses.	Auctor.		
1567	»	»	»	»	»	»	»
1568	»	»	»	»	»	»	»
1569	»	»	»	»	»	»	»
1570	»	»	»	»	»	»	»
1571	»	»	»	»	»	»	»
1572	»	»	»	»	»	»	»
1573	»	»	»	»	»	»	»
1574	1	»	1	2	»	2	»
1575	»	»	»	»	»	»	»
1576	»	»	1	1	»	1	»
1577	»	»	»	»	»	»	»
1578	»	»	»	»	»	»	»
1579	»	»	»	»	»	»	»
1580	»	»	»	»	»	»	»
1581	»	»	»	»	»	»	»
1582	»	»	1	1	»	1	»
1583	»	»	»	»	»	»	»
1584	»	»	»	»	»	»	»
1585	»	»	»	»	»	»	»
1586	»	»	»	»	»	»	»
1587	»	»	»	»	»	»	»
1588	»	»	»	»	»	»	»
1589	»	»	»	»	»	»	»
1590	»	»	»	»	»	»	»
1591	»	»	»	»	»	»	»
1592	»	»	2	2	»	2	»
1593	»	1	1	2	»	2	»
1594	1	2	6	9	»	9	»
1595	»	»	8	8	»	8	»
1596	»	»	9	9	»	9	»
1597	2	11	»	13	»	13	»
1598	1	6	»	7	»	7	»
	5	20	29	54	»	54	»

Thèses du seizième au dix-huitième siècle.

DATE.	LIEU DE NAISSANCE.			MAGISTER.		TOTAL.	RÉIMPRESSION.
	Alsace.	Autre.	Inconnu.	Præses.	Auctor.		
	5	20	29	54	»	54	»
1599	»	»	»	»	»	»	»
1600	»	»	»	»	»	»	»
1601	»	»	»	»	»	»	»
1602	»	1	»	1	»	1	»
1603	»	»	»	»	»	»	»
1604	»	»	»	»	»	»	»
1605	»	»	»	»	»	»	»
1606	»	»	»	»	»	»	»
1607	»	»	»	»	»	»	»
1608	»	»	»	»	»	»	»
1609	»	»	»	»	»	»	»
1610	»	»	»	»	»	»	»
1611	»	»	»	»	»	»	»
1612	»	»	»	»	»	»	»
1613	»	»	»	»	»	»	»
1614	1	2	1	4	»	4	»
1615	3	2	»	5	»	5	»
1616	1	3	2	5	1	6	»
1617	5	3	»	8	»	8	»
1618	1	1	»	2	»	2	»
1619	2	2	3	7	»	7	»
1620	»	»	14	14	»	14	»
1621	»	1	6	7	»	7	»
1622	»	1	5	6	»	6	»
1623	2	1	19	22	»	22	»
1624	1	»	8	9	»	9	»
1625	»	4	6	10	»	10	»
1626	1	1	11	13	»	13	»
1627	»	4	11	14	1	15	»
1628	1	5	17	23	»	23	»
1629	»	»	18	18	»	18	»
1630	»	»	7	7	»	7	»
1631	6	8	14	28	»	28	»
1632	2	1	5	8	»	8	»
1633	»	1	14	15	»	15	1
1634	2	2	9	13	»	13	»
1635	»	»	1	1	»	1	»
1636	2	»	»	2	»	2	»
1637	»	2	»	2	»	2	»
1638	1	»	»	1	»	1	»
1639	1	»	»	1	»	1	»
1640	2	»	»	2	»	2	»
1641	»	1	»	1	»	1	»
	39	66	200	303	2	305	1

Facultas philosophica.

DATE.	LIEU DE NAISSANCE.			MAGISTER		TOTAL.	RÉIMPRESSION.
	Alsace.	Autre.	Inconnu.	Præses.	Auctor.		
	30	66	200	303	2	305	1
1642	1	1	3	5	»	5	1
1643	4	4	1	9	»	9	3
1644	1	2	»	3	»	3	»
1645	2	»	2	4	»	4	1
1646	3	2	1	6	»	6	»
1647	4	2	5	11	»	11	2
1648	4	5	2	11	»	11	2
1649	5	6	1	12	»	12	»
1650	4	»	»	4	»	4	»
1651	7	2	2	11	»	11	»
1652	2	3	3	8	»	8	»
1653	1	»	3	4	»	4	»
1654	2	1	»	3	»	3	»
1655	2	2	1	4	1	5	»
1656	»	1	»	1	»	1	»
1657	3	2	2	6	1	7	2
1658	3	3	»	6	»	6	3
1659	3	»	»	3	»	3	»
1660	4	3	»	7	»	7	1
1661	8	3	1	11	1	12	1
1662	3	1	»	3	1	4	1
1663	7	1	4	12	»	12	2
1664	12	5	3	16	4	20	3
1665	2	1	1	4	»	4	1
1666	1	1	1	2	1	3	1
1667	1	3	1	5	»	5	2
1668	4	1	»	4	1	5	1
1669	4	4	3	10	1	11	1
1670	3	2	4	6	3	9	»
1671	3	1	»	3	1	4	»
1672	1	3	»	2	2	4	1
1673	3	»	1	3	1	4	3
1674	3	2	»	4	1	5	4
1675	2	3	»	3	2	5	4
1676	6	1	3	8	2	10	6
1677	9	1	»	6	4	10	5
1678	6	»	»	5	1	6	2
1679	5	»	1	5	1	6	2
1680	2	3	»	5	»	5	»
1681	2	»	»	1	1	2	»
1682	3	2	»	4	1	5	1
1683	4	1	»	3	2	5	»
1684	2	2	»	3	1	4	»
	190	146	249	549	36	585	57

Thèses du seizième au dix-huitième siècle.

DATE.	LIEU DE NAISSANCE.			MAGISTER.		TOTAL.	RÉIMPRESSION.
	Alsace.	Autre.	Inconnu.	Præses.	Auctor.		
	190	146	249	549	36	585	57
1685	5	2	1	8	»	8	»
1686	3	2	1	5	1	6	»
1687	6	1	»	7	»	7	»
1688	6	2	»	8	»	8	3
1689	4	2	»	6	»	6	»
1690	10	4	»	13	1	14	»
1691	8	1	»	9	»	9	»
1692	8	3	1	12	»	12	»
1693	7	1	1	9	»	9	»
1694	7	1	»	8	»	8	»
1695	8	2	1	10	1	11	1
1696	8	1	»	8	1	9	»
1697	9	»	2	10	1	11	»
1698	10	2	2	12	2	14	»
1699	11	9	1	17	4	21	»
1700	10	3	1	13	1	14	»
1701	13	5	»	16	2	18	»
1702	4	1	1	4	2	6	»
1703	12	»	»	12	»	12	»
1704	14	»	1	13	2	15	»
1705	10	2	1	5	8	13	»
1706	9	»	»	7	2	9	»
1707	15	»	1	13	3	16	»
1708	8	»	»	6	2	8	»
1709	11	»	2	10	3	13	»
1710	11	1	1	11	2	13	»
1711	7	»	»	6	1	7	»
1712	8	»	»	6	2	8	»
1713	2	1	»	2	1	3	»
1714	7	1	2	8	2	10	1
1715	2	1	1	3	1	4	»
1716	13	»	»	11	2	13	1
1717	3	»	»	3	»	3	»
1718	4	2	»	5	1	6	»
1719	9	1	1	10	1	11	»
1720	1	3	»	3	1	4	»
1721	2	3	2	6	1	7	»
1722	1	»	»	1	»	1	2
1723	4	1	»	4	1	5	3
1724	2	»	»	2	»	2	3
1725	4	»	»	4	»	4	4
1726	1	»	»	»	1	1	1
1727	1	»	»	1	»	1	»
	488	204	273	876	89	965	76

Facultas philosophica.

DATE.	LIEU DE NAISSANCE.			MAGISTER.		TOTAL.	RÉIMPRESSION.
	Alsace.	Autre.	Inconnu.	Præses.	Auctor.		
	483	204	273	876	89	965	76
1728	1	»	»	1	»	1	»
1729	5	1	»	5	1	6	1
1730	4	»	»	4	»	4	1
1731	7	1	1	7	2	9	3
1732	2	»	»	2	»	2	»
1733	»	1	1	2	»	2	»
1734	7	»	»	6	1	7	»
1735	2	»	»	2	»	2	1
1736	8	»	»	5	3	8	»
1737	8	»	»	7	1	8	»
1738	»	»	»	»	»	»	»
1739	»	»	»	»	»	»	»
1740	3	»	»	1	2	3	»
1741	8	1	»	8	1	9	»
1742	»	»	»	»	»	»	»
1743	4	»	»	1	3	4	»
1744	2	»	»	»	2	2	»
1745	4	»	»	3	1	4	»
1746	»	»	»	»	»	»	»
1747	6	»	»	5	1	6	»
1748	9	»	»	4	5	9	»
1749	1	»	»	1	»	1	»
1750	6	»	»	3	3	6	»
1751	6	»	1	7	»	7	»
1752	»	»	1	1	»	1	»
1753	5	»	»	1	4	5	»
1754	4	»	»	3	1	4	»
1755	»	»	»	»	»	»	»
1756	»	»	»	»	»	»	»
1757	10	»	»	2	8	10	»
1758	1	»	2	3	»	3	»
1759	»	»	»	»	»	»	»
1760	1	»	»	1	»	1	»
1761	3	»	»	1	2	3	»
1762	4	»	»	2	2	4	»
1763	3	»	»	3	»	3	»
1764	»	»	»	»	»	»	»
1765	2	»	»	»	2	2	»
1766	7	»	»	5	2	7	»
1767	5	»	»	5	»	5	»
1768	»	»	1	1	»	1	»
1769	5	»	»	1	4	5	»
1770	10	»	»	8	2	10	3
	644	208	280	987	142	1129	85

DATE.	LIEU DE NAISSANCE.			MAGISTER.		TOTAL.	RÉIMPRESSION.
	Alsace.	Autre.	Inconnu.	Præses.	Auctor.		
	641	208	280	987	142	1129	85
1771	1	»	»	»	1	1	»
1772	2	»	»	2	»	2	»
1773	14	»	»	13	1	14	1
1774	1	1	»	1	1	2	1
1775	6	»	»	6	»	6	1
1776	»	»	»	»	»	»	»
1777	9	»	1	10	»	10	1
1778	»	»	»	»	»	»	»
1779	»	»	»	»	»	»	»
1780	»	»	»	»	»	»	»
1781	»	»	2	2	»	2	»
1782	7	»	3	9	1	10	1
1783	»	»	»	»	»	»	»
1784	»	»	»	»	»	»	»
1785	2	»	1	2	1	3	2
1786	7	»	»	4	3	7	»
1787	1	»	»	1	»	1	»
1788	»	»	»	»	»	»	»
1789	4	»	1	4	1	5	2
1790	»	»	»	»	»	»	»
1791	»	»	»	»	»	»	»
1792	»	»	»	»	»	»	»
Dates inconnues.	»	»	50	50	»	50	»
	695	209	338	1091	151	1242	94

UNIVERSITÉ DE STRASBOURG

FACULTÉ DE THÉOLOGIE

Thèses in-quarto.

DATE.	LIEU DE NAISSANCE.			MAGISTER.		LICENCE.	DOCTORAT.	TOTAL.	RÉIMPRESSION.
	Alsace.	Auro.	Inconnu.	Præses.	Auctor.				
1567	»	»	»	»	»	»	»	»	»
1568	»	»	»	»	»	»	»	»	»
1569	»	»	»	»	»	»	»	»	»
1570	»	»	»	»	»	»	»	»	»
1571	»	»	»	»	»	»	»	»	»
1572	»	»	»	»	»	»	»	»	»
1573	»	»	»	»	»	»	»	»	»
1574	»	»	»	»	»	»	»	»	»
1575	»	»	»	»	»	»	»	»	»
1576	»	»	»	»	»	»	»	»	»
1577	»	»	»	»	»	»	»	»	»
1578	»	»	»	»	»	»	»	»	»
1579	»	»	»	»	»	»	»	»	»
1580	»	»	»	»	»	»	»	»	»
1581	»	»	»	»	»	»	»	»	»
1582	»	»	»	»	»	»	»	»	»
1583	»	»	»	»	»	»	»	»	»
1584	»	»	»	»	»	»	»	»	»
1585	»	»	»	»	»	»	»	»	»
1586	»	»	»	»	»	»	»	»	»
1587	»	»	»	»	»	»	»	»	»
1588	»	»	»	»	»	»	»	»	»
1589	»	»	»	»	»	»	»	»	»
1590	»	»	»	»	»	»	»	»	»
1591	»	»	»	»	»	»	»	»	»
1592	»	»	»	»	»	»	»	»	»
1593	»	»	»	»	»	»	»	»	»
1594	»	»	»	»	»	»	»	»	»
1595	»	»	»	»	»	»	»	»	»
1596	»	»	»	»	»	»	»	»	»
1597	»	»	»	»	»	»	»	»	»
1598	»	»	»	»	»	»	»	»	»
	»	»	»	»	»	»	»	»	»

Thèses du seizième au dix-huitième siècle.

DATE.	LIEU DE NAISSANCE.			MAGISTER.		LICENCE.	DOCTORAT.	TOTAL.	RÉIMPRESSION.
	Alsace.	Autre.	Inconnu.	Præses.	Auctor.				
1599	»	»	»	»	»	»	»	»	»
1600	»	»	»	»	»	»	»	»	»
1601	»	»	»	»	»	»	»	»	»
1602	»	»	»	»	»	»	»	»	»
1603	»	»	»	»	»	»	»	»	»
1604	»	»	»	»	»	»	»	»	»
1605	»	1	»	1	»	»	»	1	»
1606	»	»	»	»	»	»	»	»	»
1607	»	»	»	»	»	»	»	»	»
1608	»	»	»	»	»	»	»	»	»
1609	»	1	»	1	»	»	»	1	»
1610	»	»	»	»	»	»	»	»	»
1611	»	»	»	»	»	»	»	»	»
1612	»	»	»	»	»	»	»	»	»
1613	»	»	»	»	»	»	»	»	»
1614	»	1	»	1	»	»	»	1	»
1615	»	»	»	»	»	»	»	»	»
1616	1	1	»	2	»	»	»	2	»
1617	8	»	»	8	»	»	»	8	4
1618	»	»	»	»	»	»	»	»	»
1619	»	»	»	»	»	»	»	»	»
1620	»	1	»	1	»	»	»	1	»
1621	1	»	»	1	»	»	»	1	»
1622	1	1	»	2	»	»	»	2	»
1623	3	2	»	3	»	»	2	5	»
1624	2	1	»	3	»	»	»	3	1
1625	1	4	»	4	1	»	»	5	5
1626	1	1	»	2	»	»	»	2	»
1627	1	3	»	3	»	»	1	4	»
1628	1	2	»	3	»	»	»	3	»
1629	»	2	1	3	»	»	»	3	4
1630	1	4	»	5	»	»	»	5	4
1631	2	3	»	5	»	»	»	5	3
1632	2	2	»	3	»	1	»	4	6
1633	11	13	19	41	»	»	2	43	41
1634	2	6	»	8	»	»	»	8	7
1635	4	12	»	16	»	»	»	16	25
1636	3	6	»	9	»	»	»	9	18
1637	3	3	3	9	»	»	»	9	8
1638	6	15	»	20	»	»	1	21	53
1639	2	»	»	2	»	»	»	2	2
1640	1	2	»	3	»	»	»	3	6
1641	1	»	»	1	»	»	»	1	2
	58	87	23	160	1	1	6	168	189

Faculté de Théologie.

DATE.	LIEU DE NAISSANCE.			MAGISTER.		LICENCE.	DOCTORAT.	TOTAL.	RÉIMPRESSION.
	Alsace.	Autre.	Inconnu.	Præses.	Auctor.				
	58	87	23	160	1	1	6	168	189
1642	1	2	»	3	»	»	»	3	6
1643	6	9	»	14	»	»	1	15	12
1644	2	»	»	2	»	»	»	2	1
1645	»	2	1	3	»	»	»	3	2
1646	»	4	1	5	»	»	»	5	6
1647	2	2	»	4	»	»	»	4	4
1648	1	3	»	4	»	»	»	4	3
1649	1	2	»	2	»	1	»	3	»
1650	3	11	2	16	»	»	»	16	14
1651	»	4	1	4	»	1	»	5	4
1652	3	5	»	6	»	1	1	8	»
1653	3	2	»	3	»	2	»	5	4
1654	2	2	»	3	»	»	1	4	1
1655	2	8	1	11	»	»	»	11	13
1656	1	5	»	6	»	»	»	6	1
1657	3	6	9	17	»	1	»	18	9
1658	2	3	1	5	»	»	1	6	3
1659	2	15	»	16	»	»	1	17	22
1660	1	3	»	4	»	»	»	4	9
1661	9	8	»	15	»	1	1	17	17
1662	4	4	»	8	»	»	»	8	7
1663	7	10	9	25	»	1	»	26	4
1664	6	7	12	22	»	»	3	25	21
1665	24	14	»	38	»	»	»	38	38
1666	2	12	1	14	»	1	»	15	4
1667	2	4	1	6	1	»	»	7	»
1668	»	13	12	25	»	»	»	25	14
1669	1	8	17	26	»	»	»	26	20
1670	5	6	5	11	4	1	»	16	8
1671	2	11	18	31	»	»	»	31	20
1672	3	9	»	9	3	»	»	12	2
1673	9	15	»	21	2	»	1	24	22
1674	2	5	»	6	1	»	»	7	1
1675	2	3	»	5	»	»	»	5	»
1676	3	3	12	18	»	»	»	18	13
1677	2	3	23	26	1	»	1	28	24
1678	3	2	»	5	»	»	»	5	1
1679	2	3	»	3	2	»	»	5	»
1680	1	4	»	5	»	»	»	5	»
1681	2	2	»	4	»	»	»	4	3
1682	2	4	1	5	2	»	»	7	»
1683	4	2	»	5	1	»	»	6	»
1684	2	7	»	9	»	»	»	9	»
	192	334	150	630	18	11	17	676	522

Thèses du seizième au dix-huitième siècle.

DATE.	LIEU DE NAISSANCE.			MAGISTER.		LICENCE.	DOCTORAT.	TOTAL.	RÉIMPRESSION.
	Alsace.	Autre.	Inconnu.	Præses.	Auctor.				
	192	334	150	630	18	11	18	676	522
1685	2	3	»	5	»	»	»	5	1
1686	2	4	»	6	»	»	»	6	3
1687	»	6	1	7	»	»	»	7	6
1688	1	5	»	6	»	»	»	6	1
1689	4	1	»	5	»	»	»	5	1
1690	8	2	»	10	»	»	»	10	1
1691	4	4	»	8	»	»	»	8	3
1692	»	2	»	2	»	»	»	2	2
1693	5	4	»	9	»	»	»	9	2
1694	6	»	»	6	»	»	»	6	»
1695	1	3	»	4	»	»	»	4	»
1696	8	2	»	5	1	3	1	10	2
1697	6	3	1	9	1	»	»	10	1
1698	6	4	»	9	1	»	»	10	»
1699	3	6	2	11	»	»	»	11	1
1700	6	7	»	12	1	»	»	13	1
1701	7	4	»	10	1	»	»	11	3
1702	10	4	1	14	1	»	»	15	6
1703	5	1	»	6	»	»	»	6	3
1704	9	1	»	7	3	»	»	10	5
1705	11	3	»	14	»	»	»	14	6
1706	6	1	»	3	2	1	1	7	»
1707	4	1	»	5	»	»	»	5	»
1708	8	4	»	11	1	»	»	12	»
1709	4	2	»	4	2	»	»	6	»
1710	6	1	3	9	1	»	»	10	1
1711	8	2	»	7	1	»	2	10	1
1712	5	»	»	4	»	1	»	5	1
1713	9	1	1	8	3	»	»	11	2
1714	11	3	1	11	4	»	»	15	2
1715	4	1	13	16	2	»	»	18	»
1716	7	»	2	6	2	»	1	9	»
1717	2	2	»	2	2	»	»	4	»
1718	2	1	»	1	2	»	»	3	»
1719	2	2	»	4	»	»	»	4	»
1720	»	»	»	»	»	»	»	»	»
1721	5	1	»	5	»	»	1	6	»
1722	»	»	»	»	»	»	»	»	»
1723	2	»	1	»	2	»	1	3	»
1724	3	1	»	3	1	»	»	4	»
1725	4	3	»	5	1	1	»	7	»
1726	5	»	»	3	2	»	»	5	»
1727	4	»	»	1	2	»	1	4	»
	397	429	176	903	57	17	25	1002	577

Faculté de Théologie.

DATE.	LIEU DE NAISSANCE.			MAGISTER.		LICENCE.	DOCTORAT.	TOTAL.	RÉIMPRESSION.
	Alsace.	Autre.	Inconnu.	Præses.	Auctor.				
	397	429	176	903	57	17	25	1002	577
1728	1	»	»	»	»	1	»	1	»
1729	1	»	»	1	»	»	»	1	»
1730	»	»	»	»	»	»	»	»	»
1731	»	»	»	»	»	»	»	»	»
1732	1	1	»	2	»	»	»	2	»
1733	3	»	»	1	»	»	2	3	»
1734	4	»	»	3	1	»	»	4	»
1735	7	»	»	7	»	»	»	7	»
1736	1	»	»	1	»	»	»	1	»
1737	2	1	»	2	»	1	»	3	»
1738	4	»	1	4	1	»	»	5	»
1739	1	»	»	1	»	»	»	1	»
1740	1	»	»	1	»	»	»	1	»
1741	7	»	»	5	2	»	»	7	»
1742	6	»	»	2	1	3	»	6	»
1743	6	»	»	»	4	1	1	6	»
1744	2	»	»	»	1	1	»	2	»
1745	6	»	»	4	2	»	»	6	»
1746	7	»	»	4	3	»	»	7	»
1747	15	»	»	11	4	»	»	15	»
1748	4	»	»	4	»	»	»	4	»
1749	2	»	»	1	1	»	»	2	»
1750	»	»	»	»	»	»	»	»	»
1751	10	»	»	6	3	»	1	10	»
1752	4	»	»	3	1	»	»	4	»
1753	2	»	»	1	»	1	»	2	»
1754	»	»	1	1	»	»	»	1	»
1755	1	»	»	1	»	»	»	1	»
1756	2	1	»	1	2	»	»	3	»
1757	5	1	»	2	2	1	1	6	»
1758	»	»	»	»	»	»	»	»	»
1759	2	»	»	2	»	»	»	2	»
1760	4	»	»	3	1	»	»	4	»
1761	3	»	»	»	2	1	»	3	»
1762	3	»	»	1	2	»	»	3	»
1763	10	»	1	6	3	2	»	11	»
1764	2	»	»	»	1	1	»	2	»
1765	2	»	»	1	1	»	»	2	»
1766	5	»	»	2	1	2	»	5	»
1767	4	»	»	2	1	1	»	4	2
1768	4	»	»	3	1	»	»	4	»
1769	3	»	»	2	»	1	»	3	»
1770	»	»	»	»	»	»	»	»	»
	544	433	179	994	98	34	30	1156	579

Thèses du seizième au dix-huitième siècle.

DATE.	LIEU DE NAISSANCE.			MAGISTER.		LICENCE.	DOCTORAT.	TOTAL.	RÉIMPRESSION.
	Alsace.	Autre.	Inconnu.	Præses.	Auctor.				
	544	433	179	994	98	34	30	1156	579
1771	8	»	»	4	2	1	1	8	»
1772	3	»	»	3	»	»	»	3	»
1773	1	»	»	»	1	»	»	1	»
1774	5	»	»	2	1	2	»	5	»
1775	6	»	»	5	1	»	»	6	»
1776	4	»	»	2	1	1	»	4	»
1777	5	»	»	2	»	3	»	5	»
1778	4	»	»	»	3	1	»	4	»
1779	5	»	»	3	»	2	»	5	»
1780	3	»	»	3	»	»	»	3	»
1781	4	»	»	3	1	»	»	4	»
1782	3	»	»	3	»	»	»	3	»
1783	7	»	»	5	»	2	»	7	»
1784	3	»	»	1	1	»	1	3	»
1785	2	»	»	1	»	»	1	2	»
1786	8	»	»	5	3	»	»	8	»
1787	3	»	»	3	»	»	»	3	»
1788	2	»	»	1	»	»	1	2	»
1789	»	»	»	»	»	»	»	»	»
1790	2	»	»	2	»	»	»	2	»
1791	»	»	»	»	»	»	»	»	»
1792	»	»	»	»	»	»	»	»	»
	622	433	179	1042	112	46	34	1234	579

UNIVERSITÉ DE STRASBOURG

FACULTÉ DE DROIT

Thèses in-quarto.

DATE.	LIEU DE NAISSANCE.			MAGISTER.		LICENCE.	DOCTORAT.	TOTAL.	RÉIMPRESSION.
	Alsace.	Autre.	Inconnu.	Præses.	Auctor.				
1567	»	»	»	»	»	»	»	»	»
1568	»	»	»	»	»	»	»	»	»
1569	»	»	»	»	»	»	»	»	»
1570	»	»	»	»	»	»	»	»	»
1571	»	»	»	»	»	»	»	»	»
1572	»	»	»	»	»	»	»	»	»
1573	»	»	»	»	»	»	»	»	»
1574	»	»	»	»	»	»	»	»	»
1575	»	»	»	»	»	»	»	»	»
1576	»	1	»	1	»	»	»	1	»
1577	»	»	»	»	»	»	»	»	»
1578	»	»	»	»	»	»	»	»	»
1579	»	»	»	»	»	»	»	»	»
1580	»	1	1	2	»	»	»	2	1
1581	»	»	1	1	»	»	»	1	»
1582	»	»	»	»	»	»	»	»	»
1583	»	4	»	4	»	»	»	4	3
1584	1	2	»	3	»	»	»	3	1
1585	»	1	»	1	»	»	»	1	»
1586	1	3	1	5	»	»	»	5	1
1587	»	1	»	1	»	»	»	1	»
1588	1	3	1	5	»	»	»	5	»
1589	1	3	9	13	»	»	»	13	»
1590	»	5	»	5	»	»	»	5	»
1591	»	4	»	4	»	»	»	4	»
1592	»	5	3	8	»	»	»	8	»
1593	»	3	»	3	»	»	»	3	1
1594	1	2	1	4	»	»	»	4	1
1595	»	7	»	7	»	»	»	7	5
1596	4	20	1	25	»	»	»	25	»
1597	»	15	4	19	»	»	»	19	1
1598	»	»	»	»	»	»	»	»	»
	9	80	22	111	»	»	»	111	14

DATE.	LIEU DE NAISSANCE.			MAGISTER.		LICENCE.	DOCTORAT.	TOTAL.	RÉIMPRESSION.
	Alsace.	Autre.	Inconnu.	Præses.	Auctor.				
	9	80	22	111	»	»	»	111	14
1599	»	»	»	»	»	»	»	»	»
1600	2	3	1	6	»	»	»	6	»
1601	»	»	»	»	»	»	»	»	»
1602	»	»	»	»	»	»	»	»	»
1603	»	1	9	10	»	»	»	10	»
1604	»	4	»	4	»	»	»	4	»
1605	3	7	2	12	»	»	»	12	»
1606	5	2	»	7	»	»	»	7	»
1607	1	5	»	6	»	»	»	6	»
1608	2	3	»	5	»	»	»	5	»
1609	»	5	1	6	»	»	»	6	»
1610	»	»	»	»	»	»	»	»	»
1611	2	3	1	6	»	»	»	6	»
1612	1	3	1	5	»	»	»	5	1
1613	1	7	»	8	»	»	»	8	»
1614	1	3	»	4	»	»	»	4	»
1615	»	2	»	2	»	»	»	2	»
1616	1	2	»	3	»	»	»	3	»
1617	9	15	»	24	»	»	»	24	11
1618	1	4	»	5	»	»	»	5	»
1619	»	5	»	5	»	»	»	5	1
1620	»	3	»	3	»	»	»	3	»
1621	2	4	»	2	»	»	4	6	»
1622	4	6	»	8	»	»	2	10	»
1623	»	8	»	3	»	1	4	8	1
1624	2	7	»	5	»	1	3	9	»
1625	1	7	»	»	»	1	7	8	»
1626	2	6	»	4	»	»	4	8	»
1627	2	5	»	4	1	»	2	7	»
1628	1	17	1	10	3	»	6	19	»
1629	2	9	»	7	»	»	4	11	»
1630	»	7	»	2	»	»	5	7	»
1631	1	6	»	2	»	1	4	7	»
1632	1	6	»	1	»	»	6	7	»
1633	»	3	»	1	»	»	2	3	»
1634	1	»	»	1	»	»	»	1	»
1635	»	9	»	5	»	»	4	9	»
1636	1	1	»	»	»	»	2	2	»
1637	2	4	»	2	»	1	3	6	»
1638	»	2	»	»	»	»	2	2	»
1639	2	2	»	1	»	»	3	4	»
1640	4	2	»	3	»	»	3	6	»
1641	5	1	»	2	»	»	4	6	»
	71	269	38	295	4	5	74	378	28

Faculté de Droit.

DATE.	LIEU DE NAISSANCE.			MAGISTER.		LICENCE.	DOCTORAT.	TOTAL.	RÉIMPRESSION.
	Alsace.	Autre.	Inconnu.	Praeses.	Auctor.				
	71	269	38	295	4	5	74	378	28
1642	1	5	»	2	»	»	4	6	»
1643	3	4	»	3	2	»	2	7	»
1644	1	6	»	1	2	»	4	7	»
1645	1	2	»	1	»	»	2	3	»
1646	»	3	»	1	1	»	1	3	»
1647	4	4	»	4	»	1	3	8	»
1648	2	6	»	2	»	»	6	8	»
1649	1	8	1	1	»	»	9	10	1
1650	2	10	1	7	»	»	6	13	1
1651	2	9	1	4	»	»	8	12	»
1652	1	6	»	»	»	»	7	7	1
1653	3	12	1	4	2	»	10	16	2
1654	1	4	»	2	»	»	3	5	»
1655	2	7	»	2	»	»	7	9	1
1656	1	6	»	2	»	»	5	7	»
1657	3	7	»	3	»	»	7	10	»
1658	»	4	1	2	1	»	2	5	»
1659	5	7	»	6	»	»	6	12	»
1660	5	6	»	2	»	1	8	11	1
1661	4	12	»	2	»	1	13	16	»
1662	2	13	2	8	»	»	9	17	»
1663	1	16	2	4	4	4	7	19	»
1664	3	15	1	5	1	3	10	19	1
1665	4	10	2	2	2	4	8	16	»
1666	4	7	»	2	2	2	5	11	3
1667	6	20	3	3	7	6	13	29	2
1668	2	13	1	4	2	4	6	16	»
1669	7	8	2	2	1	9	5	17	»
1670	3	22	»	3	2	12	8	25	7
1671	2	18	2	2	4	7	9	22	3
1672	2	12	»	3	2	5	4	14	»
1673	2	12	»	1	4	5	4	14	2
1674	4	13	»	2	2	6	7	17	»
1675	6	10	»	1	7	5	3	16	1
1676	4	1	»	1	1	1	2	5	»
1677	3	4	»	1	1	4	1	7	1
1678	3	2	2	1	»	1	5	7	2
1679	3	7	»	3	2	3	2	10	3
1680	4	6	»	2	»	4	4	10	2
1681	1	5	2	»	2	1	5	8	»
1682	3	5	1	1	3	1	4	9	»
1683	3	3	»	2	1	2	1	6	»
1684	3	3	»	»	»	2	4	6	1
	188	622	63	399	62	99	313	873	63

268 *Thèses du seizième au dix-huitième siècle.*

DATE.	LIEU DE NAISSANCE.			MAGISTER.		LICENCE.	DOCTORAT.	TOTAL.	RÉIMPRESSION.
	Alsace.	Aut: e.	Inconnu.	Præses.	Auctor.				
	188	622	63	399	62	99	313	873	63
1685	»	9	3	2	3	4	3	12	2
1686	2	6	»	5	»	1	2	8	1
1687	5	3	»	2	»	2	4	8	1
1688	2	6	»	1	2	2	3	8	1
1689	2	2	»	»	1	1	2	4	1
1690	4	2	1	2	1	1	3	7	1
1691	6	»	»	2	»	»	4	6	1
1692	3	»	1	»	»	»	4	4	1
1693	»	1	2	2	1	»	»	3	2
1694	»	»	2	1	1	»	»	2	1
1695	1	6	»	3	1	1	2	7	1
1696	2	1	»	1	1	»	1	3	»
1697	3	1	»	2	»	1	1	4	2
1698	5	2	»	5	»	»	2	7	»
1699	2	1	»	3	»	»	»	3	1
1700	6	13	1	5	5	2	8	20	»
1701	13	9	»	6	3	4	9	22	2
1702	12	3	»	1	5	6	3	15	2
1703	7	2	»	2	»	3	4	9	2
1704	6	»	»	»	5	»	1	6	»
1705	12	1	2	8	2	1	4	15	»
1706	19	1	2	12	3	4	3	22	»
1707	15	5	2	16	»	3	3	22	2
1708	23	7	4	12	7	1	14	34	»
1709	15	7	3	11	4	4	6	25	3
1710	21	5	1	14	8	1	4	27	1
1711	23	5	1	9	8	10	2	29	»
1712	19	8	»	10	8	7	2	27	»
1713	19	14	»	7	9	15	2	33	2
1714	20	16	»	14	6	13	3	36	1
1715	20	25	2	13	8	20	6	47	»
1716	14	15	2	10	6	12	3	31	2
1717	15	25	»	11	7	17	5	40	»
1718	14	13	1	8	9	3	8	28	1
1719	13	27	»	13	9	13	5	40	»
1720	17	19	2	10	9	15	4	38	»
1721	21	13	1	11	8	14	2	35	»
1722	21	22	»	12	1	27	3	43	1
1723	21	11	2	20	»	9	5	34	1
1724	6	25	2	14	5	14	»	33	»
1725	10	8	1	8	2	9	»	19	»
1726	7	3	»	4	»	6	»	10	»
1727	20	13	»	21	»	12	»	33	»
	654	977	101	712	210	357	453	1732	99

Faculté de Droit.

DATE.	LIEU DE NAISSANCE.			MAGISTER.		LICENCE.	DOCTORAT.	TOTAL.	RÉIMPRESSION.
	Alsace.	Autre	Inconnu.	Præses.	Auctor.				
	654	977	101	712	210	357	453	1732	99
1728	15	13	1	10	2	16	1	29	1
1729	25	15	2	15	4	18	5	42	»
1730	10	22	»	16	2	12	2	32	»
1731	12	16	»	5	2	18	3	28	»
1732	13	19	»	16	3	13	»	32	»
1733	27	16	»	16	5	21	1	43	»
1734	27	8	»	10	4	20	1	35	»
1735	27	9	»	13	1	22	»	36	»
1736	28	9	»	12	1	24	»	37	»
1737	30	13	»	20	2	20	1	43	1
1738	24	15	1	18	4	18	»	40	»
1739	13	6	»	9	»	10	»	19	»
1740	19	10	»	15	»	13	1	29	»
1741	22	9	»	15	1	15	»	31	»
1742	17	7	»	13	2	8	1	24	»
1743	9	4	»	2	»	11	»	13	»
1744	4	3	»	2	2	3	»	7	»
1745	10	4	»	1	1	12	»	14	»
1746	15	5	»	3	7	10	»	20	»
1747	23	9	»	»	6	26	»	32	»
1748	21	3	1	2	7	16	»	25	»
1749	32	9	»	1	8	31	1	41	»
1750	29	10	»	6	6	27	»	39	»
1751	21	7	»	»	6	22	»	28	»
1752	22	2	»	3	1	20	»	24	»
1753	19	6	»	1	4	20	»	25	»
1754	18	2	»	2	3	15	»	20	»
1755	15	3	1	1	»	18	»	19	»
1756	29	10	»	9	4	26	»	39	»
1757	21	10	»	11	3	17	»	31	»
1758	28	7	»	5	4	26	»	35	»
1759	30	7	»	4	5	28	»	37	»
1760	31	13	»	5	7	32	»	44	»
1761	26	13	»	3	3	33	»	39	»
1762	20	16	»	»	4	32	»	36	»
1763	15	18	1	»	4	30	»	34	»
1764	20	13	»	»	4	29	»	33	»
1765	28	13	»	3	6	32	»	41	»
1766	24	10	»	1	»	33	»	34	»
1767	21	14	»	3	3	29	»	35	»
1768	30	16	»	6	»	40	»	46	»
1769	16	7	»	2	2	19	»	23	»
1770	21	13	»	1	2	31	»	34	»
	1561	1411	108	992	345	1273	470	3080	101

Thèses du seizième au dix-huitième siècle.

DATE.	LIEU DE NAISSANCE.			MAGISTER.		LICENCE.	DOCTORAT.	TOTAL.	RÉIMPRESSION.
	Alsace.	Autre.	Inconnu.	Præses.	Auctor.				
	1561	1411	108	992	345	1273	470	3080	101
1771	24	16	»	5	3	32	»	40	»
1772	21	16	»	5	1	31	»	37	»
1773	19	8	»	3	2	21	1	27	»
1774	14	9	»	5	»	17	1	23	»
1775	27	8	»	4	»	31	»	35	»
1776	27	18	1	2	»	43	1	46	»
1777	13	17	»	1	»	29	»	30	»
1778	15	16	»	»	»	30	1	31	»
1779	18	9	»	2	1	24	»	27	»
1780	15	16	»	1	»	29	1	31	»
1781	27	9	1	»	1	36	»	37	»
1782	24	12	»	»	»	35	1	36	»
1783	24	9	1	6	4	24	»	34	»
1784	34	14	»	8	1	39	»	48	»
1785	24	6	»	1	»	29	»	30	»
1786	25	13	»	8	2	28	»	38	»
1787	29	17	»	4	2	40	»	46	»
1788	32	13	»	2	3	39	1	45	»
1789	17	10	»	1	1	25	»	27	»
1790	7	3	1	»	»	11	»	11	»
1791	5	»	»	»	»	4	1	5	»
1792	1	»	»	»	»	1	»	1	»
	2003	1650	112	1050	366	1871	478	3765	101

La Thèse de Doctorat de 1791 est in-8°.
Il y a de plus, à diverses époques, quelques Thèses in-folio.

UNIVERSITÉ DE STRASBOURG

FACULTÉ DE MÉDECINE

Thèses in-quarto.

DATE.	LIEU DE NAISSANCE.			MAGISTER.		LICENCE.	DOCTORAT.	TOTAL.	RÉIMPRESSION.
	Alsace.	Autre.	Inconnu.	Præses.	Auctor.				
1567	»	»	»	»	»	»	»	»	»
1568	»	»	»	»	»	»	»	»	»
1569	»	»	»	»	»	»	»	»	»
1570	»	»	»	»	»	»	»	»	»
1571	»	»	»	»	»	»	»	»	»
1572	»	»	»	»	»	»	»	»	»
1573	»	»	»	»	»	»	»	»	»
1574	»	»	1	1	»	»	»	1	»
1575	»	»	»	»	»	»	»	»	»
1576	»	»	1	1	»	»	»	1	»
1577	»	»	»	»	»	»	»	»	»
1578	»	»	»	»	»	»	»	»	»
1579	»	»	»	»	»	»	»	»	»
1580	»	»	»	»	»	»	»	»	»
1581	»	»	2	2	»	»	»	2	»
1582	»	»	»	»	»	»	»	»	»
1583	»	»	»	»	»	»	»	»	»
1584	»	»	»	»	»	»	»	»	»
1585	»	»	»	»	»	»	»	»	»
1586	»	1	»	1	»	»	»	1	»
1587	»	»	»	»	»	»	»	»	»
1588	»	1	»	1	»	»	»	1	»
1589	1	»	»	1	»	»	»	1	»
1590	1	»	2	3	»	»	»	3	»
1591	»	»	2	2	»	»	»	2	»
1592	»	»	»	»	»	»	»	»	»
1593	2	1	»	3	»	»	»	3	»
1594	2	2	1	5	»	»	»	5	»
1595	1	»	»	1	»	»	»	1	»
1596	»	»	»	»	»	»	»	»	»
1597	»	1	»	1	»	»	»	1	»
1598	»	1	1	2	»	»	»	2	»
	7	7	10	24	»	»	»	24	»

Thèses du seizième au dix-huitième siècle.

DATE.	LIEU DE NAISSANCE.			MAGISTER.		LICENCE.	DOCTORAT.	TOTAL.	RÉIMPRESSION.
	Alsace.	Autre.	Inconnu.	Præses.	Auctor.				
	7	7	10	24	»	»	»	24	»
1599	2	»	»	2	»	»	»	2	»
1600	»	1	»	1	»	»	»	1	»
1601	1	1	»	2	»	»	»	2	»
1602	1	»	»	1	»	»	»	1	»
1603	»	»	2	2	»	»	»	2	»
1604	»	»	»	»	»	»	»	»	»
1605	»	»	»	»	»	»	»	»	»
1606	»	»	1	1	»	»	»	1	»
1607	»	»	»	»	»	»	»	»	»
1608	»	»	1	1	»	»	»	1	»
1609	»	»	»	»	»	»	»	»	»
1610	»	»	»	»	»	»	»	»	»
1611	»	»	»	»	»	»	»	»	»
1612	»	2	»	2	»	»	»	2	»
1613	2	1	»	3	»	»	»	3	»
1614	»	6	»	6	»	»	»	6	»
1615	1	2	»	3	»	»	»	3	»
1616	2	2	»	4	»	»	»	4	»
1617	1	6	1	8	»	»	»	8	»
1618	3	9	1	13	»	»	»	13	»
1619	1	5	13	19	»	»	»	19	»
1620	3	8	13	24	»	»	»	24	»
1621	7	8	»	13	»	»	2	15	»
1622	1	7	»	5	»	»	3	8	»
1623	2	9	17	26	»	»	2	28	»
1624	2	5	10	16	»	»	1	17	»
1625	»	4	9	11	»	»	2	13	»
1626	2	11	5	10	»	»	8	18	»
1627	3	10	6	15	»	»	4	19	»
1628	2	6	1	4	»	»	5	9	»
1629	5	4	5	8	»	»	6	14	»
1630	1	12	1	9	»	»	5	14	»
1631	»	15	3	12	»	»	6	18	»
1632	14	25	»	36	»	»	3	39	»
1633	1	6	1	6	»	»	2	8	»
1634	3	13	2	14	»	»	4	18	»
1635	»	7	»	5	»	»	2	7	»
1636	1	5	2	5	»	»	3	8	»
1637	7	2	»	5	»	»	4	9	»
1638	1	3	»	1	»	»	3	4	»
1639	»	3	1	1	»	»	3	4	»
1640	2	1	»	»	»	»	3	3	»
1641	»	2	»	2	»	»	»	2	»
	78	208	105	320	»	»	71	391	»

Faculté de Médecine.

DATE.	LIEU DE NAISSANCE.			MAGISTER.		LICENCE.	DOCTORAT.	TOTAL.	RÉIMPRESSION.
	Alsace.	Autre.	Inconnu.	Præses.	Auctor.				
	78	208	105	320	»	»	71	391	»
1642	3	5	»	7	»	1	»	8	»
1643	1	2	»	3	»	»	»	3	»
1644	4	4	»	8	»	»	»	8	»
1645	2	6	»	7	»	»	1	8	»
1646	1	5	»	6	»	»	»	6	4
1647	1	6	»	4	»	»	3	7	1
1648	1	6	»	4	»	»	3	7	3
1649	4	10	»	12	»	»	2	14	3
1650	1	8	»	5	»	»	4	9	2
1651	1	13	»	7	»	»	7	14	3
1652	3	6	»	1	»	»	8	9	»
1653	»	3	»	2	»	»	1	3	»
1654	2	3	»	2	»	»	3	5	»
1655	1	3	»	3	»	»	1	4	»
1656	2	2	1	1	»	»	4	5	»
1657	»	4	»	4	»	»	»	4	»
1658	»	3	»	2	»	»	1	3	»
1659	2	2	»	2	»	»	2	4	»
1660	4	2	»	4	»	»	2	6	»
1661	»	3	»	2	»	»	1	3	»
1662	1	9	1	6	»	»	5	11	»
1663	2	10	»	2	»	2	8	12	»
1664	1	8	2	5	»	»	6	11	»
1665	1	5	»	4	»	1	1	6	»
1666	»	2	»	»	»	1	2	3	»
1667	1	1	1	»	»	1	2	5	»
1668	»	5	»	2	»	»	3	10	»
1669	6	4	»	7	»	»	»	4	»
1670	2	2	»	4	»	»	»	4	»
1671	5	4	»	4	»	1	4	9	»
1672	3	4	»	4	»	»	3	7	»
1673	2	6	»	4	»	2	2	8	»
1674	»	4	»	2	»	1	1	4	»
1675	1	4	»	4	»	»	1	5	»
1676	1	5	»	1	»	2	3	6	»
1677	2	2	1	3	»	»	2	5	»
1678	1	2	»	1	»	»	1	3	»
1679	»	2	»	1	»	»	1	2	»
1680	»	1	»	»	»	»	1	1	»
1681	6	2	»	1	»	4	3	8	»
1682	3	3	»	5	1	»	»	6	»
1683	4	1	»	»	»	1	4	5	»
1684	5	»	»	2	1	2	»	5	»
	158	390	111	468	2	19	170	659	16

Thèses du seizième au dix-huitième siècle.

DATE	Alsace	Autre	Inconnu	Præses	Auctor	LICENCE	DOCTORAT	TOTAL	RÉIMPRESSION
	158	390	111	468	2	19	170	659	16
1685	1	1	»	1	»	1	»	2	»
1686	1	»	»	1	»	»	»	1	»
1687	3	»	»	2	»	1	»	3	»
1688	4	»	»	»	1	1	2	4	»
1689	1	»	»	1	»	»	»	1	»
1690	1	»	»	»	»	1	»	1	»
1691	3	1	»	3	»	»	1	4	»
1692	3	1	»	»	»	»	4	4	»
1693	2	»	»	1	»	»	1	2	»
1694	1	»	»	1	»	»	»	1	»
1695	3	»	»	1	»	»	2	3	»
1696	»	»	»	»	»	»	»	»	»
1697	1	»	»	1	»	»	»	1	»
1698	2	»	»	»	»	»	2	2	»
1699	1	»	»	»	»	»	1	1	»
1700	3	2	»	2	»	»	3	5	»
1701	1	»	»	»	»	»	1	1	»
1702	2	»	»	2	»	»	»	2	»
1703	2	»	»	»	»	2	»	2	»
1704	3	2	»	3	1	1	»	5	»
1705	8	»	»	5	»	»	3	8	»
1706	5	»	»	1	2	2	»	5	»
1707	»	1	»	»	1	»	»	1	»
1708	5	2	»	1	2	1	3	7	»
1709	14	»	1	9	3	1	2	15	»
1710	6	1	»	2	»	4	1	7	»
1711	8	1	»	3	1	4	1	9	»
1712	6	1	»	4	2	1	»	7	»
1713	3	1	»	2	»	2	»	4	»
1714	3	2	»	»	3	1	1	5	1
1715	5	3	»	1	2	5	»	8	2
1716	2	»	»	»	»	2	»	2	»
1717	1	2	»	»	2	1	»	3	»
1718	4	4	»	3	2	2	1	8	»
1719	1	2	»	»	2	1	»	3	»
1720	3	8	»	2	4	4	1	11	»
1721	1	6	»	2	1	4	»	7	»
1722	»	11	»	»	1	7	3	11	»
1723	1	3	»	1	»	1	2	4	»
1724	»	2	»	»	»	2	»	2	»
1725	5	6	»	2	»	7	2	11	»
1726	2	7	»	1	»	4	4	9	»
1727	1	»	»	»	»	»	1	1	»
	280	460	112	526	32	82	212	852	19

Faculté de Médecine.

DATE.	LIEU DE NAISSANCE.			MAGISTER.		LICENCE.	DOCTORAT.	TOTAL.	RÉIMPRESSION
	Alsace.	Autre.	Inconnu.	Præses.	Auctor.				
	280	460	112	526	32	82	212	852	19
1728	2	1	»	2	»	1	»	3	»
1729	4	1	»	1	1	2	1	5	»
1730	2	5	»	»	»	2	5	7	»
1731	1	4	»	1	»	2	2	5	»
1732	3	1	»	»	3	»	1	4	»
1733	5	5	»	2	»	6	2	10	»
1734	9	1	»	1	»	8	1	10	»
1735	1	2	»	»	»	2	1	3	»
1736	1	4	»	»	»	5	»	5	»
1737	2	5	»	1	1	4	1	7	»
1738	9	6	»	»	3	3	9	15	»
1739	1	»	»	1	»	»	»	1	»
1740	4	10	»	»	»	12	2	14	»
1741	5	2	»	1	2	2	2	7	»
1742	7	5	»	1	1	9	1	12	»
1743	»	2	»	»	»	1	1	2	»
1744	»	4	»	»	»	3	1	4	»
1745	2	1	»	»	1	2	»	3	»
1746	»	2	»	»	»	2	»	2	»
1747	3	8	»	»	»	8	3	11	»
1748	4	2	»	»	1	5	»	6	»
1749	6	10	»	1	»	15	»	16	»
1750	3	3	»	1	»	5	»	6	»
1751	1	2	»	1	»	2	»	3	»
1752	1	5	»	»	»	6	»	6	»
1753	5	»	»	2	»	3	»	5	»
1754	4	5	»	»	»	9	»	9	»
1755	»	3	»	»	»	1	2	3	»
1756	»	1	»	»	»	1	»	1	»
1757	2	3	»	»	»	5	»	5	»
1758	5	6	»	»	»	11	»	11	»
1759	2	4	»	»	»	6	»	6	»
1760	5	4	»	»	»	9	»	9	»
1761	5	3	»	»	1	6	1	8	»
1762	7	5	»	»	2	10	»	12	»
1763	6	9	»	»	»	15	»	15	»
1764	3	10	»	»	»	9	4	13	»
1765	1	2	»	1	»	2	»	3	»
1766	4	8	»	1	»	9	2	12	»
1767	3	7	»	»	1	6	3	10	»
1768	7	8	»	1	1	3	10	15	»
1769	7	5	»	2	1	9	»	12	»
1770	3	8	»	»	»	11	»	11	»
	425	642	112	547	51	314	267	1179	19

DATE.	LIEU DE NAISSANCE.			MAGISTER.		LICENCE.	DOCTORAT.	TOTAL.	RÉIMPRESSION.
	Alsace.	Autre.	Inconnu.	Præses.	Auctor.				
	425	642	112	547	54	314	267	1179	19
1771	9	6	»	3	»	10	2	15	»
1772	1	9	»	1	»	8	1	10	»
1773	2	5	»	1	»	6	»	7	»
1774	3	6	»	2	»	5	2	9	»
1775	5	9	»	»	»	11	3	14	»
1776	4	10	»	1	»	11	2	14	»
1777	5	12	»	2	»	15	»	17	»
1778	3	6	»	»	»	9	»	9	»
1779	2	16	»	1	»	16	1	18	»
1780	5	14	»	1	»	18	»	19	»
1781	4	16	»	1	»	18	1	20	»
1782	5	6	1	»	1	11	»	12	»
1783	1	11	»	»	»	8	4	12	»
1784	6	8	»	»	»	12	2	14	»
1785	4	6	»	»	»	9	1	10	»
1786	»	»	»	»	»	»	»	»	»
1787	3	4	»	1	»	6	»	7	»
1788	2	3	»	1	»	4	»	5	»
1789	5	2	»	1	1	5	»	7	»
1790	1	4	»	»	»	4	1	5	»
1791	3	3	»	»	»	6	»	6	»
1792	1	»	»	»	»	1	»	1	»
1793	»	»	»	»	»	»	»	»	»
1794	»	»	1	»	»	»	1	1	»
	499	798	114	563	53	507	288	1411	19

La thèse de Licence de 1669 est in-32.
Sont imprimées in-8° :
    1785 : 1 Thèse de Licence ;
    1787 : 4 » »
    1788 : 4 » »
         1 » de Magister ;
    1789 : 3 Thèses de Licence ;
    1790 : 4 » »
    1791 : 2 » »
    1792 : 2 » »
         1 » de Doctorat,
comprises dans les nombres ci-dessus.

UNIVERSITAS EPISCOPALIS

THÈSES.

ANNÉES.	PHILOSOPHIA.		THEOLOGIA.				JUS CANONICUM.		SUMMA.
	Baccalaureus.	Doctor.	Candidatus.	Baccalaureus biblicus.	Baccalaureus formatus.	Licentiatus.	Baccalaureus.	Licentiatus.	
1701	»	»	1	»	»	»	1	»	2
1702	»	»	»	1	»	»	»	»	1
1703	»	»	1	»	1	»	»	»	2
1704	»	»	8	»	»	1	»	»	9
1705	»	»	»	1	»	»	»	»	1
1706	»	»	3	1	1	»	»	»	5
1707	»	»	4	1	»	»	»	»	5
1708	»	»	3	4	2	1	»	»	10
1709	»	»	»	2	»	»	»	»	2
1710	»	»	5	»	»	»	»	»	5
1711	»	»	3	2	»	»	»	»	5
1712	»	»	3	2	»	»	»	»	5
1713	»	»	6	2	2	»	»	»	10
1714	»	»	4	3	1	»	»	»	8
1715	»	»	5	4	1	»	»	»	10
1719	»	»	1	»	»	»	»	»	1
1720	»	»	»	1	»	»	»	»	1
1721	»	»	2	»	»	»	»	»	2
1722	»	»	»	2	»	»	»	»	2
1723	»	»	»	»	2	»	»	»	2
1735	»	»	1	»	»	»	»	»	1
1744	1	»	»	»	»	»	»	»	1
1745	»	»	1	»	»	»	»	»	2
1746	1	»	»	1	»	»	»	»	1
1747	»	»	»	»	1	»	»	»	1
1749	»	»	»	»	»	1	»	»	1
1754	1	»	»	»	»	»	»	»	1
1758	»	»	2	»	»	»	1	»	3
1759	»	»	2	»	»	»	»	»	2
1760	»	»	3	2	»	»	»	»	5
	3	»	58	29	11	3	2	»	106

Thèses de Médecine.

ANNÉES.	PHILOSOPHIA.		THEOLOGIA.				JUS CANONICUM.		SUMMA.
	Baccalaureus.	Doctor.	Candidatus.	Baccalaureus biblicus.	Baccalaureus formalus.	Licentiatus.	Baccalaureus.	Licentiatus.	
	3	»	58	29	11	3	2	»	106
1761	»	»	8	2	2	»	»	»	12
1762	»	»	15	7	2	»	»	»	24
1763	»	»	16	12	5	2	»	»	35
1764	»	»	15	6	4	4	»	»	29
1765	»	»	1	2	1	»	»	»	4
1766	»	»	»	1	2	1	»	»	4
1767	»	»	4	»	1	»	»	»	5
1768	»	»	2	3	»	»	»	»	5
1769	»	2	4	2	3	2	»	»	13
1770	2	1	5	4	1	1	»	»	14
1771	»	1	6	3	4	3	»	»	17
1772	»	»	3	6	3	1	»	»	13
1773	1	2	9	1	6	4	»	»	23
1774	»	»	1	6	»	3	»	»	10
1775	»	1	1	1	6	5	1	»	15
1776	»	1	2	1	1	2	1	»	8
1777	1	»	5	2	1	4	4	»	16
1778	3	»	7	4	»	3	2	1	20
1779	1	2	9	3	3	1	5	»	24
1780	»	2	4	6	1	»	3	»	16
1781	1	1	9	»	5	3	1	1	21
1782	1	»	6	9	»	3	1	2	22
1783	1	»	2	4	7	4	4	2	24
1784	»	1	3	»	1	2	1	1	9
1785	»	1	3	1	»	4	2	1	12
1786	»	»	3	2	»	2	3	»	10
1787	»	»	2	3	2	»	3	»	10
1788	1	»	2	1	3	»	2	»	9
1789	1	1	»	»	1	3	1	2	9
1790	»	3	»	»	»	1	»	»	4
	16	19	205	121	76	61	36	10	544

ACADÉMIE DE STRASBOURG

FACULTÉ DE THÉOLOGIE

ANNÉE.	BACCA-LAURÉAT.	LICENCE.	DOCTORAT.	TOTAL.
SÉRIE OFFICIELLE				
1824	1	»	»	1
1825	8	»	1	9
1826	3	»	»	3
1827	10	»	»	10
1828	11	»	»	11
1829	10	4	»	14
1830	20	2	1	23
1831	22	»	1	22
1832	12	2	»	14
1833	25	»	»	25
1834	28	2	1	31
1835	24	7	»	31
1836	20	5	3	27
1837	19	2	1	22
1838	25	4	1	30
1839	21	»	1	22
1840	19	2	1	22
1841	14	2	1	17
1842	14	2	1	17
1843	8	»	3	11
1844	13	»	»	13
1845	18	»	»	18
1846	18	»	»	18
1847	22	2	»	24
1848	20	»	»	20
1849	26	»	»	26
1850	26	6	»	32
1851	27	»	»	27
1852	13	»	»	13
1853	31	2	»	33
1854	21	»	1	32
1855	16	»	»	16
1856	25	»	»	25
1857	37	4	»	41
1858	29	»	1	30
	656	48	18	722

ANNÉE.	BACCA-LAURÉAT.	LICENCE.	DOCTORAT.	TOTAL.
1859	656	48	18	722
1860	20	3	»	23
1861	20	2	1	23
1862	18	2	»	20
1863	32	»	»	32
1864	15	»	1	16
1865	26	1	1	28
1866	20	»	»	20
1867	14	1	1	14
1868	21	3	»	24
1869	34	»	»	34
1870	32	2	»	34
1871	15	»	1	16
1872	10	2	»	12
	19	»	»	19
	952	64	23	1039

ACADÉMIE DE STRASBOURG

ÉCOLE DE DROIT et FACULTÉ DE DROIT

ANNÉES.	LICENCE.	DOCTORAT.	CONCOURS.	TOTAL.
1806	29	»	»	29
1807	5	»	»	5
1808	3	1	»	4
1809	13	»	2 A.	15
1810	22	»	»	22
1811	13	1	»	14
1812	19	»	»	19
1813	24	»	»	24
1814	12	»	»	12
1815	13	»	»	13
1816	26	»	»	26
1817	27	»	»	27
1818	20	1	»	21
1819	37	1	»	38
1820	29	1	»	30
1821	34	»	»	34
1822	48	1	»	49
1823	39	1	»	40
1824	47	1	»	48
1825	26	»	»	26
1826	30	1	»	31
1827	28	»	»	28
1828	32	1	»	33
1829	29	2	6 P.	37
1830	22	»	6 P.	28
1831	21	»	»	21
1832	16	1	4 P.	21
1833	25	7	4 P.	36
1834	32	3	4 S.	39
1835	15	1	»	16
1836	30	3	»	33
1837	27	1	»	28
1838	34	1	»	35
	827	29	26	882

ANNÉES.	LICENCE.	DOCTORAT.	CONCOURS.	TOTAL.
	827	29	26	882
1839	16	3	3 S.	22
1840	25	5	»	30
1841	26	3	»	29
1842	27	3	»	30
1843	27	»	»	27
1844	13	10	»	23
1845	28	8	13 S.	49
1846	19	2	»	21
1847	17	6	»	23
1848	22	3	»	25
1849	21	3	»	24
1850	25	3	»	28
1851	35	4	»	39
1852	39	3	»	42
1853	21	2	»	23
1854	26	5	»	31
1855	21	6	»	27
1856	20	8	»	28
1857	28	2	»	30
1858	21	4	»	25
1859	22	6	»	28
1860	13	7	»	20
1861	19	8	»	27
1862	14	6	»	20
1863	14	10	»	24
1864	16	2	»	18
1865	19	2	»	21
1866	18	3	»	21
1867	17	»	»	17
1868	29	4	»	33
1869	37	5	»	42
1870	19	3	»	22
	1,531	168	42	1,741

Dans la colonne *Concours*, l'abréviation P indique les concours pour les chaires de Professeurs, tandis que S se rapporte aux concours pour la place de Professeur suppléant et A aux concours d'agrégation (2 en 1809, plus 1 en 1845, compris dans le total de 13, indiqué pour cette année).

ACADÉMIE DE STRASBOURG

ÉCOLE DE MÉDECINE et FACULTÉ DE MÉDECINE
— In-4°. —

TOMES.	ANNÉES.	DOCTORAT. Numéros.	DOCTORAT. Total.	CONCOURS.	TOTAL.
		Première Série.			
1er	Ans VIII et IX	1- 11	11	»	11
2e	An X	12- 30	19	»	19
3e	An XI	31- 46	16	»	16
4e	»	47- 58	12	»	12
5e	» (¹)	59- 85	28	»	28
6e	»	86-111	26	»	26
7e	An XII	112-141	30	»	30
8e	»	142-164	23	»	23
9e	An XIII	165-183	19	»	19
10e	An XIV et 1806	184-203	20	»	20
11e	1806	204-225	22	»	22
12e	1807	226-242	17	»	17
13e	1808	243-263	21	»	21
14e	1809	264-278	15	»	15
15e	1810 : 1re part.	279-292	14	»	14
»	» 2e »	293-308	16	»	16
16e	1811	309-335	27	»	27
17e	1812	336-368	33	»	33
18e	1813 : 1re »	369-389	21	»	21
»	» 2e »	390-407	18	»	18
19e	1814 (¹)	408-437	31	4 P.	35
20e	1815	438-460	23	»	23
21e	» (¹)	461-480	21	»	21
22e	1816	481-506	26	»	26
23e	1817	507-526	20	»	20
24e	»	527-547	21	»	21
25e	1818	548-567	20	»	20
26e	1819	568-583	16	»	16
			596	4	600

(1) La collection comprend pour le 5e volume, an XI, une thèse 73 *bis*; pour le 19e volume, 1814, une thèse 408 *bis*; pour le 21e volume, 1815 une thèse 466 *bis*.

Thèses du dix-neuvième siècle.

TOMES.	ANNÉES.	DOCTORAT. Numéros.	Total.	CONCOURS.	TOTAL.
			596	4	600
27e	1820	584- 597	14	»	14
28e	1821	598- 616	19	»	19
29e	1822	617- 637	21	»	21
30e	1823	638- 666	29	»	29
31e	»	667- 694	28	»	28
32e	1824	695- 719	25	»	25
33e	1825	720- 745	26	»	26
34e	1826	746- 768	23	»	23
35e	»	769- 793	25	»	25
36e	1827	794- 814	21	»	21
37e	»	815- 834	20	»	20
38e	1828	835- 857	23	»	23
39e	»	858- 876	19	»	19
40e	1829	877- 896	20	3 A.	23
41e	1829	897- 919	23	2 A.	25
42e	1830	920- 945	26	»	26
43e	1831	946- 960	15	»	15
44e	»	961- 984	24	»	24
45e	1832	985-1006	22	»	22
46e	1833	1007-1036	30	4 P.	34
47e	1834	1037-1053	17	8	25
48e	»	1054-1073	20	»	20
49e	1835	1074-1088	15	2 P.	17
50e	»	1089-1103	15	»	15
51e	1836	1104-1118	15	9 P.	24
52e	»	1119-1133	15	»	15
53e	1837	1134-1159	26	4 P.	30
	Deuxième Série.				
1er	1838	1- 22	22	6 P.	28
2e	1839	23- 42	20	3	23
3e	1840	43- 64	22	4 P.	26
4e	1841	65- 85	21	»	21
5e	1842	86-105	20	»	20
6e	1843	106-121	16	»	16
7e	1844	122-135	14	»	14
8e	1845	136-151	16	4	20
9e	1846	152-167	16	5 P.	21
10e	1847	168-182	15	»	15
11e	1848	183-195	13	»	13
12e	1849	196-204	9	3 A.	12
13e	1850	205-212	8	1 A.	9
14e	1851 (¹)	213-238	27	»	27
			1411	62	1473

(1) La collection comprend pour le tome 14, 1851, une thèse 236 *bis.*

Faculté de Médecine.

TOMES.	ANNÉES.	DOCTORAT. Numéros.	Total.	CONCOURS	TOTAL.
			1411	62	1473
15ᵉ	1852	239- 269	31	»	31
16ᵉ	1853	270- 302	33	4 A.	37
17ᵉ	1854	303- 331	29	2 A.	31
18ᵉ	1855 (¹)	332- 350	20	»	20
19ᵉ	1856	351- 380	30	»	30
20ᵉ	1857	381- 401	21	5 A.	26
21ᵉ	1858	402- 452	51	»	51
22ᵉ	1859	453- 477	25	2 A.	27
23ᵉ	»	478- 504	27	»	27
24ᵉ	1860	505- 525	21	3 A.	24
25ᵉ	»	526- 541	16	»	16
26ᵉ	1861	542- 566	25	»	25
27ᵉ	»	567- 591	25	»	25
28ᵉ	1862	592- 614	23	3 A.	26
29ᵉ	»	615- 639	25	»	25
30ᵉ	1863	640- 684	45	7 A.	52
31ᵉ	»	685- 721	37	»	37
32ᵉ	1864	722- 747	26	»	26
33ᵉ	»	748- 767	20	»	20
34ᵉ	»	768- 788	21	»	21
35ᵉ	»	789- 812	24	»	24
36ᵉ	1865	813- 837	25	1 A.	26
37ᵉ	»	838- 861	24	»	24
38ᵉ	»	862- 888	27	»	27
39ᵉ	1866	889- 914	26	2 A.	28
40ᵉ	»	915- 943	29	»	29
41ᵉ	»	944- 970	27	»	27
42ᵉ	1867	971-1000	30	»	30
	Troisième Série.				
1ᵉʳ	1867	1- 26	26	»	26
2ᵉ	»	27- 54	28	»	28
3ᵉ	1868	55- 82	28	3 A.	31
4ᵉ	»	83-107	25	»	25
5ᵉ	»	108-127	20	»	20
6ᵉ	»	128-144	17	»	17
7ᵉ	1869	145-163	19	6 A.	25
8ᵉ	»	164-185	22	»	22
9ᵉ	»	186-208	23	»	23
10ᵉ	»	209-234	26	»	26
11ᵉ	»	235-259	25	»	25
12ᵉ	1870	260-281	22	»	22
13ᵉ	»	282-303	22	»	22
			2477	100	2577

(1) La collection comprend pour le tome 18, 1855, une thèse 336 *bis*.

Nous avons de plus en 1822 deux thèses de concours pour la place de Chef des travaux anatomiques et pour celle de Préparateur de chimie une thèse en 1828 et une en 1839.

En outre de Tables *spéciales par volume*, les Tables générales se trouvent dans :

Tables générales (la première chronologique et les autres alphabétiques) des thèses soutenues à la Faculté de médecine de Strasbourg, pour la réception au Doctorat, depuis le 10 vendémiaire an VIII jusqu'au 31 décembre 1837 ; avec un appendice contenant, par ordre chronologique, les thèses de concours pour les chaires vacantes ou pour l'agrégation, soutenues pendant le même espace de temps. V⁸ᵉ Berger-Levrault. In-4° de II-114 p. 1840.

Tables générales (la première chronologique et les autres alphabétiques) des thèses soutenues à la Faculté de médecine de Strasbourg pour la réception au Doctorat, depuis le 1ᵉʳ janvier 1838 jusqu'au 12 août 1870, avec une introduction et un appendice contenant, par ordre chronologique, les thèses de concours pour les chaires vacantes ou pour l'agrégation, soutenues pendant le même espace de temps. IIᵉ fascicule. (L. Hecht, professeur.) Berger-Levrault et Cⁱᵉ à Nancy. In-4° de II-X-95 p. 1876.

La première série contient pour l'an XI une thèse Vinay, N° 73 *bis* du 15 fructidor, pour 1814 une thèse Chémery, N° 408, pour le Doctorat *en Chirurgie* et une thèse latine du même auteur, N° 408 *bis* ; de plus une thèse Ancelon, N° 466 *bis*. Cette série comprend donc 1162 Thèses, bien que la dernière Thèse porte le N° 1159.

La seconde série contient pour 1851 une thèse Soulier, N° 236, soutenue le 30 août, et une thèse Thomas, N° 236 *bis*, soutenue le 11 novembre ; de plus une thèse Edmond, N° 336 *bis*. Cette série comprend donc 1002 thèses, bien que la dernière thèse porte le N° 1000.

Le total général des thèses pour le Doctorat présentées à la Faculté de Médecine de Strasbourg, pendant le 19ᵉ siècle, est donc de 2,467, quoique les numéros d'ordre n'en fassent ressortir que 2,462.

```
Doctorat . . . . . . . . . . . . .  2467
Concours de Professorat . . . . . .   44
    »      d'Agrégation . . . . . .   62
    »      de Préparateurs. . . . .    4
                                    ─────
                                    2677
```

ACADÉMIE DE STRASBOURG

FACULTÉS DES SCIENCES ET DES LETTRES

THÈSES DE DOCTORAT.

ANNÉES.	SCIENCES MATHÉMATIQUES.	SCIENCES NATURELLES.	SCIENCES PHYSIQUES.	TOTAL.	DOCTORAT ÈS LETTRES.
1817	»	»	»	»	4
1819	»	»	2	2	»
1826	»	»	»	»	3
1827	2	»	1	2	3
1828	3	»	1	4	2
1829	4	2	2	8	6
1830	4	»	»	4	»
1831	»	»	»	»	1
1832	»	»	2	2	»
1833	2	»	»	2	4
1834	»	»	1	1	2
1835	»	»	»	»	3
1836	»	1	»	1	2
1837	»	»	»	»	1
1838	»	2	»	2	»
1839	»	»	»	»	6
1840	2	»	»	2	1
1842	»	»	2	2	»
1843	2	»	2	4	»
1844	2	4	2	8	2
1845	1	»	2	3	»
1846	»	3	1	4	»
1847	»	2	»	2	»
1848	»	2	»	2	4
1850	2	»	»	2	»
1851	2	»	2	4	2
1853	»	»	3	3	4
	25	14	24	63	50

ANNÉES.	SCIENCES MATHÉ- MATIQUES.	SCIENCES NATURELLES.	SCIENCES PHYSIQUES.	TOTAL.	DOCTORAT ÈS LETTRES.
	25	14	24	63	50
1855	»	»	»	»	4
1857	1	»	1	2	—
1859	»	1	»	1	6
1860	»	1	2	3	—
1861	»	1	»	1	—
1863	2	»	»	2	—
1864	2	»	3	5	—
1865	»	»	1	1	—
1869	»	2	»	2	—
	30	19	31	80	60

D'après le règlement primitif, commun aux deux Facultés, et maintenu jusqu'à 1870 pour la Faculté des lettres, chaque Candidat devait présenter et soutenir deux thèses, imprimées quelquefois en une seule brochure, et qui n'étaient pas nécessairement présentées et soutenues dans le cours d'une même année.

Pour la Faculté des sciences, les Candidats ont été autorisés, à partir de 1857, à ne présenter qu'une seule thèse et plusieurs d'entre eux ont fait usage de cette autorisation.

Six thèses présentées par quatre Candidats pour la Faculté des lettres et trois thèses présentées par trois Candidats pour la Faculté des sciences, n'ont pas valu à leurs auteurs le grade de Docteur.

SOURCES

Academia Argentinensis. Catalogus Professorum. Manuscrit in-4°. (Bibliothèque de l'Université de Strasbourg. L. Als. 39.)

Chronica Cancellariorum, Scholarcharum, Professorum in omnibus Facultatibus in Universitate Argentinensi, a tempore fundationis ejusdem usque ad hodierna tempora. Manuscrit in-folio du xviii° siècle.

Statuta almæ Catholicæ et Episcopalis Universitatis Argentinensis, Regio Societatis Jesu Collegio unitæ. Anno MDCCI. — Manuscrit. Grand in-4° (Bibliothèque du Grand Séminaire, Armoire des manuscrits, n° 1).

Catalogi manuscripti personarum Provinciæ Soc. Jesu ad Rhenum Superiorem ab anno 1604-1770. (Bibliothèque royale de Bamberg.) Manuscrit.

Litteræ annuæ Soc. Jesu Collegii Bambergensis ab anno 1609-1720. (Bibliothèque royale de Bamberg.) Manuscrit.

Elogia PP. pie defunctorum ex diversis Collegiis Prov. Soc. Jesu ad Rhen. Sup. missa ad Collegii Bambergensis Rectores. (Manuscrits.)

Catalogues manuscrits des thèses des Académies et des Universités alsaciennes. (Oscar Berger-Levrault.)

Programmata Rectorum Universitatis Argentoratensis (Seu *Funebria*, seu *Inauguralia*). XVII et XVIII Seculi.

Bulletin universitaire contenant les ordonnances, (décrets) règlements et arrêtés relatifs à l'instruction publique. Paris. Tomes I (1828) à XVIII (1849). In-8°.

Bulletin administratif de l'Instruction publique. Paris. Tomes I (1850) à XXIII (1872). In-8°.

Ministère de l'instruction publique. Statistique de l'enseignement supérieur. 1865-1868. Imprimerie impériale, Paris. Grand in-4° de XLVI-773 p. 1868.

Allgemeine deutsche Biographie. Duncker & Humblot, à Leipzig. In-8°. Livraisons 1 — 161. 1875-1891.

France (La) protestante par MM. Eugène et Émile Haag. Deuxième édition sous la direction de M. Henri Bordier. In-8°. Tomes I à VI. Fischbacher à Paris. 1877-1886.

Grand Dictionnaire universel du xixe Siècle par P. Larousse. Tomes I à XV et 2 tomes de Supplément. Grand in-4°. Paris, 1866-1889.

Annuaire de l'état militaire de France. 1819-1839. F. G. Levrault. In-8°.

Annuaire de l'état militaire de France. 1840-1847. Veuve Levrault. In-8°.

Annuaire militaire de la République française. 1848-1850. Veuve Levrault. In-8°.

Annuaire militaire de la République française. 1851-1852. Veuve Berger-Levrault et fils. In-8°.

Annuaire militaire de l'Empire français. 1853-1870. Veuve Berger-Levrault et fils. In-8°.

Academia (Archiducalis) Molshemensis Apostolica Cæsareaque autoritate firmata et explicata Panegyrico, quem libris quatuor divisum reverendissimo et serenissimo Principi ac Domino D. Leopoldo, Archiduci Austriæ, Episcopo Argentinensi et Passaviensi, etc., munificentissimo Academiæ Fundatori Solemni Promulgationis die VI. Kal. Septemb. publica totius Alsatiæ Panegyri dixit, dicavit, consecravit Collegium Academicum Societatis Jesu Molshemense. J. Hartmann, Molsheim. In-4° de XII-274 p. 1618.

Bourguignon. — Notes pour servir à l'histoire de l'ancienne École de médecine de Strasbourg. Thèse présentée à la Faculté de médecine de Strasbourg et soutenue publiquement le vendredi 24 août 1849, à trois heures de relevée, pour obtenir le grade de Docteur en médecine, par E. Bourguignon, de Bischwiller (Bas-Rhin). Vve Berger-Levrault. In-4° de VIII-48 p. 1849.

Dictionnaire encyclopédique des sciences médicales.

Heitz (Friedrich Carl). Die St-Thomas Kirche in Strassburg. Ein Beitrag zur Geschichte unserer Vaterstadt. F. C. Heitz. In-8° de IV-136 p. 1841.

Hermann (Jean-Fréd., Ex-législateur, ancien maire de Strasbourg, Doyen de la Faculté de Droit, membre du Directoire du consistoire général de

la confession d'Augsbourg, Chevalier de l'ordre royal de la Légion d'honneur). Notices historiques, statistiques et littéraires sur la ville de Strasbourg. F. G. Levrault. In-8°. Tome II, pp. 293-301. 1817.

Histoire du Clergé catholique d'Alsace avant, pendant et après la Grande Révolution, par l'abbé C. A. F. (Frayhier), Prêtre du diocèse de Strasbourg. M. Hoffmann à Colmar. In-8° de IV-XII-495 p. 1876.

Hœffel. — Aperçu historique sur l'ancienne Faculté de médecine de Strasbourg. Thèse présentée à l'École libre de médecine de Strasbourg et soutenue publiquement Samedi, le 3 août 1872, pour obtenir le grade de Docteur en médecine, par Jean Hœffel, d'Aubure (Haut-Rhin), Interne des hôpitaux civils de Strasbourg, Ancien externe de la Faculté de médecine. Hubert et Haberer, Strasbourg. In-8° de IV-141 p. 1872.

Müller (E.). Le Magistrat de la ville de Strasbourg, les Stettmeistres et Ammeistres de 1674 à 1790, les Préteurs royaux de 1685 à 1790 et Notices généalogiques sur des familles de l'ancienne Noblesse d'Alsace depuis la fin du XVIIe siècle. Salomon, Strasbourg. In-12 de VIII-270 p. 1862.

Notice sur les fondations administrées par le Séminaire protestant de Strasbourg. F. C. Heitz. In-8° de 158-CLIX p. 1854.

Receuil des Édits, Déclarations, Lettres-patentes, Arrêts du Conseil d'État et du Conseil Souverain d'Alsace, Ordonnances et Règlemens concernant cette Province, avec des observations de M. de Boug, Premier Président du Conseil Souverain d'Alsace. J. H. Decker, Colmar. 1775.
    Tome I (1657-1725): XLVI-LXVI-631 p.
      » II (1726-1770): XXXIV-876 p. et 51 non numérotées.

Reuss (Rod.). — Histoire du Gymnase protestant de Strasbourg pendant la Révolution. Fischbacher, Paris. In-12 de VI-264 p. 1891.

Ruland. — Series et vitæ Professorum SS. Theologiæ, qui Wirceburgi a fundata Academia per divum Julium usque in annum MDCCCXXXIV docuerunt. Ex authenticis monumentis collectæ a Antonio Ruland, SSæ Theologiæ Doctore, Bibliothecæ Universitatis Reg. Præfecto. Accedunt analecta ad historiam ejusdem SS. Facultatis, in quibus Statuta antiqua divi Julii nondum edita. Veuve C. G. Becker. Würzburg. In-8° de XIV-357 p. 1835.

Strassburgischen Gymnasii Christliches Jubelfest im Jahr 1638 celebrirt und begangen. — Appendix chronologica a Melchiore Sebizio, Professore Medicinæ ordinario, etc., pp. 220-300. E. Zetzner. In-4°. 1641.

Tourdes (G.) et V. Stœber. Topographie et histoire médicale de Strasbourg et du département du Bas-Rhin, pp. 468 à 528. V⁣ᵛᵉ Berger-Levrault & Fils, Strasbourg. In-8°. 1864.

Strobel (A. G., Professeur au gymnase). — Histoire du Gymnase protestant de Strasbourg, publiée à l'occasion de la troisième fête séculaire de cet établissement. F. C. Heitz. In-8° de VIII-183 p. 1838.

Weber. — Geschichte der gelehrten Schulen im Hochstift Bamberg von 1007-1803, von Heinreich Weber, Professor am Königl. Lyceum. S. M. Reindl, Bamberg. In-8° de X-795 p. et 2 plans. 1880-1882.

Wieger (F.). Geschichte der Medicin und ihrer Lehranstalten in Strassburg vom Jahre 1497 bis zum Jahre 1872. K. J. Trübner, Strasbourg. Grand in-8° de XX-174 p. 1885.

TABLE DES LIEUX

Altissiodorensis = d'Auxerre.
Andegavensis = d'Angers.
Aprimonasteriens. = d'Ebersmunster.
Aquisgranens. = d'Aix-la-Chapelle.
Argent.; Argentin.; Argentorat. = Strasbourgeois, de Strasbourg.
Atrebat. = d'Arras.
Augustodunens. = d'Autun.
Aurelian. = d'Orléans.
Badens; Badenens. = de Baden-Baden.
Barroducens. = de Bar-le-Duc.
Biturig., Bituricens. = de Bourges.
Buxovill. = de Bouxviller.
Cabillon. = de Chalon-sur-Saône.
Calvomontanus = de Chaumont.
Campaniæ = de Champagne.
Carolopolitan. = de Charleville.
Catalaunensis = de Châlons-sur-Marne.
Claramontanus. = de Clermont.
Claravallensis = de Clerval (Doubs).
Clavenna = Chiavenna.
Divionensis = de Dijon.
Dunensis = de Dun-sur-Meuse.
Embricensis =
Episcopius. = de Rheinbischoffsheim.
Herbipolens. = de Würzbourg.
Hibernus = d'Irlande.
Hildesiensis = de Hildesheim.
Juviniacus = de Juvigny.
Laucen. =
Laudunens. = de Laon.
Leodiensis = Liégeois, de Liège.
Lingonensis = de Langres.
Lotharing. = de Lorraine.
Maceriensis = de Mézières.

Marciniensis = de Marcigny.
Maurimonast. = de Marmoutiers.
Mediolanensis =
Metensis = Messin, de Metz.
Mocen. =
Moguntin. = Mayençais, de Mayence.
Molshemian., Molshemiens. = de Molsheim.
Montaburgens. =
Mussipont. = de Pont-à-Mousson.
Neovillaris = de Neuwiller (Alsace).
Nicrosolmensis = de Schwartzsolm.
Novioduno-Veromand. = de Noyon.
Oxovius =
Pannensis = Pannes.
Pruntrut. = de Porentruy.
Rhemensis = de Reims.
Romarico-Montanus. = de Remiremont.
Rubeacens. = de Rouffach.
Sammiellan. = de Saint-Mihiel.
Sannicolaitan. = de Saint-Nicolas (Lorraine).
Sedanensis =
Senonensis = de Sens.
Stenacens. = de Stenay.
Spinalens. = d'Épinal.
Tabernens. = Savernois, de Saverne.
Tigur. = de Zurich.
Tholosan. = de Toulouse.
Turic. = de Zurich.
Virodunens. ou Virdunens. = de Verdun.
Wratislav. = de Breslau.

FACULTAS PHILOSOPHICA

TABULÆ LECTIONUM

	LINGUA GRÆCA.	LINGUA HEBRÆA.	MATHESIS.	HISTORIA.
1526-1528	Bedrottus, J.....	Caselius, G......	Herlin, Ch......	
1528-1531	»	Wolfhard, B.....	»	
1531-1538	»	Delius, M.......	»	
1538-1540	»	»	»	
1540-1541	» 21 novemb.	»	»	
1541-1549	Kerlinus. C......	»	»	
1549-1553	Dasypodius, P.... 27 octob.	»	»	
1553-1554	»	»	»	
1554-1555	»	Capnio, A...... 27 martii.	»	
1555-1558	»	»	»	
1558-1559	»	Flegel, P.......	»	
1559-1560	28 februar.	»	»	
1560-1561	Sevenus, C..... 1 februar.	»	»	
1561-1562	Witwisheim, J....	»	» 20 octob.	
1562-1564	»	»	Dasypodius, C.... 26 octob.	
1564-1565	»	Kyber, E......	»	
1565-1568	»	»	»	Beuther, M.....
1568-1570	»	»	»	»
1570-1572	»	Pappus, J......	»	»
1572-1574	»	»	»	»
1574-1586	»	»	»	»
1586-1587	»	Schadæus, E.....	»	»
1587-1589	»	»	»	27 octob.
1589-1591	»	.	»	
1591-1594	Bosch, M.......		»	Glaser, Ph.....
1594-1600	»	Speccer, T......	»	»
1600-1601	»	»	»	
1601-1604	»	»	8 maii.	

...iversitas Argentoratensis. *Facultas philosophica.* 3

LINGUA HEBRÆA.	MATHESIS.	HISTORIA.		ELOQUENTIA.	POESIS.	LOGICA.	PHILOSOPHIA PRATICA.	PHYSICE.	OBSERVATIONS.	
...selius, G.	Herlin, Ch.			1523-1528						1523-1528
...olfhart, B	»			1528-1531						1528-1531
...lius, M	»			1531-1538						1531-1538
				1538-1540	Sturm, J. . . . . . 14 januar.					1538-1540
»	»			1540-1541	»	Sapidus, J.		Hawenreuter, S . . .		1540-1541
»	»			1541-1549	»	»		»		1541-1549
»	»			1549-1553	»	»		»		1549-1553
...nio, A . . . . . 27 martii.	»			1553-1554	»	»	Erythræus, V. . . . . 15 februar.	»		1553-1554
	»			1554-1555	»	»	»	»		1554-1555
...gel, P	»			1555-1558	»	»	Spaccer, M.	»		1555-1558
	»			1558-1559	»	»	»	»		1558-1559
	»			1559-1560	»	»	»	»		1559-1560
	»			1560-1561	»	8 junii. »	»	»		1560-1561
»	20 octob.			1561-1562	»	Kalwerus, P. . . .	Hertel, L.	»		1561-1562
	Dasypodius, C. . . . 26 octob.			1562-1564	»	»	»	»		1562-1564
...er, E.	»	Beuther, M.		1564-1565	»	»	»	»		1564-1565
	»	»		1565-1568	»	»	»	»		1565-1568
	»	»		1568-1570	»	Reinhard, J . . . . Junio.	Reinhard, J . . . . Junio.	»		1568-1570
...pus, J	»	»		1570-1572	»	»	»	»		1570-1572
	»	»		1572-1574	»	»	Golius, Th. . . . . 21 julii.	»		1572-1574
...dens, E.	»	»		1574-1586	Junius, M	»	»	»		1574-1586
	»	»		1586-1587	»	»	»	»		1586-1587
	»	27 octob.		1587-1589	»	»	»	»		1587-1589
	»	Glaser, Ph.		1589-1591	»	Glaser, Ph.	»	10 novemb. Hawenreuter, J. L. .		1589-1591
...er, T.	»	»		1591-1594	»	»	»	»		1591-1594
	»	»		1594-1600	»	»	»	»		1594-1600
	»	»		1600-1601	»	»	Rixinger, D . . . . 1 maii.	»		1600-1601
	8 maii.	»		1601-1604	»	»	Florus, M	»		1601-1604

Universitas Argentoratensis. — Facultas philosophica.

	LINGUA GRÆCA.	LINGUA HEBRÆA.	MATHESIS.	HISTORIA.	ELOQUENTIA.	POESIS.		LOGICA.	PHILOSOPHIA PRATICA.	PHYSICE.	OBSER
1604-1606	Bosch, M.	Speccer, T.	Mollcobus, I.		Florus, M.		1604-1606	Ritzinger, D.	Wolliser, L. Th.	Rawenrenter, J. L.	
1606-1608	"	"	"	Ribel, Ph.	"		1606-1608	"	27 februar.	"	
1608	21 septemb.	"	"	septemb.	"		1608	"	"	1 octob.	
1608-1609	"	"	"	Rüschius, C.	"		1608-1609	"	"	Agerius, N.	
				29 septemb.							
1609-1612	Ferber, N.	"	"	"	"		1609-1612	"	"	"	
1612	"	"	"	novemb.	"		1612	"	"	"	
1613-1615	"	"	"	Bernegger, M.	"		1613-1615	"	"	"	
1615-1622	"	Blanckenburg, F.	"	"	"	Brülovius, C.	1615-1622	"	"	"	
		21 april.									
1623	"	"	"	"	"	"	1623	5 julii.	"	"	
1623-1625	"	"	"	"	"	"	1623-1625	Espich, J. V.	"	"	
								11 septemb.			
1625	"	24 august.	"	"	"	"	1625	"	"	"	
1625-1626	"	Gros, B.	"	"	"	"	1625-1626	"	"	"	
		decemb.									
1626	"	"	"	"	20 junii.	11 décemb.	1626	"	"	"	
1626-1627	"	"	"	Brülovius, C.	Bernegger, M.	"	1626-1627	"	"	"	
				11 decemb.							
1627	"	"	"	14 julii.	"	Crusius, J. P.	1627	"	"	"	
						7 junii.					
1629	"	"	"	"	"	28 octob.	1629	"	"	"	
1629-1630	"	"	"	Bernegger, M.	Dannhawer, J. C.	"	1629-1630	"	"	"	
					4 martii.						
1630-1631	"	"	Bartsch, J.	"	"	"	1630-1631	"	"	"	
			22 februar.								
1631-1633	"	"	"	"	"	"	1631-1633	"	22 septemb.	"	
1633	"	"	26 decemb.	"	4 martii.	"	1633	"	Schotter, J.	"	
									14 august.		
1633-1634	"	"	"	"	Sinnizius, M.	"	1633-1634	"	"	26 junii.	
					18 septemb.						
					9 septemb.						
1634-1637	"	"	"	"	"	"	1634-1637	"	"	Schilling, A.	
1637-1638	"	"	"	"	Boecler, J. H.	"	1637-1638	"	"	"	
					11 april.						
1638-1640	"	"	"	"	"	"	1638-1640	"	"	8 novemb.	
1640	"	"	"	3 februar.	5 maii.	"	1640	"	"	"	
1640-1643	"	"	"	Boecler, J. H.	"	"	1640-1643	"	"	"	
				5 maii.							
1643-1647	"	"	"	"	"	"	1643-1647	"	"	Sultzmann, J. R.	
										15 septemb.	
1647-1649	"	19 august.	"	"	"	"	1647-1649	"	"	"	
1649	"	"	"	26 januar.	"	"	1649	"	"	"	

Universitas Argentoratensis. *Facultas philosophica.* 5

LINGUA HEBRÆA.	MATHESIS.	HISTORIA.	ELOQUENTIA.	POESIS.	LOGICA.	PHILOSOPHIA PRATICA.	PHYSICE.	OBSERVATIONS.	
Speccer, T.	Malleolus, I.	Rihel, Ph. septemb.	Florus, M		1604-1606 1606-1608 1608 1608-1609	Ritzinger, D	Walliser, L. Th. 27 februar.	Hawenreuter, J. L. » 1 octob. Agerius, N.		1604-1606 1606-1608 1608 1608-1609
»	»	Ritschius, C. 29 septemb.	»		1609-1612 1612 1613-1615	» » » »	» » » »	» » » »		1609-1612 1612 1613-1615 1615-1623
»	»	novemb. Bernegger, M.	»	Bülovius, C.	1615-1623	»	»	»		
Blanckenburg, V. 21 april.	»	»	»	»	1623 1623-1625	6 julii. Espich, J. V. 11 septemb.	»	»		1623 1623-1625
24 august. Gros, B. decemb.	»	»	»	»	1625 1625-1626	»	»	»		1625 1625-1626
»	»	Bülovius, C. 11 decemb. 14 julii.	20 junii. Bernegger, M.	11 decemb. » Crusius, J. P. 7 maii. 28 octob.	1626 1626-1627 1627 1629 1629-1630	» » » » »	» » » » »	» » » » »		1626 1626-1627 1627 1629 1629-1630
»	Bartsch, J. 22 februar.	Bernegger, M.	Dannhawer, J. C. 4 martii. »	»	1630-1631 1631-1633 1633	» » »	22 septemb. Schaller, J. 14 august.	» » »		1630-1631 1631-1633 1633
»	26 decemb.	»	4 martii. Simitzius, M. 18 septemb. 9 septemb.	»	1633-1634	»		26 junii.		1633-1634
»	»	»	Boecler, J. H. 11 april.	»	1634-1637 1637-1638	»	»	Schilling, A. »		1634-1637 1637-1638
»	»	3 februar. Boecler, J. H. 5 maii.	5 maii.	»	1638-1640 1640 1640-1643	» » »	» » »	8 novemb. » »		1638-1640 1640 1640-1643
»	»	»	»	»	1643-1647 1647-1649	» »	» »	Saltzmann, J. H. 15 septemb. »		1643-1647 1647-1649
19 august.	»	26 januar.	»	»	1649	»	»	»		1649

Universitas Argentoratensis.   Facultas philosophica.

	LINGUA GRÆCA.	LINGUA HEBRÆA.	MATHESIS.	HISTORIA.	ELOQUENTIA.	POESIS.	LOGICA.	PHILOSOPHIA PRATICA.	PHYSICE.	OBSERV
1649-1650	Ferber, N.	Scheid, B.	»	Cambs, J. S.	1649-1650	»	Espich, J. V.	Schaller, J.	Saltzmann, J. R.	»
1650-1651	»	2 junii.	»	»	1650-1651	Kœnigsmann, R.	»	»	»	»
1651	1 martii.	»	»	»	1651	25 april.	27 septemb.	»	»	»
1651-1654	Scheid, B.	»	»	»	1651-1654	»	»	»	»	»
1654	16 april.	»	»	29 martii.	1654	»	»	»	»	»
1654-1658	»	»	»	Boecler, J. H.	1654-1658	»	»	»	»	»
				19 martii.						
1658-1663	»	»	»	»	1658-1663	»	Faust, Job.	»	»	»
							20 julii.			
1663	»	»	»	»	1663	27 junii.	»	»	»	»
1663-1665	»	»	»	»	1663-1665	Schallesius, S.	»	»	»	»
1665-1670	»	»	»	»	1665-1670	»	Schœuber, J. M.	»	»	»
							6 august.			
							28 decemb.			
1670-1672	22 novemb.	»	»	12 septemb.	1670-1672	»	»	»	»	»
1672-1673	»	»	Reichelt, J.	Obrecht, F. U.	1672-1673	»	»	»	»	»
1673-1676	»	»	»	15 februar.	1673-1676	»	»	»	»	»
1676	»	»	»	»	1676	1 octob.	»	24 junii.	»	»
1676-1677	»	»	»	»	1676-1677	»	»	Zentgraff, J. J.	»	»
								11 august.		
1677-1678	»	»	»	»	1677-1678	Obrecht, F. U.	»	»	1 junii.	»
1678	»	»	»	»	1678	»	»	»	Scheid, J. V.	»
1678-1682	»	»	»	»	1678-1682	»	»	»	6 decemb.	»
1682	»	»	»	»	1682	17 april.	»	»	»	»
1682-1683	»	»	»	»	1682-1683	Bockenhoffer, J. J.	»	»	»	»
						2 januar.				
1683-1685	»	»	»	»	1683-1685	Artopœus, J. C.	»	»	»	»
						22 april.				
1685-1686	»	»	»	»	1685-1686	»	»	»	17 martii.	»
1686-1687	Kühn, J.	Kühn, J.	»	»	1686-1687	»	4 junii.	»	»	»
	14 junii.									
1687-1695	»	»	»	»	1687-1695	»	Wagner, B.	»	»	»
							4 februar.			
1695	»	»	»	»	1695	»	octob.	4 august.	»	»
1695-1697	»	»	»	»	1695-1697	»	Hartschmidt, J. N.	»	»	»
							25 novemb.			
1697.	»	11 decemb.	»	»	1697	»	»	»	»	»

LINGUA HEBRÆA.	MATHESIS.	HISTORIA.	ELOQUENTIA.	POESIS.	LOGICA.	PHILOSOPHIA PRATICA.	PHYSICE.	OBSERVATIONS.
Scheid, B. . . . . 2 junii.		Gambs, J. S. . . .	1649-1650		Espich, J. V.	Schäffer, J.	Saltzmann, J. R. . .	1649-1650
»		»	1650-1651	Kœnigsmann, R . . . 25 april.	»	»	»	1650-1651
»		»	1654	»	27 septemb.	»	»	1654
»		»	1654-1654	»	»	»	»	1654-1654
»		29 martii.	1654	»	»	»	»	1654
»		Boecler, J. H. . . . 29 martii.	1654-1658	»	»	»	»	1654-1658
»		»	1658-1663	»	Faust, Joh. . . . . . 20 julii.	»	»	1658-1663
»		»	1663	27 junii.	»	»	»	1663
»		»	1663-1665	Schaltesius, S	»	»	»	1663-1665
»		»	1665-1670	»	Schneuber, J. M . . . 6 august. 28 decemb.	»	»	»	1665-1670
»		»	1670-1672	»	»	»	»	1670-1672
»	Reichelt, J.	12 septemb. Obrecht, F. U. . . 15 februar.	1672-1673	»	»	»	»	1672-1673
»		»	1673-1676	»	»	»	»	1673-1676
»	»	»	1676	1 octob.	»	24 junii.	»	1676
»	»	»	1676-1677	»	»	Zentgraff, J. J. . . . 11 august.	»	1676-1677
»	»	»	1677-1678	Obrecht, F. U. . . .	»	»	»	1677-1678
»	»	»	1678	»	»	»	1 junii. Scheid, J. V. . . . . 9 decemb.	1678
»	»	»	1678-1682	»	»	»	»	1678-1682
»	»	»	1682	17 april.	»	»	»	1682
»	»	»	1682-1683	Bockenhoffer, J. J . . 2 januar.	»	»	»	1682-1683
»	»	»	1683-1685	Ariopœus, I. C. . . . 22 april.	»	»	»	1683-1685
»	»	»	1685-1686	»	»	»	17 martii.	1685-1686
Kühn, J.	»	»	1686-1687	»	4 junii.	»	»	1686-1687
»	»	»	1687-1695	»	Wagner, B. . . . . . 4 februar.	»	»	1687-1695
»	»	»	1695	»	octob.	4 august.	»	1695
»	»	»	1695-1697	»	Hartzschmidt, J. N . . 25 novemb.	»	»	1695-1697
»	»	»	1697	»	»	»	»	1697

Universitas Argentoratensis.   *Facultas philosophica.*

	LINGUA GRÆCA.	LINGUA HEBRÆA.	MATHESIS.	HISTORIA.	ELOQUENTIA.	POESIS.		LOGICA.	PHILOSOPHIA PRATICA.	PHYSICE.	OBSER.
1697-1702	Heupel, G. F.	Heupel, G. F.	Reichelt, J.		Arlequus, J. C. 21 julii.		1697-1702	Hartschmidt, J. N. 4 julii.		Hanniger, J. S.	
1702	»	»	»				1702	Bartenstein, J. P.		19 maii.	
1702-1703	»	»	»	Kuhn, J. C. 19 maii.	Kuhn, J. C.		1702-1703	4 julii.		3 julii.	
1703-1710	»	Lederlin, J. H. 7 martii.	»	»	»	»	1703-1710	»		»	
1710-1717	»	»	»	»	»	Linck, J. E.	1710-1717	»	Silberrad, E. 25 octob.	»	
1717-1718	»	»	19 februar.	»	»	»	1717-1718	»	»	»	
1718-1719	24 novemb.	»	»	»	»	»	1718-1719	»	»	»	
1719	»	»	»	»	»	»	1719	»	10 novemb.	»	
1719-1720	»	»	Hortenstein, J. H. 16 novemb.	»	»	»	1719-1720	»	Linck, J. E. 26 septemb.	»	
1720	»	»	»	7 octob.	»	»	1720	»	Wieger, J. 26 septemb.	»	
1720-1721	»	»	»	Schœpflin, J. J. 22 novemb.	Schœpflin, J. J.	»	1720-1721	»	»	»	
1721-1726	Lederlin, J. H.	»	»	»	»	»	1721-1726	12 septemb.	»	Sachs, J. J.	
1726	»	»	»	»	»	»	1726	Witter, J. J. 9 novemb.	»	»	
1726-1731	»	»	»	»	»	»	1726-1731	»	»	»	
1731-1733	»	»	»	»	»	Osterried, J. D. 31 august.	1731-1733	»	»	»	
1733	»	»	»	»	»	»	1733	»	»	6 martii.	
1734	»	»	»	»	»	23 decemb.	1734	»	23 decemb.	»	
1734-1735	»	»	»	»	»	»	1734-1735	»	Osterried, J. D. 23 decemb.	Bœcler, J.	
1735-1737	»	»	»	»	»	Silberrad, J. M. 9 decemb.	1735-1737	»	»	»	
1737	3 septemb.	»	»	»	»	»	1737	»	»	»	
1737-1738	Heupel, J. J.	Heupel, J. J.	»	»	»	»	1737-1738	»	»	9 maii.	
1738	»	»	»	»	»	»	1738	»	»	Schertz, J. G.	
1738-1739	»	»	»	»	»	»	1738-1739	»	»	19 maii.	
1739-1740	»	»	»	»	»	»	1739-1740	»	»	»	
1740	22 octob.	»	»	»	»	»	1740	»	»	»	
1740-1741	Scherer, J. F.	Scherer, J. F.	16 martii.	»	»	»	1740-1741	»	»	21 decemb.	
1741	»	»	Schertz, J. G. 19 maii.	»	»	»	1741	»	»	Grauel, J. P. 25 maii.	
1741-1742	»	»	»	»	»	»	1741-1742	»	17 decemb.	»	
1742-1743	»	»	»	»	»	26 februar.	1742-1743	»	Frid, J. F. 26 februar.	»	
1743-1745	»	»	»	»	»	Beyckert, J. P. 22 septemb.	1743-1745	»	»	»	
1745-1746	»	»	»	»	»	»	1745-1746	»	»	»	

Universitas Argentoratensis. *Facultas philosophica.*

LINGUA HEBRÆA.	MATHESIS.	HISTORIA.	ELOQUENTIA.	POESIS.		LOGICA.	PHILOSOPHIA PRATICA.	PHYSICE.	OBSERVATIONS.	
Heupel G. F.	Reiskelt, J.		Artopœus, J. C. 21 junii.			Hartschmidt, J. N. 4 julii.		Henninger, J. S. 19 maii.		1697-1702
»	»	Khun, J. C. 19 maii.	Khun, J. C.			Bartenstein, J. P. julii.		3 julii.		1702-1703
Lederlin, J. H. 7 martii.	»	»	»	Linck, J. E.	1703-1710	»	Silberrad, E. 25 octob.			1703-1710
»	»	»	»	»	1710-1717	»	»			1710-1717
»	19 februar.	»	»	»	1717-1718	»	»			1717-1718
»	»	»	»	»	1718-1719	»	10 novemb.			1718-1719
»	»	»	»	»	1719	»	Linck, J. E. 26 septemb.			1719
»	Hertenstein, J. H. 16 novemb.	»	»	»	1719-1720	»	Wieger, J. 26 septemb.			1719-1720
»	»	7 octob. Schœpflin, J. J. 22 novemb.	Schœpflin, J. J.	»	1720	»	»			1720
»	»	»	»	»	1720-1721	»	»	Sachs, J. J.		1720-1721
»	»	»	»	»	1721-1726	12 septemb.	»	»		1721-1726
»	»	»	»	»	1726	Witter, J. J. 9 novemb.	»	»		1726
»	»	»	»	Osterried, J. D. 31 august.	1726-1731	»	»	»		1726-1731
»	»	»	»	»	1731-1733	»	»	6 martii.		1731-1733
»	»	»	»	»	1733	»	23 decemb.	»		1733
»	»	»	»	»	1734	»	Osterried, J. D. 23 decemb.	Beeler, J.		1734
»	»	»	»	Silberrad, J. M. 9 decemb.	1734-1735	»	»	»		1734-1735
»	»	»	»	»	1735-1737	»	»	»		1735-1737
Heupel, J. J.	»	»	»	»	1737	»	»	»		1737
»	»	»	»	»	1737-1738	»	»	9 maii. Schertz, J. G.		1737-1738
»	»	»	»	»	1738	»	»	»		1738
»	»	»	»	»	1738-1739	»	»	»		1738-1739
Scherer, J. F.	»	»	»	»	1739-1740	»	»	19 maii.		1739-1740
»	»	»	»	»	1740	»	»	»		1740
»	16 martii. Schertz, J. C. 19 maii.	»	»	»	1740-1741	»	»	21 decemb. Gravel, J. P. 25 maii.		1740-1741
»	»	»	»	»	1741	»	»	»		1741
»	»	»	»	»	1741-1742	»	17 decemb. Fried, J. F. 26 februar.	»		1741-1742
»	»	»	»	26 februar.	1742-1743	»	»	»		1742-1743
»	»	»	»	Beyckert, J. P. 21 septemb.	1743-1745	»	»	»		1743-1745
»	»	»	»		1745-1746	»	»	»		1745-1746

	LINGUA GRÆCA.	LINGUA HEBRÆA.	MATHESIS.	HISTORIA.
1746	Scherer, J. F.	Scherer, J. F.	Schertz, J. G.	Schœpflin, J. J.
1746-1747	»	»	1 martii. Brackenhoffer, J. J. . 28 martii.	»
1747	»	»	»	»
1747-1752	»	»	»	»
1752-1755	»	»	»	»
1755-1756	»	»	»	»
1756-1759	»	»	»	»
1759	»	»	»	»
1759-1761	»	»	»	»
1761	»	»	»	»
1761-1768	»	»	»	»
1768-1770	»	»	»	»
1770-1771	»	»	»	»
1771-1777	»	»	»	7 august.
1777-1778	30 august.	»	»	
1778-1779	Schweighæuser, J . . 12 septemb.	Schweghæuser, J . .	»	
1779-1782	»	»	»	
1782-1789	»	»	»	
1789	»	»	31 august.	
1789-1792	»	»	Herrenschneider, J.L.A. 10 septemb.	
1792	»	»	»	
1792-1793	»	»	»	

Facultas philosophica.

	ELOQUENTIA.	POESIS.	LOGICA.	PHILOSOPHIA PRATICA.	PHYSICE.	OBSERVATIONS.	
1746	Schœpflin, J. J.	Beyckert, J. P.	Witter, J. J.	Frid, J. F.	Grauel, J. P.		1746
1746-1747	»	»	»	»	»		1746-1747
1747		»	16 septemb.	»	»		1747
1747-1752	»	»	Rang, Ph. Ch. 3 novemb.	»	»		1747-1752
1752-1755	»	3 novemb.	»	»	»		1752-1755
1755-1756	»		12 decemb.	»	»		1755-1756
1756-1759	»	Spielmann, J. R. 30 januar.	Boecler, Ph. H. 30 januar.	»	»		1756-1759
1759	»	25 maii.	7 junii.	»	»		1759
1759-1761	»		Heus, M. 5 novemb.	»	»		1759-1761
1761	»		»	»	29 novemb. Schurer, J. L. 23 décemb.		1761
1761-1768	»		»	»	»		1761-1768
1768-1770	»		24 maii. Müller, P. J. 20 julii.	»	»		1768-1770
1770-1771	»		»	»	»		1770-1771
1771-1777	»		»	»	»		1771-1777
1777-1778			14 septemb.	»	»		1777-1778
1778-1779			Hermann, J. 14 octob.	»	»		1778-1779
1779-1782			Oberlin, J. J. 30 martii.	»	»		1779-1782
1782-1789			»	»	»		1782-1789
1789			»	»	»		1789
1789-1792			»	»	22 august. Schurer, F. L. 9 octob.		1789-1792
1792			»	»	»		1792
1792-1793			»	»	»		1792-1793

ANNALES

DES

PROFESSEURS

DES

ACADÉMIES ET UNIVERSITÉS ALSACIENNES